普通高等院校"十三五"应用型规划教材

市场营销学理论与实务
SHICHANG YINGXIAOXUE LILUN YU SHIWU

主　编　韩丽娜　赵　蓓

河南大学出版社
·郑州·

图书在版编目(CIP)数据

市场营销学理论与实务/韩丽娜,赵蓓主编. —郑州:河南大学出版社,2017.12
ISBN 978-7-5649-3055-4

Ⅰ.①市… Ⅱ.①韩… ②赵… Ⅲ.①市场营销学—高等学校—教材 Ⅳ.①F713.50

中国版本图书馆CIP数据核字(2017)第308205号

责任编辑	阮林要　林方丽
责任校对	张雪彩
封面设计	郭　灿

出版发行	河南大学出版社			
	地址:郑州市郑东新区商务外环中华大厦2401号　邮编:450046			
	电话:0371-86059712(高等教育与职业教育出版分公司)			
	0371-86059713(营销部)　　　　　　　网址:www.hupress.com			
排　版	郑州市今日文教印制有限公司			
印　刷	辉县市伟业印务有限公司			
版　次	2018年1月第1版	印　次	2018年1月第1次印刷
开　本	787mm×1092mm　1/16	印　张	19.5
字　数	462千字	定　价	45.00元

(本书如有印装质量问题,请与河南大学出版社营销部联系调换)

前　言

市场营销学是一门以经济学、行为学、管理学和现代科学技术为基础，研究以满足消费需求为中心的市场营销活动及其规律的综合性应用学科，具有综合性、边缘性、实践性、应用性的特点。随着市场经济的发展和社会的进步，市场营销的基本理论和方法已在工商企业和非营利组织得到广泛应用，并且扩大到社会生活的方方面面。可以说，市场营销无处不在，无时不在。

近些年来，我国企业对市场营销人才的需求量逐年攀升。从大学生就业信息得知，各类高校、专业的大学生毕业后相当多的人从事的第一职业就是市场营销或是与市场相关的工作。大学生面临的这种就业态势迫切要求他们在校学习市场营销知识，并且能通过企业营销案例深入了解企业、学习企业。我们为了适应当前高校培养生产、建设、管理、服务第一线急需的高素质、高技能人才的需要，在认真分析目前高校市场营销教学的现状，广泛参阅众多优秀教材，探索经济类专业本科学生综合素质培养的途径，总结多年市场营销教学实践的基础上，以科学性、先进性、系统性和实用性为目标，编写了这本《市场营销学理论与实务》。

本书比较系统地阐述了现代营销的基本理论与应用方法，主要包括市场营销学概论、市场营销环境分析、市场营销战略、购买行为分析、市场营销调研与预测、目标市场营销、产品策略、定价策略、分销渠道策略、促销策略、国际市场营销等十一章内容。

本书具有以下三个方面的特点。

1. **针对性**。本书针对目前高等院校的培养目标和市场定位，依据"理论够用、实践为重"的要求设计内容体系，从教学实际出发，构建符合当前高校学生学习特点的内容结构。

2. **内容新颖**。本书借鉴国外最新的教材，融会当前有关经济管理学科的最新理论和实践经验，用最新知识充实教材内容。

3. **注重案例教学和实践教学**。本书在阐述市场营销基本理论的基础论上，增加了大量的案例。每章设有本章学习目标、能力目标、导入案例、阅读材料，章末有关键词、思考题、案例分析、实训项目等内容，以扩大学生的知识面，增强学生分析问题与解决问题的能力。

参加本书编写的成员有韩丽娜（第一章、第七章、第八章），李婉（第十一章），马俊峰（第六章、第十章），姚晓立（第四章、第五章），赵蓓（第二章、第三章、第九章），全书由韩丽娜、赵蓓担任主编，负责统稿和总纂。

本书在编写过程中参阅了大量文献资料，吸收和借鉴了国内外营销专家、学者的一些研究成果，并得到了有关专家和老师的大力支持和指导，在此致以诚挚的谢意。

由于编者水平有限,本书难免存在不足之处,敬请广大读者批评指正。

编者

2017 年 5 月

目 录

第一章 市场营销学概论 ……………………………………………………（1）
    第一节 市场营销的功能与作用 …………………………………………（2）
    第二节 市场与市场营销 …………………………………………………（3）
    第三节 市场营销学的产生与发展 ………………………………………（8）
    第四节 市场营销观念 ……………………………………………………（13）
    第五节 新型市场营销观念 ………………………………………………（17）
    课后训练 ……………………………………………………………………（23）

第二章 市场营销环境分析 ……………………………………………………（26）
    第一节 市场营销环境的含义及特点 ……………………………………（27）
    第二节 宏观营销环境 ……………………………………………………（29）
    第三节 微观营销环境 ……………………………………………………（38）
    第四节 环境评价与对策 …………………………………………………（40）
    课后训练 ……………………………………………………………………（44）

第三章 市场营销战略 …………………………………………………………（47）
    第一节 战略规划 …………………………………………………………（48）
    第二节 企业总体规划战略 ………………………………………………（52）
    第三节 市场竞争战略 ……………………………………………………（62）
    课后训练 ……………………………………………………………………（67）

第四章 购买行为分析 …………………………………………………………（70）
    第一节 消费者市场购买行为分析 ………………………………………（71）
    第二节 组织市场购买行为分析 …………………………………………（86）
    课后训练 ……………………………………………………………………（99）

第五章 市场营销调研与预测 …………………………………………………（102）
    第一节 市场营销信息系统 ………………………………………………（103）
    第二节 市场营销调研 ……………………………………………………（109）
    第三节 市场需求测量与预测 ……………………………………………（122）
    课后训练 ……………………………………………………………………（128）

第六章 目标市场营销 …………………………………………………………（130）
    第一节 市场细分 …………………………………………………………（132）
    第二节 目标市场选择 ……………………………………………………（143）
    第三节 市场定位 …………………………………………………………（149）

课后训练……………………………………………………………………(158)
第七章　产品策略……………………………………………………………(160)
　　第一节　产品整体概念………………………………………………………(161)
　　第二节　产品生命周期………………………………………………………(163)
　　第三节　产品组合……………………………………………………………(167)
　　第四节　品牌与包装策略……………………………………………………(170)
　　第五节　新产品开发…………………………………………………………(181)
　　课后训练……………………………………………………………………(187)
第八章　定价策略……………………………………………………………(190)
　　第一节　影响定价的因素……………………………………………………(191)
　　第二节　定价方法……………………………………………………………(197)
　　第三节　定价策略……………………………………………………………(203)
　　第四节　价格调整……………………………………………………………(209)
　　课后训练……………………………………………………………………(213)
第九章　分销渠道策略………………………………………………………(217)
　　第一节　分销渠道概述………………………………………………………(220)
　　第二节　中间商………………………………………………………………(227)
　　第三节　分销渠道策略………………………………………………………(233)
　　课后训练……………………………………………………………………(239)
第十章　促销策略……………………………………………………………(242)
　　第一节　促销与促销组合……………………………………………………(243)
　　第二节　人员推销策略………………………………………………………(248)
　　第三节　广告策略……………………………………………………………(255)
　　第四节　营业推广策略………………………………………………………(264)
　　第五节　公共关系策略………………………………………………………(271)
　　课后训练……………………………………………………………………(276)
第十一章　国际市场营销……………………………………………………(279)
　　第一节　国际市场营销概述…………………………………………………(280)
　　第二节　国际市场营销战略…………………………………………………(282)
　　第三节　国际市场营销组合策略……………………………………………(286)
　　课后训练……………………………………………………………………(299)

参考文献………………………………………………………………………(303)

第一章　市场营销学概论

【本章学习目标】

1. 理解市场营销的作用和含义。
2. 掌握市场营销的核心概念。
3. 树立现代市场营销最新观念。

【能力目标】

能够运用现代市场营销观念分析企业经营行为，指导企业的营销活动。

【导入案例】

迪士尼改善儿童餐饮营养

沃尔特·迪士尼公司主要从事娱乐行业。除了开办主题公园，迪士尼还是全球最大的动画人物授权经销人，拥有米老鼠、唐老鸭、小熊维尼等各种动画形象的所有权，比对手华纳兄弟和尼文儿童频道拥有的动画角色多得多。此外，迪士尼公司还以 40 亿美元的价格收购了竞争对手 Marvel 漫画公司，从而获得了蜘蛛侠、钢铁侠等漫画角色的所有权，希望以此强化公司在动画人物授权经销市场的领袖地位。

除了注重娱乐行业，迪士尼公司还通过销售消费者产品的方式大力开发儿童市场。在这个市场领域，公司注重解决的是消费者的健康问题，更准确地说是肥胖问题。为此，迪士尼专门开发了相关的商业模式——迪士尼消费者产品计划，该计划的目的是要和公司的合作伙伴一起改变儿童的饮食习惯。

2004 年迪士尼公司从联合国儿童基金会了解到，在美国 5~9 岁的儿童中超过 30% 体重超标，有 14% 的孩子处于肥胖状态。虽然迪士尼消费者产品计划本身并不是导致这一问题出现的主要原因，但公司还是为此受到了不少指责，因为迪士尼的主要特许经营商麦当劳公司被社会广泛认为是导致儿童肥胖症的罪魁祸首。为帮助儿童和他们的母亲提高健康餐饮意识，迪士尼消费者产品计划根据美国食品药品监督管理局的指导推出了一套名为"健康相随"的营养餐饮方案，对迪士尼的特许经销商规定了严格的餐饮制作要求。此外，公司还把这套方案应用到了中外一个特许经营项目"幻想农场"中。迪士尼还和美国的大型连锁超市 Kroger 合作，在健康饮食方案的基础上开发带有迪士尼商标的食品。时至今日，迪士尼消费者产品计划的营业收入已达到整个迪士尼产业集团的 6%，与此同时，该部门仍在为全球肥胖症问题努力寻找解决方案。

迪士尼公司的战略是企业应当预见消费者注重健康意识的未来趋势。为迎合这种趋势,最好的策略是和未来的消费者(儿童)建立关联。做到了这一点,迪士尼就等于把握了成熟市场的未来增长点。

(资料来源:菲利普·科特勒.营销革命3.0:从产品到顾客,再到人文精神.北京:机械工业出版社,2011)

市场营销学是一门建立在市场经济条件下的关于企业经营管理的应用经济学科。它有着自身特殊的研究对象,其原理和方法具有广泛的适用性。党的"十四大"明确了我国经济体制改革的目标是要建立社会主义市场经济体制,充分发挥市场在社会资源配置中的基础性作用,这为市场营销学在我国的应用创造了良好的环境条件。因此,研究应用现代市场营销理论与策略,对于促进我国社会主义市场经济体制的建立与完善,推动企业转换经营机制,走向市场,建立具有中国特色的市场营销学,都具有重大的意义。

第一节 市场营销的功能与作用

一、市场营销的功能

企业市场营销作为一种活动,有如下四项基本功能。

(一)发现和了解消费者的需求

现代市场营销观念强调市场营销应以消费者为中心,企业也只有通过满足消费者的需求才可能实现企业目标,因此,发现和了解消费者的需求是市场营销的首要功能。

(二)指导企业决策

企业决策正确与否是企业成败的关键,企业要谋得生存和发展,很重要的是做好经营决策。企业通过市场营销活动,分析外部环境的动向,了解消费者的需求和欲望,了解竞争者的现状和发展趋势,结合自身的资源条件,在产品、定价、渠道、促销和服务等方面做出相应的、科学的决策。

(三)开拓市场

企业市场营销活动的另一个功能就是通过对消费者现在需求和潜在需求的调查、了解与分析,充分把握和捕捉市场机会,积极开发产品,建立更多的分销渠道及采用更多的促销形式,开拓市场,增加销售量。

(四)满足消费者的需要

满足消费者的需求与欲望是企业市场营销的出发点和中心,也是市场营销的基本功能。企业通过市场营销活动,从消费者的需求出发,并根据不同目标市场的顾客,采取不同的市场营销策略,合理地组织企业的人力、财力、物力等资源,为消费者提供适销对路的产品,搞好销售后的各种服务,让消费者满意。

二、市场营销的作用

(一)市场营销在企业中的作用

在激烈的市场竞争中,企业要及时对市场变化做出反应,必须建立以市场为导向的经营运作机制才能使企业立于不败之地,市场营销在企业中的关键作用也不言自明。

在对美国 250 家主要公司的调查中,大多管理人员认为公司的第一任务是制定市场营销策略,其次是控制生产成本和改善人力资源。在世界五百强的大公司中,约有三分之二的 CEO(首席执行官)是由营销经理上去的,公司的营销部门在公司中地位很高,有很大的发言权,一般一个新项目或者产品,要先经过营销部门,才能到达研发部门。就整个企业的运营过程来说,营销是起点,也是终点,起于市场调研,终于客户服务和满意度调查。

市场营销就是要通过销售商品、调查市场、引导生产、创造需求、协调关系的过程使企业的产品满足顾客的需求。企业需要通过对市场的调查,弄清楚谁是企业的潜在客户、他们需要什么样的产品、需要多少等基本市场信息,然后制定市场策略,指导生产,协调好与顾客的各种关系,以最终实现顾客的价值和企业的效益。同时,企业的经营活动对外也涉及与供应商、分销商、竞争对手和顾客等的各种关系,其中既有复杂的利益关系,也存在着相互制约和依赖,这就需要营销部门来不断协调各种关系和建立不同利益主体间合作的新方式。在企业内部,营销活动也涉及人、财、物等各种资源,如何对他们进行合理配置,为企业的营销活动创造支持条件,也需要营销系统进行统一的资源整合和管理。

(二)市场营销对社会经济发展的作用

生产是根本,生产决定交换、分配、消费几个环节。没有生产就没有可供交换的东西,市场营销人员只能销售那些已由生产厂商生产出来的东西。可见,生产者创造了形式效用。但是,在市场经济社会中,生产出来的东西如果不通过交换,没有市场营销,产品就不可能自动传递到广大消费者手中。

第二节 市场与市场营销

一、市场的概念

市场营销在一般意义上可理解为与市场有关的人类活动。因此,我们首先要了解市场及其相关概念。

在日常生活中,人们习惯将市场看作是买卖的场所,如集市、商场、纺织品批发市场等。这是一个时空(时间和空间)市场概念。我国古代有关"日中为市,致天下之民,聚天下之货,交易而退,各得其所"(《周易》)的记载,就是对这种在一定时间和地点进行商品交易的市场的描述。

经济学家从揭示经济实质角度提出市场概念。经济学家指出,市场是社会分工和商品生产的产物。在商品生产的条件下,社会内部分工的前提首先是不同种类劳动的相互独立,即它们的产品必须作为商品相互对立,并且通过交换,完成商品的形态变化,作为商品相互发生关系。因此,哪里有社会分工和商品生产,哪里就有"市场"。市场是为完成商品形态变化,在商品所有者之间进行商品交换的总体表现。这是抽象市场概念。

管理学家则侧重从具体的交换活动及其运行规律去认识市场。在他们看来,市场是供需双方在共同认可的一定条件下所进行的商品或劳务的交换活动。如美国学者奥德森(W. Alderson)和科克斯(R. Cox)就认为,"广义的市场概念,包括生产者和消费者之间实现商品和劳务的潜在交换的任何一种活动"。营销学家菲利普·科特勒(Philip Kotler)则进一步指出:"市场是由一切具有特定欲望和需求并且愿意和能够以交换来满足这些需求的潜在顾客所组成。"因此,市场规模的大小,由具有需求、拥有他人所需要的资源,且愿意以这些资源交换其所需的人数而定。美国通用汽车公司战略决策中心总经理文森特·巴拉巴(V. P. Barabba)则认为,市场除了顾客一方,还要"再加上拥有可售商品和服务的企业"这一方。不将买方和卖方放在一起,就不会有市场。从企业立场看,市场是外在的、无法控制的(尽管是可以影响的),它是交换的场所和发展增值关系的场所。

可见,人们可以从不同角度界定市场。我们认为:

市场是商品经济中生产者与消费者之间实现产品(服务)价值,满足需求的交换关系、交换条件和交换过程。

首先,市场是建立在社会分工和商品生产,即商品经济基础上的交换关系。这种交换关系是由一系列交易活动构成,并由商品交换规律(其基本规律是价值规律)所决定。

其次,现实市场的存在要有若干基本条件。这些条件包括:

(1) 存在消费者(用户)一方,他们有某种需要或欲望,并拥有可供交换的资源;

(2) 存在生产者(供给者)一方,他们能提供满足消费者(用户)需求的产品或服务;

(3) 要有促成交换双方达成交易的各种条件,如双方接受的价格、时间、空间、信息和服务方式等。

最后,市场的发展是一个由消费者(买方)决定,而由生产者(卖方)推动的动态过程。在组成市场的双方中,买方需求是决定性的。

二、市场营销的含义

"Marketing"一词既可译为"市场营销",也可译为"市场营销学"。当 Marketing 译为"市场营销学"时,是指以营销活动为研究对象的一门学科;而译为"市场营销"时,是指企业的市场营销活动。

对于市场营销,西方学者已下过上百种定义,其中较有代表性的有以下几种。

市场营销是一门发展中的新兴学科,在学科发展的不同阶段,营销学家们从不同角度对"市场营销"进行了界定,而最有代表性、最能说明学科发展进程的是美国市场营销协会

(AMA)分别于1960年和1985年所下的两个经典定义。

定义1(AMA,1960)："市场营销是引导货物和劳务从生产者流向消费者或用户所进行的一切企业活动。"这一定义将市场营销界定为商品流通过程中的企业活动。在此定义下，"营销"等同于"销售"，它只是企业在产品生产出来以后，为产品的销售而做出的各种努力。

定义2(AMA,1985)："市场营销是计划和执行关于产品、服务和创意的观念、定价、促销和分销的过程，目的是完成交换并实现个人及组织的目标。"根据这一定义，市场营销活动已经超越了流通过程，是一个包含了分析、计划、执行与控制等活动的管理过程。

除美国市场营销协会(AMA)的两个经典定义以外，营销管理学派的代表人物——美国西北大学教授菲利普·科特勒、欧洲关系营销学派的代表人物——格隆罗斯在20世纪90年代对市场营销所下的定义也被世界各国市场营销界广泛引用，成为两个学术流派的权威定义。

定义3(格隆罗斯,1990)："市场营销是在一种利益之下，通过相互交换和承诺，建立、维持、巩固与消费者及其他参与者的关系，实现各方的目的。"这一定义强调营销的目的是在共同的利益下，建立、维持、巩固"关系"，实现双赢或多赢。

定义4(菲利普·科特勒,1994)："市场营销是个人和集体通过创造并同他人交换产品和价值以满足需求和欲望的一种社会和管理过程。"这个定义告诉人们，有效的市场营销包括三个方面的问题：第一，通过市场营销要达成满足个人和群体需求和欲望的目标；第二，交换是市场营销的核心；第三，交换是以产品和价值为基础的。

美国市场营销协会(AMA)的定义与菲利普·科特勒的定义相比，表述的详略不同，但基本精神一致。本书采用菲利普·科特勒的定义。

以上四个定义体现了市场营销概念的演进和营销内涵的扩展。

三、市场营销的核心概念

核心概念是指贯穿全学科的理论导向与主要线索。抓住了核心概念，就等于抓住了全学科的主要脉络。根据美国西北大学菲利普·科特勒教授的观点，市场营销学的核心概念主要有以下几个方面。

(一)需要、欲望和需求

需要是人类与生俱来的本性。当人们有了某种需要后，内心会产生紧张，并试图通过某种方式消除这种紧张感。比如，饥饿时会产生对食物的需要。营销者的任务并非创造人类的需要，而是发现需要，并通过提供产品或服务满足人们的需要。

欲望是指为满足基本需要而希望得到某种具体物品的愿望，它往往受到个人、社会、文化背景的影响。比如，同样为了充饥，南方人可能会要一碗米饭，但北方人也许会要馒头或者面条。这说明欲望可以用满足需要的具体实物来描述。营销者的任务是开发并提供适当的产品，这些产品不但要能满足人们的需要，更要能与他们的欲望相一致。

需求则是有购买力的欲望。人类的欲望无穷无尽，但可支配的资源却有限。因此，人们会在购买力水平的约束下，选择能够最大限度满足他们欲望的产品或服务。比如，20

多年前的中国人与现在的中国人,都对代步的交通工具有购买欲望。但是,现在的中国人可能有能力选择购买一辆汽车,而不再仅仅局限在自行车上。因为时代不同,购买力水平发生了变化,导致需求也发生了改变。这告诉营销者:一方面要使所提供的产品或服务与消费者的购买力水平相适应;另一方面要提高产品或者服务,满足消费者需求的整体利益和价值。

阅读材料

第二次世界大战后,IBM公司的总裁曾向一家非常有名的咨询公司打听未来美国所有公司、研究所及政府单位对电子计算机的需求量,得到的回答是不到10台。后来他的儿子做了总裁,不同意这个预测,坚持要生产电子计算机,这才有了IBM公司的今天。这个案例表明,尽管人们有减轻办公室劳动强度、提高工作效率的愿望,但由于不知道计算机是什么样,也不知道如何使用计算机,因此,调查时没有表现出对计算机的需要。人们的潜在需求常表现为某种意识或愿望,企业应通过开发产品并运用各种营销手段,刺激和引导消费者产生新的需求。

(二) 产品、服务和体验

顾客在购买具体的产品时,关注的并不是产品本身,而是产品带给顾客的利益和体验,产品本身仅仅只是解决顾客问题的一个工具。例如,顾客购买钻头并不是需要一个钻头,而是需要钻头来为其钻孔,这才是顾客真正的需要。如果企业只看到顾客的购买行为,那么充其量只能在提供更多更好的钻头上去动脑筋,这并不能保证企业在市场上长盛不衰;若能透过顾客的行为分析其真实乃至潜在需求,则企业方能创造出一种比钻头更好、更便捷的打洞工具,从而有可能使企业在市场上占据更有利的竞争地位。所以,顾客购买的是对某种需要、欲望和需求的"满足",而不仅仅是产品。聪明的营销人员超越了其所卖产品和服务的具体属性,通过策划一些产品和服务,为客户创造品牌体验。如迪士尼世界是一种体验,在香格里拉饭店也是一种体验,我们不仅仅将F1(一级方程式)、NBA(美国职业篮球联赛)看成一场场赛事,而更应该沉浸在对F1与NBA的体验中。

(三) 效用、费用和满足

效用是消费者对产品满足其需要的整体能力的评价。消费者通常根据这种对产品价值的主观评价和要支付的费用来做出购买决定。如某人为解决其每天上班的交通需要,会对可能满足这种需要的产品选择组合(如自行车、摩托车、汽车、出租车等)和他的需要组合(如速度、安全、方便、舒适和节约等)进行综合评价,以决定哪一种产品能提供最大的满足。假如他主要对速度和舒适感兴趣,也许会考虑购买汽车。但是,汽车购买与使用的费用要比自行车高许多。若购买汽车,他必须放弃用其有限的收入可购置的许多其他产品(服务)。因此,他将全面衡量产品的费用和效用,选择购买能使每一元花费带来最大效用的产品。

阅读材料

国外有这样一个调查事例:一个顾客购买了某个品牌的商品,如果他感到满意,平均会向3.3个人传播他的经历。这种传播属于褒扬性的宣传,它起到的作用比企业做广告的效果要好得多。所以,企业追求顾客满意,能给企业带来更加到位的宣传效果。反之,如果一个顾客不满意,平均会向11个人传播他这种不愉快的经历。这就应了我们中国那句俗话,叫"好事不出门,坏事传千里"。

(四)交换、交易和关系

人们可以通过自产自用、强制取得、乞讨和交换等四种方式来获取产品,满足需要。前三种方式不存在市场营销,只有通过交换这种特定方式来满足需要与欲望时,市场营销才能产生。

所谓交换(Exchange),是指通过提供某种东西作为回报,从别人那里取得所需物的过程。交换发生必须具备五个条件:(1)至少有买卖两方;(2)每一方都有被对方认为有价值的东西;(3)每一方都能沟通信息和传送货物;(4)每一方都可以自由接受或拒绝对方的产品;(5)每一方都认为与另一方进行交换是适当的或称心如意的。只有当双方都认为自己在交换以后能得到更大利益或至少不比以前差,交换才能真正产生。

交易(Transaction)是市场营销的度量单位,是指买卖双方价值的交换过程。比如,支付2000元从国美电器购买一台电视机,就是一次交易过程。

理解交换与交易能够帮助人们认识市场营销。另一更具营销价值的概念是关系(Relationship),主要指的是企业与顾客之间的关系。若通过交换与交易过程,能够与顾客建立起以价值、情感和社会利益为纽带的长期关系,则利于达成企业长期发展的目标。例如,众多企业都希望构建强势品牌,目的就在于通过著名品牌可以增加与消费者之间的情感联系,提高顾客忠诚度,建立长期互利的关系。

(五)营销者与预期顾客

在市场营销中,如果一方比另一方更主动、更积极地寻求交换,前者即为营销者(Marketers),后者称为预期顾客(Prospective Customers)。换言之,营销者是指希望从别人那里取得资源并愿意以某种有价值的东西作为交换的人,预期顾客是指营销者所确定的有潜在愿望和能力进行交换的人。营销者可以是卖方也可以是买方,当买卖双方都积极寻求交换时,把双方都称为营销者。

阅读材料

把梳子卖给和尚

某公司对新招聘的营销人员进行培训,要求小伊、小石和小钱在10天内把木梳卖给和尚,卖得越多就越优秀。

10天后,小伊卖出1把,不仅历经艰辛,且受到众和尚的责骂和追打。好在下山途中遇一小和尚挠着又脏又厚的头皮,小伊灵机一动赶快递上梳子,小和尚用后满心欢喜买下1把。

小石卖了10把。小石找到寺院住持说:"蓬头垢面是对佛的不敬。应在每座庙的香案前放把木梳,供善男信女梳理鬓发。"住持认为小石言之有理,于是买下10把。

小钱到香火极旺的深山宝刹对住持说："凡来进香朝拜者，多有一颗虔诚之心，宝刹应有所馈赠，以做纪念，保佑其平安吉祥，鼓励其多做善事。我有一批木梳，你的书法超群，不妨刻上'积善梳'三字，然后可做赠品。"住持大喜，立即买下 1000 把木梳，并请小钱出席赠送"积善梳"仪式。"积善梳"传开后，朝圣者更多，香火更旺，小钱卖的木梳也更多。

第三节　市场营销学的产生与发展

一、市场营销学的产生

市场营销学是适应现代商品经济高度发展而产生的一门管理学科，也是一门由多学科交叉渗透、实用性很强的新兴学科。它于 20 世纪初起源于美国，但那时只是市场营销学的初期或萌芽阶段。到了 20 世纪 50~60 年代，市场营销学才有了比较成熟的理论做指导，并随着市场营销实践的变化而不断创新、不断丰富、不断发展和不断完善。

市场营销学作为一门学科而言，从产生到现在只有百年的历史，但作为培育它和为它提供实践场所的商品市场，却是一个非常古老的经济范畴。

市场是社会分工、商品生产和交换的产物，从人类发展历史角度来看，它经历了几种社会形态，有着几千年的发展历史。

在原始社会，自从发生了畜牧业与农业分离的第一次社会大分工，出现了农产品和畜产品交换的需要，就相应出现了交换的场所。这就是市场的雏形。

进入奴隶社会，商品生产和商品交换进一步发展，能够交换的不仅仅是产品，就连奴隶本身也被当作可交换的商品。到了资本主义社会，商品生产和商品交换发展到了极高水平。总之，无论何种社会形态，只要有商品生产和商品交换存在，就离不开为之提供场所的市场。因此，从简单意义上讲，市场是商品和服务交换的场所，是沟通供需的纽带。

在市场经济条件下，市场就如同战场。追求利益的最大化是商人们天经地义的本能，商人们为了在激烈的市场竞争中获胜，就必须认真研究有关市场与交换的学问。专家考证后认为，世界上最早提出市场营销观念的国家是日本。早在公元 1650 年，日本三井家族的成员就在东京开设了第一家所谓的百货公司，并提出了一套经营销售的方针，如商店要成为顾客的采购员；要为顾客设计和生产合适的商品；保证顾客满意，否则原款奉还。这些经营思想，应该说比较符合现代市场营销学原理的要求。

19 世纪中叶，美国国际收割机公司提出经营销售思想后，市场经营才真正出现于西方国家。麦克密克不但发明了收割机，而且发明了经营销售理论。他是西方国家中第一位清楚地认识到营销重要性的人，提出了早期市场营销的理论与方法。20 世纪初，泰勒《科学管理原理》一书的出版，标志着现代企业管理的开端。市场营销活动以及理论研究开始正式登上美国学术界和企业界实践与探索的舞台。经济思想史的进程表明，任何社会条件的变化都将产生新问题，从而导致为解决此问题所需的新理论和新思想的产生。

因此,市场营销思想首先起源于美国,也是和美国当时的社会经济环境密切相关的,是美国社会经济环境发展的产物。

二、市场营销学的发展历程

从20世纪初到现在,市场营销学的发展经历了四个阶段:一是萌芽阶段,二是应用阶段,三是变革阶段,四是成熟阶段。

(一) 萌芽阶段(1900~1920年)

这个时期中,各主要资本主义国家经过工业化革命,生产能力迅速增加,城市化进程加速带动了城市经济的发展。1920年美国城市人口开始超过农村人口,商品需求急剧增加。由于市场需求量的增加,市场的基本特征是产品供不应求的卖方市场,各类企业最需解决的问题是如何降低成本、增加生产,以满足市场的需求,而产品的销售则根本不用企业担心。但随着先进、科学的管理方法和生产技术的应用,企业生产率得到逐步提高,生产能力的增长速度超过了市场需求的增长速度。在这种情况下,一些有远见的企业主开始重视商品推销和刺激需求,注意研究和采用推销术和广告术。

比如1908年亨利·福特和柯冉斯亲自策划的福特T型车销售计划——福特不声不响地印发了T型车的商品目录,T型车的照片也被印在上面,然后秘密地将这些目录散发给福特汽车公司的主要经销商,经销商们收到福特邮寄来的信封有些莫名其妙,等拆开信封,仔细看过里面的商品目录、说明书和价格表之后,才醒悟过来,都赞同这是个难得的奇妙构思。在当时,这样的商品广告属于创新之举。

与此同时,一些经济学者根据企业销售实际的需要,着手从理论研究商品销售问题,市场营销专著相继在美国出版,市场营销学课程也出现在美国一些大学课堂上。如1905年克罗西在美国宾夕法尼亚大学讲授"产品市场营销"课程;1910年巴特勒在美国威斯康星大学讲授"市场营销方法"课程;1913年韦尔达在美国威斯康星大学讲授"农产品市场营销"课程;1912年美国哈佛大学教授赫尔特齐在讲授市场营销课程并走访一些大企业主的基础上,出版了《市场营销》教科书;1916年韦尔达出版《农产品市场营销》一书;1917年巴特勒出版《市场营销方法》一书。其中哈佛大学教授赫尔特齐的《市场营销》教科书的问世,被公认为是销售学作为一门独立学科出现的里程碑。以上这些都显示了市场营销最初作为企业解决实际问题的手段的初步形成,同时也说明了营销实践是营销理论产生的社会基础。

这一时期的市场营销学研究主要局限于推销和销售的促进方法,虽然有一定的实用价值,但在理论上尚未形成完整的体系,而且研究活动仅仅限于大学讲坛,在实践上,还未能引起社会的足够重视。

(二) 应用阶段(1921~1945年)

20世纪30年代到第二次世界大战的结束,是市场营销广泛应用于企业产品销售过程的时期。1929~1933年资本主义的经济大危机震撼了西方世界。由于生产严重过剩,产品大量积压,商品销售困难,导致企业大量倒闭。这时,企业面临的已经完全不是供不应求的卖方市场，而是供过于求的买方市场。面对尖锐的市场销售问题，企业急需解决的不是如何扩大生产和降低成本，而是怎么样把产品卖出去。为顺应这个潮流，不仅企业主广泛使用各种各样的推销术和广告术，而且营销学者也提出了"创造需求"的概念，并开始重视市场调查研究、分析、预测和刺激市场需求。这就为大规模开展市场营销学的研究与应用开辟了道路。这样，营销学进入了产品流通领域的应用阶段，积极而广泛地参与了企业争夺市场、销售产品的活动，为企业生存发展做出了积极的贡献。1926 年，美国成立了全国销售学和广告学教师协会；1931 年，成立了美国销售学协会，专门开设了为企业管理人员讲授销售学的讲习班。随后许多企业家也加入了协会，他们和销售学研究人员共同组成了现代美国销售学会。

不过由于推销观念的支配，扩大的推销部门中的市场调研主要任务仅仅是为了了解商品难销的原因，广告宣传的目的也是想方设法把已经生产出来的积压商品推销出去，还谈不上从消费需求出发，为企业的生产部门出谋划策。

（三）变革阶段（1946～1970 年）

从 20 世纪 50 年代开始，市场营销学的原理、概念都发生了许多重大变革，逐步形成了现代市场营销学。随着第二次世界大战的结束，一方面由于美国急剧膨胀的军事工业转向民用工业；另一方面由于科技革命的深入，劳动生产率大幅度提高，产品数量剧增，花色品种日新月异；同时，西方国家汲取了经济危机的教训，推行高工资、高福利、高消费以及缩短工作时间的政策，从而大大刺激了人们的消费购买力，使西方国家的市场需求无论在数量上还是质量上都发生了重大变化。市场的基本特征和趋势是产品进一步供过于求，而消费者的需求和欲望则不断变化，从而使市场竞争的范围更加广泛和深入，企业的经营压力有增无减。

这时美国市场营销学家奥尔德逊和科克斯指出，原有的市场营销学已经不能满足研究者与企业应用的需要。他们提出新的广义市场概念包含生产者和消费者之间实现商品和劳务潜在交换的任何活动，并强调生产者的产品和劳务要符合潜在消费者的需求与欲望。按照过去的概念，市场是生产过程的终点，营销的职能只是推销已经生产出来的产品和劳务。新的市场概念强调了买方的需求及潜在需求，市场成为生产过程的起点，这样，市场营销学的研究范围就突破了流通领域，深入到了生产领域和消费领域，参与了企业的生产经营管理，并影响着消费者的需求。

这一时期的变革被西方经济学家称为市场营销学的"革命"，从而正式促成了"现代"市场营销学的理论体系。1957 年，美国著名的市场营销学家霍华德的《市场营销管理：分析和决策》出版；之后，美国的菲利普·科特勒教授于 1967 年出版了《营销管理：分析、计划和控制》，在这部权威著作中，市场营销学的理论体系得到了系统的阐述。

同时，市场营销学理论与企业的经营管理实践密切地结合起来，并成为高等院校培养企业经营管理人才不可缺少的一门必修课，在职的管理人员也要定期学习。许多世界著名的大企业在组织机构设置上强调了市场营销部门的地位和作用，通常由第一副总经理分管市场营销工作，企业各部门都必须以顾客需求为中心开展工作。正是由于运用了营销学原理和方法，这些世界著名的大企业才取得了今日的成功，如以生产汉堡包闻名于世的美国麦当劳公司、在世界一百多个城市开设公司的国际商用机械公司等。

(四) 成熟阶段(1980年至今)

20世纪60~70年代以后，市场营销学日益与消费经济学、管理科学、心理学、社会学等学科理论密切结合起来，逐步成为一门成熟的、综合性的经营管理类学科，并得到了企业界的广泛重视和应用。市场营销的内涵也不断被更新和扩充，其中比较突出的是市场营销组合、"社会营销"观念和菲利普·科特勒的"大市场营销"理论。这一时期对市场营销学理论做出突出贡献的代表人物有杰罗姆·麦卡锡和菲利普·科特勒等。杰罗姆·麦卡锡在《基础营销学》一书中首次明确提出4P组合概念，即产品(product)、价格(price)、渠道(place)和促销(promotion)。

之后，"现代市场营销之父"菲利普·科特勒提出了大市场营销观念，将营销组合"4P"扩展为"6P"，增加了"政治力量"(political power)和公共关系(public relations)。他给"大市场营销"下的定义是：企业为了成功地进入特定市场和在特定市场营销，在策略上要协调地运用经济的、心理的、政治的和公共关系的技巧，以赢得若干参与者的合作和支持。此外，西德尼·莱维提出了全球营销、巴巴拉·本德·杰克提出了关系营销等理论。

20世纪90年代以来，市场营销学的研究范围进一步扩大，营销的含义得到了新的拓展，相继出现了网络营销、绿色营销、整合营销、差异化营销等新的研究领域。进入21世纪后，营销环境快速变化：大规模的市场被分割成一个个小的细分市场，进而成为个性化市场；新技术，特别是互联网技术的广泛应用，改变了消费者的购买行为；零售商建立起完善的管理信息系统，提高了工作效率及竞争力，如表1-1所示。

总之，市场营销学是在商品经济高度发展、生产迅速扩大、市场供求矛盾日益尖锐、竞争越来越激烈的情况下发展起来的，它还将随着社会经济、政治状况的不断发展变化得到进一步的充实和完善。

表1-1 市场营销学新概念

年代	新概念	提出者
20世纪50年代	市场营销组合 产品生命周期 品牌形象 市场细分 市场营销观念 营销审计	尼尔·鲍顿 齐尔·迪安 西德尼·莱维 温德尔·史密斯 约翰·麦克金特立克 艾贝·肖克曼
20世纪60年代	"4P"组合 营销近视 生活方式 买方行为理论 扩大营销概念	杰罗姆·麦克锡 西奥多·莱维特 威廉·莱泽 约翰·霍华德 杰克逊·西斯 西德尼·莱维 菲利普·科特勒

续表

年代	新概念	提出者
20世纪70年代	社会营销	杰拉尔德·泽尔曼
		菲利普·科特勒
	低营销	西德尼·莱维
		菲利普·科特勒
	定位	阿尔·赖斯
	战略营销	波士顿咨询公司
	服务营销	林恩·休斯塔克
20世纪80年代	营销战	雷维·辛格
	大市场营销	菲利普·科特勒
	内部营销	克里斯琴·格罗路斯
	全球营销	西德尼·莱维
	关系营销	巴巴拉·本德·杰克
20世纪90年代	网络营销	
	差异化营销	葛斯·哈伯
	绿色营销	
	3R营销	赫海凯特

三、市场营销学在中国的传播与发展

我国在改革开放以前,除了台湾和港澳地区对此有比较广泛的研究和应用外,整个大陆的市场营销学研究可谓是一片空白。改革开放以后,我国确立了市场经济制度,这就为我国引进、研究和应用市场营销学创造了有利的环境和条件。

1978年党的十一届三中全会确定了以经济建设为中心的方针,为我国引进和研究市场营销学创造了良好的条件。1978～1985年是市场营销学再次被引入中国并初步传播的时期。其间,北京、上海和广州等地的学者率先从国外引进市场营销学,为这一学科的研究、应用和人才培养做出了大量工作。1984年1月,全国高等财经院校、综合性大学市场学教学研究会在湖南长沙成立(1987年改名为"中国高等院校市场学研究会")。之后,许多省、市(区)也逐步成立了市场营销学会。

1985～1992年是市场营销学在中国进一步传播与应用的时期。此时的市场供求格局开始由卖方市场向买方市场转换,在经济快速发展和市场竞争加剧的环境下,企业界营销管理意识开始形成。市场营销的运用范围从外贸企业、商业企业、乡镇企业逐步扩展到国有企业,从消费品市场扩展到工业品市场,能源、材料、交通、通信等企业也开始接受市场营销概念。

到1988年,国内各大学已普遍开设了市场营销课程,不少学校增设了市场营销专业。1992年前后,部分高校开始培养市场营销方向的博士生。1991年3月,中国市场学会在北京成立。该学会成员包括高等院校、科研机构的学者,国家经济管理部门官员和企业经理人员。此后,中国高等院校市场学研究会、中国市场学会同时开展了一系列活动,促进了学术界与企业界、理论与实践的结合。

1992年以后是市场营销研究结合中国实际的创新阶段。邓小平南方讲话奠定了建立社会主义市场经济体制的改革基调。改革全方位展开,外资企业大量而快速地进入,买方市场特征更加明显,市场竞争进一步加剧。在这种形势下,强化营销创新成为理论界和企业界的重要课题。为此,中国营销学术界一方面加强了国际沟通,举办了一系列市场营销国际学术会议,另一方面,展开了以"中国企业实现'两个转变'"(从计划经济向市场经济转变,从粗放经营向集约化经营转变)为主题的营销创新研究。

需要指出的是,尽管我国市场营销学的研究和应用取得了上述可喜的成绩,但是从总体上看,与西方一些经济发达的国家相比尚有一定的差距,离创立具有中国特色的市场营销学的目标距离就更远。由于我国社会主义市场经济制度的建立时间还不长,市场机制尚不完善,我国大多数企业,特别是国有大中型企业还没有很好地运用现代市场营销学理论来指导企业的经营管理实践,所以在国际国内的市场竞争方面与外国企业相比就显得活力不足。因此,我国市场营销学理论的研究和应用水平尚需理论界、企业界和政府部门共同努力,使之进一步提高,从而增加我国企业的市场综合竞争实力。

第四节 市场营销观念

市场营销观念是指企业进行经营决策、组织和开展市场营销活动的基本指导思想,也就是企业的经营哲学。任何企业参加市场经营活动,都受一定的市场营销观念支配,而市场营销观念是否符合市场的客观实际,关系到企业的经营成败。市场营销观念是市场营销活动在经营者意识中的反映,它表明了人们与经营活动的关系,是企业决策者引导市场营销、实现销售、满足需求的一种经营指导思想,如图1-1所示。

市场营销过程 ⇌(产生/指导) 市场营销观念

图1-1 市场营销过程与市场营销观念的关系

一、传统市场营销观念

(一)生产观念

生产观念是一种以生产为中心的古老的市场营销观念。以这种经营观念为指导的企业认为,企业的任务就是生产并向市场提供顾客买得起的产品。提高生产效率和降低生产成本是经营者关心的全部问题。企业主要以提高劳动生产率、扩大生产规模,并以此降低产品价格来吸引顾客,获得自己的市场地位,很少关注除此之外的其他市场因素,甚至不注意对产品的更新和改良。

生产观念是在卖方市场条件下产生的。在资本主义工业化初期以及第二次世界大战末期和战后一段时期内,由于物资短缺,市场商品供不应求,生产观念在企业经营管理中颇为流行。这种观念的经营着眼点是产品,经营的基本策略是以生产数量多、物美价廉的商品取得优势,经营的基本方法是等客上门,通过大量生产来取得利润,不研究产品的销售促进。20世纪初,美国福特汽车公司制造的产品供不应求,亨利·福特曾傲慢地宣称:"不管顾客需要什么颜色的汽车,我只有一种黑色的。"公司倾全力于汽车的大规模生产,降低成本,扩大市场。我国在旧的计划经济体制下,由于市场商品短缺,企业不愁其产品没有销路,因此在经营管理中也奉行生产观念,具体表现为:工业企业集中力量发展生产,轻视市场营销,实行以产定销;商业企业集中力量抓货源,工业生产什么就收购什么,工业生产多少就收购多少,根本谈不上市场营销。

（二）产品观念

在生产观念阶段的末期,供不应求的市场现象在西方市场经济国家得到了缓和,产品观念应运而生。产品观念的核心思想是消费者最喜欢高质量、多功能和具有某种创新特色的产品。以产品观念为导向的企业总是致力于生产优质产品,并不断加以改进完善。此时,企业最容易产生"市场营销近视症",即不适当地把注意力放在产品上,而不是放在市场需要上,在市场营销管理中缺乏远见,只看到自己的产品质量好,看不到市场需求在变化,致使企业经营陷入困境。

例如,美国爱尔琴钟表公司自1869年创立到20世纪50年代,一直被公认为是美国最好的钟表制造商之一。该公司在市场营销管理中强调生产优质产品,并通过由著名珠宝商店、大百货公司等构成的市场营销网络分销产品。1958年之前,公司销售额始终呈上升趋势,但此后其销售额和市场占有率开始下降。造成这种状况的主要原因是市场形势发生了变化,这一时期的许多消费者对名贵手表已经不感兴趣,而趋于购买那些经济、方便、新颖的手表。而且,许多制造商迎合消费者需要,已经开始生产低档产品,并通过廉价商店、超级市场等大众分销渠道积极推销,从而夺得了爱尔琴钟表公司的大部分市场份额。爱尔琴钟表公司竟没有注意到市场形势的变化,依然迷恋于生产精美的传统样式手表,仍旧借助传统渠道销售,认为自己的产品质量好,顾客必然会找上门。结果,致使企业经营遭受重大挫折。

（三）推销观念

推销观念是被许多企业所采用的另一种观念。这种观念认为,消费者通常表现出一种购买惰性或抗衡心理,如果顺其自然,消费者一般不会主动购买某一企业的产品,因此,企业必须积极推销和大力促销,以刺激消费者大量购买本企业产品。推销观念在现代市场经济条件下被大量用于那些非渴求物品,即购买者一般不会想到要去购买的产品或服务。许多企业在产品过剩时,也常常奉行推销观念。

推销观念是在资本主义经济从卖方市场向买方市场转变过程中产生的。它流行于20世纪20年代后期到40年代之间。在这个时期,科学技术有了很大发展,产品生产数量迅速增加,供求状况发生了变化,虽然买方市场未最后形成,但卖主之间的竞争日趋激烈,经济危机表现得更加严重,企业倒闭时有发生,产品的销路问题成了企业生存和发展的关键。这种客观形势的发展使企业感到就算是物美价廉的商品也未必能卖掉,要在竞争中获取更多利润,还必须重视和加强产品的推销工作。于是,企业逐渐重视广告术、推销术和市场调查,逐渐关心产品销售状况,而不像过去那样仅仅关心产品的产量与质量。如在1930年左右,美国皮尔斯堡面粉公司发现推销它的产品的中间商,有的开始从其他厂家进货,为了寻求中间商,公司的口号由"本公司旨在制造面粉"改为"本公司旨在推销面粉",并第一次在公司内部成立了市场调研部门,派出大量推销人员从事推销业务。

但是,推销观念与前两种观念一样,也是建立在以企业为中心的"以产定销"的基础上,而不是建立在满足消费者真正需要的基础上。因此,前三种观念被称为传统的市场营销观念。

二、现代市场营销观念

(一) 市场营销观念

市场营销观念是以消费者需要和欲望为导向的经营哲学,是消费者主权论的体现,形成于20世纪50年代。该观念认为,实现企业诸目标的关键在于正确确定目标市场的需要和欲望,一切以消费者为中心,并且比竞争对手更有效、更有利地传送目标市场所期望满足的东西。

市场营销观念的产生是市场营销哲学的一种质的飞跃和革命,它不仅改变了传统的旧观念的逻辑思维方式,而且在经营策略和方法上也有了很大突破。它要求企业营销管理贯彻"顾客至上"的原则,将管理重心放在善于发现和了解目标顾客的需要上,并千方百计去满足它,从而实现企业目标。因此,企业在决定其生产经营时,必须进行市场调研,根据市场需求及企业本身条件选择目标市场,组织生产经营,最大限度地提高顾客满意程度。

西奥多·莱维特(Theodore Levitt)曾对推销观念和市场营销观念作过深刻的比较,指出推销观念注重卖方需要,市场营销观念则注重买方需要。推销观念以卖主需要为出发点,考虑如何把产品变成现金;而市场营销观念则考虑如何通过制造、传送产品以及与最终消费者产品有关的所有事物,来满足顾客的需要,如表1-2所示。

表1-2 推销观念与市场营销观念的区别

	起点	焦点	手段	目标
推销观念	企业	产品	推销和促销	通过增加销售量,实现利润增长
市场营销观念	目标市场	客户需要	整合营销	通过客户满意,实现利润增长

许多优秀的企业都是奉行市场营销观念的。如日本本田汽车公司要在美国推出一种雅阁牌新车,在设计新车前,他们派出工程技术人员专程到洛杉矶地区考察高速公路的情况,实地丈量路长、路宽,采集高速公路的柏油,拍摄进出口道路的设计。回到日本后,他们专门修了一条约14.5千米长的高速公路,就连路标和告示牌都与美国公路上的一模一样。在设计行李箱时,设计人员意见有分歧,他们就到停车场看了一个下午,看人们如何放取行李。这样一来,意见马上统一起来。结果本田公司的雅阁牌汽车一到美国就备受

欢迎,被称为是全世界都能接受的好车。

市场营销观念强调在营销实践中努力做到"顾客需要什么,我们就生产和销售什么"。只有当企业的各种职能、各个部门相互协调时,才能真正实现为顾客提供满意的服务。分析接受市场营销观念的主要障碍,强化市场营销理念,是提高企业自觉、正确地实践市场营销观念不可忽视的重要环节。

(二) 社会营销观念

社会营销观念是以社会长远利益为中心的市场营销观念,是对市场营销观念的补充和修正。社会营销观念的基本核心是以实现消费者满意以及消费者和社会公众的长期福利作为企业的根本目的与责任。理想的营销决策应同时考虑到消费者的需求与愿望的满足、消费者和社会的长远利益、企业的营销效益。

20世纪70年代以来,市场营销环境发生了一系列重大变化,如生态环境恶化、资源短缺、人口爆炸性增长、全球性通货膨胀和忽视社会效益。在这样的背景下,企业单纯奉行市场营销观念尽管可以满足消费者的需要和欲望,但回避了消费者需要、企业利益和社会长远福利之间隐含的冲突。例如,快餐业提供的汉堡包虽然可口,满足了消费者便捷进餐的需要,但缺乏营养,长期食用不利于健康,而且采用方便包装出售导致了过多的包装废弃物;香烟虽满足了烟民的需要,却损害了人们的健康……大量类似的案例警醒着人类,于是,西方学者提出用"人性观念""明智的消费观念""生态准则观念"等新的观念来修正或取代市场营销观念。菲利普·科特勒和杰拉尔德·扎特曼认为上述新观念都是从不同的角度来探讨同一个问题,可以统称为社会市场营销观念。这一提法已为多数人所接受。

社会市场营销观念要求市场营销者在制定市场营销政策时要统筹兼顾三方面的利益,即企业利润、消费者需要的满足和社会利益。最初,大多数公司依据公司的短期利益制定营销决策。后来,它们认识到,从长期来看,满足顾客需要十分重要,并由此产生了营销观念。现在,许多公司在制定营销决策时开始考虑社会利益。

强生公司就是一个很好的例子。该公司被《财富》杂志评价为美国最受尊敬的公司之一,特别是在社会责任和环境责任方面。强生公司对社会利益的关心可以从公司的一份文件中看出,它是这样写的:我们的信条是强调诚实和正直,要把人看得比利润更重要。在这个信条下,强生公司宁可承担大笔损失,也不愿把任何有害产品推向市场。此外,公司还支持社区和雇员组织的许多项目,只要这些项目对顾客和社区有益。用强生公司总裁的话说,"只要我们不断努力去做善事,我相信市场最终会回报我们"。

阅读材料

汽车大战,鹿死谁手

2008年发生在广东的"油荒"成了大家很关心的话题。由于严重缺油,一些加油站一度关闭,而仍在运营的加油站前等待加油的汽车排成长龙。汽油供给的紧张和价格的上涨使私家车的销量受到严重影响。由于汽车省油与否成为重要的购买参考指标,预示着世界汽车产业格局面临着重大变革。回想40多年前那场全球性的"油荒",正是那场"油荒"改变了世界汽车产业的基本格局。1973年,石油输出国组织(OPEC)减少石油供应,造成供应短缺和油价上涨。当时与日本车相比,美国车又大又重,于是在这场"油荒"中,以丰田为代表的小型、便宜、省油的日本汽车在美国市场受到了欢迎。这样,美国的汽车进口量在20世纪70年代几乎翻了一番,1970年进口汽车占全美汽车总销售量的15%,1980年占27%,而且在整个80年代始终居高不下。在这格局变动中,美国著名的汽车公司克莱斯勒几乎濒临破产,老牌汽车公司福特也遭受了严重的亏损。若不是美国政府出面保护,美国汽车工业情况会更糟。以福特公司为代表的美国汽车工业,开创了汽车的同质化及大规模生产的先河,为汽车的普及做出了卓越的贡献,但在20世纪70年代的"油荒"期间,它并没有根据消费者需求的变化在汽车设计上创新,相反却指望着美国人对费油的大车的偏好能持续下去,就这样将市场拱手让给了轻便、节油的日本车。以丰田汽车为代表的日本汽车秉承了不同的观念。研究过丰田文化的人应该了解,丰田精细的管理、创新的文化是它能够超越福特等公司的重要原因。丰田汽车的生产效率一直被视作行业标准,今天的美国汽车公司仍然在追赶丰田的生产效率,虽然是福特发明了生产流水线,但包括福特、通用在内的美国汽车巨头每辆车的装配时间依然比丰田汽车长几个小时;更重要的是,丰田汽车规定必须根据消费者的需求进行生产,生产出几乎是独一无二的个性化汽车,就像个人的家居设计、服装加工那样。丰田的这一举措是汽车制造商营销观念上的根本性革命。也正是诸多的创新使得丰田作为后起之秀成了汽车企业的楷模,其市值和盈利都居汽车业之冠,市值超过美国三大汽车公司和德国大众汽车的总和。

第五节 新型市场营销观念

企业市场营销观念在经历了生产观念、产品观念、推销观念、市场营销观念、社会市场营销观念五个阶段之后,继续随着实践的发展而不断深化、丰富。20世纪80年代以后,随着市场环境的进一步变化,又产生了几种新的市场营销观念。

一、服务市场营销

(一) 服务的概念

由于服务领域涉及的范围很广,而且服务的投入和产出过程相对于传统的农业、工业投入与产出来讲,往往又是无形的,消费者很难抓住,这无疑增添了准确定义"服务"的难度。这里,我们引用菲利普·科特勒对服务的定义:"服务是一方能够向另一方提供的基本上是无形的任何行为或绩效,并且不导致任何所有权的产生。它的生产可能与某种物质产品相联系,也可能毫无联系。"

(二) 服务的特征

(1) 同步性,也称不可分割性,生产—销售—消费过程紧密相连,即随做随卖,不能由中间商代理。如银行的自动柜员机服务、装修公司的设计服务、医院看病、自助餐、课堂教学等,顾客都不同程度地介入服务过程中,他们的行为直接影响到对服务产品的体验以及自身满意度。

(2)无形性,也称不可触知性。由于顾客和服务的不可分割性决定了顾客在买到某种服务之前,并不了解该项服务的功能及效果,因此,广告不宜宣传服务的主体,而应着重宣传服务带给人的利益。

(3)异质性,也称可变性。同一服务,不同的人操作就有不同的水平,因此服务的品质难以衡量,这就要求服务者必须始终力求服务的高质量,从而赢得顾客的信任。

(4)易逝性,也称不可储存性,即无法储存待用,过期作废,损失不可补偿。服务产品是一种行为,这使其不能像制成品那样,可以在生产后放到仓库存储起来,用于日后的销售。当然,必要的设施、设备、人员可以保留以备用来生产服务产品。然而,这仅代表生产能力,而不是产品本身。闲置的生产能力,如航班起飞后的空位、闲置的电话线路、放空的公交夜班车意味着浪费。可是,一旦服务需求超出生产能力时,顾客又因为需求得不到及时满足而失望。服务产品的不可存储性对于营销管理人员的挑战就是如何设计一系列营销手段和运营手段来平衡需求与生产能力之间的矛盾,做到既不流失顾客,又能最有效地利用生产能力。

(5)不涉及所有权的转让。通常,消费者购买一种产品,如家用电器,就代表实实在在拥有该产品的所有权。可是,当你购买一种服务时,你常会发现尽管你拥有服务所产生的价值,却很少或几乎没有获得伴随服务的有形要素的所有权。例如,理发服务中理发师傅给顾客理的发型任何理发店(有能力提供服务)都可以给任何顾客理,但该发型不涉及发型所有权的转让。

二、网络营销

网络营销是以互联网为手段,充分利用网络媒体的特性,借助互联网对产品和服务进行设计、定价、分销及促销,达到满足消费者需求和商家诉求目的的过程。

网络中的用户可以利用搜索工具比较价格,促使价格策略转变为满足需求的成本策略:同样质量、功能的产品,谁的成本低谁就能赢得客户。与此同时,方便灵活的购买方式取代了地点策略,因为网络提供给用户的是没有地域时空界限的、全方位的服务。基于网络环境的双向动态沟通方法取代了单向式的企业促销宣传,网络的沟通使服务更加全面、智能而且价格极为低廉。

网络营销的本质是营销活动对网络环境的适应,它建立在传统营销理论的基础上,同时又要利用互联网的特性对传统的营销策略进行改进。网络可视为一种新兴的营销渠道,它并非一定要取代传统的渠道,而是利用信息技术的发展来重组与创新营销渠道。不论是传统营销还是网络营销,营销的目标都是使顾客的需要和欲望得到满足,网络营销只不过是借助互联网络、电脑通信和数字交互式媒体的威力来实现这一目标。网络营销和传统营销两者之间既有区别又有联系。

三、绿色营销

伴随着现代工业的大规模发展,人类以空前的规模和速度毁坏自己赖以生存的环境,给自己的生存和发展造成了严重的威胁。大自然的报复促使人类警醒,绿色需求便逐步由潜在转化为现实。20世纪70年代,美国人对环境保护的狂热促成了"地球日"的诞生。之后,许多国家也逐渐认识到环境保护及可持续发展的重要性,纷纷提出环保新概念和一些环保计划。20世纪90年代以来,世界范围内掀起了一场波澜壮阔的绿色革命,从经济到政治、从观念到行动,对人类的生活产生了极大的冲击。绿色革命要求企业顺应可持续发展的潮流,选择可持续发展的战略,在企业营销活动的各方面采用新的营销模式,追求经济效益、社会效益以及环境效益的和谐统一。

绿色营销是指企业以可持续发展为目标,综合考虑企业的经济利益、消费者的满意度和环境利益,对产品和服务进行构思、设计、制造和销售的营销模式。

绿色营销包含以下内容:在选择生产或销售的商品和服务时,要尽量选择有利于环境保护的商品和服务;在新产品开发方面,努力开发绿色产品;在生产过程中,要采用无废少废技术和清洁生产工艺,尽量减少对环境的污染;在考虑产品包装时,要努力降低包装对环境的负面影响;在销售商品或提供服务的过程中,要引导消费者在消费时尽量降低对环境造成的不良影响;在售后服务过程中,要尽量节省资源、减少污染。可见,绿色营销要求企业将经济发展、社会发展、环境发展有机地结合起来。

阅读材料

红海家电上演"绿色营销"

2006年7月5日,格兰仕在北京推出"绿色回收废旧家电——光波升级 以旧换新"活动,消费者手中任何品牌的废旧家电,均可折换30~100元,用于购买格兰仕部分型号的微波炉和小家电;同时,格兰仕联合专业环保公司对回收的废旧小家电进行环保处理,为绿色奥运做出了自己的贡献。活动推出后,北京市场连续3日单日销售突破1000台,高端光波炉的销售同比增长69.6%。北京电视台、北京晚报、北京青年报、中国青年报、京华时报、北京娱乐信报、中国经营报等都对活动进行了追踪报道。随后活动向山东、福建、辽宁、云南、吉林、重庆等省份的10多个城市蔓延。格兰仕"绿色回收废旧家电"的活动成了2006年淡季小家电市场一道靓丽的风景。

四、关系营销

关系营销(Relationship Marketing)的概念是Berry在1983年最先提出的(Berry提出"关系营销就是保持顾客"),并在20世纪80年代末至90年代得到迅速发展,最终在西方市场营销学理论界掀起了一场革命。它是指为了满足企业和相关利益者的目标而进行的识别、建立、维持、促进同消费者的关系,并在必要时终止关系的过程,这只有通过交换和承诺才能实现。

关系营销的研究范围包括所有的内部和外部利益相关者,主要包括企业员工、影响者、供销者、消费者、竞争者五个方面。企业与各个利益相关者结成休戚与共的关系,关系营销就是要充分利用各种不同关系的特性,为企业发展谋求更大的利益。各个利益相关者在关系营销中发挥着不同的作用。

阅读材料

马狮百货的关系营销

马狮百货集团(Marks & Spencer)是英国最大且盈利能力最强的跨国零售集团,以每平方米销售额计算,伦敦的马狮公司商店每年比世界上任何零售商赚取的利润都多。马狮百货在世界各地有 2400 多家连锁店,"圣米高"牌子货品在 30 多个国家出售,出口货品数量在英国零售商中居首位。《今日管理》(Management Today)的总编罗伯特·海勒(Robert Heller)曾评论说:"从没有企业能像马狮百货那样,令顾客、供应商及竞争对手都心悦诚服。在英国和美国都难找到一种商品牌子像'圣米高'如此家喻户晓,备受推崇。"这句话正是对马狮在关系营销上取得成功的一个生动写照。

早在 20 世纪 30 年代,马狮的顾客以劳动阶层为主,马狮认为顾客真正需要的并不是"零售服务",而是一些他们有能力购买且品质优越的货品,于是马狮把其宗旨定为"为目标顾客提供他们有能力购买的高品质商品"。马狮认为顾客真正需要的是质量好而价格不贵的日用生活品,而当时这样的货品在市场上并不存在。于是马狮建立起自己的设计队伍,与供应商密切配合,一起设计各种产品。为了保证提供给顾客的是高品质货品,马狮实行依规格采购方法,即先把要求的标准详细定下来,然后让制造商依循制造。由于马狮能够严格坚持这种依规格采购之法,使得其货品具备优良的品质,并能一度保持下去。

马狮要给顾客提供的不仅是高品质的货品,而且是人人力所能及的货品,要让顾客因购买了"物有所值"甚至是"物超所值"的货品而感到满意。因而马狮实行的是以顾客能接受的价格来确定生产成本的方法,而不是相反。为此,马狮把大量的资金投入货品的技术设计和研发,而不是广告宣传,通过实现某种形式的规模经济来降低生产成本,同时不断推行行政改革,提高行政效率,以降低整个企业的经营成本。

此外,马狮采用"不问因由"的退款政策,只要顾客对货品感到不满意,不管什么原因都可以退换或退款。这样做的目的是让顾客觉得从马狮购买的货品都是可以信赖的,而且对其物有所值不抱有丝毫的怀疑。

在与供应商的关系上,马狮尽可能地为其提供帮助。如果马狮从某个供应商处采购的货品比批发商处更便宜,其节约的资金部分,马狮将转让给供应商,作为改善货品品质的投入。

这样一来,在货品价格不变的情况下,使得零售商提高产品标准的要求与供应商实际提高产品品质的要求取得了一致,最终制造出顾客觉得"物超所值"的货品,提高了顾客满意度和企业货品对顾客的吸引力。同时,货品品质的提高增加了销售量,马狮与其供应商共同获益,进一步密切了合作关系。从马狮与其供应商的合作时间上便可知这是一种何等重要和稳定的关系;与马狮最早建立合作关系的供应商合作时间超过100年,超过50年的供应商也有60家以上,超过30年的供应商则不少于100家。

在与内部员工的关系上,马狮向来把员工作为最重要的资产,同时也深信,这些资产是成功压倒竞争对手的关键因素。因此,马狮把建立与员工的相互信赖关系、激发员工的工作热情和潜力作为管理的重要任务。在人事管理上,马狮不仅为不同阶层的员工提供周详和组织严谨的训练,而且为每个员工提供平等优厚的福利待遇,并且确实做到了真心关怀每一个员工。

马狮的一位高级负责人曾说:"我们关心我们的员工,不只是提供福利而已。"这句话概括了马狮为员工提供福利所持的信念精髓:关心员工是目标,福利和其他措施都只是其中的一些手段,最终目的是与员工建立良好的人际关系,而不是以物质打动他们。这种关心通过各级经理、人事经理和高级管理人员真心实意的关怀得以体现。例如,一位员工的父亲突然在美国去世,第二天公司已为他安排好赴美的机票,并送给他足够的费用;一个未婚的营业员生下了一个孩子,她同时要照顾母亲,为此,她两年未能上班,公司却一直发薪给她。

马狮把这种对员工的细致关心化成公司的哲学思想,而不因管理层的更替有所变化,由全体管理层人员专心致志地持久奉行。这种对员工真实细致的关心必然引发员工对工作的关心和热情,使得马狮得以实现全面而彻底的品质保证制度,而这正是马狮与顾客建立长期稳固信任关系的基石。

五、顾客满意与顾客让渡价值

(一) 顾客满意

顾客满意是指顾客对一件产品满足其需要的可感知绩效(可感知价值)与预期期望价值进行比较所形成的感觉状态。

顾客的可感知价值是指购买和使用产品以后可以得到的好处、实现的利益、获得的享受、被提高的个人生活价值。顾客的预期价值是指顾客在购买产品之前,对于产品可能给自己带来的好处或利益的期望,是对产品或服务提高其生活质量方面的期望。在很大程度上,他人的评价、介绍、厂家许诺等对形成顾客的期望价值有很大的影响。显然,顾客的满意是两者的函数,如图1-2所示。

$$顾客满意 = f(感知价值, 期望价值) \begin{cases} 感知价值 > 期望价值 —— 很满意 \\ 感知价值 = 期望价值 —— 满意 \\ 感知价值 < 期望价值 —— 不满意 \end{cases}$$

图1-2 顾客满意的形成过程

对于奉行营销观念的企业,顾客满意是最高目标;对于企图争取更多的顾客并保持已有的顾客的企业,最主要的努力方向就是使顾客有满意感。因此,从顾客满意的概念和形成机制中可知,企业可以在降低预期价值或提高可感知价值方面分别或综合性地做出营销努力,来提高顾客的满意度。

(二)顾客让渡价值

顾客让渡价值是指顾客总价值与总成本之间的差额,而顾客总价值是指顾客购买某一产品或服务所期望获得的一系列利益。顾客总成本是指顾客为购买某一产品或服务所耗费的时间、精力及所支付的货币资金等预计费用,如图1-3所示。

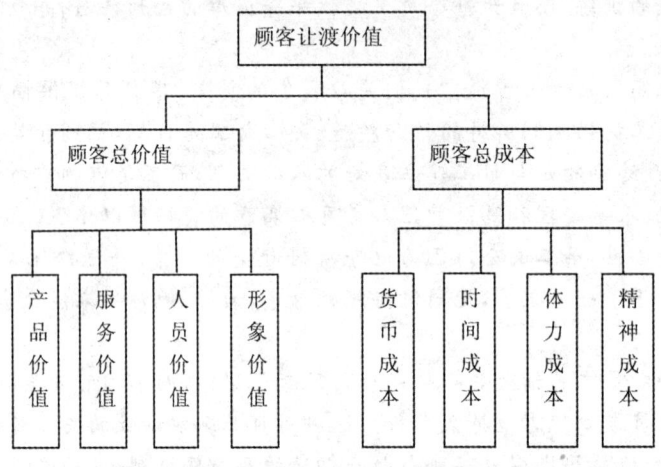

图1-3 顾客让渡价值构成图

1. 顾客总价值

(1)产品价值,是指由产品的功能、特性、品质、品种与式样等产生的价值。它是顾客需要的中心内容,也是顾客选购产品的首要因素。一般情况下,它是决定顾客总价值大小的关键因素。因此,企业要不断推出新产品,突出产品特色,增强产品适应性。

(2)服务价值,是指伴随产品实体的出售,企业向顾客提供的各种附加服务,包括产品介绍、送货、安装、调试、维修、技术培训、产品保证等所产生的价值。优质的服务会让消费者得到更多附加值,因此,向消费者提供更完善的服务已成为现代企业竞争的新焦点。

(3)人员价值,是指企业员工的经营思想、知识水平、业务能力、工作效益与质量、经营作风、应变能力等产生的价值。高素质的员工会为顾客创造更多的价值,从而创造更多的满意顾客。对企业而言,高度重视员工综合素质和能力至关重要。

(4)形象价值,是指企业及其产品在社会公众中形成的总体形象所产生的价值,包括有形形象、行为形象、理念形象所产生的价值。形象价值是产品价值、服务价值、人员价值综合作用的反映和结果。企业应重视自身形象的塑造,为顾客带来更大的价值。

2. 顾客总成本

(1)货币成本,是构成总成本大小的主要和基本因素。

(2)时间成本,顾客等候购买的时间越长,花费的时间成本越大,就越容易引起不满,中途放弃购买的可能性亦会增大。

(3)精力成本(精神与体力),是指顾客购买产品时在精神、体力方面的耗费与支出。

3. 顾客让渡价值的意义

(1)顾客满意可以使顾客忠诚。忠诚的顾客是企业最宝贵的资产,因为忠诚的顾客倾向于重复购买,交易成本低,企业能够从中获得最高的边际利润,而且他们的传播在市场上会对企业的产品和销售产生正面影响。尽管忠诚的顾客不一定就是满意的顾客,但是满意的顾客却更有可能成为忠诚的顾客。只有使顾客满意,才能驱动顾客在主观上形成对企业或者是品牌的忠诚,才能更稳妥有效地留住顾客。

（2）顾客满意可以降低企业的经营成本。由于满意的顾客在重复购买的时候对产品和购买过程有所了解,因此交易成本就会降低。在与满意顾客的交易中,企业用于退还产品、弥补操作失误、处理顾客抱怨等方面的开支会极大地减少,因此失败成本会降低。满意的顾客会将其经历通过积极的口头传播告诉他人,这无疑会使企业以较低的成本获取大量的新顾客。

（3）顾客满意有利于企业与顾客更亲密的接触,从而更好地挖掘顾客的真实需要。满意的顾客更乐于与企业进行积极的交流,他们会将使用产品或服务的真实感受主动告诉企业,或者主动向企业提供有关产品或服务方面的建议;在遇到企业市场调研的时候,他们会更积极地配合。他们的积极配合有助于企业及时地发现市场机会,更好地满足顾客需要,提升企业的竞争力。

（4）顾客满意有利于提高企业的整体声誉,提高企业防御市场风险的能力。长期使顾客满意的企业,其知名度和美誉度都会获得极大的提升,这有利于企业建立自己的品牌资产以及推广新产品,也有利于企业同主要的合作伙伴,如供应商、分销商等以及其他潜在盟友发展友好关系,使企业在竞争日益激烈的市场环境中有效地抵御各种各样的冲击,获得稳定的发展。

课 后 训 练

【关键词】

市场　市场营销　需要　欲望　需求　供应品　价值　交换　交易　生产观念　产品观念　推销观念　市场营销观念　社会营销观念　关系营销　顾客让渡价值

【思考题】

1. 什么是市场营销？怎样正确把握"市场营销"这个概念？
2. 市场营销观念与推销观念有何区别？
3. 举一个你认为符合社会营销观念的企业经营实例。你认为社会营销观念与市场营销观念有冲突吗？为什么？
4. 试举例说明需要、欲望和需求之间的区别,并说明为什么营销者不能创造需要。
5. 结合实际,你是否认为市场营销对我国经济发展及企业成长具有重要意义？
6. 简述顾客让渡价值的内涵。
7. 顾客满意是公司的目标,还是公司的手段？

【案例分析】

一汽"大换位"带来"大跨越"

一汽经营理念从"以效益为中心"向"以用户为中心"转移后,各项经济指标均创历史最好水平。2002年1～6月,生产各种汽车28.05万辆,销售28万辆,实现销售收入431.5亿元,利润21.5亿元,与2001年同期相比分别增长28.4%、41%、37.3%、34.3%。其中,销售的增长幅度高于行业12个百分点。

一汽各项指标的快速增长与国家宏观经济形势的好转及市场拉动有着密切的关系。但有关人士认为,这种成绩的取得,还源于企业核心体系能力的增强及经营理念的换位。

一汽在年初就提出了"以用户为中心,创建适应'入世'要求的新一汽",并把"以用户为中心"作为企业的核心内容。这一经营理念的确定,把一汽前几年在营销战线开展的"用户第一"上升到集团公司经营战略,引入一汽整个经营管理之中,产生了全公司各部门共同应对入世挑战的巨大能量。

"我的用户是谁?我的用户需要什么?我为用户做些什么?我还能为用户做什么?"一汽员工视用户为企业的第三管理者,几次把用户请回厂里,为职工上大课,为产品挑毛病,在公司上下形成了以用户需求为导向,以用户满意为标准,指导生产、经营和服务的良好氛围。在产品开发上,一汽坚持以市场为导向,以满足用户需求为己任,致力于适应性产品的开发。他们一方面依靠科技进步,对投放市场的产品不断进行提高动力、满足法律、适应用户需求的各项技术改进;另一方面为适应国情及满足市场个性化需求不断开发新车型,并将其迅速转化为市场优势,使"解放""红旗""捷达""奥迪"等产品以高技术含量、可靠的质量保持了市场优势。在生产上,一汽通过企业内部的流程再造,强化了企业经营管理运作,使企业的生产体系能力明显增强,适应汽车市场多元、快速的竞争要求。在营销管理上,一汽确定了"支持经销商做强"的基本厂策,各大品牌以诚信为宗旨,根据市场实际,调整和实施自己的营销政策,维护企业第一用户——经销商的利益,从而调动了他们的积极性,一汽在与用户共赢中也获得了更广阔的支持空间。

2002年,"解放"开展了"感动服务"活动,他们在全国451家服务站建立起"特快服务系统",确保12小时服务到位。"红旗"实施"服务年工程",为用户提供免费四次保养、一条龙购车服务等"管家式"服务。一汽"大众"在全国建立起6个备件中转库,实现供货周期48小时。"奥迪"在产品未覆盖地区发展单项服务经销商,使单项服务经销商分布城市达到37个。各具特色的服务举措增强了用户对一汽产品的认可度,坚定了购买一汽产品的信心。上半年,一汽各系列产品都呈现良好上升态势,主打产品"解放"中重型卡车、"红旗""捷达"(含宝来)、"奥迪"轿车、"佳宝"微型车的销量分别为11.2万辆、1.5万辆、7.5万辆、1.5万辆、3.5万辆,与去年同期相比增幅分别为33.7%、159.4%、59%、11.3%和100%。其中,"解放"卡车的销量已超过世界卡车巨头"奔驰"和"沃尔沃",跃居世界第一位。

案例思考题:

1. 一汽公司的经营理念和其具体作为是否能反映营销的基本精神?

2. 在现有的竞争状态下,你认为一汽公司是否应该改变其经营理念?如何改变?

【实训项目】

实训目的:

通过实训帮助学生了解市场营销的核心观念和市场营销管理的任务。

实训组织和要求:

将班级同学划分为若干项目小组,小组规模一般是 3~5 人,每小组选举小组长以协调小组的各项工作。辅导老师应及时检查学生对各项任务的完成情况,并组织各组进行经验交流。

实训内容:

以小组为单位,选择大学生熟悉的校园市场,各组选定一种产品,如饮料、手机或运动服饰等,通过此实训任务,让学生了解该产品在校园市场中的营销需求,了解该产品如果需要进入校园市场,作为营销者应采取哪些营销决策。

(1) 针对各组选定的产品确定该产品市场的需求。

(2) 讨论如果该产品需进入校园市场,作为营销者应针对产品采取哪些营销决策。

第二章 市场营销环境分析

【本章学习目标】

1. 理解市场营销环境的含义和特点。
2. 掌握市场营销的宏观环境和微观环境分析。
3. 熟悉如何针对不同的市场营销环境确定相应对策。

【能力目标】

能够运用有关环境分析方法对企业的宏观和微观环境进行全面、准确的分析,并能制定出针对市场营销环境变化所采取的对策。

【导入案例】

肯德基的由忧转优

1973年9月,肯德基的"家乡鸡"首次在香港推出,肯德基公司配合了声势浩大的宣传攻势,在新闻媒体上大做广告,采用世界性宣传口号"好味到舔手指"。凭着广告攻势和新鲜劲儿,"家乡鸡"红火了一阵子,可惜好景不长,三个月后,就"门前冷落鞍马稀"了。1975年2月,首批进入香港的美国肯德基连锁店集团全军覆没。肯德基首次在香港遭遇困境的原因有四:(1)肯德基用鱼肉喂养鸡的本土方法不适合香港的消费市场,这种鸡的口味破坏了中国鸡的特有口味;(2)鸡的价格高于一般市民的承受能力;(3)肯德基店内不设座的经营方式不符合香港的就餐习惯;(4)盛行世界的广告词"好味到舔手指"在中国人的观念里不易被接受,舔手指在中国被视为不卫生的行为,这种广告容易引起香港消费者的反感。本案例中,肯德基公司在20世纪70年代由于忽视了香港的社会文化环境,忽视了中国人固有的文化观念、消费习惯和购买行为特点,从而导致其产品在香港市场全军覆没。20世纪80年代,肯德基公司总结上次开拓市场的经验,吸取上次的失败教训,着重对市场营销环境进行研究,采取了富有针对性的营销策略,取得了辉煌成绩。

(资料来源:https://wenku.baidu.com/view/bef1b62c7375a4417866f8fcd.htm)

企业的经营管理活动并非企业自身独立的活动,必然与周围环境发生各种各样的联系,各种环境的变化决定或影响着企业的经营管理。企业要在市场中生存并且不断地发展,就必须了解和认识市场环境。企业只有关注、监测和预测其周围市场营销环境的发展变化,并善于分析和识别由于环境变化而造成的主要市场机会和威胁,及时采取适当的措施和对策,才能制定出相应的市场营销策略,从而使其经营管理与市场营销环境的发展变化相适应,使企业在激烈的市场竞争中立于不败之地。

第一节 市场营销环境的含义及特点

一、市场营销环境的含义

市场营销环境是企业营销职能外部的不可控制因素和力量,是影响企业生存和发展的外部条件。企业营销活动要以环境为依据,企业要主动地适应环境,并且要通过营销去影响外部环境,使环境有利于企业的生存和发展,从而提高企业营销活动的有效性。

市场营销环境是一个不断发展和完善的动态概念。19世纪,西方工商企业仅仅认为市场就是营销环境。20世纪30年代,政府、工会、投资者等有利害关系者也被看作营销环境来对待。进入20世纪60年代后,自然生态、科学技术、社会文化等环境因素被列入企业市场营销所考虑的范畴。从20世纪70年代起,企业开始重视对政治、法律的研究。20世纪80年代后,世界各国对环境保护、生态平衡的重视程度日益提高,通过立法、制定标准等各种途径保护人类的生存环境。这些环境的变化给企业的经营活动既造成了环境威胁,也带来了新的市场机会。因此,现代市场营销观念认为,企业的决策者必须采取适当的措施,经常监视和预测其周围市场营销环境的发展变化,并善于分析和鉴别由于环境变化而造成的主要机会和威胁,及时调整市场营销中的各种可控因素,使其经营管理与市场营销环境的发展变化相适应。

二、市场营销环境的构成

企业的市场营销环境是由一系列相互影响、相互作用的重要参加者、市场和其他相关力量构成。

一般根据不同的划分标准对市场营销环境进行以下划分。

(一)按对企业营销活动影响时间的长短分为短期环境和长期环境

短期环境:在一定时间范围内影响企业市场营销活动的各种外部条件的总和。短期环境变化较快,对企业营销活动的影响时间较短,企业要根据短期环境的变换及时调整营销策略。

长期环境:在较长时间范围内影响企业市场营销活动的各种外部条件的总和。长期环境比较稳定,一旦形成则对企业的影响时间较长,能够引导企业的发展趋势。

(二)按对企业营销活动影响因素的范围分为微观环境和宏观环境

微观环境(micro-environment)也叫直接营销环境,是指与企业紧密相连,直接影响企业营销能力的各种参与者,主要由企业的供应商、企业内部环境、营销中介、顾客、竞争者和社会公众组成。对于微观环境而言,企业可以行使一定程度的影响力。比如,企业可以通过提高内部各部门的协同配合能力来提高工作效率,可以通过力争生产质优价廉的商品来吸引顾客,等等。

宏观环境(macro-environment)也叫间接营销环境,是指影响企业营销活动的一系列巨大的社会力量和因素,主要是人口、经济、政治法律、科学技术、社会文化及自然六大因素。宏观环境对于企业而言是不可控制的。比如,企业并不能对法律产生任何影响,市场在不断地变化,公司也需要随之而改变,同时也必须注意激烈的市场竞争,等等。宏观环境因素不是静态不变的,而是经常处于变动之中,对企业的经营管理活动造成一定的冲击。如20世纪70年代初期,由于石油价格暴涨引发了第二次世界大战后最严重的一次经济危机,许多汽车企业因没有预料到这一形势环境的变化而损失惨重,但日本制造商却把握住了时机,推出了世界上最省油的汽车而一举打入了世界汽车市场。市场营销环境如图2-1所示。

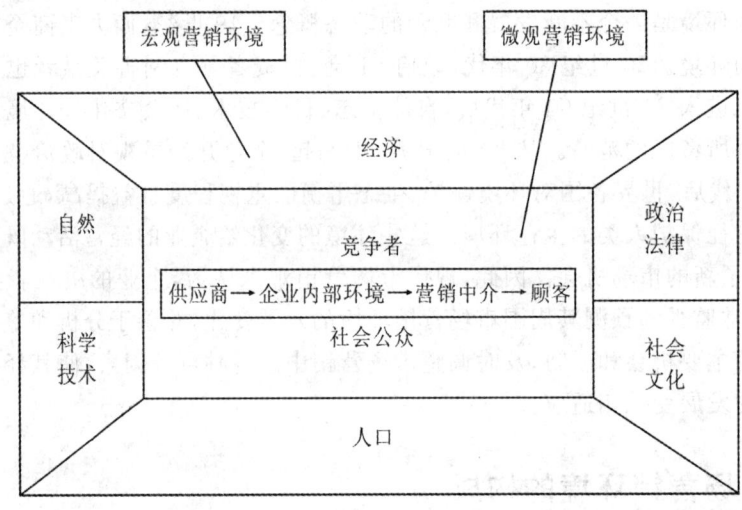

图2-1 市场营销环境

三、市场营销环境的特点

市场营销环境具有客观性、关联性、层次性、差异性、动态性和不可控性等特点。

(一)客观性

企业总是在特定的社会经济和其他外界环境条件下生存和发展,无法摆脱和控制营销环境。市场营销环境作为一种客观存在,是不以企业的意志为转移的,有着自己的运行规律和发展趋势,对营销环境变化的主观臆断必然会导致营销决策的盲目与失误。营销管理者的任务在于适当安排营销组合,使之与客观存在的外部环境相适应。

(二)关联性

市场营销环境是一个系统,在这个系统中,各个因素是相互依存、相互作用和相互制约的。营销环境某一因素的变化,会带动其他因素的相互变化,形成新的营销环境。如经济因素不能脱离政治因素而单独存在,政治因素发生变化,经济因素必然要求随之发生改变;同样,政治因素也要通过经济因素来体现,经济因素发生变化,政治因素必然要求随之发生改变。

(三)层次性

从空间上看,营销环境因素是个多层次的集合。第一层次是企业所在的地区环境,如当地的市场条件和地理位置。第二层次是整个国家的政策法规、社会经济因素,包括国情特点、全国性市场条件等。第三层次是国际环境因素。这几个层次的外界环境因素与企业发生联系的紧密程度是不相同的。

(四)差异性

营销环境的差异主要是因为企业所处的地理环境、生产经营的性质、政府管理制度等方面存在差异,不仅表现在不同企业受不同环境的影响,而且同样一种环境对不同企业的影响也不尽相同。可见,由于外界环境因素的差异性,企业必须采取不同的营销策略才能应对和适应市场营销环境。

(五)动态性

营销环境不是一成不变的、静止的。营销环境随着时间的推移经常处于变化之中。例如,外界环境利益主体的行为变化和人均收入的提高均会引起购买行为的变化,影响企业营销活动的内容;外部环境各种因素结合方式的不同也会影响和制约企业营销活动的内容和形式。环境的诸因素都受众多因素的影响,每一环境因素都随着社会经济的发展而不断变化。

(六)不可控性

影响市场营销环境的因素是多方面的,也是复杂的,并表现出企业对它们的不可控性。例如,一个国家的政治法律制度、人口增长及一些社会文化习俗等,企业不可能随意改变这些因素。

第二节 宏观营销环境

企业宏观环境主要包括人口环境、经济环境、政治法律环境、社会文化环境、科学技术环境和自然环境六个方面。

一、人口环境

人口环境是指人口规模、增长率、密度、分布、年龄、性别、教育等因素,这些因素对企业的营销活动有影响。人口是构成市场的基本要素。人们的生活有着衣、食、住、行等方面的各种需求,而市场正是由某些有需求并且有购买能力的人口构成的,一般而言,人口的多少直接决定市场的潜在容量。由于任何企业的销售都不可能穷极所有的人口,因此对人口环境的研究必须具体地研究人口的地理分布及流动、年龄结构、性别等特性,这些因素的变化都会对市场需求产生深刻的影响。

(一)地理分布及流动

人口在一个国家内的分布都是不均匀的,甚至有的时候密度悬殊。例如,我国人口最密集的地方是东部沿海地区,美国人口最密集的地方是大西洋沿岸、五大湖边缘以及加利福尼亚州沿海地区。人口的分布具有动态的变化性,它随着经济社会的发展不断变化。当代世界各国人口地理分布的变化呈现下列两个趋势。一是人口从农村流向城市,促使城市人口集中。这对零售业的结构影响很大,城市市场不断扩大,形成了繁华的城市商业区。这种趋势使得一些著名的零售公司发展起来。二是近几十年来,西方各国人口从城市流向郊区。这种趋势使得大城市周围出现了住宅和现代化的购物中心,城市商业中心区的商家经营受到威胁,市场占有率下降,零售商业结构和零售商店的布局有所改变。

阅读材料

西尔斯·罗巴克公司

西尔斯·罗巴克公司是世界上最大的零售商之一,由于善于寻找市场机会,自1886年创办以来一直生意兴隆。这家公司最早是为农场主服务的。当时横贯美洲大陆的铁路已经建成,交通运输发展了,农村邮政投递畅通,邮政业务也改善了。而一家一户的农场主仍处于分散、孤立的状态,不能随时进城去商业中心选购商品,而且他们在许多方面还有着与城市消费者不同的需求。西尔斯·罗巴克公司分析了形势,根据广大农场主的情况,决定开展邮购业务,把适合他们需要的商品寄给他们,并实行"保证满意,否则如数退款"的政策,结果业务蒸蒸日上。到第一次世界大战结束,西尔斯·罗巴克公司已经成为全国性的大邮购公司。1921年以后,美国的形势发生了变化:公路四通八达,农场主收入和生活水平大大提高,几乎每家都有自己的汽车,可以随时进城采购商品。同时,美国人口从农村大量流入城市。西尔斯·罗巴克公司决定在城市商业中心开设零售商店,业务转向经营零售商店为主,在继续为广大农场主服务的同时,也为日益增多的城市消费者服务。第二次世界大战结束后,城市郊区和远郊人口迅速增加,而大零售企业都集中在城市商业区。面对新的形势,西尔斯·罗巴克公司又发现了良机,及时调整战略:在人口迅速增加的郊区和远郊开设库存充足、花色品种齐全的大型商店,并设有宽敞的停车场。这样,既远离竞争者,又使郊区和远郊的消费者在一个屋顶下能够买到一切要买的东西。由于满足了目标顾客的需要,西尔斯·罗巴克公司再次扩大了它的业务。

(资料来源:李红伟,陈林.市场营销.北京:北京大学出版社,2006)

(二)年龄结构

人口的年龄结构也直接影响市场需求。消费者年龄的差别使得他们对商品和服务会产生不同的需求。首先,根据消费者的年龄结构,可以将市场细分成许多各具特色的消费者市场,如老年人市场、成年人市场、青少年市场、儿童市场及婴儿市场等。各个市场的消费者对于商品和服务有着不同的需求。儿童主要是对儿童食品、玩具、儿童书籍等有需求,青少年主要是对游戏机、数码产品及运动器材等有需求,而老年人主要是对营养保健品、旅游服务、赡养服务等有需求。其次,随着经济的发展和科学技术的进步,人口的年龄结构也在发生变化,表现在两个方面。一方面,人口平均寿命在增加,这意味着人口趋于老龄化。我国60岁以上的老年人口预计到2025年将达2.8亿,占总人口的20%。人口老龄化趋势的加剧,使老年人市场成为一个很有潜力的市场,从而使医疗和保健用品、助听器、眼镜、旅游和娱乐等的市场需求迅速增加,这就给生产此类产品、提供此类服务的商家提供了市场机会。另一方面,随着世界各国计划生育和控制人口增长等一系列政策的施行,儿童在总人口中所占的比例下降,尤其是发达国家,这必然会对儿童用品、儿童玩具等行业产生深刻的影响,企业不得不调整其市场营销策略。

（三）性别

男性和女性在对商品的需求和购买行为上存在着较大的差异。家庭日用消费品、儿童用品等都被划分为女性消费市场,女性市场的容量明显大于男性市场。"如今80%的商品被女人购买,现代经济至少在很大程度上依赖于女人对产品和服务的消费。"著名女性主义者杰曼·格里尔在其《完整的女人》一书中这样评价女性对消费的冲击。2008年9月,北京万事达卡国际组织发布的一项关于女性消费者网络购物行为的调查显示,有网络购物行为的女性消费者在数量上多于男性。据中国互联网信息中心对淘宝大型购物网站的调查,女性消费者对于服饰、化妆品、珠宝等商品,购买频率为"每月都买"或"每周都买"的超过30%。一年网上购物超过12次的"购物常客",约占网上女性消费者的四成以上。据统计,女性的消费忠诚度和购物频率比男性更高。2010年3月有关调查表明,在被调查女性中,9%控制着家庭中三分之一的消费资金,15%控制家庭中二分之一的消费资金,47%控制家庭中三分之二的消费资金,29%控制家庭中四分之三的消费资金,而且近六成被调查家庭的消费计划也都是由女性说了算。积极拓展和把握住女性市场已经成为许多企业的营销策略。

（四）其他

在人口因素中,还需要对教育程度和职业、民族与宗教、文化等因素进行分析。所有这些因素都会引起消费需求、消费方式和购买行为的差异,从而深刻地影响企业的营销活动。因此,企业必须密切注意人口变化的动向,以调整自身的生产和销售决策。如在20世纪80年代初,百事可乐公司曾就未来十年的饮料市场需求进行了一次预测,预测报告的一个结论是:由于将来青少年的减少,对百事可乐的需求将不会增加,然而对于减肥饮料及混合性饮料的需求量将会日趋增多。

人口是构成市场的基本要素,是市场营销活动的最终对象。在收入条件接近的情况下,人口决定市场容量。企业应密切关注影响人口环境的诸因素,包括人口的规模、人口构成、人口分布以及人口增长等方面的情况,以便根据行业优势选择目标市场,并制定相应的市场营销策略。

二、经济环境

经济环境是指企业市场营销活动所面临的社会经济条件及其运行状况和发展趋势,

其中最主要的指标是社会购买力,而社会购买力又与居民的收支、储蓄和信贷以及物价等因素密切相关。因此,市场规模的大小,归根到底取决于消费者购买力的大小。从市场营销的角度来看,影响社会购买力大小的主要因素有以下几个方面。

(一) 国内生产总值

国内生产总值(Gross Domestic Product,简称 GDP)是指在一定时期(一个季度或一年),一个国家或地区的经济中所生产出的全部最终产品和劳务的价值,常被公认为衡量国家经济状况的最佳指标。它不但可反映一个国家的经济表现,更可以反映一国的国力与财富。社会购买力是一系列经济因素的函数。具体而言,购买力的大小首先取决于国民经济的发展水平以及由其决定的国民平均收入水平。GDP 的增长率很大程度上决定了一个国家或地区的个人收入水平、就业率、消费结构和投资规模等,市场受此影响很大。经济持续增长将使就业率提高,家庭收入增加,从而使个人消费支出增加,这就使市场机会增大。反之,经济增长缓慢甚至停滞不前,就会使个人收入受到抑制,个人购买力受阻,最终使消费市场萎缩。

(二) 消费者个人收入

消费者个人收入指消费者个人的工资、红利、租金、退休金及馈赠等形式以及从其他来源所获得的总收入。个人收入是影响社会购买力、市场规模大小以及消费者支出模式的一个重要因素。消费者的个人收入扣除了消费者个人缴纳的各种费用和交给政府的非商业性开支(如个人所得税等)之后的所得就是可支配的个人收入。可支配的个人收入是影响消费者购买力和消费者支出的决定性因素。在可支配的个人收入中,有相当一部分要用来维护个人或家庭的生活以及支付必不可少的费用。只有在可支配收入中再减去消费者用于购买生活必需品的支出和固定支出(如房租、保险费、分期付款、抵押借款等)后所余下的个人可任意支配的收入,才是影响消费需求变化的最活跃的因素。对市场上绝大部分商品品种而言,消费者是用个人可任意支配收入部分来支付的。

(三) 消费者实际收入的变化

在消费者货币收入不变的情况下,若通货膨胀、物价上涨,则消费者的实际收入便减少,导致购买力下降;反之,若物价下跌,则消费者的实际收入增加,购买力提高。因此,社会购买力的实现与通货膨胀情况密切相关。

(四) 消费者储蓄和信贷情况

居民个人收入不可能全部用掉,总有一部分以各种形式储蓄起来,包括银行储蓄存款、债权、股票等。在一定时期,储蓄多少将影响消费者的购买力和消费支出。在一定时期内货币收入不变的情况下,若储蓄增加,则近期购买力和消费支出便减少;反之,若储蓄减少,则近期购买力和消费支出便增加。此外,消费者不仅以货币收入购买他们需要的商品,还可以用各种形式的分期付款、信用卡、按揭贷款等贷款来购买商品,所以消费者信贷能力也是影响消费者购买力和支出的一个重要因素。

(五) 消费支出模式的变化

消费者支出模式主要受消费者收入的影响。消费者收入有变化,消费者支出模式就会发生相应的变化。德国统计学家恩格尔用恩格尔系数,即食物支出变动的百分比除以总支出变动的百分比,作为衡量一个家庭富裕程度的指标。这个公式又称为食物支出的收入弹性或称为恩格尔定律。恩格尔定律简单表示为:

$$恩格尔系数 = \frac{食物费用}{总支出费用} \times 100\%$$

恩格尔定律还指出:(1)随着家庭收入增加,用于购买食品的支出占家庭收入的比重下降,称恩格尔系数下降;(2)随着家庭收入增加,用于住宅建筑和家务经营的开支占家庭收入的比重大体不变;(3)随着家庭收入增加,用于其他方面的开支(如服装、交通、娱乐、卫生保健和教育等支出)和储蓄占家庭收入的比重会上升。

(六)其他因素

消费支出除了主要受消费者收入影响外,还受家庭生命周期所处阶段、消费者家庭所在地点以及价值观念等多种因素的影响。

(1)家庭生命周期所处的阶段。家庭生命周期处于不同阶段,其支出模式有很大的不同。比如,一个没有孩子的年轻人家庭,往往把收入用于购买电冰箱、家具、陈设品等耐用消费品;而一个有孩子的家庭,收入预算会更多地用于食品、服装、教育等方面的支出,而等到孩子自主之后,父母的大量可任意支配收入增加,其支出的重点又有可能偏重于医疗保健、旅游、购置奢侈品或储蓄等。

(2)消费者家庭所在地点。所在地点不同的家庭用于住宅、交通、食品等方面的支出情况也有所不同,如住在中心城市的消费者和住在市郊的消费者相比,前者用于交通方面的支出较少,用于住宅方面的支出较多;而后者用于交通方面的支出较多,用于住宅方面的支出较少。

三、政治法律环境

政治法律环境主要是指法律、政府机构的政策法规,以及各种政治团体对企业活动所采取的态度和行动。

政治法律环境显示出政府与企业的关系,一方面,反映在国家的方针政策上,国家主要通过人口政策、产业政策、能源政策、财政金融货币政策等规定国民经济的发展方向和速度,这直接关系到社会购买力的提高和市场消费需求的增长;另一方面,反映在国家的法规上,特别是有关经济的立法。相对于方针政策而言,法令法规具有相对的稳定性。各项经济法令法规的颁布有利于规范企业的行为,从而鼓励或限制某些产品的生产和消费,改变消费需求的数量、质量和结构。

从营销角度分析政治法律环境,一方面,主要是培养企业对政治法律的敏感性,从而把握住给企业带来的机会。如日本汽车生产厂商研究我国大城市的交通法规,发现绝大多数大城市禁止载重2吨以上的货车入城,因此他们积极研发1.8吨的轻型货车,在我国市场大获成功。另一方面,要注意企业对法律,特别是政策的能动性,通过经济利益集团及早施加影响,从而使国家、地方政策法律有利于企业组织的发展。最后,我国消费者自我保护意识不断增强,消费者组织日益强大,这些倾向对企业经营的影响也会日趋强烈。

阅读材料

政治风云导致"米沙"的失败

1977年,洛杉矶的斯坦福·布卢姆以25万美元买下西半球公司一项专利,生产一种名叫"米沙"的小玩具熊,用作1980年莫斯科奥运会的吉祥物。此后的两年里,布卢姆先生和他的伊美治体育用品公司致力于"米沙"的推销工作,并把"米沙"商标的使用权出让给58家公司。成千上万的"米沙"被制造出来,分销到全国的玩具商店和百货商店,十几家杂志上出现了这种带4种色彩的小熊形象。开始,"米沙"的销路很好,布卢姆预计这项业务的营业收入可达5000万到1亿美元。不料在奥运会开幕前,由于苏联拒绝从阿富汗撤军,美国总统宣布不参加在莫斯科举行的奥运会。骤然间,"米沙"变成了被人深恶痛绝的象征,布卢姆的盈利计划成了泡影。

(资料来源:https:// wenku. baidu. com/view/4d4ad418ee06eff9aef807be. html)

四、社会文化环境

人类学家爱德华·B.泰勒认为:"文化是个复合的整体,其中包括知识、信仰、艺术、道德、法律、风俗以及作为社会成员而获得的其他方面的能力和习惯。"社会文化环境就是指由价值观念、生活方式、宗教信仰、职业与教育程度、相关群体、风俗习惯及社会道德风尚等因素构成的环境。社会文化环境所蕴含的这些因素在不同的地区、不同的社会是有所不同的,具体反映在以下几个方面。

(一)风俗习惯

世界范围内不同国家或国家内的不同民族在居住、饮食、服饰、礼仪及婚丧等物质文化生活方面各有特点,形成了风俗习惯的差别。比如,出口到英国的产品包装上忌用白象、山羊和孔雀。因为在英国,孔雀被认为是祸鸟,孔雀开屏被认为是自我炫耀;山羊的英文"goat"在英国有"不正经男子""坏人"之意;而白象则意味着大而无用,好吃懒做。再如,出口到法国的产品包装上忌用墨绿色。因为在二战期间,希特勒率领的法西斯部队就是身着墨绿色军装,这种颜色会勾起法国人痛苦的回忆,所以他们对其异常反感。

(二)宗教信仰

宗教是影响人们消费行为的重要因素之一,不同的宗教在思想观念、生活方式、宗教活动和禁忌等方面各有其特殊的传统,这将直接影响其消费习惯和消费需求。比如,荷花是日本人禁忌的图案,因为荷花在日本意味着祭奠,是极乐世界的象征。还有,日本人对装饰有獾和狐狸的图案也特别反感,因为这两种动物在日本人眼里是贪婪和狡猾的象征。

(三)价值观念

价值观念是指人们对于事物的评价标准。它可以反映在阶层观念、财富观念、创新观念、时间观念等方面,这些观念的差异会形成不同的企业营销环境。

(四) 教育程度和职业

人们在教育程度和职业上的差异,也会导致消费者在生活方式、消费行为与消费需求上的差异。

五、科学技术环境

科学技术是社会生产力中最活跃的因素,它直接影响到企业的产品开发和管理经营活动。尤其是新的技术发明,既给企业带来新的机会,又给企业带来环境威胁。

(一) 科技发展引起经济结构的变化,极大地促进经济的增长,为某些企业提供了新的机会

"科学技术是第一生产力",科学技术在未来经济生活中将发挥更大的作用,被称为创造性的力量。科学技术与生产密切结合起来就将直接或间接地带来农业生产、工业生产、交通、邮电通信、能源部门、国民教育以及卫生事业等的变化和发展,带来各产业部门之间的演变与交替,伴随而来的是新兴产业的出现、传统产业的改造、落后产业的淘汰。所以技术的不断进步将给企业带来各种发展机遇。例如,网络技术的发展使预定业务及在线旅游得到旅游消费者的极大青睐,给旅游企业提供了许多新的市场机会,但同时又影响了传统旅行社的经营业务;又据美国《设计新闻》报道,由于大量启用自动化设备和采用新技术,将出现许多新行业,包括新技术培训、新工具维修、电脑教育、信息处理、自动化控制、光导通信、遗传工程及海洋技术等。如果企业的最高管理层富于想象力,及时采用新技术,从旧行业转入新行业,就能求得生存和发展。在知识经济时代,知识将作为一种生产投入以降低物质的投入,从而达到节约物质资源、提高经济效益和效率的目的。知识经济的出现,标志着以物质资源的高消耗为基础的工业经济的转化和升华,人类将进入一个新的文明时代。俄罗斯经济学家雷姆·别洛乌索夫将这一新的文明称为"工业后文明"或"人类历史上第八个文明"。他认为这一新的文明包括三个部分:高效率的、最大限度无害的工艺,丰富的文化,合理的生产社会结构和人的生活、休闲结构。而实现这一文明的科技基础将是智能、电子通信和信息科学、创造科学、手工艺和合理管理的结合。电子信息产业的发展是21世纪科技发展的重大方向。当今世界,信息化水平已成为衡量一个国家综合国力的重要标志。因此,大力发展电子信息产业,广泛采用电子信息技术,开发信息资源,推进国民经济信息化,已成为我国的当务之急。近几年来我国的信息产业发展较快,但与发达国家相比,我国信息产业还相当落后。据专家预测,我国电子信息产业市场容量2010年将达6万亿,将成为全球最大的电子信息市场,也将为我国企业带来极大机遇。

(二) 科技革命引发市场营销策略的变化

新科技给企业带来了巨大的压力,并且改变了企业生产经营的内部因素和外部环境,引起了企业市场营销策略的变化。

1. 产品策略

由于科学技术的迅速发展,新产品不断被开发,产品市场寿命周期大大缩短,产品更新换代加速。在科技迅速进步、市场竞争加剧和人们需要不断变化的形势下,开发新产品是企业开拓新市场赖以生存发展的根本条件。今后企业市场营销人员的主要注意力是不断寻找新科技的来源、新技术的专利保护,开发能给消费者带来更多便利的产品。

2. 分销策略

由于科技迅速发展,人们的工作及生活方式都发生了重大的变化,从而引起分销机构发生了很大的变化。传统的营销渠道组织是指"生产者—批发商—零售商—消费者"这样的渠道组织。在这样的渠道组织中,渠道各成员都是独立的机构,相互之间不受其他机构的控制。这种传统的营销渠道组织对企业有利有弊。有利的方面表现在可以利用批发商和零售商的仓储条件,也可以使企业在资金方面得到批发商和零售商的支持。不利的方面表现在批发商和零售商作为独立的经济实体,决策往往是以自己的利益最大化为原则。这样,企业难以对自己的营销活动进行控制,同时,还可能因相互之间的利益冲突阻碍企业营销渠道的正常运行。针对这种问题,在实践中,一些企业开始采用垂直式营销渠道组织,即由生产者、批发商、零售商作为一个统一体而组成的营销渠道组织;也有的使用水平营销渠道组织,即由同一渠道层次上的两个或以上的成员联合起来,共同开拓一个新的市场机会和营销渠道组织。而电子商务的兴起、在互联网上交易的产生对于企业现有渠道结构形成了巨大的挑战。互联网络直接把生产者和消费者连到了一起,将商品直接展示在顾客面前,回答顾客疑问,并接受顾客订单。这种直接互动与超越时空的电子购物,无疑是营销渠道上的革命。此外,科学技术的发展引起了实体分配的变化,运输方式多样化,提高了运输的速度,增加了运输容量及货物存储量,使现代企业的实体分配由以工厂为出发点转变为以市场为出发点。

3. 价格策略

在市场经济条件下,企业对其产品如何定价从来都是企业经营者最重要的决策之一。定价是否恰当将直接关系产品的销售量和企业的利润额。随着科学技术的发展,一方面,由于广泛地利用了先进的技术,有利于降低产品的生产成本,从而使价格下降;另一方面,信息科学的快速发展使某些地方的若干经济领域能够通过信息技术正确运用价值规律、供求规律和竞争规律等来制定和修改价格策略。此外,在网络条件下,一方面网络交易成本较为低廉,另一方面网上交易能够充分互动沟通,网络顾客可以选择的余地增大,交易形式多样化,这些因素造成商品的需求价格弹性增大。

4. 促销策略

作为企业与市场联系的主要手段,促销包括了多种活动,其中主要有人员推销、广告、营业推广和公共关系等内容。企业的促销策略实际上是对各种不同促销活动的有机组合,其核心问题是如何吸引消费者,为其提供具有价值诱因的商品信息。科学技术的发展引起了促销方式的多样化,使传统的促销方式具有了新的含义和形式,如广告媒体多样化、广告宣传方式复杂化、促销逐渐转向信息沟通。

(三)科技革命引起消费模式和生活方式的变革,影响消费者的购买习惯

传统的消费者要进行消费活动必须走出家门,进行预订和购买。现在,在许多国家,由于新技术革命迅速发展,出现了"电视购物""网上购物"这种居家购物方式。

（四）科技革命有利于企业改善营销管理

如今,一场以微电子为中心的营销管理在蓬勃兴起。发达国家许多企业在经营管理中都使用电脑、互联网、传真机等设备,利用新科技改善营销管理,提高企业的服务质量和工作效率,以期在不断变化的环境中提高自身的应变能力,立于不败之地。

六、自然环境

自然环境是指作为营销活动投入的自然条件以及受到营销活动影响的自然条件,它包括自然资源(土地、森林、矿产、水利)、地形、气候等因素。一个地区的自然条件影响到企业的营销效率,即从质的方面影响企业的经营,与成本、效益有很大关系,必须予以重视。如自然资源丰富、地势平坦的地区有利于企业的营销活动,反之则不利。

目前,自然环境方面的动向有以下几个方面。

（一）某些自然资源短缺或即将短缺

随着工业化的高度发展,企业正面临着自然资源短缺的严重威胁。为此,必须采取以下措施:(1) 寻找代用品;(2) 节约能源和降低原材料消耗,从而降低产品成本;(3) 加强"三废"的综合利用和处理,努力做到回收原料、降低成本、增加收入;(4) 利用价格机制调节资源的合理利用;(5) 利用新的科学技术使材料资源的利用向轻质、高强度、多功能的目标发展。

（二）环境污染日益严重

随着工业化和城市化的发展,许多国家的环境污染程度日益加剧,严重影响了人类的生存环境,引起了社会各界的广泛关注。这种动向也给控制污染、开发和利用环保型产品的行业和企业带来了新的市场机会。

（三）各国政府加强了对环境保护方面的干预

各国政府都积极采取措施加强对环境的保护。例如,为了控制污染,政府往往要求企业购置昂贵的控制污染设备,这样就可能影响企业的经营效益。目前我国最大的污染制造者是工厂,如果政府按照法律和合理污染标准严格控制污染,有些工厂就要关、停、并、转,这样就可能影响工业的迅速发展。因此,企业的高层管理者要树立可持续发展的思想,统筹兼顾地解决这些矛盾,力争做到既能减少环境污染,又能保证企业发展,提高经营效益。

（四）绿色营销的产生

企业从可持续发展的高度提出了"绿色营销"的观念。这种观念要求企业开展市场营销活动要符合绿色营销的特征,努力消除和减少生产经营活动对生态环境的破坏和影响。具体来讲,绿色营销具有以下特征。

(1) 以可持续发展为目标,注重生态与经济的协调发展,注重可再生资源的开发利用,减少资源浪费,防止环境污染。

(2) 强调四者利益的统一。传统的社会营销观念强调消费者利益、企业利益与社会利益的有机结合。绿色营销在此基础上进一步强调生态环境利益,把生态环境利益的保证视为前三者利益持久得以保证的关键所在。

(3)营销中强调"绿色"因素。注重绿色消费需求的调查与引导;注重在生产、消费及废弃物回收过程中降低公害;符合绿色标志的绿色产品的开发和经营,在定价、渠道选择、服务、企业形象树立等过程中都要考虑以保护生态环境为主要内容的绿色因素。

第三节 微观营销环境

企业微观环境主要包括企业内部环境、供应商、营销中介、顾客、竞争者和社会公众六个方面。

一、企业内部环境

企业内部环境是企业市场营销环境的中心。企业是由多个职能部门组成的经济实体,如生产部、研发部、财务部、采购部、销售部等。各职能部门都有着自己的职责和任务,诸多部门的运作及它们之间的关系共同构成了企业的内部环境。企业内部环境包括企业内部各部门的关系及协调合作。

利用企业内部环境搞好市场营销意味着市场营销部门在履行好自己的职责、出色完成任务的同时还要注意同其他职能部门发生的各种联系,换言之,营销部门必须在其他部门的积极协同配合下才能完成任务,满足顾客需求。

阅读材料

谁是决策者

一家电脑用纸生产企业,多年来一直通过业务员对各单位的电脑部门经理做工作,向他们宣传企业的产品质量及服务品质,但是产品销售始终没有很大起色。后来,经过市场调查发现:在电脑用纸的购买过程中,真正实施购买决策的不是电脑部门的经理,而是采购部门的经理。事实上,采购部经理在最后的核准时通常会起很大作用。通常,电脑部门经理依据工作需要,提出所需纸张的规格要求,并将该项要求提供给采购部门,而采购部门出于采购预算的考虑,总在满足规格要求的前提下,选择报价较低的纸张供应商。因此,这家生产企业设计了一份详细的产品报价单,并附有同类产品的比较价格。他们将报价单呈送给采购部门经理后,反应非常好。结果,该企业的产品销售额在短期内获得大幅度提升。

(资料来源:李红伟,陈林.市场营销.北京:北京大学出版社,2006)

二、供应商

供应商是影响企业营销微观环境的重要因素之一。供应商是指向企业及其竞争者提供生产上所需要的各种资源的组织和个人。这些资源主要包括原材料、设备、能源、劳务、资金、技术等。企业只有从供应商那里获得质量、价格、交货期等方面都能满足需求的资源,才能进行正常的生产经营活动。

利用供应商环境搞好市场营销意味着企业要注意关注供应商的实时状况,确保各种资源及时到位,保障生产顺利进行。此外,企业与供应商之间既有合作又有竞争,这种关系既受宏观环境影响,又制约着企业的营销活动,企业一定要注意与供应商搞好关系。供应商对企业的营销业务有实质性的影响。

三、营销中介

营销中介是指在市场调研、促销、分销以及把产品送到最终购买者等环节和过程中给企业以帮助的各类机构。也就是说,营销中介机构能够帮助企业推广、销售产品,能够为企业营销活动提供便利,辅助完成交易,使交易成本更低、效率更高。利用企业内部环境搞好市场营销意味着企业在营销过程中必须处理好同中介机构的合作关系。

营销中介主要包括中间商(包括代理人、经纪人、制造商代表、批发商、零售商和其他再售商等)、实体分配机构(包括物流公司、仓储公司和运输公司等)、营销服务机构(包括市场调研公司、广告公司、咨询策划公司和传播媒体等)、金融机构(包括银行、保险公司、信托公司和投资公司)。

四、顾客

企业生产经营的最终目的是满足顾客的需求,将产品或服务推销出去。企业与供应商、营销中介保持密切关系的最终目的都是有效地为目标顾客提供产品和服务。顾客的心理习惯、行为特点、需求特点及其规律等都会对企业的经营有决定性影响。按照顾客购买目的的不同,一般将市场分为消费者市场、生产者市场、中间商市场和政府机构市场。每一种市场都有独特的顾客,企业要认真研究为之服务的不同顾客群。

利用顾客环境搞好市场营销意味着企业要把顾客整合到整个营销过程中来,从他们的需求出发开始整个营销过程,并认真研究顾客的行为特点、需求特点及其规律等。

五、竞争者

竞争是商品经济活动的必然规律。在营销过程中,不可避免地要遇到业务与自己相同或相近的竞争对手,研究对手,取长补短,是克敌制胜的好方法。

竞争对手的类型一般分为以下四种。

(1) 愿望竞争者:指满足消费者目前各种愿望的竞争者。
(2) 一般竞争者:指以不同的方法满足消费者同一需要的竞争者。
(3) 产品形式竞争者:指满足消费者某种愿望的同类商品在质量、价格上的竞争者。
(4) 品牌竞争者:指能满足消费者某种需要的同种产品的不同品牌的竞争者。

利用顾客环境搞好市场营销意味着企业要意识到自己的营销系统总是被一群竞争者包围和影响着,企业必须识别和战胜竞争对手,这样才能在顾客心目中强有力地确定其所提供的产品的地位,获取战略优势。

六、社会公众

公众是指对企业经营活动有实际或潜在兴趣和影响的团体,它主要包括融资公众(银行、投资公司、保险公司及证券交易所等)、媒体公众(报纸、杂志、电台及电视等有广泛影响的大众传播媒介等)、政府公众(行业主管部门及财政、工商、税务、物价及商品检验等)、群众公众(消费者组织、环境保护组织及其他有影响力的公众团体)、地方公众(企业所在地附近的居民群)、一般公众(松散的、非组织性的公众)、内部公众(企业内部的公众,包括企业决策层、管理人员、工人等)。公众会对企业的命运产生巨大影响,利用社会公众环境搞好市场营销意味着企业必须采取具体措施,处理好与公众的关系,营造积极的社会公众形象,形成好的口碑。

第四节　环境评价与对策

对企业来说,复杂多变的营销环境既隐伏着不利于企业发展,甚至可以置企业于死地的环境危险,又蕴含着有利于企业发展的市场机会。营销活动的一个重要内容就是要分清营销环境的发展变化对企业有利的和不利的影响,并争取在此基础上避开威胁,掌握住机会,化不利为有利。

阅读材料

美国罐头大王的发迹

1875 年,美国罐头大王亚默尔在报纸上看到一条"豆腐块新闻",说是墨西哥畜群中发现了病疫,有些专家怀疑是一种传染性很强的瘟疫。亚默尔立即联想到,毗邻墨西哥的美国加利福尼亚州和德克萨斯州是全国肉类供应基地,如果瘟疫传染至此,政府必定会禁止那里的牲畜及肉类进入其他地区,造成全国的供应紧张,价格上涨。于是,亚默尔马上派他的家庭医生调查,并证实了此消息,然后果断决策:倾其所有,从加、德两州采购活畜和牛肉,迅速运至东部地区,结果一下子赚了 900 万美元。

(资料来源:https:wenku.baidu.com/view/600d69afe2bd960591c67766.html)

一、市场营销环境对企业营销的影响

(一)市场营销环境对企业营销带来双重影响

1. 环境给企业营销带来威胁

营销环境中会出现许多不利于企业营销活动的因素,由此给企业形成挑战。如果企业不采取相应的措施来妥善解决,这些因素会导致企业营销面临困境,从而给企业带来威胁。为了保证企业营销活动的顺利进行,企业必须对环境及时加以分析,预见环境威胁,将危机减少到最低程度。

2. 环境给企业营销带来机会

营销环境也会产生对企业具有吸引力的领域,带来营销机会。对企业来讲,环境机会是开拓经营新局面的重要基础。为此,企业应该加强对环境的深入分析,当环境机会出现的时候善于捕捉和把握,以求得企业的发展和进步。

(二)市场营销环境是企业营销活动的资源基础

企业营销活动所需的各种资源,如资金、设备、原材料、信息、人才等都是由环境来提供的。企业生产经营的产品或所提供的服务需要哪些资源、需要多少资源、从哪里获取资源,都必须通过对营销环境因素的分析研究来获得答案,以获取最优的营销资源满足企业生产、经营、发展的需要。

(三)市场营销环境是企业制定营销策略的依据

企业营销活动受客观环境因素的影响,企业只有适应所处的营销环境,才能生存和发展,但这并不意味着企业在环境面前是无能为力、束手无策的。企业要发挥主观能动性,制定有效的营销策略去适应环境,只有这样才能在激烈的市场竞争中处于主动,占领更大的市场。

二、企业营销的 SWOT 分析

对企业内外环境进行分析的方法很多,最常用的方法就是 SWOT 分析法。

SWOT 分析是指企业系统地考虑其内部环境和外部环境,确定企业可行性方案的逻辑或理论框架。其中,S(Strength)表示优势,W(Weakness)表示劣势,O(Opportunities)表示环境机会,T(Threats)表示环境威胁。这四个方面综合起来就可以全面地分析企业的内部环境和外部环境,为企业营销方案的制定提供参考依据。

外部环境变化对任何一个企业产生的影响都可以从三个方面进行分析:一是对企业市场营销有利的因素,即它对企业市场营销来说是环境机会;二是对企业市场营销不利的因素,即它是对企业市场营销的环境威胁;三是对企业市场营销无影响的因素,企业可以把它视为中性因素。对机会和威胁,企业必须采取相应的措施,才能得以生存和发展。

(一)环境机会分析

环境机会是指营销环境中对企业市场营销有利的各项因素的总和。有效地捕捉和利用市场机会,是企业营销成功和发展的前提。企业只有密切注视营销环境变化带来的市场机会,适时做出适当评价,并结合企业自身的资源和能力,及时将市场机会转化为企业机会,就能开拓市场,扩大销售,提高企业产品的市场占有率。

分析评价环境机会主要有两个方面:一是考虑机会给企业带来的潜在利益的大小,二是考虑机会出现的概率大小,如图2-2所示。

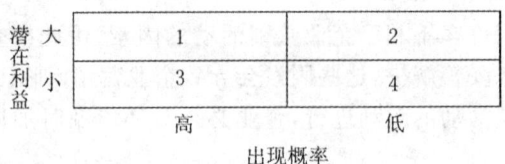

图 2-2 机会分析矩阵图

在图2-2中的4个象限中,第1象限是企业必须重视的,因为它的潜在利益和机会出现概率都很大。第2和第3象限也是企业不容忽视的,因为第2象限虽然机会出现概率低,但一旦出现会给企业带来很大的潜在利益;第3象限虽然潜在利益不大,但机会出现的概率很大,因此需要企业注意制定相应对策。对第4象限,主要是观察其发展变化,并依据变化情况及时采取措施。

针对机会矩阵把握环境机会的同时,企业应掌握的应对策略主要有以下几个方面。

(1)抢先抓住经营决策时机,选择投资方向。市场机会的均等性和时效性决定了企业在利用机会的过程中必须抢先一步,争取主动。在市场营销活动中,抢先利用机会包含两个方面,一是先,二是快。企业在利用市场机会的过程中,谁能抢先,谁就赢得了时间和空间,就赢得了主动、赢得了胜利。其他落后的企业要利用同一市场机会,往往要付出几倍乃至几十倍的努力。

(2)抓住资源利用的时机,获取比较利益。市场机会的均等性决定了企业利用机会的均等性,然而自己觉察到的这些机会别人也能觉察到。这就要求企业在利用市场机会时一定要大胆创新,若说抢先利用市场机会是力求做到人无我有,则创新就是人有我优,获取比较利益。

(3)抓住产品销售的时机,占领目标市场。企业不可能一劳永逸地利用同一市场机会,为了在竞争中取得主动,企业必须在利用市场机会之初,就主动考虑市场机会的均等性和可变性,有预见性地提出应变对策。

(二)环境威胁分析

环境的发展变化给企业营销带来的影响大致可分为两大类,即环境威胁和市场机会。分析研究营销环境,目的在于抓住和利用市场机会,避免环境威胁。

所谓环境威胁,是指营销环境中对企业营销不利的各项因素的总和。企业面对环境威胁,如果不果断采取营销措施,避免威胁,不利的环境趋势势必伤害其市场地位,甚至使其陷于困境。因此,营销者要善于分析环境发展趋势,识别环境威胁或潜在的环境威胁,并正确认识和评估威胁的可能性和严重性,以采取相应的对策措施。

营销者对环境威胁的分析主要从两方面考虑,一是分析环境威胁对企业的影响程度,二是分析环境威胁出现的概率大小,并将这两个方面结合在一起,如图2-3所示。

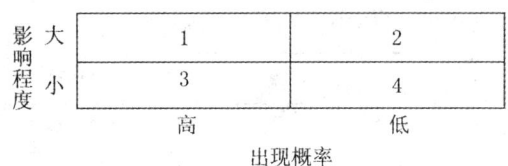

图 2-3 威胁分析矩阵图

在图 2-3 中的 4 个象限中,第 1 象限是企业必须高度重视的,因为它的危害程度高,出现的概率大,企业必须严密监视和预测其发展变化趋势,及早制定应变策略。第 2 和第 3 象限也是企业所不能忽视的,因为第 2 象限虽然出现概率低,但一旦出现给企业营销带来的危害就特别大;第 3 象限虽然对企业的影响不大,但出现的概率却很大,对此企业也应该予以注意,准备应有的对策措施。对第 4 象限主要是注意观察其发展变化,查看是否有向其他象限发展变化的可能。

营销者对环境威胁进行分析,目的在于采取对策,避免不利环境因素带来的危害。针对环境威胁,企业一般采取以下几种不同的对策。

(1) 促变策略,即努力设法限制或扭转不利因素的发展。例如,针对大众汽车公司的威胁,丰田公司的反抗是全面的。针对大众汽车比美国汽车价格低的特点,丰田汽车公司本着"皇冠就是经济实惠的原则",毅然将价格定得更低,每辆"皇冠"只有 2000 美元,而随后推出的主要产品"花冠"系列每辆还不到 1800 美元;丰田汽车公司吸收了大众汽车公司售后服务系统很完善的优点,做得比大众更出色,力所能及地在自己的销售阵地设立各种服务站,并且保证各种零配件"有求必应",消除了消费者的后顾之忧。

(2) 减轻策略。威胁总是存在的,企业应当通过各种手段改变营销策略,以减轻环境威胁的程度。例如,丰田公司在广告设计和促销过程中,极力掩饰汽车的日本来源和特性及风格,强调产品的美国特点和对美国消费者的适应性,从而减轻了美国消费者对丰田企业的抵触心理。

(3) 转移策略,即"避实击虚",躲开环境威胁,钻对手的空子和薄弱环节,将产品或业务转移到其他盈利更高、市场环境更好的行业中去。

(4) 改良策略,即对自身产品进行改良,增强对环境威胁的防御能力。例如,丰田公司为汽车增加新功能,使其全面适应美国市场,从品质、价格、型号、促销、分销等方面进行全面改进。

(5) 利用策略。利用可以理解为利用机会。例如,丰田汽车公司利用"美国汽车公司正忙于比豪华""大众汽车按日本人的习惯设计""美国消费者对汽车的消费观念正在转变、开始趋于实用化""核心家庭出现,家庭规模变小,因而总收入减少"形成的对小型、实用、便宜的汽车更有需求的机会,推出"皇冠"汽车不仅外形美观、操纵灵活、省油、价低、方便,而且内部装备了所有美国人都渴望的装修,如柔软舒适的座椅、柔色的玻璃,连边扶手长度和脚部活动空间的大小都按美国人的身材要求来设计,因而取得了极好的效果。

(三) 综合环境分析

在企业实际面临的客观环境中,单纯的威胁环境和社会环境是少有的。一般情况下的营销环境都是机会与威胁并存、利益与风险结合在一起的综合环境。根据综合环境中威胁水平和机会水平的不同,形成如图2-4所示的矩阵。

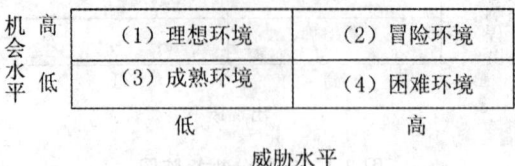

图 2-4　综合环境分析矩阵图

1. 面临理想环境应采取的策略

由图2-4可见,理想环境机会水平高、威胁水平低,利益大于风险,是企业难得遇上的好环境,企业必须抓住机遇,开拓经营,创造营销佳绩,万万不可错失良机。

2. 面临冒险环境应采取的策略

冒险环境是机会和威胁同在,利益与风险并存,在有很高利益的同时存在很大的风险。面临这样的环境,企业必须加强调查研究,进行全面分析,发挥专家优势,审慎决策,以降低风险,争取利益。

3. 面临成熟环境应采取的策略

成熟环境是机会和威胁水平都比较低,是一种比较平稳的环境。面对这样的环境,企业一方面要按常规经营,规范管理,以维持正常运转,取得平均利润;另一方面要积蓄力量,为进入理想环境或冒险环境做准备。

4. 面临困难环境应采取的策略

困难环境是风险大于机会,企业处境已十分困难。企业面对困难环境,必须想方设法扭转局面。若大势已去,无法扭转,则必须采取果断决策,撤出在该环境中经营,另谋发展。

课后训练

【关键词】

市场营销环境　微观营销环境　宏观营销环境　SWOT分析　企业对策

【思考题】

1. 什么是企业的市场营销环境?对市场营销环境是如何进行划分的?
2. 企业的微观营销环境与宏观营销环境是如何构成的?
3. 企业营销环境分析的目的是什么?企业处于不同的营销环境中应采取哪些策略,在工作实践中如何实施?
4. 假设你是一位即将走入社会的求职者,请用SWOT分析法分析自己的优劣势及即将面对的社会中存在的机会与威胁,并在以后的学习中有针对性地努力消除不足,提高自身的社会竞争力。

【案例分析】

美国强生公司如何规避泰利诺中毒事件的风险

1982年9月29日,芝加哥有7人因使用强生联营公司生产的泰利诺止痛胶囊造成氰化物中毒。消息一经传出,强生公司形象一落千丈。不久谣言四起,据说全美各地有250人因服用该药而得病和死亡。泰利诺1975年问世,在7年内,该药占领了美国35%的成人止痛药市场,年销售额达到4.5亿美元,占强生公司总利润的15%~20%。尽管后来查明此药根本无毒,前7人的死亡是因为有人故意打开包装,加入剧毒的氰化物所造成的,而后250人的丧生则与泰利诺根本无关,但是,事件之后,公司名誉扫地。在此之前,美国强生联营公司是非常值得信赖的公司,该公司以生产保健品及幼儿药品而闻名于世,在欧美几十个国家几十亿消费者中享有极高的信誉。

危机发生后,公司立即做出关键性的决策:迅速向公众公布事实真相,并与记者和当地媒介保持良好关系,及时通过他们对外发布最新的信息。为维护其信誉,公司在很短的时间内从市场上收回价值1亿美元的3200万瓶泰利诺,并全部销毁;对800万瓶泰利诺进行试验,查明其是否受过其他的污染;设立专用电话线,仅10月份就答复了来自新闻机构的2000多个询问电话;暂停了泰利诺的推销广告,花费50万美元发出45万份电报、电传,请有可能与此有关的医生、医院和经销商提高警惕。公司还进行了为期7周,其中包括7000次的直接询问。调查结果表明:在被调查人中间,90%的人知道这件事情,而且这些人当中90%的人认为强生公司不应为此受到指责,因为公司已为保护公众的利益采取了行动。随后公司还按政府的要求采取防污染包装。为了重新介绍这种新药,公司公关人员询问了医务机构近百万次,散发了价值5000万美元的赠券向消费者免费赠送这种新包装的止痛药,并进行了广告宣传活动。随后公司在纽约举行了规模盛大的新闻发布会,全美各电视台为其做了转播,共有30个城市约600名记者出席会议。公司将记载所有事件的报道汇编成小册子分发给各新闻机构,还通过内部的闭路电视系统和分发录像带的形式将事件有关情况通告本公司的7.7万名雇员。在危机期间,公司的所有领导都在美国电视新闻节目上露面,其销售代理通过各地的电视向全国发表了电视讲话。泰利诺事件的电视覆盖面之大令人吃惊。

强生公司的做法受到了公众的赞赏,产品重新获得公众的信任。事件发生5个月内,公司就夺回该药原有市场的70%;1年后,上升到95%。泰利诺事件被认为是当今世界处理危机最有效的事件之一。

(资料来源:陈科鹤. 现代市场营销学. 重庆:重庆大学出版社,2005)

案例思考题:
1. 面对环境威胁强生公司采取了哪些措施?
2. 从强生公司转危为安的范例中谈谈你对市场营销环境的理解。

【实训项目】

麦当劳和肯德基两家快餐连锁集团餐厅遍布世界百余个国家,在中国各主要大城市均有众多麦当劳和肯德基分店。不过人们对健康食品需求的增加会降低油炸食品的消耗量,这会给两家国际快餐集团带来多大威胁?另外,中国的市场营销环境特点和变化趋势又会给其带来怎样的机会和挑战?你会有怎样的营销建议?请收集有关资料,运用本章所学知识对以上问题进行思考和讨论,最后形成一份实训报告,要求分析透彻、策略合理。

第三章 市场营销战略

【本章学习目标】

1. 理解企业战略的含义、特征和层次。
2. 掌握企业总体规划的制定过程。
3. 熟悉各类成长战略。
4. 了解波士顿矩阵法。
5. 掌握不同的市场竞争战略。

【能力目标】

能够制定企业战略规划和步骤安排，能够结合企业所处环境制定相应的市场竞争战略。

【导入案例】

透视格兰仕的成功之道

在中国也许找不出第二个像微波炉这样品牌高度集中，甚至可以说是进入了"寡头垄断"的行业：第一军团格兰仕占市场份额的 60% 左右，第二军团 LG 占 25% 左右，而排第三、第四的松下和三星都只有 5% 左右。因为这种特殊性，微波炉行业的"成本壁垒"站到了"技术壁垒"的前面。年生产能力达 1500 万台的格兰仕以其总成本的领先优势筑高了行业的"门槛"。

格兰仕企业（集团）公司的前身是广东顺德桂洲羽绒制品厂，于 1992 年 6 月正式更名为格兰仕企业（集团）公司。1992 年，格兰仕引进当时最先进的东芝微波炉生产线，在半年内建成投产。10 年时间里，格兰仕的生产规模不断扩大，产量从投资建厂当年生产的 1 万台增至 1996 年的 60 万台，1997 年激增至接近 200 万台，已拥有全球最大的微波炉生产基地，年生产能力达 1500 万台。格兰仕自 1996 年开始屡屡掀起"降价风暴"以来，大量小规模的厂家被迫退出市场。几年后，能与格兰仕一争高下的仅剩下处于市场第二位的韩国品牌 LG。格兰仕垄断了国内 60%、全球 35% 的市场份额，成为中国乃至全世界的"微波炉大王"。

专业化战略。格兰仕在成长时期的总体战略是以"集中一点"为核心的，即将原有行业的经营资源大规模地转移到新选择的"微波炉"项目上，集中全部资源来经营这个新的"点"，走专业化道路。建立进入壁垒是这种"集中一点"战略的重要内容。格兰仕集团在这方面的表现是非常突出的，主要包括：第一，在总成本不变或降低的前提下，不断开发新产品和专有技术;第二,利用总成本领先的优势,向市场推出质优价廉的产品,扩大市场占有率;第三,在上述基础之上,格兰仕开始利用自己的技术力量开发关键元器件,并投入生产,进一步降低总制造成本。

国际化战略。国际化是指格兰仕集团不仅引进并集成了世界各国的先进生产设备和技术,而且还表现在:市场的国际化,以全球市场视角来配置资源,以自有品牌或OEM(原始设备制造商)方式向全球市场推出产品;研发的国际化,美国的R&D(研发)机构与中国的机构共同合作开发自主技术和新产品;人才的国际化,聘请外国专家和管理人才,以满足国际化经营的需要。

规模化战略。格兰仕集团采取"薄利多销"策略来实现规模最大化和行业生产集中度最高化,从而提高了市场竞争力,降低了企业风险;再用"规模最大化"的良性效应反作用"薄利多销"策略的推进。这两者相互促进,相互推动,使得企业呈现出良性循环的发展态势,这对于格兰仕而言无疑是一种十分正确的营销战略。

总的来说,格兰仕奉行专业化战略,没有采取"两面作战"的多元化,而是集中全部资源,朝认定的方向以规模化重点发展单一的微波炉行业。对此,格兰仕副总经理俞尧昌说:"就格兰仕的实力而言,什么都干,则什么都完了,所以我们集中优势兵力于一点。"因为专注,格兰仕在微波炉市场上很有成本优势。近十年来,格兰仕的核心竞争力在于价格,通过价格战迅速占领市场是格兰仕成功的法宝。

(资料来源:https://wenku.baidu.com/view/789c536327d3240c8447eff5.html)

第一节 战略规划

一、战略规划的概念

"战略"一词起初属于军事与外交方面的范畴,通常被认为是在对抗条件下,克敌制胜的智慧和艺术。"战略"一词在中国起源于兵法,指将帅的智谋,顾名思义就是"战争谋略";在西方,英文中"strategy"一词起源于希腊语"strategos",其原意是"将军"本身,后强调指挥军队的科学和艺术。现在,它已被广泛应用于经济、社会、管理等各个领域。

(一)战略规划的含义

从管理的角度讲,战略是指企业为了实现预定的目标所做的全盘考虑和统筹安排。企业战略规划是企业根据外部营销环境和内部资源条件对经营活动进行的全局性、长期性的谋划。战略规划确定企业的发展方向、重点、中心、发展模式以及资源的配置。

企业通过规划自身的基本任务、目标及业务(或产品)组合,使自身的资源和能力同不断变化着的营销环境形成战略适应性,并不断保持和加强这种适应性。换言之,它是企业为了使自己的资源和能力同市场环境相适应,为了加强自己的应变能力而制定的规划。

如双汇集团在火腿肠市场趋于衰退时,认识到消费者对"放心肉"的潜在需求与日俱增,进而决定实行"冷鲜肉"战略,并实行前向一体化战略,进入连锁零售商业领域,采取"冷链生产、冷链运输、冷链销售、连锁经营"的肉类营销模式。

战略规划是指企业根据外部营销环境和内部资源条件对经营活动进行的全局性、长期性的谋划。战略规划是企业的目标、能力和不断变化的市场营销机会之间发展和保持某种战略适应性的过程,如图 3-1 所示。

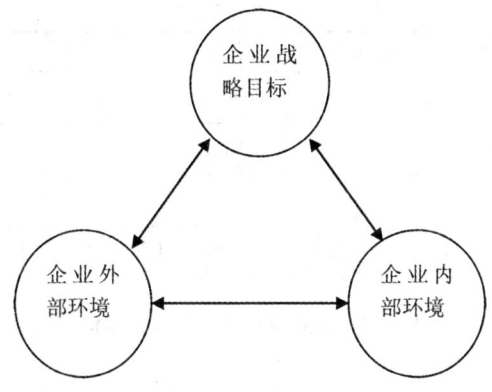

图 3-1 战略规划的实质

(二) 企业战略的特征

企业战略具备以下几个特征。

(1) 全局性。企业战略以企业全局为对象,突出的是对企业全局的把握,根据企业整体发展要求而制定,追求企业的整体效果。企业的具体活动作为整体行动的有机部分而发挥作用。

(2) 长期性。企业战略是谋求企业长远的发展和生存,企业战略的制定和实施放在未来。它要积极主动地适应不断变化的外部环境,结合企业的资源状况,规划企业长期的发展方向,制定具有远见又切实可行的发展战略,并指导当前的企业活动。

(3) 纲领性。战略所规定的是企业整体的长远目标、发展方向和重点,应当采取的基本方针、重大措施和基本步骤。这些都是原则性的、概括性的规定,具有行动纲领的意义,必须通过展开、分解和落实等过程才能变为具体的行动计划。

(4) 博弈性。企业必须在激烈的市场竞争中参与两级或多级对抗。企业战略是关于企业在激烈竞争中如何与对手抗衡的行动方案,也是针对来自各方的冲击、压力、威胁和困难,迎接这些挑战的基本安排。

(5) 创新性。企业为了生存和发展,就必须不断地强调新业务和新市场。只有将创新贯穿于战略管理的全过程,企业才能在激烈的市场竞争中不断地重塑自己的未来。

(6) 风险性。战略形态选择科学,制定的战略就能引导企业健康、快速地发展。反之,仅凭个人主观意见判断市场,设立目标过于理想或对行业的发展趋势预测有偏差,制定的战略就会产生误导,甚至给企业带来破产的风险。

二、企业战略的层次结构

企业战略规划应考虑三个层次战略,即总体战略、经营战略和职能战略,如图 3-2 所示。

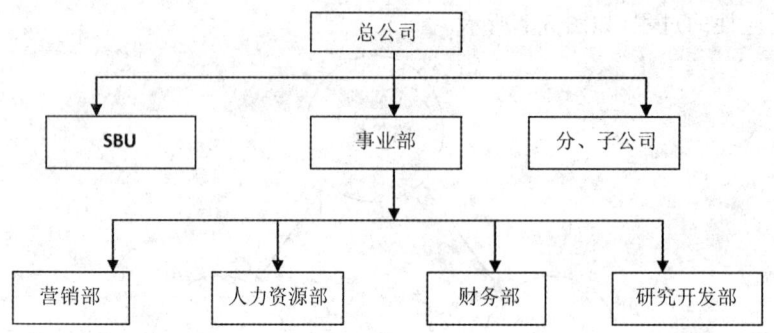

图 3-2 企业战略层次与组织结构

(一) 总体战略

总体战略又称公司战略,在大企业,特别是多种经营的企业,总体战略是最高层次战略。它需要根据企业使命,选择企业参与竞争的业务领域,合理配置企业资源,使各项经营业务相互支持、相互协调。总体战略的任务主要是回答企业应在哪些领域进行活动,经营范围选择和资源合理配置是其中的重要内容。通常,总体战略是企业高层负责制定、落实的基本战略。

阅读材料

万科的产业发展战略

万科原来是一家涉及房地产、商业零售、工业制造三大行业的著名综合性集团公司。1993 年,万科明确了以城市居民住宅为主导业务,逐步剥离其他产业的战略。1997 年万科转让了工业制造项目,1998 年转让了广告公司,2001 年转让了万佳百货,最后实现集中优势资源发展房地产业务的战略。万科通过专注于房地产业务,把房地产业务做专、做精、做细,最终确立了中国房地产行业的领先地位。

(二) 经营战略

经营战略又称经营单位战略、竞争战略。大企业,特别是企业集团,往往从组织形态上把一些具有共同战略因素的二级单位(如事业部、子公司等)或其中的某些部分组合成战略经营单位(Strategic Business Units,SBU),因此,经营战略是各个战略经营单位或者有关的事业部、子公司的战略。它主要针对不断变化的外部环境,在各自的经营业务中有效地进行竞争。为了保证企业的整体竞争优势,各 SBU 要有效地控制资源的分配和使用。同时,整个 SBU 的战略还要协调各职能层的战略,使之成为一个统一的整体。

阅读材料

中集集团业务发展战略

中集集团是一家著名集装箱专业生产公司，拥有华南、华东、华北三大区域20多个生产基地，产品包括干货集装箱、冷藏集装箱及其他各类特种集装箱。中集集团是全球规模最大、品种最齐全的集装箱制造集团，客户包括全球最知名的船公司和租箱公司，产品遍及北美、欧洲、亚洲等全球主要的海陆物流系统。中集集团在集装箱行业确立了世界级地位。2013年，公司确定未来业务发展战略：

（1）完善创新机制，不断提升为客户创造价值的动力，提高集装箱产业的全球领先地位；

（2）加快道路运输车辆发展，完善全球化营运平台，力争在5年左右的时间里成为全球最主要的供应商；

（3）搭建罐式储运设备全球化供应链平台，使之尽快成为业务支撑点；

（4）适时启动现代化交通运输装备和服务领域中有生命力的、适合中集集团进入并有能力整合的行业的新业务。

（三）职能战略

职能战略即职能部门战略，又称职能层战略，是企业各个职能部门的短期性战略。职能战略可以使职能部门及其管理人员更加清楚地认识本部门在实施总体战略、经营战略过程中的任务、责任和要求，有效地运用有关的管理职能，保证企业目标的实现。通常需要的职能战略包括研究与开发管理、生产管理、市场营销管理、财务管理和人力资源管理等。每一种职能战略都要服从于所在战略经营单位的经营战略以及为整个企业制定的总体战略。

三、企业战略规划的主要步骤

第一步，在整体层次上规定企业的基本任务；第二步，根据基本任务的要求确定企业的目标；第三步，安排企业的业务组合（或产品组合），并确定企业的资源在各业务单位（或产品）之间的分配比例；第四步，在业务单位、产品和市场层次上制定营销计划及其他各项职能计划（如财务计划、生产计划、人事劳动计划等），这些计划是企业的总体战略规划在各业务单位、产品和市场层次上的具体化，如图3-3所示。

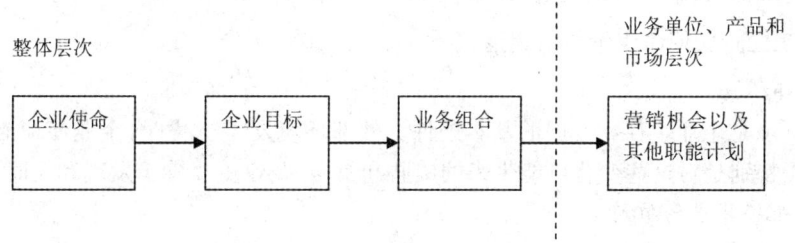

图3-3 战略规划的内容和步骤

第二节　企业总体规划战略

企业总体规划战略又称公司战略，是指为实现企业总体目标，对企业未来发展方向做出的长期性和总体性谋划。它是统筹各项分战略的全局性指导纲领，是企业最高管理层指导和控制企业的一切行为的最高行动纲领。

一、认识和界定企业使命

企业使命反映企业的目的、特征和性质，阐明企业的基本性质与存在理由，说明其业务宗旨、经营哲学、信念以及原则。它要明确满足顾客哪方面的需要，而不是提出具体生产哪种产品，从而为确定企业营销战略目标提供依据。明确企业使命，就是对本企业是干什么的、本企业应该是怎么样的这两个问题进行思考和解答。

在确定企业使命时，参考彼得·德鲁克的5个经典问题是十分有益的。
（1）我们的使命是什么？
（2）我们的顾客是谁？
（3）我们的顾客重视什么？
（4）我们的成果是什么？
（5）我们的计划是什么？

阅读材料

金地集团企业使命：创造生活新空间

我们通过提供高品质、高附加值的地产作品，高质量的服务，为顾客创造新的生活空间；我们通过与员工的共同发展，为员工创造新的成长空间；我们通过理性的经营、持续的增长，为股东创造新的盈利空间；我们通过贡献物质财富和精神财富，为社会创造新的城市空间。

使命陈述同样适合于非营利组织，如美国红十字会的使命是：提高人民的生活质量，促进自立并关心他人，帮助人民避免、预防和处理紧急事件。

（一）确立企业使命应考虑的因素

1. 外部环境

外部环境是企业生存和发展的基本条件。外部环境发生变化时，企业使命必须做出相应的改变。特别是对这些变化可能带来的威胁和机遇，企业更要善于发现和及时做出反应。

2. 企业领导者的偏好

企业主要领导者的偏好对企业使命的确定有很大影响。企业主要的领导者都有自己的人生观和价值观，对某些问题有着自己独特的偏好，如追求产品的创新、注重产品的品质或顾客服务等，这些偏好对企业使命的确定有很大影响。

3. 企业历史特征

企业历史特征是企业的成就、优势、政策、公共形象等,具有延续性。

4. 企业资源

企业资源是企业实现其使命的物质基础,主要包括人力资源、金融资源、物质资源、信息资源和关系资源等。企业资源确定其进入某种行业的可行性。

5. 企业的核心能力

企业的核心能力可以帮助其明确自身的竞争优势,从而获取较高的市场地位。

6. 其他与企业利益相关者的要求与期望

企业的利益相关者包括股东、员工、债权人、顾客、供应商、竞争者、政府、社区和公众等。

(二)企业使命说明书的要求

企业使命说明书的整体要求是符合实际、明确具体、适合市场环境、与众不同、具有激励性。为了引导企业朝着一个方向前进,在上述工作的基础上,企业决策层应以书面报告的形式提出本企业的使命。企业制定使命说明书是为了让他们的经理、普通员工在许多场合与顾客和其他公众共同负有使命感,明确企业要参与的竞争领域。

(1)行业领域,即企业将要从事的行业。

(2)产业和应用领域,即企业将要进入的产业与应用领域。

(3)其他领域,即能被企业掌握、支持的加速和其他核心能力领域。

(4)细分市场领域,即企业想要服务的市场或顾客类型。

(5)地理领域,即企业希望开拓的市场区域范围。

二、确定企业目标

企业使命确定后,还要将这些任务具体化为企业各管理层的目标,形成一套完整的目标体系,使每个管理人员都有自己明确的目标,并负起实现这些目标的责任,正如美国管理学权威彼得·德鲁克所说:"管理人员应当由所要达到的目标,而不是由他的上级来指挥和控制。"

例如,美国的国际矿业及化学品公司属下有一个化肥公司,该公司将其企业使命确定为"提高农业生产力",这一任务可派生出各层次的具体目标,如图3-4所示。为了"提高农业生产力",一个重要途径是"研究新的化肥",研究工作需要大量经费,需要"增加利润支持新化肥的研究",因此,企业的主要目标是增加利润。增加利润有两条途径:一是扩大销售,二是降低成本。对营销部门来说,扩大销售是主要途径。为了扩大销售,又可从两方面努力:一是提高国内的市场占有率,二是进入新的国外市场。这就是营销目标。要实现营销目标,必须有适当的营销策略。例如,通过提高分销效率和加强促销工作来提高国内市场占有率;通过削价和派推销人员访问国外大农场进入新的国外市场。当然,在制定营销策略时,还要更详细一些。要加强促销工作,就需要增加推销人员,并增加广告支出,对此还要做出具体的计划安排,这样就将企业的任务变成了一系列的具体目标和措施,这叫作"目标层次化"。

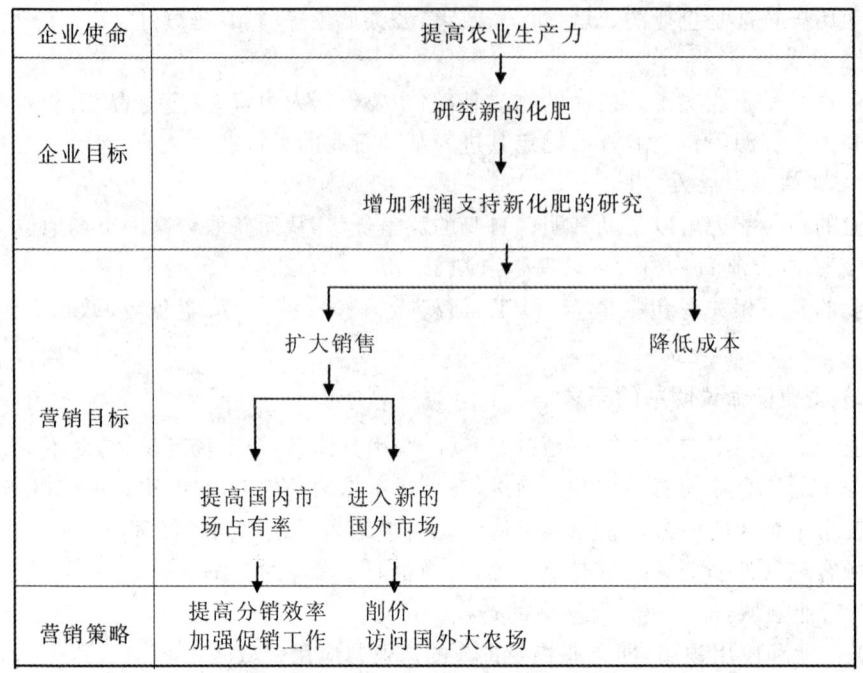

图 3-4 化学肥料公司的目标体系

三、建立战略业务单位

(一) 战略业务单位

战略业务单位是在总体战略指导下,一个业务单位进行竞争的战略,也称为竞争战略。大多数的企业,包括规模较小的企业,都有可能同时或准备经营若干项业务。界定企业的活动领域,只是在大范围上说明了企业经营的总体范围。每种业务都有其特点并针对不同的市场环境,为了便于从战略上进行管理,有必要对组成企业活动领域的各项业务从性质上进行区分,将其划分为若干个战略业务单位。战略业务单位是指企业的一部分,其产品或服务与其他业务单位有不同的外部市场。战略经营单位就是企业值得为其专门制定一种经营战略的最小经营单位。战略经营单位可能是企业的一个事业部,或者是子公司,或者是分公司,其产品或服务有别于其他 SBU 的市场,可能包括几个部门、几类产品。战略业务单位必须在公司总体目标和战略的约束下执行自己的战略管理过程。例如,一个汽车公司划分为轿车部和卡车部,卡车部有面向农村的卡车和面向矿山的卡车。业务单位的市场不同,需要不同的战略,属于不同的战略业务单位。

战略业务单位通常具有以下特征。

(1) 有独立的业务。它是一项独立业务或相关业务的集合体,可以针对特定的目标市场独立运营。

(2) 有共同的性质和要求。不论是一项业务还是一组业务,都有它们共同的经营性质和要求,否则无法为其专门制定经营战略。

(3) 有其竞争对手。它在各自的领域都有现实的或潜在的对手。

(4) 掌握一定的资源。它掌握公司分配的资源的控制权,以创造新的资源。

(5) 有自己的管理班子。它往往有一位经理负责战略计划、利润业绩,并且控制影响利润的大多数因素。

(6) 能从战略计划中得到好处。它有相对的独立权,能按贡献分得应有的利润和其他好处。

(7) 相对独立。它可以独立计划其他业务,可以扩展相关业务或新的业务。

业务单位的战略目标是取得竞争优势,其主要内容是:决定一个特定市场的产品如何创造价值,包括决定与竞争对手产品的区分、机器的现代化程度、新产品推出和老产品退出、是否成为技术先导企业、如何向顾客传达信息等。业务单位的战略由业务单位负责人制定,它应当与总体战略保持一致,支持总体战略的实现。

(二) 划分战略业务单位的依据

战略业务单位可按产品或部门划分,最重要的是遵循市场导向按客户划分,因为一项业务首先是一个满足顾客需求的过程,而不是一个产品的生产过程。产品的使命是短暂的,而基本需求和客户群是永恒的。例如,柯达公司从一个制造胶卷的公司重新定位为影像公司,以便增加数字影像业务。表3-1列举了一些公司在定义业务时从产品导向转向市场导向的例子。

表3-1 产品导向转向市场导向举例

公司	产品导向定义	市场导向定义
资生堂	我们生产化妆品	我们出售希望
佳能	我们生产复印机	我们改进办公效率
标准石油公司	我们出售汽油	我们提供能源
大金公司	我们生产空调和暖炉	我们为家庭提供舒适的温度
先锋	我们生产卡拉OK机	我们帮你唱歌

界定业务范围可以从顾客群、顾客需求和技术者三个维度来考虑。例如,中兴通讯公司专为移动通信服务商设计和提供通信设备,它的顾客群就是移动通信公司,如中国移动公司和中国联通公司,顾客需求就是通信设备的硬件和软件,技术就是2G(代)的GSM(全球移动通信系统)或VDMA(可变目标多路存取),或者2.5G(代)CDMA1X(一种无线数据通信网络)通信技术系统。

四、规划投资组合

企业通过其战略业务单位实现其战略目标,企业需要对业务单位进行统一筹划和安排,使资源得到有效的配置,这样才能使企业在各自的业务市场上保持有利的竞争地位。因此,企业高层必须对各个业务单位及其业务进行评估和分类,使其适应市场环境的变化,确认它们的发展潜力,决定投资结构,即把有限的人力、物力,尤其是财力资源合理分配给现状、前景不同的各个战略经营单位。市场营销中常用的战略业务单位评价方法有波士顿矩阵法和通用电气公司方法。

(一) 波士顿矩阵法

波士顿矩阵法(又称四象限分析法、波士顿咨询集团法)是由美国波士顿咨询集团(Boston Consulting Group,BCG)首创的一种规划企业产品组合的方法,如图 3-5 所示。

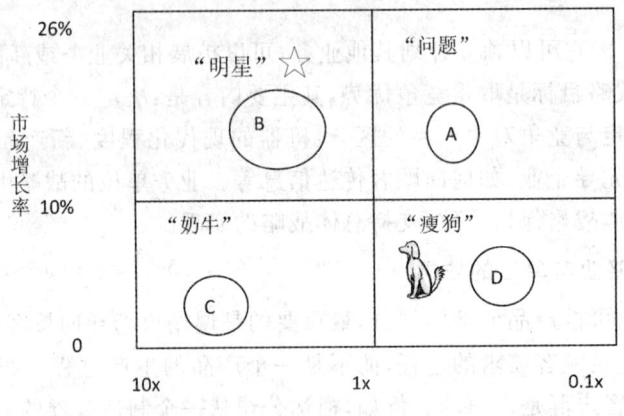

图 3-5 波士顿矩阵

波士顿矩阵使用了市场增长率和相对市场份额两个变量。增长率是指在一定时期内,企业产品销售量/额相对于基期内的销售量/额的比例。销售增长率越大,说明成长越快。相对市场份额是指在一定时期内,本公司的产品的销售量/额与该行业中销售水平最高的企业同类产品销售量/额的比例。一般来说,相对市场份额越高,盈利能力越强,市场增长率越高,对资源的需求量也越大。

在图 3-5 所示的 BCG 矩阵图中,纵坐标代表市场增长率,表示企业的各战略业务单位的相对销售增长率。假设以 10% 为界限,10% 以上为高增长,10% 以下为低增长。BCG 矩阵图中的横坐标代表相对市场占有率,表示企业各战略业务单位的市场占有率与同行业最大的竞争者(即市场上的领导者)的市场占有率之比。如果企业的战略业务单位的相对市场占有率为 0.1,这就是说,其市场占有率为同行业最大竞争者的市场占有率的 10%;如果企业的战略业务单位的相对市场占有率为 10,这就是说,企业的战略业务单位是市场上的领导者,假设以 1 为分界线,1 以上为高相对占有率,1 以下为低相对占有率。BCG 矩阵中的圆圈代表企业所有的战略经营单位,圆圈的位置表示各单位在市场增长率及相对占有率方面的现状,圆圈的面积表示各单位销售额的大小。

对于一个拥有复杂产品系列的企业来说,一般决定产品结构的基本因素有两个,即市场引力和企业实力。市场引力包括企业销售增长率、目标市场容量、竞争对手强弱及利润高低等,其中最主要的是反映市场引力的综合指标——销售增长率,这是决定企业产品结构是否合理的外在因素。企业实力包括市场占有率、技术、设备、资金利用能力等,其中市场占有率是决定企业产品结构的内在要素,它直接显示出企业的竞争实力。销售增长率与市场占有率既相互影响，又互为条件。市场引力大，销售增长率高，可以显示产品良好的发展前景，也说明企业具备相应的适应能力，实力较强。

BCG矩阵按市场成长率和相对市场份额的高低可以划分为四个象限，经营单位的业务因而可划分为不同类型。

1. 问题类业务

它是处于高增长率、低市场占有率象限内的产品群，说明市场机会大、前景好，而在市场营销上存在问题。其财务特点是利润率较低，所需资金不足，负债比率高。例如，在产品生命周期中处于引进期并因种种原因未能开拓市场局面的新产品即属此类问题产品。问题类业务需要大量资金的投入，对问题产品应采取选择性投资战略，即首先确定该象限中哪些产品经过改进可能会成为明星产品，进而进行重点投资，提高市场占有率，使之转变成"明星产品"；对其他将来有希望成为"明星"的产品，则在一段时期内采取扶持政策。因此，对问题产品的管理组织，最好采取智囊团或项目组织等形式，选拔有规划能力、敢于冒风险、有才干的人负责。

2. 明星类业务

它是指处于高增长率、高市场占有率象限内的产品群。这类业务是高速成长市场的领导者，就像一颗耀眼的明星冉冉升起，成为公司最具有发展潜力的业务。但是明星类业务并不能在短期内为企业带来可观的收益，相反，却需要大量资源的投入，以维持相对市场份额领先的优势，并阻击竞争对手的各种进攻。明星类业务是现金的消耗者，而非生产者，该类业务前景非常看好，可能成为企业的金牛产品。针对其采用的发展战略是积极扩大经济规模和市场机会，以长远利益为目标，提高市场占有率，加强竞争地位。对明星产品的管理与组织最好采用事业部形式，由对生产技术和销售两方面都很内行的经营者负责。

3. 金牛类业务

它是指处于低增长率、高市场占有率象限内的产品群。该类产品已进入成熟期，该类业务已占据市场领先地位。其特点是销售量大，可以为企业提供资金，而且由于增长率低，也无须增大投资，因而成为企业回收资金、支持其他产品尤其是明星产品投资的后盾。对这一象限内的大多数产品，市场占有率的下跌已成不可阻挡之势，因此可采用收获战略，即所投入资源以达到短期收益最大化为限。具体的做法是：(1) 尽量压缩设备投资和其他投资；(2) 采用榨油式方法，争取在短时间内获取更多利润，为其他产品提供资金支持。金牛产品适合用事业部进行管理，其经营者最好是市场营销型人才。

4. 瘦狗类业务

它又称衰退类产品，是处于低增长率、低市场占有率象限内的产品群。一般来说，该类业务的利润很低，虽然公司可能亏损，但由于市场份额低，损伤不会很大。对这类产品应采用撤退战略。首先应减少批量，逐渐撤退，对那些销售增长率和市场占有率均极低的产品应立即淘汰；其次是将剩余资源向其他产品转移；最后是整顿产品系列，最好将瘦狗产品与其他事业部合并，统一管理。瘦狗业务的产生可能是公司在该业务上不占优势或者市场潜力不大。海尔之所以坚守彩电业务，是因为未来数字彩电诱人的前景和家电3C（计算机、通信和消费类电子产品）融合的大趋势，而美国通用电气（GE）之所以保留不盈利的照明灯泡业务,是出自感谢爱迪生创立该公司的情感因素。

企业对各项业务要看到现状,又要分析前景,将目前的矩阵与未来的矩阵相比较,考虑主要战略行动,并依据资源有效分配的原则决定各单位将来应该扮演的角色,从整体角度规划投入的适当比例和数量并采取如下战略。

(1) 发展战略。发展战略以提高经营单位的相对市场占有率为目标,甚至不惜放弃短期收益,比如对问题类单位,要使其尽快成为"明星",就要增加投入。例如,TCL在最初进入彩电行业时即采取发展彩电业务的战略,通过对彩电业务增加投入最终使其成为公司的明星类业务。

(2) 保持战略。保持战略意即维持该业务单位的相对市场占有率,适用于金牛类业务。保持战略可以继续为公司带来大量现金流。

(3) 收割战略。这种战略以获取短期收益为目标,不顾长期效益,常用的策略是降低或取消研发费用、广告费用等,适用于较弱小的奶牛类单位,也可用于问题类业务及瘦狗类业务。

(4) 放弃战略。放弃战略目标是清理、撤销某些经营单位,减轻负担,以便把有限的资源用于效益较高的业务上。这种战略尤其适合于没有前途或妨碍企业盈利的单位。例如,摩托罗拉放弃BP机(寻呼机)业务,但是摩托罗拉公司现在十分遗憾该公司的彩电业务过早地被出售了,因而面对数字彩电未来诱人的前景显得非常无奈。

(二) 通用电气公司方法

通用电气公司的方法较波士顿咨询集团的方法有所发展,它用"多因素投资组合矩阵"来对企业的战略业务单位加以分类和评价。通用电气公司认为,企业在对其战略业务单位加以分类和评价时,除了要考虑市场增长率和市场占有率之外,还要考虑许多其他因素。这些因素可以分别包括在以下两个主要变量之内。

1. 市场吸引力

市场吸引力包括市场大小、市场年增长率、历史的利润率、竞争强度、技术要求、由通货膨胀引起的脆弱性、能源要求、环境影响以及社会、政治、法律因素等。

2. 业务优势

业务优势即战略业务单位在本行业中的竞争能力,包括市场占有率、市场占有率增长、产品质量、品牌信誉、商业网、促销力、生产能力、生产效率、单位成本、原料供应、研究与开发成绩以及管理人员等。如果市场吸引力大,企业的战略业务单位的业务优势就强,显然这种业务就是最好的业务。

根据对市场吸引力和业务优势这两个变量的综合分析可以构造出如图3-6所示的GE矩阵。其中将业务优势作为横轴,分为强、中、弱三种状态;以市场吸引力作为纵轴,分为大、中、小三个等级,这样在GE矩阵中就形成了9个区域,经过评估公司的各项业务就可以在GE矩阵中找到自己的位置。矩阵图中的7个圆圈代表企业的7个战略业务单位,圆圈面积的大小表示各个单位所在行业(市场)的规模大小,圆圈内的空白部分表示各个单位的市场占有率。例如,圆圈D表示战略业务单位所在行业是一个较小的行业,但其市场占有率较大(37.5%);圆圈B表示战略业务单位所在行业是中等的,其市场占有率为25%。

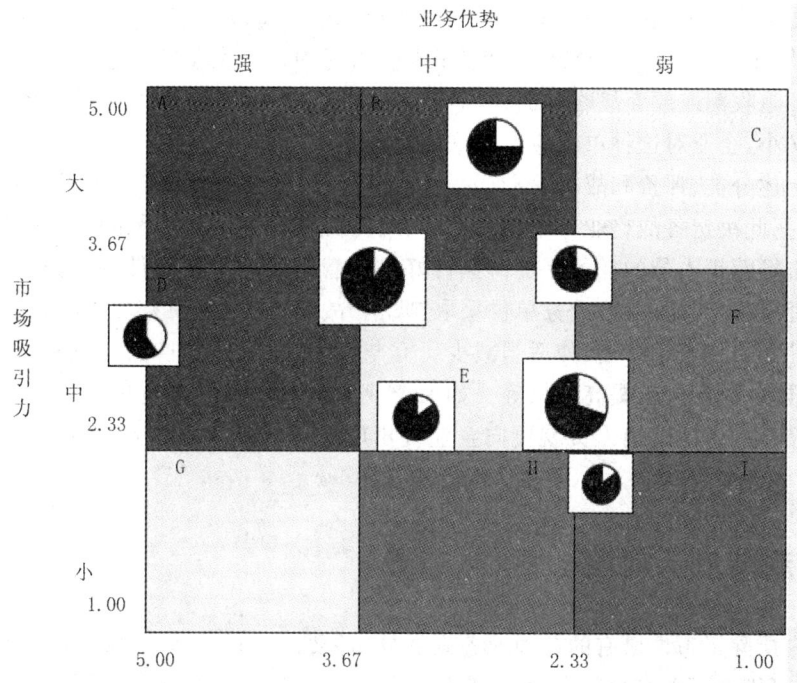

A 保持优势 　　以最快、可行的速度集中投资发展，努力保持力量，在最有吸引力的部分重点投资	B 投资建立 　　向市场领衔者挑战，有选择地加强薄弱地区的力量	C 有选择发展 　　集中有限力量努力克服缺点，如无明显增长就放弃
D 选择发展 　　在最有吸引力的部分重点投资，加强竞争力，提高生产力，加强获利能力	E 选择或设法保持现有收入 　　保护现有计划在获利能力强、风险相对低的部门集中投资	F 有限发展或缩减 　　寻找风险小的发展办法，否则尽量减少投资，合理经营
G 固守和调整 　　设法保持现有收入，集中力量于有吸引力的部门，保存防御力量	H 设法保持现有收入 　　保持大部分获利部门的优势，给产品线升级，尽量降低投资	I 放弃 　　在赚钱机会最小时售出，降低固定成本，同时避免投资

图 3-6　市场吸引力—业务优势分类以及战略组合

（1）投资/扩展战略区域。投资/扩展战略区域由左上角的 A、B、D 三个区域构成，该地带的市场吸引力为中、高，业务优势也是中、强，相应表格显示为"大强""中强""大中"。对这三类最具有前景又具有优势的业务，公司应采取增加投资和发展的战略。

（2）选择/盈利战略区域。该区域由左下角到右上角的对角线上的 C、E、G 三个区域组成。在该地带，要么市场吸引力为中、小，要么业务优势为中、弱，相应表格显示为"小强""中中""大弱"。这个地带的行业吸引力和战略业务单位的竞争地位总的说来是"中中"。对于这三类前景一般且优势较弱的业务，公司应采取维持现状的战略。

(3)收获/放弃战略区域。该区域由右下角地带的 F、H、I 三个区域组成,相应的表格是"小弱""小中""中弱"。该地带的市场吸引力为中、低,竞争能力也处于偏低水平,公司应考虑实施收割或放弃战略。例如,矩阵图中的战略业务单位 H、I,其业务优势弱,市场吸引力又小,企业对这种单位应考虑采取"收割"或"放弃"的战略。

根据上述分类、评价和战略,企业的最高管理层还要绘制出各个战略业务单位的计划位置图,并据此决定各战略业务单位的目标和资源分配预算,而各个战略业务单位的最高管理层和市场营销人员的任务是贯彻执行好最高管理层的决定和计划。例如,如果企业的最高管理层决定对某战略业务单位采取"收割"战略,市场营销人员就必须制定一个适当的"收割"的市场营销计划,如适当减少研究与开发投资、降低产品质量和减少服务、减少广告和推销人员开支、提高价格等。如果企业的最高管理层决定对某战略业务单位采取"放弃"战略,市场营销人员就要向企业提出应当经营哪些新业务、生产哪些新产品等意见。

五、规划成长战略

公司高层除了考虑已有的各项业务发展外,还要寻求进一步的发展机会代替被淘汰的旧业务,否则就不能实现预定的利润目标。

一般可以遵循这样一种系统的思路规划新增业务:首先,在现有业务范围内寻找进一步发展的机会,即密集式成长战略;然后,分析建立和从事某些与目前业务有关联的新业务的可能性,即一体化成长战略;最后,考虑开发与目前业务无关,但是有较强吸引力的业务,即多角化成长战略,这样就形成了三种成长战略。

(一)密集式成长战略

密集式成长战略是指公司在现有的业务领域里寻找未来的发展机会,如图 3-7 所示。

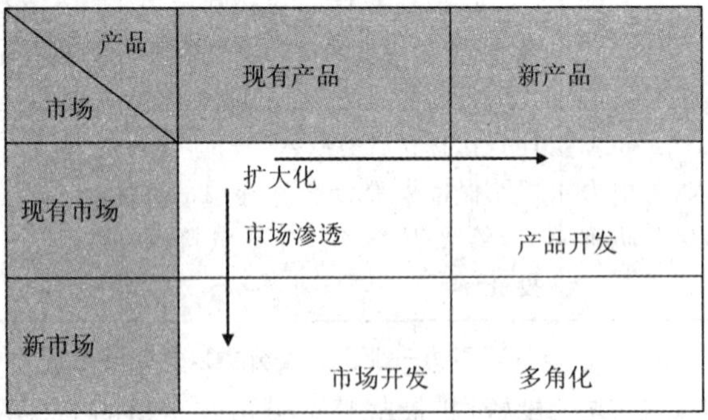

产品 市场	现有产品	新产品
现有市场	扩大化 市场渗透	产品开发
新市场	市场开发	多角化

图 3-7 产品/市场发展矩阵:密集式成长战略

(1)市场渗透战略。市场渗透战略是指在现有市场上进一步深入推广现有产品,扩大现有产品的销售额和市场份额。具体来讲,一是促使现有顾客增加购买次数、购买数量,如宣传每天刷牙两次的好处、鼓励人们多使用牙膏;二是争取竞争者的顾客,如小灵通以较低的价格吸引移动和联通的大量顾客;三是吸引新顾客,使更多的潜在顾客、从未使用过该产品的顾客购买产品,如一些品牌推出较低价格的笔记本电脑,吸引许多新顾客前来购买。

(2) 市场开发战略。市场开发战略是指公司将产品推向新的市场或者在现有市场内寻找新的细分市场。

(3) 产品开发战略。产品开发战略是指通过向现有市场提供新产品或改进产品满足现有市场上的不同需求。

(4) 多角化战略。多角化战略是指以新产品开拓新市场。

(二) 一体化成长战略

一体化成长战略是指一个企业把自己的营销活动延伸到供、产、销等不同环节而获得使自身得到发展的市场机会。一体化成长战略有三种情况，即后向一体化、前向一体化和水平一体化，如图3-8所示。

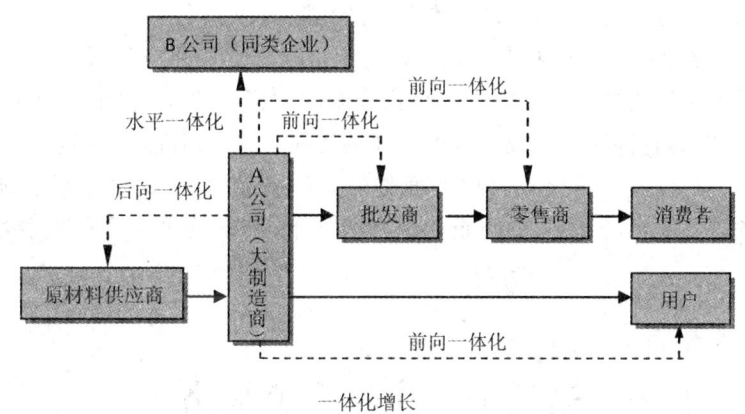

图3-8 一体化成长战略模型

1. 水平一体化

公司可以采取取得同类企业的所有权或控制权，或实行联合经营等方式，实行水平一体化战略。

2. 垂直一体化

垂直一体化是指公司在业务链上向前或者向后进行延伸的战略模式，包括前向一体化和后向一体化。后向一体化是指公司的业务向供应商方向扩展，即收购、兼并原材料供应商，拥有或控制其市场供应系统，如双汇建立20多个现代化的全封闭养殖场。前向一体化是指公司的业务向销售方向扩展，即收购、兼并批发商、零售商，通过增强销售力量来求发展，如双汇在全国建立连锁店。

如今，双汇实行"横向一体化，纵向一条龙"的肉类经营战略，形成了塑料加工、化工包装、印刷、制药、调味品、物流配送等复合互补的产业结构，降低了成本，提高了综合经济效益。

(三) 多角化成长战略

多角化成长战略是指公司开发与现有产品业务有一定联系或毫无联系的产品业务，实行跨行业经营。多角化成长战略也有三种形式，即同心多角化增长、水平多角化增长和跨行业多角化增长。

（1）同心多角化。同心多角化是指公司可以开发与本企业现有产品线的技术或营销有协同关系的新产品或新业务。如海尔以电冰箱起家，而后生产冰柜、展示柜、空调机等基于制冷技术的产品；海尔兼并了青岛的一家洗衣机厂，利用相同的分销渠道营销洗衣机。由于同心多角化没有脱离原有的业务主线，有利于发挥已有优势，风险较小。

（2）水平多角化。水平多角化是指公司可以开发某种能满足现有顾客需要的新产品，尽管这些新产品与公司现有产品在技术上关系不大。水平多角化战略的基点是现有用户。海尔以"吃休克鱼"的方式兼并了黄山电视机厂，向现有用户提供海尔牌电视机。最初这一战略十分成功，但是彩电行业的价格战和快速的技术更新使其彩电业务处于亏损状态。所以，企业在进入全新的技术和生产领域时会面临较大的风险。另针对现有市场和现有顾客，企业可以采用不同技术增加新业务，这些技术与企业现有能力没有多大关系。比如原来生产拖拉机的企业，现在准备生产化肥、农药。

（3）跨行业多角化。跨行业多角化是指公司可以开发某种与公司现有产品、技术、生产或营销毫无关联的业务。企业实行多角化战略的动机主要有：利用富有吸引力的市场机会，发挥企业内具有特殊知识或技能的人才的潜能去开创新业务，通过多角化战略从协同效应中获利。跨行业多角化战略可能面临的风险是最大的，在决策时必须十分谨慎。企业以新业务进入新市场，新业务与企业现有的技术、市场及业务没有联系，这种做法风险最大。

第三节 市场竞争战略

一、基本竞争战略

从产业结构分析入手研究竞争战略，就是在一个产业里寻求一个有利的竞争地位。竞争战略的目的是针对决定竞争的各种影响力建立一个有利可图和持之以恒的地位。企业一般有四种基本竞争战略，即成本领先战略、差异化战略、目标集中战略、最优成本供应商战略。企业究竟选择哪一种竞争战略，取决于企业的优势和核心能力，以及它的竞争对手的劣势。

（一）成本领先战略

成本领先战略是指企业在全行业中低成本生产产品或提供服务的战略。要想成本领先，企业就要积极寻求在生产、营销和其他运营环节中的高效率，想方设法削减成本，销售的产品也应该是标准化、不加任何修饰的产品。如格兰仕微波炉业务，生产中的低成本优势转化为市场中的价格优势，使它很快成为行业龙头。

成本优势是一切竞争能力的基础，不管采取何种战略，都离不开成本控制能力。一个企业的成本优势是由其价值链的构成及质量决定的。

（二）差异化战略

差异化战略是指企业提供顾客认知的、与众不同的产品或服务的战略。差异化的来源可以是优异的质量、独特的服务、新颖的设计、创新的技术或者是杰出的品牌形象。这种竞争战略的关键在于产品和服务的独特属性能使公司与竞争对手有显著的区别，并且足以创造价格的溢价，这种溢价超过了差异化所增加的成本。例如，在家电业日益同质化的今天，海尔的差异化售后服务为其带来了竞争优势。

（三）目标集中战略

目标集中战略又称聚焦战略，是指在狭窄的市场区隔上寻求成本优势（成本聚焦）或者差异化优势（差异化聚焦）的战略。成本领先战略与差异化战略寻求在广阔市场上的竞争优势，目标集中战略则专注于特定的市场区隔。基于低成本的目标集中战略，在特定的市场区隔里，企业向顾客提供较竞争对手更低价格的产品或服务。基于差异化的目标集中战略，企业向目标市场顾客提供能满足其特别价值需求的产品或服务。研究表明，目标集中战略对于小型企业来说是更有效的选择，因为它们不具有规模经济或者足够的内部资源与能力以成功地实施其他两种战略。

（四）最优成本供应商战略

最优成本供应商战略是指通过综合成本和差异化为顾客所支付的价格提供更多的价值，其目的在于使产品相对于竞争对手的产品拥有最优的价格和特色。简单地说，最优成本供应商战略实际上就是综合了总成本领先和差异化的强调点：低成本和差异化，通过满足顾客在质量、服务、特色、性能上的需求，又满足顾客低价格的期望，从而最终为顾客创造超值的价值。采用这种战略，企业的竞争力显然要比单独差异化或低成本战略更有效，更具有使竞争对手难以模仿的竞争优势。如戴尔利用互联网为每一位大客户设计了属于他们自己的主页，从而为顾客特别设计出他们所需要的电脑，这项措施同时降低了戴尔和客户的成本，而且客户可以得到专门为他们设计的电脑，戴尔也可以有效地降低库存。

二、市场主导者战略

除了上述基本竞争战略之外，企业还需要根据自身在产业中所处的不同竞争地位采取不同的营销战略。根据企业在市场上的不同竞争地位，我们可以将其划分为四种类型：市场主导者、市场挑战者、市场跟随者、市场利基者。

市场主导者是指占有最大的市场份额，在价格变化、新产品开发、分销渠道建设和促销战略等方面对本产业起着领导作用的大企业，如我国微波炉行业的格兰仕、电脑行业的联想集团等。市场领导者如果没有获得法定的垄断地位，必然会面临竞争者的无情挑战，因此，必须保持高度的警惕并采取适当的战略和策略，否则就很可能丧失主导地位。市场领导者为了维护自己的优势，保住自己的主导地位，通常可采取三种战略：一是扩大市场需求总量，二是保护现有市场占有率，三是提高市场占有率，总之，战略核心是守住阵地，以防守为主。

(一)扩大市场需求总量

当一种产品的市场需求总量扩大时,受益最大的是处于主导地位的企业。例如,美国消费者如果增加拍照片的数量,受益最大的将是柯达公司,因为它占有美国70%以上的胶卷市场;中国消费者如果增加穿羊绒衫的数量,受益最大的将是鄂尔多斯羊绒集团,其羊绒生产和营销能力占到中国市场的40%和世界市场的30%,是世界上规模最大、实力最雄厚的羊绒加工企业。

(二)保护现有市场占有率

处于领先地位的企业,必须时刻防备竞争者的挑战,保卫自己的市场阵地。例如,可口可乐公司要防备百事可乐,吉列公司要警惕毕克公司。这些挑战者都很有实力,领先者一不注意就可能被取而代之。

(三)提高市场占有率

市场主导者设法提高市场占有率,也是增加收益、保持主导地位的一个重要途径。市场主导者企业可以通过其市场占有率的再度扩张而成长。在许多市场上,市场占有率的很小增长就意味着销售额的巨大增加。美国的一项研究表明,市场占有率是与投资收益率有关的最重要的变量之一,市场占有率越高,投资收益率也越高。市场占有率高于40%的企业,其平均投资收益率相当于市场占有率低于10%者的3倍。因此,许多企业以提高市场占有率为目标。例如,美国通用电气公司要求它的产品在每个市场上都占据第一位或第二位,否则便撤出该市场。

三、市场挑战者战略

市场挑战者是指那些在市场上处于次要地位并主动向竞争者或市场主导者挑战的企业或公司。例如,美国的百事可乐公司100多年来一直是美国软饮料市场上的市场挑战者,该公司从来没有放弃从可口可乐公司手里夺取软饮料市场主导地位的目标。处于次要地位的企业如果选择"挑战"战略,向市场主导者进行挑战,首先必须确定自己的策略目标和挑战对象,然后选择适当的进攻策略。

(一)确定战略目标和挑战对象

战略目标同进攻对象密切相关,针对不同的对象有不同的目标和策略。一般来说,挑战者可在下列三种情况中进行选择。

(1)攻击市场主导者。这是一种既有风险又具有潜在价值的战略。一旦成功,挑战者企业的市场地位将会发生根本性的改变,因此颇具吸引力。企业采用这一战略时,应十分谨慎,通过周密策划以提高成功的可能性。挑战者必须具有确实高于主导者的竞争优势,如降低成本而带来的低价格,或高价格但产品价值更高等。同时,挑战者必须有办法将主导者的反攻限制在最小范围内,否则所获得的利益将不会长久。

(2)攻击与自己实力相当者。挑战者对一些与自己势均力敌的企业,可选择其中的经营不善者作为进攻对象,设法夺取它们的市场阵地。这种战略风险小,若几番出师大捷或胜多败少的话,可以对市场领先者造成威胁,甚至有可能改变企业的市场地位。

(3) 攻击地方性小企业。对一些地方性小企业中经营不善、财务困难者,可夺取它们的顾客,甚至是小企业本身。例如,美国几家主要的啤酒公司能成长到目前的规模,就是靠夺取一些小企业的顾客而达到的。

总之,战略目标决定于进攻对象,如果以主导者为进攻对象,其目标可能是夺取某些市场份额,或者是夺取市场主导者地位;如果以小企业为进攻对象,其目标可能是将它们逐出市场。但无论在何种情况下,如果要发动攻势,进行挑战,就必须遵守一条军事上的原则,即每一项军事行动都必须指向一个明确的和可达到的目标。

(二) 选择进攻策略

在确定了战略目标和进攻对象之后,挑战者还需要考虑采取何种进攻策略,一般有五种策略可供企业选择。

(1) 正面进攻。正面进攻,是指集中攻击对手的强项而不是弱点,如在产品研发、定价、促销等方面较量。正面进攻的胜负取决于谁的力量更强,这也是最残酷的竞争,常常会两败俱伤,即使取得胜利,也将消耗巨大实力,所以不具有压倒性优势(重大新技术、低成本、资金雄厚等),企业一般不应用这种策略。

(2) 侧翼进攻。侧翼进攻是一种出奇制胜的战略。企业的对手可能很强大,但其侧翼或后方难免有薄弱地带或防御缺口,这些弱点和缺口常常是进攻的目标,这就需要企业集中优势兵力打击对方的弱点,而不是指向对方的实力环节。如进攻偏僻地区市场或某个细分市场,有时这些地区的市场几乎没有竞争者的推销力量,或这些细分市场并未被竞争者明确意识到,因此是最容易取得攻击胜利的薄弱之处。

(3) 包围进攻。包围进攻指看准敌方一块阵地后,从前后左右几条战线上同时进攻,迫使其全面防守。如产品包围战,就是针对竞争者的产品,推出质量、风格、特点各异的数十种同类产品,以此淹没对手的产品,最后夺取市场。实施这种战略要求企业必须拥有优于竞争对手的资源,能向市场提供比竞争对手更多的质量更优、价格更廉的产品,并确信包围计划足以成功。

(4) 迂回进攻。迂回进攻是一种间接进攻战略。它不是进攻竞争者现有的市场或地盘,相反,是对这些产品和市场采取回避态度,绕过竞争者,或是开发新产品去满足未被任何竞争者满足的市场;或是开展多角化经营,进入与竞争者不相关的行业;或是寻找新的、未被竞争者列入经营区域的地区市场。例如,在美国,科尔加特公司常常在宝洁公司的阴影下艰苦奋斗。该公司认识到任何与宝洁公司的正面交战都是徒劳,因而制定了这样的战略:提高在国外销售的领先地位,在国内实行多角化,进入宝洁公司未进入的市场,绕道进攻宝洁公司。科尔加特在纺织和医院产品、化妆品、各种运动用品和食品上实施了一系列成功的获取战略,结果是,它的营业额的 3/4 是在宝洁公司全然不经营的产品中获得的。

(5) 游击进攻。游击战在军事上是以小胜大、以弱胜强的有效战略,在市场营销活动中也不例外。游击进攻是向竞争对手的不同领域进行零零星星或断断续续的攻击,目的是骚扰对方,瓦解其士气,最终获得永久的立足点。较小企业进攻大企业时,常因实力较弱而难以使用侧翼进攻、正面进攻和包围进攻等策略,所以只能发动一系列的短期攻击。进攻矛头可指向大竞争者的任何地方,以消耗其力量、蚕食其市场。

四、市场跟随者战略

市场跟随者是指安于次要地位、不热衷于挑战的企业，其主要特征是安于次要地位，在"和平共处"的状态下求得尽可能多的收益。市场跟随者与挑战者不同，它不向主导者发动进攻，而是跟随在主导者之后自觉地维持共处局面。这种"自觉共处"状态在资本密集且产品同质的行业（钢铁、肥料、化工等）非常普遍，因而这些行业中各个企业的市场占有率相当稳定。

对市场跟随者的战略要求是：必须懂得如何保持现有顾客，并争取一定数量的新顾客；必须设法给自己的目标市场带来某些特有的利益，如渠道、服务、融资等；必须尽力降低成本并保持较高的产品质量和服务质量。市场跟随者也不是被动地单纯追随主导者，它必须找到一条不至于引起竞争性报复的成长途径。以下是三种可供选择的跟随战略。

（1）紧密跟随。紧密跟随是指企业要在各个子市场和营销组合方面尽可能仿效主导者。这种跟随有时好像是挑战者，但只要它不从根本上侵犯到主导者的地位，就不会和主导者发生直接冲突。紧密跟随者营销活动的特点是"仿效"和"低调"。

（2）距离跟随。这种跟随者是在主要方面，如目标市场、产品研发、价格水平和分销渠道等方面都追随主导者，但仍与主导者保持若干差异，其特点是"合适地保持距离"。

（3）选择跟随。这种跟随者在某些方面紧跟主导者，而在另一些方面又自行其是。其行为特点可以概括为"追随和创新并举"，也就是说，它不是盲目跟随，而是择优跟随，在跟随的同时还要发挥自己的独创性，但不进行直接的竞争。这类跟随者之中有些可能发展成为挑战者。

五、市场利基者战略

"Niche"来源于法语。法国人信奉天主教，在建造房屋时，常常在外墙上凿出一个不大的神龛，以供奉圣母玛利亚。它虽然小，但边界清晰，因而后来被引用形容大市场中的缝隙市场。在英语里，它还有一个意思，是悬崖上的石缝，因为人们在登山时常常要借助这些微小的缝隙作为支点，一点点向上攀登。20世纪80年代，美国商学院的学者们开始将这一词引入市场营销领域。

利基市场指向那些被市场中的统治者或有绝对优势的企业忽略的某些细分市场。市场利基战略指企业选定一个很小的产品或服务领域，集中力量进入并成为领先者，从当地市场到全国再到全球，同时建立各种壁垒，逐渐形成持久的竞争优势的战略。市场利基者也被称为市场补缺者，是指选择某一特定较小区隔市场为目标，提供专业化的服务，并以此为经营战略的企业。

很多行业都有一些小企业——市场利基者，它们精心服务于市场的某些细小部分，而不与主要的企业竞争，只是通过专业化经营来占据有利的市场位置。这种市场位置（利基）不仅对于小企业有意义，而且对某些大企业中的较小部门也有意义，它们也常设法寻找一个或几个这种既安全又有利的利基市场。

理想的利基市场具备以下特征:(1)市场规模能保证一定利润,并有较好的成长性;(2)企业具备为之提供有效服务的资源和能力;(3)这个行业最好还没有统治者,且主要竞争者对这一市场不感兴趣;(4)当这个市场利基成长到具有更大吸引力时,企业所具备的技术和信誉足以对抗主要竞争者的进攻。

市场利基者的主要战略是专业化市场营销。企业为了取得利基,可在市场、顾客、产品或渠道等方面实行专业化。可供选择的专业化方案如下。(1)最终用户专业化,专门致力于为某类最终用户服务。例如,有些小的软件企业专门针对高等学校的经济管理类专业提供教学软件。(2)垂直层面专业化,专门致力于产业链中的某些层面。(3)顾客规模专业化,专门为某一种规模(大、中、小)的客户服务,如有些小企业专门为那些被大企业忽略的小客户服务。(4)特定顾客专业化,只对某一个或几个主要客户服务。例如,专门为波音公司生产某种飞机零件。(5)地理区域专业化,专为国内外某一地区的用户服务。例如,网上商场只在某一城市提供网上订货、送货上门等服务。(6)产品或产品线专业化,只生产一大类产品。(7)质量和价格专业化,专门生产经营某种质量和价格的产品。例如,奢侈品企业专门生产高质高价产品。(8)服务项目专业化,专门向市场提供某一种或几种其他企业没有的特色服务。

课后训练

【关键词】

企业战略　战略规划　波士顿矩阵法　通用电气公司方法　密集式成长战略　一体化成长战略　多角化成长战略　市场竞争战略

【思考题】

1. 什么是市场营销战略？它有哪些特征？
2. 如何界定企业使命？
3. 简述企业战略规划的过程。
4. 如何规划企业的成长战略？
5. 如何利用波士顿矩阵法来决定和调整企业的业务组合？
6. 简述企业的基本竞争战略。

【案例分析】

北京全聚德集团的发展战略

一、全聚德发展简史

1864年（清同治三年），河北冀县（现冀州市）商人杨全仁倾其所有，创建"全聚德"，专营挂炉烤鸭。1901年（光绪二十七年），全聚德由一个不甚完善的烤炉铺发展为以经营挂炉烤鸭为主的京城驰名餐馆。1949年后，全聚德得到了政府的关心与支持。国家领导人经常把全聚德作为重要的国宴场所，其规模一再扩大。1993年5月，经北京市委、市政府批准，成立了"中国北京全聚德烤鸭集团公司"。1994年，"全聚德"牌号无形资产社会公允价值为2.6946亿元人民币。1998年，"全聚德"牌号的无形资产社会公允价值为7.0858亿元人民币，是1994年的2.63倍。1999年1月5日，经国家工商局商标局认定，全聚德荣获"中国驰名商标"称号，成为全国驰名商标中第一个服务类中国驰名商标。

二、营销战略

全聚德营销战略为巩固发展"精品正餐战略"。集团下力度进一步在产品质量、服务质量、营销质量等方面做出努力，在全体员工之中牢固树立"精品"意识，从"弘扬中国传统饮食文化、促进全聚德发展"的战略高度认识"精品战略"的意义，发展食品加工业，走集约化、规模化之路。具体为采用"一体化"发展战略，分别建立生鸭养殖基地、大葱养殖基地，建立食品加工企业，在北京以试验性质开办一家快餐店用以投石问路。

三、快餐发展做法

由集团出资，统一选派人员对该快餐店进行经营。

以低调方式开业、运营，即不做广告，不做大规模宣传，但确保产品质量，用以检验该快餐产品本身对顾客的吸引力大小。

为避免快餐形象对正餐精品形象的影响，快餐品牌的选择采取品牌战略中的"副品牌策略"，取名"阿德鸭"并专门定制品牌形象，陈设于店堂入口处。

店铺地址选在居民区。

快餐形成"一人份套餐"，包括烤鸭、饼、葱、酱、鸭架汤等，保证数量与质量，定价为每份14.5元人民币。店堂形象由专业公司统一制作，CIS（企业形象设计）总体与集团本部保持一致。

四、发展模式

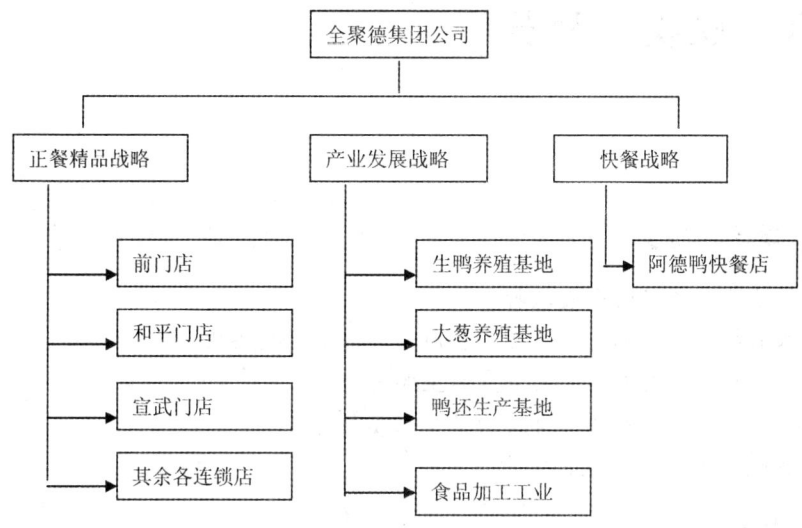

案例思考题：

1. 该公司在制定"全聚德"发展战略时，是否充分认识和考虑了与公司战略相关的那些最重要的环境因素？你怎样看？

2. 这几年我国快餐市场高速成长，中国餐饮企业在快餐市场上能否有所作为，打破"洋快餐一统天下"的局面？你怎样认识和评价"全聚德"实验性实施的快餐战略？如果该战略不很成功，是什么原因？你能提出一个新的快餐战略设想吗？

3. 对"全聚德"食品加工战略的发展前景做出分析与评价，评价正餐战略在公司整体战略中的地位和作用。

4. 请你通过其他途径了解有关"全聚德"集团更为广泛的信息，并讨论"全聚德"的企业文化和品牌对所实施战略的作用和贡献。

【实训项目】

实训目的：

训练学生运用基于竞争的营销战略相关知识分析相关竞争对手。

实训素材：

找一个你熟悉的行业分析其市场主导者、市场挑战者、市场跟随者、市场利基者的分布情况以及代表企业的营销战略。

实训要求：

学生在实训完成后提交一份行业分析报告。

第四章 购买行为分析

【本章学习目标】

1. 了解消费者市场的含义与特点。
2. 掌握影响消费者购买行为的主要因素及消费者购买决策过程。
3. 理解影响生产者市场购买决策的主要因素。
4. 熟悉中间商购买行为类型及购买过程参与者。
5. 了解政府市场采购的过程。

【能力目标】

能够对消费者市场和组织市场的购买行为进行分析,能根据这些分析结果判断市场概况。

【导入案例】

杭州"狗不理"包子店为何无人理

杭州"狗不理"包子店是天津狗不理集团在杭州开设的分店,地处杭州商业黄金地段。正宗的狗不理包子以其鲜明的特色享誉神州,如皮薄、水馅、味道鲜美、咬一口汁水横流等。但是正当杭州南方大酒店日销包子万余只时,杭州的"狗不理"包子店却很少有人问津,即使将楼下三分之一的营业面积租给服装企业,依然"门庭冷落车马稀"。

当"狗不理"包子店一再强调其包子鲜明的特色时,却忽视了消费者是否接受这一"特色"。那么,狗不理包子受挫于杭州也是理所当然了。

首先,"狗不理"包子馅比较油腻,不符合喜爱清淡食物的杭州市民的口味。

其次,"狗不理"包子不符合杭州人的生活习惯。杭州市民将包子当作便捷的快餐对待,往往边走边吃,而"狗不理"包子由于皮薄、水馅、容易流汁,不能拿在手里吃,只有坐下来用筷子慢慢享用。

再次,"狗不理"包子馅多半是葱蒜类的辛辣刺激物,这与杭州南方城市人的传统口味也相悖。

市场营销的基本特征是强调企业的经营活动必须以顾客需要的满足为导向,企业市场营销活动的目的就在于通过满足购买者现实的和潜在的需求来实现企业的盈利目标。因此,企业开展市场营销活动时,首先要了解和分析购买者的各种需求,这就要求企业对市场做进一步的分类,针对消费者的不同市场需求和购买行为上的差异制定不同的营销策略。

市场营销学根据购买者的不同将市场分为两大类：消费者市场和组织市场。其中，消费者市场由那些为满足自身及家庭成员的生活消费需要而购买的顾客组成；组织市场则由那些为从事经营活动，对产品进行再加工、转售，或向社会提供服务的工商企业、政府机构及各种社会团体组成。如一位购买毛线为孩子织毛衣的母亲是消费者市场上的一员，而购买毛线生产毛衣的针织厂则是组织市场上的购买者。

第一节 消费者市场购买行为分析

消费者购买行为是感情、认知、行为以及环境因素之间的动态互动过程，是人类履行生活中交换职能的行为基础。因此，把握消费者的行为可以为企业赢得消费者，提升企业的竞争力。消费者市场研究的核心问题是市场购买行为规律，即购买行为模式、购买影响因素和购买决策过程等。

一、消费者市场的含义与特点

（一）消费者市场的含义

所谓消费者市场，是指为了个人或家庭消费而购买物品或服务的个人或家庭所构成的市场。消费者市场是最终市场，其他市场是直接或间接地为最终消费者服务。因此，消费者市场是现代市场营销的依据和主要研究对象。

（二）消费者市场的特点

1. 复杂性和多变性

需求是个体一切行为和心理活动的内在动力，消费者的生活需求是多种多样的。个体的差异使得不同的消费者在同一外界环境、同一社会发展阶段下需求的层次及侧重点不同。同时，消费者市场的需求不是静止不变的，它因受到各种社会条件的影响和制约而随着环境的变化以及自身内在的发展而变化。

2. 可诱导性和伸缩性

大多数消费者由于缺乏专门的商品知识，属于非专家购买，容易受到广告等促销活动的引导和调节，自己的需求也随着发生变化和转移。此外，随着社会环境、经济条件和节令的变化，消费者的需要也是可以伸缩的。

3. 联系性和替代性

联系性是指消费者对某一商品的需求会引起对与此相关产品的需求，而替代性则是指消费者在某一方面的需求是可以用多种商品来满足的。

4. 连带性和转移性

连带性是指消费者在购买产品时顺便购买了其他产品，转移性则是指因产品质量差或价格高,或对服务人员的态度产生了反感而转移到另一商店去购买同种或类似产品的现象。

5. 相对满足性和周期性

从现实来讲,消费需求的相对满足程度取决于消费者的消费水平。消费水平低,需求容易得到满足,反之则不容易满足。

需求,特别是基本需要,往往有较强的周期性。旧一轮的需要满足了,又会产生新一轮的需要。

6. 流行性和便捷性

在现代市场经济条件下,消费者对商品或劳务的需求在某一特定时期内会形成某种"热潮"。过了这段时间,这种商品或劳务就不时兴了,而由另一种商品或劳务所取代,这就是消费者需求的流行性。此外,随着人们生活节奏的加快,消费者越来越需要那些能够省时省力的商品或劳务。

7. 季节性和时间性

消费需求在时间上、季节上是有一定的要求的,如有的商品均衡消费,要求经常供应,企业应当随时备足货品;有的商品是季节性消费或节假日消费的,企业应当做好迎节的货品供应,适时适季地推出应时商品,保证市场需求的满足,以实现企业的最佳效益。

8. 有限性和无限性

消费者的欲望是无止境的,但社会现有的技术水平所能提供的产品和消费者的收入水平又是有限的。

二、消费者市场的购买对象

(一) 消费者市场的购买对象

消费者市场的购买对象即满足个人和家庭生活需要的产品(包括服务)。消费者在购买不同的消费品时有不同的行为特点,企业对每一种消费品类型应该有与之相适应的营销组合战略和策略。

(二) 消费者购买对象的分类

(1) 依据人们购买、消费的习惯分类,可分为便利品、选购品、特殊品、非渴求物品。

便利品是指顾客经常购买或即刻购买,并几乎不作购买比较和购买努力的商品,比如香烟、肥皂、报纸、食盐等。为顾客提供购买该类产品的便利性很重要。

选购品是指消费者在选购过程中,对产品的适用性、质量、价格和式样等基本方面要作有针对性比较的产品,比如服装、家具、家用电器等。对于选购品,企业必须备有丰富的花色品种,以满足不同消费者的爱好。同时,要拥有受过良好训练的推销人员,为顾客提供信息和咨询。

特殊品是指具有独有特征和(或)品牌标记的产品,有相当多的消费者愿意对这些产品作特殊的购买努力,如高档服装、轿车、专业摄影器材等。对特殊品的营销,企业不必太多考虑销售地点是否方便,但是要让可能的顾客知道购买地点。

非渴求物品,也称为未觅求品,是指消费者不了解或即使了解也没有兴趣购买的产品或服务,如新产品、保险、书籍等。针对非渴求物品的特性,企业要加大广告宣传力度,派人员推销,尤其是价格昂贵的消费品、保险更需要推销人员与消费者进行面对面的沟通,使消费者了解产品特性以及可给自己带来的利益,使消费者产生购买兴趣,从而扩大产品销售量。

(2) 依据产品的有形与否分类,可分为有形产品(物品)、无形产品(服务)。

有形产品是指使用价值必须借助有形物品才能发挥其效用,且该有形部分必须进入流通和消费过程的产品。

服务,也称无形产品,是指一方能向另一方提供的基本上无形,并且不导致任何所有权的产生的活动或利益。服务是无形的、市场和消费不可分离的、可变的和易消失的,如理发、修理、培训教育等。作为一种活动的结果,它们一般要求更多的质量控制、供应者信用能力和适用性。

(3) 依据产品耐用性分类,可分为耐用品、非耐用品(耐用品和非耐用品都是有形产品)。

耐用品一般是指使用年限较长、价值较高的有形产品。这种产品通常有多种用途,如冰箱、电视机、高档家具等。耐用品一般需要较多的人员推销,提供较多的售前、售后服务和担保条件。

非耐用品一般是指有一种或几种消费用途的低值易耗品,如解渴饮料、食盐、肥皂等。这类产品消费快,购买频率高,企业的营销战略应该是:使消费者能在许多地点方便地购买到这类产品,价格中包含的盈利要低,加强广告宣传以吸引消费者试用并形成偏好。

三、影响消费者购买行为的主要因素

阅读材料

全美第一大书店的创造者兼第一任首席执行官巴恩斯·努波尔说:"你以为人们买书是为了什么?为了阅读吗?荒唐的结论!人们买书只是为了证明自己,证明自己的品位、自己的教养、自己的时尚抑或其他的一些什么东西。他们的目标是将他们自己,或他们将书作为礼物赠予的对象,和所有其他优雅的爱德加全集的读者或敏感的沃尔夫的读者联系起来。你可以将书当作一般消费品出售,利用吸引人的陈列、惹眼的海报、对书的美丽的渲染,以及强调它的畅销性和其作者的受欢迎程度来促销。"

你可能觉得巴恩斯·努波尔的话太夸张,你可以不信他的话,但是美国第一大书店的辉煌业绩是实实在在摆在我们面前的。他确确实实地提醒了我们,人的购买需求并不像我们所想的那样简单。

研究影响消费者购买行为的因素,对企业开展有效的市场营销活动至关重要。影响消费者购买行为的因素主要有文化因素、社会因素、个人因素和心理因素,如表4-1所示。

表 4-1　影响消费者购买行为的主要因素

文化因素	社会因素	个人因素	心理因素
文化	参照群体	家庭生命周期	动机
亚文化	家庭	经济状况	知觉
社会阶层	社会角色	生活方式	学习
	社会地位	个性	信念
		自我观念	态度

(一) 文化因素

1. 文化

文化是决定人类欲望和行为的最基本因素,对消费者购买行为的影响最为广泛和深远。文化是指某一特定社会生活方式的总和,包括语言、法律、宗教、风俗习惯、价值观、信仰、工作方式等独特现象。

消费者的需要在很大程度上是以文化为基础的。一般来说,语言、非语言沟通、宗教、时间、空间、颜色、数字、风俗习惯、食物偏好对于市场营销都有着不同程度的影响。语言是文化中的一个关键因素。西班牙人想把百威啤酒翻译成"啤酒国王",但由于啤酒一词在西班牙语中是一个阴性名词,结果翻译成了"啤酒女王"。由于生活水平的提高,人们对于健康和仪表更为关心,对饮食结构的要求也会发生变化。

营销人员要想成功地开展市场营销活动,就必须使自己的产品或服务符合社会的文化价值观。

阅读材料

"名片是你的脸面。"

"名片在这里是必需的,是绝对必不可少的。"

"在日本一个没有名片的人是没有身份的。"

在一个社交礼节十分考究的国度里,名片的交换是一种最基本的社交礼节。它强化了人际之接触,而人际接触对一个人的成功至关重要。交换名片折射出很深的社会寓意。一旦完成这样一种看似细小的礼节,双方都能了解对方在公司或政府机关的位置,从而较准确地把握彼此之间的交往尺度。

两人彼此交换名片,这在美国是十分普遍、简单的活动,而在日本则是一种不可缺少的复杂社会交往。

(资料来源:霍金斯等.消费者行为学.北京:机械工业出版社,2014)

2. 亚文化

亚文化是一个不同于文化类型的概念。所谓亚文化,是指某一文化群体所属次级群体的成员共有的独特信念、价值观和生活习惯。目前,国内外营销学者普遍接受的是按民族、宗教、种族、地理划分亚文化的分类方法。

(1) 民族亚文化。几乎每个国家都是由不同民族构成的。不同的民族都各有其独特的风俗习惯和文化传统。我国有56个民族,民族亚文化对消费者行为的影响是巨大的。

(2) 宗教亚文化。不同的宗教群体具有不同的文化倾向、习俗和禁忌。如我国有佛教、道教、伊斯兰教、天主教、基督教等,这些宗教的信仰者都有各自的信仰、生活方式和消费习惯。宗教能影响人们的行为,也能影响人们的价值观。

阅读材料

日本的索尼公司为在泰国推销录音机,精心设计了一则广告:广告中佛祖释迦牟尼也被录音机中的美妙音乐打动,全身随音乐摆动。这则广告可谓设计精巧、独具匠心,突出了索尼录音机优美的音色、音质等良好性能。但这则广告在佛教之都的泰国却引起了纠纷,不仅公众十分愤怒,连泰国当局也提出抗议,索尼公司的产品在泰国受到了抵制,因为泰国人认为这则广告的某些创意伤害了他们的民族感情。

(3) 种族亚文化。白种人、黄种人、黑种人都各有其独特的文化传统、文化风格和态度。他们即使生活在同一国家甚至同一城市,也会有自己特殊的需求、爱好和购买习惯。

(4) 地理亚文化。地理环境上的差异也会导致人们在消费习俗和消费特点上的不同。长期形成的地域习惯一般比较稳定。自然地理环境不仅决定着一个地区的产业和贸易发展格局,而且间接影响着一个地区消费者的生活方式、生活水平、购买力大小和消费结构,从而在不同的地域形成不同的商业文化。

不同的亚文化会形成不同的消费亚文化。消费亚文化对营销者比较重要,因为有时一种产品就是构成亚文化的基础,是亚文化成员身份的象征,如高级轿车。同时符合某种亚文化的产品会受到其他社会成员的喜爱。

3. 社会阶层

社会阶层是社会学家根据职业、收入来源、教育水平、价值观和居住区域对人们进行的一种社会分类。同一阶层的生活成员具有类似的价值观、兴趣爱好和行为,在消费行为上相互影响并趋于一致。居于不同社会阶层的消费者,其消费行为有较大的差异性。心理学研究表明,不同社会阶层在以下几个方面表现出较大的差异。(1) 在产品选择和使用上,消费者大多数根据自己所属阶层的知觉来选择。有研究表明,尽管各阶层的妇女对时装都感兴趣,但中上层的妇女在这方面的购买行为介入的程度要更深,表现为更多地阅读时装杂志、参观时装表演,并与朋友讨论等。在住宅、汽车、家具等能显示地位和身份的产品购买上,不同阶层的消费差异非常明显。(2) 在休闲活动上,如网球、高尔夫、欣赏歌剧等在中上层社会成员中流行,而下层社会成员主要从事团体性体育活动。(3) 在信息获取上,高层消费者更多的是看杂志和报纸,而下层消费者主要通过看电视及内部人群交流来获得信息。(4) 不同阶层在审美趣味上也存在偏差。美国社会学家将美国社会分为七个阶层,如表4-2所示。

表 4-2 美国社会阶层划分

层次	占人口百分比	成员构成	购买商品种类
上上层	1	继承大量遗产的贵人、高级官员、巨商	珠宝、古玩、豪华住宅、度假用品、社交等
上层	2	社会精英及暴发户	豪华住宅、汽车、珠宝、游艇
中上层	12	自由职业者、私营企业家、公司经理	高档家具、服装、住宅
中间层	32	中等收入的白领、灰领、蓝领贵族	进口汽车、子女教育
劳动阶层	38	蓝领工人	中低档商品
下层	9	贫困线上的无技能劳动者	低档商品
下下层	6	经常失业者	依靠社会救济

(资料来源:(美)菲利普·科特勒.营销管理(第11版).上海:上海人民出版社,2003)

(二) 社会因素

1. 参照群体

参照群体是与消费者密切相关的社会群体,它与隶属群体相对应。社会群体是指通过一定的社会关系结合起来进行共同活动而产生相互作用的集体。

参照群体概念在营销中的运用如下。

(1) 名人效应。对很多人来说,名人代表了一种理想化的生活模式。正因为如此,企业花巨额费用聘请名人来促销其产品。研究发现,用名人作支持的广告较不用名人的广告评价更正面和积极,这一点在青少年群体上体现得更为明显。

(2) 专家效应。专家是指在某一专业领域受过专门训练,具有专门知识、经验和特长的人。医生、律师、营养学家等均是各自领域的专家。专家所具有的丰富知识和经验使其在介绍、推荐产品与服务时较一般人更具权威性,从而产生专家所特有的公信力和影响力。

(3) "普通人"效应。运用满意顾客的证词来宣传企业的产品,是广告中常用的方法之一。由于出现在荧屏上或画面上的代言人是和潜在顾客一样的普通消费者,使受众感到亲近,从而更容易使广告诉求引起共鸣,比如北京大宝化妆品公司就曾运用过"普通人"证词广告。

(4) 经理型代言人。自20世纪70年代以来,越来越多的企业在广告中用公司总裁或总经理做代言人。例如,我国广西三金药业集团公司,在其生产的桂林西瓜霜上使用公司总经理和产品发明人邹节明的名字和图像,就是经理型代言人的运用。

2. 家庭

家庭是由婚姻、血缘或收养而产生的亲属间的共同生活组织,是社会组织中的基本单位,是消费者最基本的参照群体,对消费者的购买行为有重要影响。

人的一生一般要经历两个家庭,一是父母的家庭,二是自己组成的家庭。消费者购买决策受父母家庭影响比较间接,受自己现有家庭影响比较直接。

家庭购买决策权主要掌握在夫妻手中,夫妻决策权的大小取决于购买商品的种类、双方工资收入、生活习惯、家庭内部劳动分工等各种因素。由于我国独生子女家庭多,子女在家庭购买决策中所起的作用也不容忽视。

3. 社会角色

社会角色是与人的社会地位相联系并按规范执行的行为模式。社会角色是人的各种社会属性和社会关系的反映,是社会地位的外在表现。社会生活中任何一个人都要扮演不同的社会角色,如一个人在家庭中是妻子、母亲,在社会上是公司职员等。社会角色的不同在某种程度上影响消费者产生不同的购买行为,如女儿在母亲节购买康乃馨花送给母亲,恋爱男女在情人节购买玫瑰花和巧克力送给自己的爱人。

4. 社会地位

社会地位是人们在各种社会关系网中所处的位置,是对决定人们身份和地位的各种要素综合考察的结果。这些要素包括个人的政治倾向、经济状况、家庭背景、文化程度、生活方式、价值取向、审美观及其所担任的角色和所拥有的权利等。消费者的购买行为会随着社会地位的变化而发生显著的变更。比如好莱坞的明星都希望在比弗利山庄拥有一栋房子;成功的商人会去购买名贵的汽车、高档的服装,出入奢华的酒店等。

(三) 个人因素

1. 家庭生命周期

家庭生命周期是指以家长为代表的家庭生活的全过程。按年龄、婚姻、子女等状况,家庭生命周期可分为以下八个阶段。

(1) 未婚期阶段。单身的青年人消费支出以服装、娱乐为主,追逐时尚,是新产品促销的重要目标市场。

(2) 新婚期阶段。处于这一阶段的人员是新婚没有子女的年轻夫妻。这是人生的一个消费高峰期,处于这一时期的人员购买产品种类多,是住房、家用电器、家具、服装等单价较高耐用消费品的主要购买者。在我国,购买上述消费品的经济来源有很大一部分是父母多年的储蓄。

(3) "满巢"Ⅰ阶段。处于这一阶段的人员是年轻夫妻,家中有一个6周岁以下的孩子。在这个时期,孩子的启蒙教育、营养开支较大。

(4) "满巢"Ⅱ阶段。处于这一阶段的人员是年轻夫妻,有6岁以上的孩子,家庭经济状况较好,孩子的教育支出逐渐增多,购买大规格包装的产品,有自己喜爱的品牌产品。

(5) "满巢"Ⅲ阶段。处于这一阶段的人员是中年夫妻,有经济未独立的子女。这是一个家庭经济状况最好的阶段。以前没有房子的家庭已经购买了房子,小房子换成了大房子,因此他们是商品房的重点销售对象,也是二手房的主要来源地。他们结婚时购买的家用电器、家具等消费品已经过时,需要更新,因此他们又是家用电器、家具等消费品的主要购买者。这时家庭中夫妻二人负担也比较重,正是上有父母需赡养,下有子女需供养;子女的教育支出开支较大,尤其是孩子上大学的费用占家庭总收入的很大一部分。

(6) "空巢"Ⅰ阶段。处于这一阶段的人员是未满60周岁的中年夫妻。子女经济独立,大部分已组成自己的新家庭;夫妻二人经济条件较好,是旅游产品、保健品的主要购买者。在中国这个独生子女环境中,儿女虽然已成家,但大部分离父母家较近的年轻夫妻在经济上依赖父母,小孩子需要父母给予照顾。

(7) "空巢"Ⅱ阶段。处于这一阶段的人员是年龄在60岁以上的老年夫妻。消费支出主要在医疗保健方面,经济条件好的家庭外出旅游增多,因此这个阶段的家庭是旅行社的重点目标市场。

（8）未亡人时期。处于这一阶段的人员是单身独居的老人,消费支出主要是医疗保健品、健身器材。单身老人再婚问题、护理问题是值得我们社会关注的重点问题之一。

2. 经济状况

消费者的经济状况是指个人或家庭的可支配收入、储蓄、资产和信贷能力。经济状况在很大程度上决定了消费者的购买规模和品种。一般而言,收入较低的消费者往往比收入较高的消费者更关心价格的高低,特别是基本生活必需品的价格。企业如果经营与消费者购买力密切相关的产品,就应注意消费者的收入、储蓄和消费倾向,并据此开发和定位产品的种类,必要时对产品进行重新定位和重新定价,以吸引和保留目标顾客。

3. 生活方式

生活方式是指人们的生活形态,集中表现在他们的行动、兴趣和见解上。生活方式更全面地反映出一个人在态度、行为、心理需要方面的特点,所以通过分析消费者的生活方式来了解其消费需要和购买行为往往更有效。目前,较为完善的生活方式细分方法是VALS(价值观与生活方式)分类方法。VALS分类方法按照自我导向和资源丰富这两个标准定义了八个类别的生活方式,将消费者细分为现实者、满足者、自信者、成就者、奋斗者、经历者、工作者和挣扎者,如表4-3所示。这种细分有助于企业选择目标顾客,明确产品定位,进行有效的营销沟通。

表4-3 VALS分类方法对消费者生活方式的细分

类别	特点
现实者	指那些自尊心较强且个人资源丰富的消费者。他们收入高,注重个人形象,对产品要求高。
满足者	指那些以自我为导向的消费者中个人资源丰富者。他们受过良好的教育,责任心强,收入高,休闲活动主要以家庭为中心,对身边发生的事情很了解,也乐意接受新事物,但对消费讲求务实。
自信者	指那些以自我为导向的消费者中个人资源较少者。他们收入一般,消费观念比较保守和理性,青睐本国产品和品牌,生活以家庭、社区、教堂和国家为中心。
成就者	指那些以身份为导向的消费者中个人资源较丰富的群体,属于以工作为中心的成功人士。他们的成就感主要来自工作和家庭,在政治上比较保守,注重权力和身份,偏爱本国产品和品牌。
奋斗者	指那些以身份为导向的消费者中个人资源较少者。他们的价值观与成就者类似,消费时很注重个人风格,总是试图赶超自己所崇拜的成功人士。
经历者	指那些个人资源较丰富的行动导向型消费者。他们都很年轻,精力充沛,积极参与体育和社会活动。他们的消费以服装、快餐和音乐为主,热衷于新鲜事物。
工作者	指那些个人资源较少的行动导向型消费者。他们讲究实际,自我满足感强,对产品的功效十分关注,生活范围局限于家庭和工作,不关心外部世界。
挣扎者	指那些收入最低,不可能以自我为导向的消费者。他们往往家境贫寒,年岁较高,健康不佳,购买力非常有限,但对产品的忠诚度很高。

4. 个性

个性,也称作人格,是指个人稳定的心理品质,包括人格倾向性和人格心理特征。人格倾向性包括人的需要、动机、兴趣和信念等,决定人对现实生活的态度、趋向和选择。人格心理特征包括人的能力、气质和性格,决定人行为方式上的个人特征。由于各人遗传素质,尤其是社会活动各不相同,每个人的人格倾向性和人格心理特征也各不相同,因此形成了不同的人格,这种个性的差别导致购买行为的不同。如在选择服装方面,性格外向的人喜欢色彩明亮、款式新颖的服装,性格内向的人喜欢简洁、色彩深沉的服装。性格外向的人活泼多言,容易受推销人员、广告等外界因素影响,性格内向的人沉默寡言,在购物时往往犹豫不决。因此,营销人员要针对消费者的个性特点展开促销。

5. 自我观念

自我观念即自我概念,是指个人关于自己的观念体系,即消费者想使自己成为一种什么样的人。

由于自我观念不同,人们的购买行为有很大的差异性。如在服饰选择方面,如果消费者想把自己塑造成风度翩翩的绅士,其购买就偏重名牌西装、领带、皮鞋等;如果想把自己塑造成自然、潇洒、悠闲自在的人,那么购物就以休闲服饰为主。

(四) 心理因素

消费者的动机、知觉、学习、信念和态度是影响消费者购买行为的主要心理因素。

1. 动机

动机指引起、维持、促使某种活动向某一目标进行的内在作用。消费者具体的购买动机有求实动机、求美动机、求廉动机、求名动机、求新动机、求安全动机、求奇动机等。

(1) 求实动机。在这种动机的驱动下,消费者在购买商品时注重商品的使用价值,讲究实惠、使用方便,不太看重商品的外观、花色和款式。具有这种购买动机的人大多是收入较低、支付能力有限或注重传统习惯和购买经验的消费者。

(2) 求美动机。具有这种动机的消费者在购买商品时注重商品的式样、色调、造型等形式美,重视商品对环境的装饰作用和对人体的美化作用。这类消费者多为年轻人中的女性,而易被消费者从美的角度加以审视的商品则多为家具、服装等。

(3) 求廉动机。具有这种动机的购买者在选购商品时特别注重商品的价格,对便宜、降价、处理商品具有浓厚的兴趣,而对商品的花色、款式等外在形象不太注意。

(4) 求名动机。具有这种动机的消费者对名牌产品具有特殊的偏好,而对非名牌缺乏信任感。他们在选购产品时很注重产品的名称、产地、销售地点等。

(5) 求新动机。具有这种动机的消费者购买商品时不太计较商品的价格,而是把注意力集中在商品的外在形式上。他们总是期望自己引导消费新潮流。

(6) 求安全动机。具有这种动机的消费者在购买商品时十分注意商品的安全可靠、干净卫生、不损害人体健康,在购买医药、食品、卫生用品和煤气用具等时尤为突出。

(7) 求奇动机。具有这种动机的消费者在购买商品时追求商品的与众不同和出奇制胜。这类消费者主要是年轻人或收入较高者。

阅读材料

海尔以消费者为目的、以消费者需要为导向进行技术革新,不断研制、生产出技术上领先、功能上令消费者满意的新型洗衣机。

在市场调查中,海尔发现许多消费者想购买滚筒式洗衣机,又苦于住房空间小。海尔运用世界上最先进的技术,在容量不减的情况下进行超薄设计,并按照"人体工程学原理"设计衣物的投放方式,研究开发出顶开盖式"小丽人"滚筒式洗衣机。

针对困扰人们的传统洗衣机洗涤时间长、费水费电的问题,海尔又开发出了中国第一台螺旋飓风速洗王洗衣机。这种洗衣机以其特有的十段水位、十分钟速洗功能、内外筒之间无水中空洗涤、瀑布漂洗功能赢得了众多消费者的青睐。

(资料来源:李晴.消费者行为学.重庆:重庆大学出版社,2010)

因此,营销者应分析不同动机的购买行为,尤其是分析占主导地位的动机,提供相应的产品,升级相应的传播策略,使营销效果达到最大。

2. 知觉

知觉是人对客观事物各个部分或属性的整体反映。它同感觉一样,是由客观事物直接作用于分析器官而引起的,但比感觉更完整、复杂,人们常常根据实践活动的需求和心理倾向主动地收集信息,辨认物体及其属性。人们对同一刺激物会产生不同的知觉,原因在于知觉具有选择性的特征。

知觉的选择性是人对同时作用于感觉器官的各种刺激有选择地做出反应的倾向。它使人的注意力指向少数重要的刺激或刺激的重要方面,从而能更有效地认识外界事物。它包括选择性注意、选择性曲解和选择性记忆。

(1) 选择性注意。选择性注意是人在注意时,从当前环境中的许多刺激对象或活动中选择一种或几种刺激,使自己产生高度的兴奋、感知和清晰的意识。引起选择性注意的原因有两种:一是客观因素,如刺激强度大、新奇、对比鲜明、反复出现、不断变化等;二是主观因素,如需要、动机、精神状态、知识经验、任务、世界观、价值观等。如消费者在家电商场买电视,他只注意收集电视的品牌和价格等有关电视的信息,而对冰箱等其他家用电器视而不见。

(2) 选择性曲解。选择性曲解是指人们有选择地将某些信息加以歪曲,使其符合自己的想象。由于选择性曲解的作用,人们容易忽视自己喜爱品牌的缺点和其他品牌的优点。

(3) 选择性记忆。选择性记忆是指人们由于观点、兴趣、生活经验的不同,对所经历过的事物有选择地识记、保持、再现或再认。如"脑白金"广告一经播出,消费者就对其广告词记忆深刻,"送礼就送脑白金",但是没有记住脑白金保健品的功效,把"脑白金"曲解为一种送给老年人的礼品,这种效果的出现正是知觉选择性在消费者购买行为中的反映。

3. 学习

人类的行为是多种多样的,其行为产生的原因则可归结为两个方面:一是人类本能的、与生俱来的;二是通过实践经验得来的,而由经验引起的个人行为改变则是学习。人类的学习过程是由驱使力、刺激物、诱因、反应和强化等五个要素组成的。

(1) 驱使力。驱使力指驱使人们产生行动的内在推动力，即内在需要。心理学家把驱使力分为原始驱使力和学习驱使力两种。原始驱使力指先天形成的内在推动力，如饥、渴、逃避痛苦等。新生婴儿也知道饿了想吃、渴了要喝、疼了会哭等。学习驱使力则是指后天形成的内在刺激力，如恐惧、骄傲、贪婪等。成人会担心财产安全、交通安全，希望在工作中能有所建树等，都是从后天环境中学习得到的。

(2) 刺激物。刺激物指可以满足内在驱使力的物品。比如，人们感到饥渴时，饮料和食物就是刺激物。如果人们的内在驱使力得不到满足，就会处于"紧张情绪"中，只有相应刺激物可使之恢复平静。当驱使力发生作用并找到相应的刺激物时，就变成了动机。

(3) 诱因。诱因也称为提示刺激物，指刺激物所具有的能吸引消费者购买的因素，决定着动机的程度和方向。所有营销因素都可能成为诱因，如刺激物的品种、性能、质量、商标、服务、价格、销售渠道、销售时间、人员推销、展销、广告等。

(4) 反应。反应指驱使力对具有一定诱因的刺激物所发生的反作用或反射行为，比如是否决定购买某商品以及如何购买等。

(5) 强化。强化指驱使力对具有一定诱因的刺激物发生反应后的效果。若效果良好，则反应被增强，以后遇到相同诱因的刺激物时就更容易发生相同的反应；若效果欠佳，反应则会被削弱，以后即使遇到诱因相同的刺激物也不会发生反应。比如，某位女士在刚被提拔为部门经理后应邀出席某个正式活动（驱使力），需要购买一套得体的职业套装（刺激物），正好从报纸上看到一则某品牌西服降价（诱因）的广告，于是她决定在下班后就去购买（反应）。如果她穿上这套西服在宴会上受到他人的称赞，她就会强化对该款西服的反应，以后在相同诱因的诱导下，仍然会做出同样的积极反应。

阅读材料

几年前，联想计算机开拓大学生市场时，曾廉价向学生出租计算机。北京大学学生中也有不少人合租计算机，为了将租金赚回来，他们排出时间表，玩命地"敲"计算机。由于学习动力充足，再加上同学之间互相交流，他们不久就将计算机玩得很熟练。有人曾经向联想计算机公司的负责人指出出租计算机的损坏率太高，不料这位负责人却说，我们要的就是大学生这种拼命学计算机的劲头，他们"敲"得越厉害，对计算机就越熟练，也就越离不开计算机，这样我们的市场就被开发出来了，以后我们就坐等收获胜利果实。后来的事实验证了他的预言。提供积极强化的手段使大学生们建立起对计算机产品的需求，是联想营销的高明之处。

4. 信念和态度

态度是指个人对某一对象所持有的评价与行为倾向。信念是在态度得到不断强化的基础上所产生的对客观事物的稳定认识和倾向性评价。消费者对品牌的信念就是顾客对品牌的总体看法，它的形成可以基于消费者的消费经历，也可基于信仰和情感。如人们想到海尔，就可能觉得质量可靠、服务到位。消费者行为的产生受到消费者个人信念强度的影响。只有对对象有了显著信念，才能形成对对象的态度，进而产生相应的行为。营销者可以通过测量消费者对品牌的信念来预测人们的态度和行为，如佳洁士牙膏可以防止蛀牙、"七喜"不含咖啡因等。人们对品牌的信念越强，对该产品的态度就越积极，就会采取购买行为；反之，如果对产品产生负面的信念，就会消极对待。

四、消费者购买决策过程

影响消费者购买的因素众多，每种因素的影响力又因人而异，所以消费者行为研究特别关注对消费者反应心理过程的研究，包括参与购买决策的角色、消费者购买行为的类型和消费者购买决策过程三个部分。

（一）参与购买决策的角色

消费者在购买决策过程中可能扮演不同的角色，包括：

(1) 倡议者，即首先提议或先有意向购买某种商品和服务的人；

(2) 影响者，即其意见或建议对最终购买决策有一定影响的人；

(3) 决策者，即对部分或整个购买决策（如是否买、买什么、何处买、何时买、如何买）做出最后决定的人；

(4) 购买者，即执行购买的人；

(5) 使用者，即实际使用或消费产品的人。

消费者在购买决策中可能扮演上述五类参与者中的一种，也有可能扮演全部角色。如某大学生要去找工作，想买一部手机作为联系工具，倡议者、购买者和使用者是他自己，而影响者则可能是老师和同学，决策者可能是他的父母。企业营销者对五种角色都要适当地予以关注，针对企业产品、购买者特征和地域文化，分析各角色的影响力。

（二）消费者购买行为的类型

消费者购买不同种类的商品，其购买行为有简单的，也有复杂的，如购买一支牙膏与购买一辆汽车之间存在很大的购买决策差异。越昂贵的商品，购买过程越复杂，消费者考虑得越慎重，所涉及的参与者也越多。根据商品品牌的差异程度和消费者的参与程度，可将消费者购买行为划分为四种类型，如表4-4所示。

表4-4 消费者购买行为的类型

品牌差异程度 \ 参与程度	高	低
大	复杂性购买行为	多样性购买行为
小	协调性购买行为	习惯性购买行为

1. 习惯性购买行为

习惯性购买行为是消费者对价格低廉、经常购买、品牌差异小的产品花最少的时间，就近购买的一种购买行为。它是最简单的购买行为，如购买食盐、鸡精、牙膏之类的便利品。

针对习惯性购买行为，企业应采取的营销策略如下。

(1) 产品改良，突出品牌效应，即增加产品新的用途与功能，保质保量，创立名牌。

(2) 价格优惠。

(3) 在居民区和人口流动性大的地区广设销售网点,使消费者随时随地购买。

(4) 加大促销力度。利用销售吸引新顾客,回报老顾客;在广告宣传上力争简洁明快,突出视觉符号与视觉形象。如生产绿茶的企业可以针对消费者绿色减肥、补充微量元素的心理特征,在广告宣传上突出绿茶的减肥功效,促销绿茶。

2. 多样性购买行为

多样性购买行为是指消费者对产品品牌差异大、功效近似的产品,不愿多花时间进行选择,而是随意购买的一种购买行为。

针对多样化购买行为,企业应采取的营销策略如下。

(1) 采取多品牌策略,突出各种品牌的优势。多品牌决策是指企业在相同产品类别中同时为一种产品设计两种或两种以上互相竞争的品牌决策。此策略为宝洁公司首创。今天宝洁公司的洗发用品品牌众多,如飘柔、海飞丝、潘婷等。飘柔突出优势是柔顺头发,海飞丝突出优势是去头屑,潘婷是护理、营养头发。宝洁公司凭借强大的企业实力,多方位的广告宣传,使其品牌深入消费者心中,创造了骄人业绩。

(2) 价格拉开档次。

(3) 占据有利的货架位置,扩大本企业产品的货架面积,保证供应。

(4) 加大广告投入,树立品牌形象,使消费者形成习惯性购买行为。

3. 协调性购买行为

协调性购买行为是指消费者对品牌差异小,不经常购买的单价高、购买风险大的产品,需要花费大量时间和精力去选购,购后又容易出现不满意等失衡心理状态,需要商家及时化解的购买行为,如购买家用电器、旅游度假等。消费者购买此类产品往往是"货比三家",谨防上当受骗。

针对协调性购买行为,企业应采取的营销策略如下。

(1) 价格公道,真诚服务,创立名牌,树立企业良好形象。

(2) 选择最佳的销售地点,即与竞争对手同处一地,便于消费者选购。

(3) 采用人员推销策略,及时向消费者介绍产品的优势,化解消费者心中的疑虑,消除消费者的失落感。

4. 复杂性购买行为

复杂性购买行为是指消费者对价格昂贵、品牌差异大、功能复杂的产品,由于缺乏必要的产品知识,需要慎重选择,仔细对比,以求降低风险的购买行为。消费者在购买此类产品的过程中,经历了收集信息、产品评价、慎重决策、用后评价等阶段,其购买过程就是一个学习过程,在广泛了解产品功能、特点的基础上,才能做出购买决策,如购买计算机、汽车、商品房等。

针对复杂性购买行为,企业应采取的营销策略如下。

(1) 制作产品说明书,帮助消费者及时全面地了解本企业产品知识、产品优势及同类其他产品的状况,增强消费者对本企业产品的信心。

(2) 实行灵活的定价策略。

(3) 加大广告力度,创立名牌产品。

(4) 运用人员推销,聘请训练有素、专业知识丰富的推销员推销产品,简化购买过程。

(5) 实行售后跟踪服务策略,加大企业与消费者之间的亲和力。

(三) 消费者购买决策过程

消费者购买决策过程一般分为引起需要、收集信息、产品评估、购买决策和购后行为五个阶段,如图 4-1 所示。

这只是一个完整的理论过程,并不是所有的购买行为都要遵循这种模式。根据上面的分析,只有复杂性的购买行为大多符合这一过程,而其他购买行为不一定经历完整的五个阶段。如习惯于海飞丝洗发水的消费者,在购买时就不会进行信息收集和评估而直接产生购买行为。

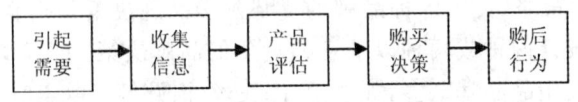

图 4-1 消费者购买决策过程

1. 引起需要

引起需要是消费者购买决策过程的起点,这种需要可能源于内在刺激,如消费者生理上感到饥饿和口渴等,就会想要食物和饮料;也可能源于外部刺激,如消费者看到亲戚、朋友购买了某一商品,自己也想购买,或者消费者看到一则商品推销广告,被唤起了购买欲望等。

引起需要阶段的营销任务如下。

(1) 了解引起与本企业产品有关的现实需求和潜在需求的驱使力,即是什么原因引起消费者购买本企业产品。如了解消费者为什么购买蜂产品,就可以开发出多种蜂产品满足消费者需求,如蜂蜜、蜂王浆等产品。

(2) 设计引起需求的诱因,促使消费者增强刺激,唤起需要,引发购买行为。如"脑白金"一到节日前夕就加大广告播放的频率,让消费者牢牢记住"送礼就送脑白金"。

2. 收集信息

消费者的需求被唤起以后,有的不一定能立刻得到满足。这种尚未满足的需求会造成一种心理的紧张感,促使消费者乐于接受想要商品的信息,甚至会促使消费者主动地收集相关信息。

消费者的信息来源主要有以下四种:

(1) 个人来源,来自家庭、朋友、邻居、同事等;

(2) 经验来源,来自购买、使用、维护产品的经验等;

(3) 公共来源,来自大众传播媒介、消费者团体组织等;

(4) 商业来源,来自广告、推销员、经销商、商品包装、展销会等。

个人来源和经验来源信息对消费者购买行为影响最直接,公共来源和商业来源的影响比较间接,但诱导性强。如人们从媒体中获取禽流感的信息之后,很多人不敢吃鸡肉、鸡蛋,后来人们又从媒体中获知高温烹饪会杀死鸡肉中的禽流感病毒,才又开始吃鸡肉、鸡蛋。

收集信息阶段的营销任务:

(1) 了解不同信息来源对消费者购买行为的影响程度;

(2) 注意不同文化背景下收集信息的差异性；

(3) 有针对性设计恰当的信息传播策略。

3. 产品评估

消费者在获取足够的信息之后，要对备选的产品进行评估。对产品进行评估主要涉及以下几个问题。

(1) 产品属性。产品属性是指产品能够满足消费者需求的特征，它涉及产品功能、价格、质量、款式等。在价格稳定的情况下，消费者对提供产品属性多的产品感兴趣。由于使用者不同，对产品属性的要求也不同，如消费者对汽车轮胎的安全性要求低于航空公司对飞机轮胎安全性的要求，正是由于飞机轮胎安全性能高，因此价格昂贵。

(2) 属性权重。属性权重是消费者对产品有关属性给予的不同权数。如买电冰箱，如果消费者注重它的耗电量，他就会购买耗电量低的电冰箱。现在电冰箱厂家针对消费者这一购买特征纷纷在冰箱外观上标出每天耗电量的度数来吸引消费者购买。

(3) 品牌信念。品牌信念是消费者对某种品牌产品的看法。它带有个人主观因素，受选择性注意、选择性曲解、选择性记忆的影响。消费者的品牌信念与产品的真实属性往往并不一致。

(4) 效用要求。效用要求是消费者对某种品牌产品的各种属性的效用功能标准要求。如果产品能满足消费者的效用需求，消费者就愿意购买。

产品评估阶段的营销任务如下。

(1) 增加产品功能，改变消费者对产品属性的认识。同样是蔬菜，由于人们强调绿色环保，需要无污染的绿色蔬菜，增进身体健康，因此愿意付出高价购买绿色蔬菜。

(2) 重新进行心理定位，树立新的品牌信念。

4. 购买决策

消费者对产品进行全面评估和选择后，就会形成购买决策。购买决策的内容主要包括产品种类、属性、品牌、购买时间、购买地点、购买数量和付款方式等。不同的消费者有着不同的决策内容，同一个消费者的决策内容还涉及其内容的排序问题，如在购买房产时，除了开发商品牌、交房时间等因素以外，消费者可能还会十分关注付款方式和入住后的物业管理等。

消费者在形成购买意向后，能否发生实际购买行为，还要受到以下两个因素的影响：一是他人的态度。他人的态度对购买行为的影响取决于他人的可靠性、专长、真挚度以及他人与消费者关系的密切程度。比如某人经过评估比较后，准备购买某一品牌的汽车，当从新闻报道中得知该品牌的汽车质量有问题时，他就会暂停购买行为。二是非预期因素。当消费者面临非预期因素时，其购买计划就会搁浅或改变。影响消费者购买的非预期因素很多，从收入、价格到质量和服务，甚至购买现场营业人员的不适当语言，都会导致消费者改变购买计划。

购买决策阶段的营销任务：

(1) 消除或减少引起可觉察风险的因素；

(2) 向消费者提供真实可靠的产品信息，增强其购买自信心。

5. 购后行为

购后行为是指消费者在购买产品以后产生的某种程度的满意或不满意所带来的一系列行为表现。消费者对产品的期望值越高,不满意的可能性就越大,因此企业在采取促销措施时,如果盲目地扩大消费者的期望值,虽然在短期内会扩大产品的销售量,但会引起消费者的心理失衡,导致退货、投诉增加,从长期来看有损企业形象,影响消费者以后的购买行为。

购后行为阶段的营销任务:

(1) 广告宣传等促销手段要实事求是,最好是有所保留,以提高消费者的满意度;

(2) 采取有效措施减少或消除消费者的购后失调感,及时处理消费者的意见,给消费者提供多种解除不满情绪的渠道;

(3) 建立与消费者的长期沟通机制,在有条件的情况下进行回访。

研究和了解消费者市场的特征及其购买决策过程是企业市场营销成功的基石,是制定正确的目标市场策略的有效保证。

阅读材料

成功来自突破

"劲王枸杞汁"枸杞含量达到80%,并且是真正的纯天然产品,但销售却一塌糊涂。

经市场调查,产品滞销的谜团终于解开:易拉罐的消费主体青少年消费群没有喝保健饮料的意识,对枸杞的保健功效不屑一顾。那么,产品在青少年中还有市场吗?

市场调查的结果进一步显示,青少年选择饮料主要考虑口味和品牌两个因素,而包装又是品牌的要素。因此,市场推广首要的问题是寻找到产品的"气质",这种气质必须从目标消费群,即10~20岁的青少年那里获得。调查结果发现了一个有趣的现象:青少年中间不再像以前那样以"漂亮""潇洒"为形象标准,而是以"酷"为荣,"很酷"是青少年使用频率最高的词。

所谓"酷",就是独特、冷峻、有个性的意思。但"酷文化"是一种流行文化,而流行文化的生命周期不会长久。经研究后发现,所谓的"酷"其实是高仓健"坚毅、深沉"的翻版,这样的"酷文化"是有恒久生命力的。通过观察发现,青少年普遍对美国大兵的军用饰件非常感兴趣,喜欢收集并挂在身上,感到很酷,因而公司决定用迷彩作为新饮料的包装。最后公司确定了一种迷彩背景,中间悬挂一个白色五角星的军用包装,并正式定名为"野战饮料"。

在宣传上,用但丁的名言"走自己的路,让别人去说吧"作为新饮料的广告标语,正好切中了青少年处于心理断层期苛求独立又无法独立的矛盾心态,并且不会惹麻烦。

全新包装的饮料投放市场三个月便大获成功,产品供不应求!

第二节　组织市场购买行为分析

企业的市场营销对象不仅包括广大消费者,也包括生产企业、商业企业、政府机构等各类组织机构。这些机构构成了原材料、零部件、机器设备、供给品和企业服务的庞大市场。为了提高企业产品的市场占有率,扩大产品的销售,满足组织市场的需要,企业必须了解组织市场的购买行为特征及其购买决策过程。

一、组织市场概述

(一) 组织市场的含义

组织市场是指工商企业为从事生产、销售等业务活动以及政府部门和非营利组织为履行职责而购买产品和服务所构成的市场。简言之,组织市场是以某种组织为购买单位的购买者所构成的市场,包括生产者市场、中间商市场、非营利组织市场和政府市场。

组织市场和消费者市场的区别主要表现在以下几个方面。

1. 构成主体不同

组织市场的购买者主要是企业或社会团体等正规组织,也称"法人市场";消费者市场由个人或家庭消费者组成,也称"个人市场"。

2. 购买目的不同

组织市场的购买目的是用于生产或转卖以获取利润,以及履行某种职责;消费者市场的购买目的是满足个人或家庭的生活需要。

3. 决策方式不同

消费者市场购买决策的参与者是个人或家庭;组织市场购买决策过程的参与者往往不只是一个人,而是由很多人组成决策中心,甚至连采购经理也很少独立决策而不受他人影响。

(二) 组织市场的分类

正因为我们把众多的购买者集合在一起统称为"组织市场",所以有必要对其进行一下分类,以作进一步的分析与比较。

1. 生产者市场

在某些场合,它亦可称作产业市场或工业市场。它主要由这样一些个体和组织构成:它们采购商品和劳务是为了加工生产出其他产品以供出售、出租,并从中谋利,而不是为了个人消费。这部分市场是我们本文中所称的"组织市场"的主要组成部分,它主要由以下产业构成:(1)农、林、牧、渔业;(2)采矿业;(3)制造业;(4)建筑业;(5)运输业;(6)通信业;(7)公用事业;(8)银行、金融、保险业;(9)服务业。以生产者市场为服务目标的企业,必须深入研究这个市场的特点,并分析其购买行为,才能营销成功。

2. 中间商市场

中间商市场也称为转卖者市场,指以赢利为目的而购买产品用于转卖或租赁的组织和个人,包括批发商、零售商。零售商是指将商品直接销售给最终消费者的企业。批发商从事商品的批发业务,一方面从生产企业收购商品,另一方面向零售商批发商品,不改变商品的性质,只是实现商品在时间和地点上的转移,达到销售和赢利的目的。

3. 非营利性组织市场

非营利性组织市场也称机构市场,主要是指一些由学校、医院、疗养院、监狱和其他为公众提供商品和服务的部门所组成的市场。它们往往是以低预算和受到一定的控制为特征的,而且一般都是非营利性的。

4. 政府市场

政府市场是指为履行政府职能而购买或租用产品或服务的各级政府及下属各部门所构成的市场。它属于非营利组织市场的一个特殊部门。由于各国政府通过税收、财政预算等掌握了相当大的一部分国民的收入,为了开展政务活动,政府机构经常要采购物资和服务,因而形成了一个很大的采购市场。

二、生产者市场购买行为分析

(一) 生产者市场的购买对象

生产者市场的范围非常广泛,涉及农业、轻工业、重工业、商业等不同部门,涉及成千上万个企业、单位。由于生产资料商品品种繁多,用途各异,按照生产资料商品本身的性质特征划分,生产者市场的购买对象可以划分为工业性市场和农业性市场两大类。

1. 工业性市场

工业性市场是指经营各类工业生产所需要的物质要素的市场,其又可分为直接工业品市场和间接工业品市场。

(1) 直接工业品市场,主要包括以下几项。

① 原料:指未经加工但可以经过制造程序变成产品实体的一部分工业品,如原油、原煤、矿石、农产品原料、化工原料等。

② 半制成品:指经过部分加工的工业品,如铁、钢、水泥、棉纱等。

③ 零件:指经过加工用于装配整机或整件的工业品,如轮胎、油泵等。

④ 燃料、动力、辅助材料:指维持生产必不可少的生产资料,如煤炭、水、电等。

上述直接工业品市场经营的产品,一般是由购销双方签订合同,根据合同组织生产供应。

(2) 间接工业品市场,主要包括以下几项。

① 主要设备:指厂房、建筑、能源、重型和大中型机械设备、电子计算机、交通运输部分的客货机、班轮、车辆等。这些设备一般具有价值较大、使用时间较长、产品具有高度技术性的特点。

② 次要设备:指处于主要设备的辅助地位的各项设备,如工具、模具、手推车、打字机、磅秤等。这些设备尽管价值较小,但大多数是标准化、通用化产品,要求配套供应。

③ 辅助用品:指不参加生产过程,但是维持生产和经营活动所必需的辅助用品,如文具、纸张等。这部分商品有些亦属生活消费品,只是供应对象为企业。

2. 农业性市场

农业性市场是指进行农业生产所需要的物质要素,是人们从事农、林、牧、副、渔业生产所需物质资料的总称。除去天然的土地、水域等自然资源以外,这些物质资料包括农业机械设备、中小农具、半机械化农具、种子、耕畜、化肥、农药及药械等。

农业性市场因其产品情况较为复杂,时间性、季节性较强,所以要求有较强的技术性相配套,物资供应上也有一定的连带性。

(二) 生产者市场的特点

1. 购买者少,购买规模大

消费者市场的购买者是个人或家庭,而生产者市场的购买者绝大多数是企事业单位。例如,美国固特异轮胎公司的订单主要来自通用、福特、克莱斯勒三大汽车制造商,但当固特异公司出售更新的轮胎给消费者时,它就要面对全美1.71亿汽车用户组成的巨大市场了。组织市场不仅买主人数少,而且其购买次数也少。一家生产企业的主要设备要若干年才购买一次,原材料与零配件也大都只签订长期合同,而文具纸张等日用品也常常是八个月集中购买一次。购买次数少就决定了每次的采购量将十分巨大,特别是在生产比较集中的行业里更为明显,通常少数几家大企业的采购量就占该产品总销售量的大部分。

2. 购买者的地理位置相对集中

由于产业集群效应以及自然资源、气候、运输条件的限制,生产者市场的购买者往往集中在某些区域,而且这些区域的业务用品购买量在全国市场上占据的比重很大。例如,我国的重工业客户主要集中在东北、华北一带,金融保险业在上海比较集中,而广东、江苏、浙江等地区集聚着大量轻纺和电子产品加工业。又如,美国制造业的购买者大约有一半以上集中在纽约、加利福尼亚、伊利诺伊、密歇根、得克萨斯、宾夕法尼亚和新泽西等七个州。

3. 衍生需求,需求波动大

衍生需求也称为引申需求或派生需求,是指对企业用品的需求归根结底来自于消费品的需求。例如,由于消费者购买皮包、皮鞋,才导致生产企业需要购买皮鞋、钉子、切割刀具、缝纫机等生产资料。因此,消费者市场需求的变化将直接影响生产者市场的需求。有时消费品需求仅上升10%,就可导致生产这些消费品的企业对有关生产资料的需求增长200%;而若消费品需求下降10%,则可导致有关生产资料需求的全面暴跌。

4. 需求缺乏弹性

生产者市场的需求受价格变化的影响不大。皮鞋制造商在皮鞋价格下降时,不会打算采购大量皮革,同样,皮革价格上升时,他们也不会因此而大量减少对皮革的采购,除非他们发现了某些稳定的皮鞋替代品。需求在短期内特别无弹性,因为厂商不能对其生产方式作许多变动,对占项目总成本比例很小的业务用品来说,其需求也是无弹性的。例如,皮鞋上的金属鞋孔价格上涨,几乎不会影响其需求水平。

5. 供需双方关系密切

由于生产者市场的购买者数量较少且购买量较大,一旦建立业务关系,供需双方的转换成本则较高,相互依赖性也较强;另一方面,有些购买者在花色品种、技术规格、质量、交货期和服务项目等方面提出特殊要求,并希望介入设计和生产环节,供需双方常常相互沟通、通力合作。因此,经过一段时间的磨合后,生产者市场的供需双方通常会建立起一种长期的、互信的合作关系。

6. 专业人员采购

生产者市场的采购大都由经过专业训练,具有丰富的专业知识和采购经验的人员来执行,他们了解产品的性能、质量、规格和有关技术要求,因而,在购买决策中处于主动地位。供应商应当向他们提供详细的技术资料和特殊的服务,从技术的角度说明本企业产品和服务的优点。

7. 租赁现象

一些生产者市场的购买者乐于租赁大型设备,并不愿意全盘购买。租赁对于承租方有诸多好处。对于出租方,当客户不能支付购买其产品的费用时,他们的优惠出租制度就为其产品找到了用武之地。对承租方,租借为他们省下了大量资金,他们又获得了最新型的设备。租赁满后可以购买折价的设备。这种方式目前在工业发达的国家有日益扩大的趋势,特别适用于电子计算机、包装设备、重型工程机械、运货卡车、机械工具等价格昂贵、不经常使用的设备。

8. 直接采购

直接购买的成本低,有利于降低生产者市场的采购成本,同时生产者市场的购买活动在售前、售后都需要由供应者提供服务。因此,生产者购买往往是直接向供应者采购所需用品,而不通过中间商。特别是那些技术复杂、价格高昂的产品,或需按照特定规格制造的产品尤其如此。

(三) 生产者市场的购买类型

生产者市场的购买类型主要有直接重购、修正重购、新购三种。

1. 直接重购

直接重购是指企业的采购部门按以前的采购方案不做任何修改直接进行的采购,即采购对象、供应商、价格、采购方式等都不发生变化。这是一种最简单的采购,程序最少。企业一般会选择以前合作过的、能较好地满足企业需求的供应商继续合作,被选中的供应商会尽最大努力保持产品的质量和服务,以巩固和稳定与老客户的关系。在这种情况下,新的供应商要获得企业的订单、取得合作的机会是很难的,必须付出较大的努力或让步。

2. 修正重购

修正重购是指生产企业因种种原因,修订以前的采购方案,改变采购对象的规格、型号、价格或供应商等。企业发生修正重购的原因可能是企业的生产需要改变、原有的供应商不是太理想、供应商推出了更好的新产品等。在这种情况下,原有的供应商会有危机感,为了保住老客户,会努力地改进供应工作,以满足客户的需求。同时,修正重购给新的供应商提供了机会,新供应商应把握和利用这个机会。

3. 新购

新购是指生产者企业第一次购买某商品。这是最复杂的购买行为。在这种情况下,各供应商处于平等竞争的地位。供应商应派出优秀的推销员,与采购企业多方接触,尽可能地向其提供有关信息,帮助其解决疑问,减少其疑虑,以便捷足先登,促成交易。

(四) 生产者市场购买决策的参与者

企业要加工产品和提供服务,首先需要大量采购原料及设备。由于生产者市场上的采购是企业经营活动的一部分,事关重大,因此决策过程远比消费者市场更为复杂和正规。企业采购人员大多受过专门训练,富有经验,采购就是他们的工作。参与购买决策的人员较多,客观上形成一个正式或非正式的"购买决策中心",集体做出决策,并分担决策风险。一般来说,所购物品价值越高,对企业经营成败就越重要;性能、结构越复杂,参与购买决策的人就越多;决策程序越正规,决策就越理性。

根据所扮演角色的不同,"购买决策中心"的成员可分为以下几个。

1. 使用者

使用者是企业中将要使用所购产品或服务的人员。一般采购建议首先是由使用者提出的,他们在确定购买产品规格的决策上有较大的影响力。

2. 影响者

影响者是指企业内能够直接或间接影响购买决策的人,如技术员、工程师等专业技术人员。他们协助明确采购产品的规格,从技术角度提供方案选择的有关信息。

3. 决策者

决策者是指有权决定产品规格、购买数量和供应商的人员。决策者可以是企业的高层管理人员,如总经理、首席执行官、采购总监等,他们对整个采购活动有较大的影响力。

4. 采购者

采购者是指被赋予权力进行常规采购洽谈、执行采购协议、管理与供应商关系的人员,如采购代理人、质量管理人员。

5. 把关者

把关者是指企业内能够控制信息流入采购中心的人员。如采购人员、技术人员、接待员等有权阻止推销人员与本企业的使用者或决策者接触,或控制信息流入。他们往往是推销过程所面对的第一个关口。

对于企业的推销人员来说,他们必须弄清楚生产企业的组织分工、各类人员在组织中的地位与权力、影响力等,以便针对不同的人员采用不同的推销方案。比如对使用者推销时,应突出产品使用的方便性;对工程技术人员推销时,应强调产品的性能及技术上的先进性;对财务人员介绍时,应突出产品的经济性等。总之,企业的推销人员应在广泛推销的基础上,有重点地向购买者、决策者推销。

(五)影响生产者市场购买决策的主要因素

因生产者市场购买决策过程复杂,而且参与购买决策的人员较多,因此,影响生产者市场购买决策的因素众多,可将影响因素归纳为四大类:环境因素、组织因素、人际因素和个人因素。表 4-5 所示为影响生产者市场购买行为的主要因素。

表 4-5　影响生产者市场购买行为的主要因素

环境因素	组织因素	人际因素	个人因素
需求水平	目标	职权	年龄
经济前景	政策	地位	受教育程度
利率	组织机构	说服力	职位
技术变化速度	制度	态度	个性
政治与规章制度的变化			风险意识
竞争发展			
对社会责任的关注			

1. 环境因素

环境因素是指企业外部环境因素,包括需求水平、经济前景、利率、技术变化速度、政治与规章制度的变化、竞争发展和对社会责任的关注等。如果经济不景气,生产企业就会压缩和减少投资,减少生产资料的采购;技术的进步会使企业增加投资,而工艺的改进将节省材料,使企业减少生产资料的采购。环境因素是企业无法控制的,但企业必须重视环境因素的作用,测定这些因素将如何影响采购的有效性和经济性,并使问题转化为机会。

2. 组织因素

组织因素是指企业内部的因素,包括企业的目标、政策、组织机构和制度等。这些因素中,最主要的是机构设置和采购制度。营销人员必须了解企业的机构是如何设置的,决策的审批程序是如何进行的,企业对采购人员的活动有何约束等情况,才能采取相应的营销措施。

3. 人际因素

人际因素是指企业内部的人事关系,它主要是企业购买决策五类参与者之间复杂的人际关系。这五类参与者由于在企业中的地位、职权和个人说服力的不同,各自起着不同的作用。营销人员必须分析各类参与者的影响力,找对主要决策者,做到有的放矢。

4. 个人因素

个人因素是指购买决策中,各个参与者的年龄、受教育程度、职位、个性及风险意识等个人因素。这些因素的差异会影响最终的购买决策和购买行为。

阅读材料

一些社会与业务的礼节规则

法国:穿着保守,除非在南方是随便的;不要随便提及姓名中的名为好,法国人对陌生人是规矩的。

德国:特别准时;一位美国商人在访问德国人家庭时,应带上没有包装的鲜花,并递给女主人;在介绍时,首先问候女士,并等待,如果女士先伸出手后,你才能与她握手。

意大利:意大利商人对式样是关心的;访问前要先预约;对意大利打官僚主义要有准备和耐心。

英国:在正式的晚餐上经常干杯;如果主人敬你一杯,那么你一定要回敬;业务款待中午宴比晚宴多。

沙特阿拉伯:虽然在会面时经常接吻,但在公共场合千万不能与妇女接吻;当沙特人请你喝饮料时,接受它,拒绝是不礼貌的。

日本:不要学日本人鞠躬,除非你全面了解它——谁向谁鞠躬、鞠几次、什么时候鞠,这是一个复杂的礼节;递送名片是另一礼节,带许多名片,双手捧上,以便对方看清你的姓名,按身份大小依次递上名片;日本商人在没有花费时间详细阅读资料和作决策之前,是不会许诺什么的。

(六) 生产者市场购买决策过程

生产者市场购买决策过程可分为八个阶段,如表4-6所示。由于购买类型不一样,购买决策过程会有很大差异,对新购的情况,所有这八个阶段都适用;对直接重购和修正重购,八个阶段中只有部分是适用的。下面以新购为例来介绍这八个阶段。

表 4-6　生产者市场购买决策过程的八个阶段

	直接重购	修正重购	新购
认识需求	不适用	可能适用	适用
确认需求	不适用	可能适用	适用
说明需求	适用	适用	适用
寻求供应商	不适用	可能适用	适用
征求报价	不适用	可能适用	适用
选择供应商	不适用	可能适用	适用
正式采购	不适用	可能适用	适用
绩效评估	适用	适用	适用

1. 认识需求

认识需求是指企业认识到需要购买某种产品来满足自己新的需要。它是产业购买决策过程的起点。认识需求是由内在刺激和外在刺激引起的。内在刺激是由于企业开发新产品、改进老产品等因素引起的;外在刺激是指企业采购人员通过广告、展销会、卖方推销员介绍、网上查询等途径获取更有价值产品而产生的需求。

营销人员一方面要及时了解买方内部存在哪些问题,有哪些购买需求;另一方面要通过广告或上门访问等方法来刺激买方认识需求。

2. 确认需求

确认需求是指确定所需产品的性能和数量。对标准化的产品的需求比较容易确定,但对复杂的产品,往往要由技术人员、使用者和采购者等相关人员来共同确定产品的可靠性、耐用性、价格及其他属性。

营销人员应主动向买方介绍产品的特性,协助买方确定购买要求。

3. 说明需求

说明需求是指企业通过分析确定所需产品的品种、性能特征、数量和服务,做出详细的技术说明,形成产品采购说明书,并以此作为采购人员的采购依据。同时,产品采购说明书应对采购人员的技术选择权和供应商的技术责任加以规范。

营销人员也应采用价值分析的方法,向买方强调本企业的产品品质良好、特性优良、价格便宜,从产品的优越性方面来说服买方。

4. 寻求供应商

寻求供应商是指企业采购人员根据产品技术说明书通过各种途径寻找最佳供应商。寻找的途径有内部采购档案、咨询、工商企业名录、网络搜索、电话、广告、博览会和展销会等。在接触供应商后,企业应对各供应商所提供产品的质量、价格、售后服务等进行全面、系统的分析比较,最终筛选一些较好的供应商。

5. 征求报价

征求报价是指请供应商提供产品说明书和报价单。这一过程中,买方会剔除一些报价不当的供应商,然后请余下的供应商作进一步的说明。

营销人员必须重视说明书的编写和报价单的填写工作,准确地把企业形象和产品的优点表达出来,力求有较强的说服力,使买方接受本企业的报价。

6. 选择供应商

选择供应商是指通过审查报价单,选出几个有吸引力的供应商,再通过谈判,最终确定供应商。在考察供应商时,不仅要考察供应商的技术能力,还要考虑供应商能否及时交货、能否提供售后服务等方面的因素。

营销人员应主动配合买方的考察,在谈判中灵活运用营销策略,并做出有诚意的承诺,使自己成为最具吸引力的供应商。

7. 正式采购

正式采购是指企业根据所购产品技术说明书、价格、需要量、付货时间、退货条件、担保书等要求与供应商签订最后订单。现在大多数企业都采取"一揽子合同",也叫"无库存采购计划"。"无库存采购计划"是指企业与供应商建立长期供货关系,采购经理能在任何需要产品的时候通知供应商按原条件供货。"无库存采购计划"使供应商成为制造商的原材料仓库,降低了流通成本,增加了企业经济效益。

营销人员可与买方签订长期供货合同,建立起稳定的供货关系,阻止竞争者加入其中。

8. 绩效评估

绩效评估是指对各供应商的绩效进行评估。采购部门收集企业使用者对供应商产品的使用意见,检查和评估各个供应商履行合同的情况。这种绩效评估是企业是否继续购买某个供应商产品的主要依据。

营销人员要密切关注采购者和使用者的评价,并了解两者的评价标准是否一致,以确保本企业提供的产品能使买方更满意。

三、中间商市场购买行为分析

中间商市场是指为了转卖或租赁给他人从中盈利而购买产品的个人或组织。中间商市场购买行为是指中间商在寻找、购买、转卖或租赁商品过程中所表现出的行为。由于中间商处于流通环节,是制造商与消费者之间的桥梁,因此企业应把其视为顾客采购代理人,全心全意帮助他们为顾客提供优质服务。

(一) 中间商市场特点和分类

1. 中间商市场特点

与生产者市场相比,中间商市场有以下特点。

(1) 中间商购买行为源于消费者的需求。

与生产者相比,中间商离消费者最近,中间商的需求更直接地反映了消费者的需求,常常受到消费者的需求的影响与制约。

(2) 中间商对价格更重视。

中间商的职能是为卖而买,从中获取利润,而进价过高会影响其竞争力和利润,所以,中间商对价格更重视。

(3) 中间商需要供应商为其提供广告支持。

中间商的经营范围较广泛,无力对所有的商品进行广告宣传,所以中间商需要供应商协助其做产品广告。

(4) 中间商需要供应商协助其对顾客提供服务。

中间商不是产品的生产企业,擅长做交易,对产品的有关技术不擅长。特别是对于技术含量较高的产品,中间商需要供应商提供技术服务、售后服务,以提高产品的市场竞争力。

(5) 中间商对交货时间要求高。

中间商一旦向供应商订货,就希望供应商尽快交货,否则就会发生缺货脱销。缺货会给企业造成损失,如销售延迟、销售损失、失去顾客等,使企业失去赚钱的机会、失去信誉。特别是对于市场寿命周期短的商品,如流行性商品,中间商对交货时间要求更高。

2. 中间商分类

(1) 按是否拥有产品所有权,中间商可分为经销商和代理商。

经销商是指在商品流通过程中,拥有商品所有权的中间商;代理商是指受制造商委托,从事商品交易活动,获取佣金但不拥有商品所有权的中间商,包括企业代理商、销售代理商、采购代理商、经纪人等。

(2) 按在流通过程中的地位和作用,中间商可分为批发商和零售商。

批发商是指将产品或服务出售给为转卖或租赁而购买产品或服务的组织或个人的中间商,即从事批发业务的公司;零售商是指向最终消费者直接销售产品或服务的中间商。

(二) 中间商购买行为类型及购买过程参与者

1. 中间商购买行为类型

(1) 选购新产品。选购新产品是指中间商第一次购买从未买过的某种产品。其购买过程复杂,与产业市场的产品新购类似。

(2) 选择最佳供应商。选择最佳供应商,一是指企业选择货源充裕、价格优惠、提供服务、支持力度大的名牌产品的制造商为自己的供货者;二是指实力雄厚的中间商有自己的品牌,选择愿意为其定牌生产的供应商。现在国内外许多大型的中间商都有自己的品牌。

(3) 寻找更好的供货条件。寻找更好的供货条件是指中间商希望寻找到能提供更好供货条件的供应商,如加大折扣、增加服务、信贷优惠、促销支持等。

(4) 直接重购。直接重购是指中间商的采购部门按照过去的订货目录和交易条件继续向原有的供应商购买产品。

2. 中间商购买过程的参与者

(1) 商品经理。商品经理是连锁超市公司总部的专职采购员,分别负责某类商品的采购工作,通过对商品的审查和甄别向公司采购委员会提出采购或拒购某种商品的建议。商品经理的偏好对决定新供应商的产品是否被购买起到直接的作用。

(2) 采购委员会。采购委员会由公司总部的部门正副经理和商品经理组成,负责审查商品经理提出的新产品采购建议,做出是否购买的决定。采购委员每周召开一次审核会议,对新产品购买决策起间接作用。

(3) 分店经理。分店经理是连锁店下属的各零售店的负责人,决定分店的实际购买产品,是掌握最终采购权的人。分店经理掌握分店近70%的产品采购权,是供应商推销员的主要公关对象。

(三) 中间商购买决策

1. 确定品种组合

确定品种组合即确定自己所经营的产品的花色品种,一般有四种品种组合策略供供应商选择。

(1) 单一组合,即只经营某一生产企业的不同花色品种的同类产品,如某品牌服装专卖店。

(2) 深度组合,即经营许多生产企业的同类产品,如某西装店销售来自不同服装生产企业的不同品牌的西装。

(3) 广度组合,即经营多种系列的相关产品,如某家电商场经营电冰箱、电视机、空调、洗衣机、消毒柜、手机等。

(4) 混杂组合,即经营多种系列彼此无关的产品,如百货商店经营食品、服装、家电、文具等。

2. 引进新产品的决策

生产企业开发新产品往往是为了完成某项任务,而中间商在进行新产品引进决策时,主要看该新产品能否为自己带来利润,如果有利可图,就引进新产品。

3. 供应商的选择决策

中间商在选择供应商时一般比较慎重,往往实力较弱的中间商会选择比较畅销、知名度较大的品牌,想借助供应商的良好信誉来扩大销售;而实力较强的中间商除了会经营比较畅销、知名度较大的品牌之外,往往还会选择合适的生产企业生产中间商自有品牌产品。一般这类生产企业实力较弱,产品质量好,为了打开产品的市场,以低价将产品卖给中间商,想借助中间商的信誉、知名度来扩大产品的影响。

4. 改善交易条件

与生产者相比,中间商更重视交易条件,会向供应商提出各种能够有利于自己的交易条件,如要求给予更多的价格优惠、增加服务、广告津贴等。

(四) 针对中间商的营销策略

1. 慎重选择中间商

从本质上说,中间商承担供应商产品的销售任务,中间商选择合适与否,直接影响企业的产品销售及信誉。所以,企业要慎重选择中间商,一般要考虑以下几点。

(1) 中间商的信誉。信誉好的中间商能吸引更多的顾客,扩大产品的销售。

(2) 财务状况。财务状况不仅可以反映其以往的销售业绩,而且可以及时支付货款,加速资金周转。

(3) 对产品的熟悉程度。中间商对产品熟悉,了解产品的质量、性能、用途等,能较好地回答顾客的咨询,有利于产品销售。

(4) 管理水平。中间商的管理水平高,有利于扩大产品的销售,有利于树立产品良好的市场形象。在其他条件相同的情况下,企业应尽量选择管理水平相对较高的中间商。

(5) 覆盖的区域与规模。中间商销售区域大小与扩大市场面有直接的关系,因此要选择贸易覆盖区域较大的中间商经销自己的产品,以扩大产品的销售。此外,在选择中间商时还应该考虑中间商的规模大小,并根据本企业产品的特点来选择合适的中间商。

(6) 能对用户提供更多的服务。现代经营十分强调对用户提供各种服务,生产企业往往把中间商能否提供各种服务,如送货上门、技术指导、更换零部件、维修保养等,作为选择中间商时加以考虑的重要因素。

2. 对合适的中间商进行适当的激励

(1) 向中间商提供合适的产品,特别注意在价格和交货时间上满足中间商的要求,努力降低成本,提高市场响应能力。

(2) 加强产品的宣传,减少中间商的销售阻力。企业也可以给中间商广告津贴,以调动中间商销售产品的积极性。

(3) 给业绩好的中间商奖励,以调动其积极性。奖励的形式可以多种多样,如给予折扣或折让、根据销售额给予返利、参股、技术或资金的支持等。

3. 及时与中间商进行信息沟通

企业一方面将自己的信息及时传递给中间商,如有关新产品的信息,让中间商帮助企业宣传新产品;另一方面及时从中间商那里获得最新的市场信息,以改善产品,更好地适应市场的需求。

四、政府市场购买行为分析

政府市场是最大的市场,其购买产品种类繁多,涉及国计民生的各个方面。政府购买力在有的国家占国民生产总值的20%左右,是最大的社会购买力。政府采购的目的是维护国家安全,维护社会公众利益,维持政府组织正常运转。

近几年来,我国政府为了加强对政府采购的管理,提高财政支出的使用效益,促进公开、公平和公正交易,对使用财政性资金采购物资或服务的各级政府机构和社会团体的采购行为进行法律约束和规范,颁布了一些政府采购条例,对政府购买行为进行监管。在这种市场环境下,研究政府市场购买行为,有效地满足政府市场需求,扩大企业销售收入具有重要意义。

(一) 政府市场购买的目的

政府采购的主要目的是加强国防与军事力量,维持政府的正常运转,稳定市场。政府有调控经济、调节供求、稳定物价的职能,常常支付大量的财政补贴以合理价格购买和储存商品。例如,对外国的商业性、政治性或人道性的援助等。

(二) 政府市场购买的特点

1. 较强的政策性

一个国家的经济政策对政府集团的消费影响较大,财政开支紧缩时,需求减少,反之则增加。

2. 较强的计划性

各国各级政府部门购买什么、购买多少都要受到财政预算的限制，且要制订相应的购买计划，并需经审批等过程。

3. 受到社会公众的监督

各级政府机构的开支来自财政拨款，财政拨款又来源于社会公众的税收，社会公众有权以各种形式对政府机构的购买活动加以监督，监督的形式主要有如下几种。

（1）国家权力机关和政治协商会议。政府的重要预算项目必须提交国家权力机关审议通过，经费使用情况要接受监督。

（2）通过行政管理和预算办公室进行监督。

（3）传播媒体。报纸、杂志、广播、电视、互联网等传播媒体密切关注政府经费的使用情况，对不合理之处予以披露，起到了有效的舆论监督作用。

（4）通过公民和社会团体来监督。

4. 购买参与者的复杂性

各级政府机构的采购经费主要由财政部门拨款，由各级政府机构的采购办公室具体经办。并且，对于有些项目的采购，还需从外部权威机构外聘资深专家参与采购过程。

5. 购买目标的多重性

政府在购买时除了考虑价格等经济性因素外，还要考虑政治性、军事性、社会性目标，如国防用品、军需品的采购，是关系两国或多国之间的政治与外交关系的购买行为；又如对某些地区、某些产业的产品的扶持性购买等。

阅读材料

印度尼西亚政府准备在雅加达附近招标建一个水泥厂。一家美国公司上交一份建议书，其中包括选择厂址、设计工厂、招聘建筑工程队、调集材料和设备，最后交给印尼政府一个建好的工厂。另一家日本公司，在拟订建议书时，除包括上述各条款之外，另外还雇用和培训工人，并通过其贸易公司替该厂把水泥向国外出口，用该厂生产的水泥修建一些通往雅加达的公路，在雅加达建一些办公大楼。尽管日本的建议书耗资较多，但该建议的吸引力更大，因而中了标。显然，日本公司并不是仅仅从建一个水泥厂来看问题，而是把建厂与将给国家带来经济利益联系在一起。他们不把自己仅仅当作一个工程建筑公司，而是当作一个经济发展机构，从最宽的角度来看待顾客的要求，这才是真正的系统销售。

（三）政府采购的参与者

与一般采购不同，参与政府采购的有关机构较多，主要有以下几个。

（1）采购人，即需要利用财政资金采购的各级国家机关、事业单位或其他组织。

（2）供应商，即依法取得为政府采购提供采购货物、工程或服务的组织或个人。

（3）政府采购机构，即政府设立的负责本级财政性资金的集中采购和采购招标组织工作的专门机构。

（4）招标代理机构，即依法取得招标代理资格，从事招标代理业务的社会中介组织。招标人委托政府采购业务代理机构（以下简称代理机构）招标的，招标人应与代理机构签订委托协议,并报同级政府采购管理机关备案。

(5) 主管机构,即对政府采购起到管理和监督作用的财政部门。财政部门负责政府采购的管理和监督工作,通过管理和监督,使政府采购应遵循的公开、公平、公正、效益及维护公共利益的原则落到实处。财政部门对政府采购的监督包括内部监督及政府采购管理机关对采购活动的监督。

(四) 政府采购的过程

1. 招标

政府采购机构在官方指定的媒体上公开刊登招标通告,通告的主要内容是采购人的单位名称,采购对象的名称、规格、数量、质量等要求,供应商的资格要求,投标的时间及地点,开标的时间及地点,发售招标文件的时间及地点等。

2. 投标

有兴趣的供应商可以在购买招标书和交纳保证金后,在规定的时间内准备投标书,投标书的内容要与招标书的要求相一致,并在规定的投标日期前提交投标文件。在开标以前,所有的投标文件必须密封,妥善保管。

3. 开标

开标就是招标单位在招标公告规定的时间和地点,以公开的方式,当众进行验标、拆开投标资料、唱标、宣布评标原则、宣布评标的时间和地点等。

4. 评标

一般由评标委员会对投标书的交易条件、技术条件及法律条件等进行评审、比较,选出最佳的投标人。评标委员会一般由采购人,招标机构,技术、法律、经济等方面的专家组成,委员会的人数一般是五人以上的单数,以便通过举手表决来确定最佳的投标人。

5. 授标及签订合同

决标后向中标的供应商发出中标通知书,同时也通知其他没有中标的投标人,并退还投标保证金。与中标的供应商签订采购合同,合同一旦签订,就正式生效,采购工作进入合同实施阶段。

6. 结算

采购人凭合同、到货验收单等资料到财政部门办理付款手续,由财政部门直接向供应商支付货款。

总之,企业的营销人员应广泛搜集有关政府采购的信息,与政府采购部门多联系,并合理地报价,制作规范的投标书。

课 后 训 练

【关键词】

消费者市场　消费者购买行为　社会阶层　参照群体动机　组织市场

生产者市场　直接重购　修正重购　新购　政府市场

【思考题】

1. 消费者市场具有哪些特征？
2. 影响消费者购买行为的因素有哪些？
3. 消费者购买决策过程分几个阶段？各阶段企业的市场营销任务是什么？
4. 假定消费者要购买一款数码相机，他应如何收集信息？不同的信息来源会对他产生何种影响？
5. 影响生产者市场购买行为的因素有哪些？
6. 简述生产者市场购买决策过程。
7. 简述政府采购的过程。

【案例分析】

戴尔是怎样采购的

戴尔采购工作最主要的任务是寻找合适的供应商，并保证产品的产量、品质及价格方面在满足订单时有利于戴尔公司。精确预测是保持较低库存水平的关键，既要保证充分的供应，又不能使库存太多，这在戴尔内部被称为"没有剩余的货底"。在IT行业，技术日新月异，产品更新换代非常快，厂商最基本的要求是要保证精确的产品过渡，不能有剩余的货底留下来。戴尔要求采购部门做好精确预测，并把采购预测上升为购买层次进行考核，这是一个比较困难的事情，但必须精细化，必须落实。

给戴尔做配套，或者作为戴尔零部件的供应商，都要接受戴尔的严格考核。

戴尔的考核要点如下。

其一，供应商计分卡。卡片要明确订出标准，如瑕疵率、市场表现、生产线表现、运送表现以及做生意的容易度，戴尔要的是结果和表现，据此进行打分。瑕疵品容忍度：戴尔考核供应商的瑕疵率不是以每100件为样本，而是以每100万件为样本，早期是每100万件的瑕疵率低于1000件，后来质量标准升级为6－Sigma（六西格玛）标准。

其二，综合评估。戴尔经常会评估供应商的成本、运输、科技含量、库存周转速度、对戴尔的全球支持度以及网络的利用状况等。

其三，适应性指标。戴尔要求供应商应支持自己所有的重要目标，主要是策略和战略方面的。戴尔通过确定量化指标，让供应商了解自己的期望；戴尔给供应商提供定期的进度报告，让供应商了解自己的表现。

其四，品质管理指标。戴尔对供应商有品质方面的综合考核，要求供应商应"屡创品质、效率、物流、优质的新高"。

其五，每三天出一个计划。戴尔的库存之所以比较少，主要在于其执行了强有力的规划措施，每三天出一个计划，这就保证了戴尔对市场反应的速度和准确度。供应链管理第一个动作是做什么呢？就是做计划。预测是龙头，企业的销售计划决定利润计划和库存计划，俗话说，"龙头变龙尾跟着变"，这也就是所谓的"长鞭效应"。

在物料库存方面,戴尔比较理想的情况是维持 4 天的库存水平,这是业界最低的库存记录。戴尔是如何实现库存管理运作效率的呢?

第一,拥有直接模式的信用优势,合作的供应商相信戴尔的实力。

第二,具有强大的订单凝聚能力,大订单可以驱使供应商按照戴尔的要求去主动保障供应。

第三,供应商在戴尔工厂附近租赁或者自建仓库,能够确保及时送货。

戴尔也存在供应商管理问题,并已练就出良好的供应链管理沟通技巧,在有问题出现时,可以迅速地化解。当客户需求增长时,戴尔会向长期合作的供应商确认对方是否可能增加下一次发货数量。如果问题涉及硬盘之类的通用部件,而签约供应商难以解决,就转而与后备供应商商量,所有的一切都会在几个小时内完成。一旦所有供应渠道依然无法解决问题,那么就要与销售和营销人员进行磋商,立即回复客户,这样的需求无法满足。

供应商要按戴尔的订单要求把自己的原材料转移到第三方仓库,但这个原材料的物权还属于供应商。戴尔根据自己的订单确定生产计划,并将数据传递给本地供应商,让其根据戴尔的生产要求把零配件提出来放在戴尔工厂附近的仓库,做好送货的前期准备。戴尔根据具体的订单需要通知第三方物流仓库,通知本地的供应商,让其把原材料送到戴尔的工厂,戴尔工厂在 8 小时之内把产品生产出来,然后送到客户手中,整个物料流动的速度是非常快的。

案例思考题:

1. 戴尔的采购从哪些方面反映了产业购买者的共同行为特征?
2. 作为产业购买者,戴尔的购买行为有哪些时代特点?
3. 假设你所在的公司是一家生产液晶显示器的大型企业,现在打算将戴尔由潜在客户变为现实客户,请你为自己的公司提出一套能够实现这一目标的方案。

【实训项目】

实训目的:

训练学生分析市场的能力。

实训素材:

我国手机行业现状分析。

实训要求:

(1) 列举 10 个你熟悉的手机品牌。
(2) 在网上收集这 10 个品牌的销售情况。
(3) 结合当前营销环境对我国手机行业现状进行分析。

第五章　市场营销调研与预测

【本章学习目标】

1. 理解市场营销信息系统的构成及运作原理。
2. 掌握市场营销调研的内容、步骤与方法。
3. 了解市场需求测量的基本原理和方法。
4. 熟悉市场预测的基本方法。

【能力目标】

能够设计调查问卷,进行简单的市场营销调研,能够根据调研结果撰写市场调研报告。

【导入案例】

宝马市场营销的过人之处

对中国企业来说,宝马汽车的市场研究案例深具可借鉴性。怎样界定你的产品即将进入的市场的潜力和容量? 中国企业对这个问题的回答往往是比较含糊的。

宝马的做法是,通过对外部信息资源和内部信息资源的研究,对到2015年的汽车市场规模做出定量预测。宝马将汽车分为豪华轿车、一般轿车和轻卡。在全球范围内,预计从2002年到2008年,豪华轿车的市场将从503万辆增到680万辆,增长35%;一般轿车的市场将从4143万辆增长到4770万辆,增长15%;轻卡的市场将从827万辆增长到986万辆,增长19%。总体来说,全球汽车市场的容量将从2002年的5473万辆增长到2008年的6463万辆,增长18%。

而在亚洲市场,2002年这三种汽车的市场容量分别为32万辆、930万辆和317万辆,预计到2008年的市场容量分别增长到54万辆、1258万辆和420万辆,分别增长69%、35%和32%。其总体市场容量将从1279万辆增长到1732万辆,增长35%。通过以上分析,宝马得出了一个重要结论:亚洲汽车市场的增长速度将是全球市场增长速度的2倍,而其中豪华轿车的增长比例又是最高的。

宝马在进入新的市场区域时,会对品牌和产品战略进行国际性的聚焦,将市场潜力定量化,获得准确的数据;对当地的文化、消费者和商业进程深入地研究;在当地商业伙伴、销售公司和全球总部之间,将本土商业环境和合作性的政策制定过程整合起来。这样,宝马成功进入亚洲市场,在中国市场的销售2004年达到25000辆。

(资料来源:郑宽明,谢立仁.市场营销学案例.西安:西北大学出版社,2005)

随着市场经济的日趋完善,消费者需求日益个性化。企业为适应瞬息万变的市场环境和激烈的市场竞争,必须具备个性化的营销能力和一种根据营销信息将互联网、信息和企业资源整合的能力。营销信息系统营运而生。营销信息系统一方面关注客户,收集和分析客户信息,帮助企业进行市场细分和定位;另一方面关注企业内各种资源的有效运用,整合企业资源,使企业形成以客户需求为导向、全心全意达成客户满意的现代企业运营机制。

第一节　市场营销信息系统

一、市场信息的含义与特征

市场信息亦称市场经济信息,是指有关市场的经济活动实况及特征的客观描述和真实反映,是从事市场经营管理所必需的消息、情报、数据、知识、报告等的总称。它属于经济信息的范畴,是整个经济信息的重要组成部分。其主要特征有以下几个方面。

(一) 市场信息的系统性

市场信息的系统性首先是指市场信息不是零星的、个别的和紊乱的,而是由若干个具有特定内容和同类性质,且在一定时空内形成的一连串相互关联的信息群体。其次,市场信息的系统性是指市场信息具有连续性。它从发送、收集、传递、加工到接收利用,本身就是连续不断的过程。再次,系统性反映了信息的全面性,即市场信息从多方面完整地反映了市场经济活动的变化和特征。最后,它还包括市场信息反馈,其作用是对市场经营活动进行跟踪和监督。

(二) 市场信息的时效性

市场信息的时效性是指市场信息源发出的信息经过接收、加工、传递、利用的时间及效率。信息是为了使用者或接收者的需要而产生和存在的。有效信息首先能使人们的主观认识跟上客观市场形势的发展,对市场经营活动做出正确的判断、预测和决策;有效信息还是经营决策的基础,掌握了它,就掌握了市场经营的主动权;再者,有效性还包括信息的价值。有效信息是"特种资源"和"无形财富"。

(三) 市场信息的非共享性

一般来说,信息财富与物质财富在共享性方面是截然不同的。物质财富因他人的享用而减少,信息财富不因他人的共享而减少。但是,市场信息具有明显的非共享性与排他性。由于市场容量的有限性与自然资源的有限性,反映一定市场需求、市场供给、制造技术的市场信息排斥它体的共享。如美国可口可乐公司将其可乐产品的配方视为巨额财富,并以 30 亿美元数额标注在公司的账目上。一旦可口可乐的配方公布于众,失去知识产权法的保护,可口可乐公司得天独厚的垄断地位就会受到威胁。

(四)市场信息的流动性

由于市场经营活动始终处于运动之中,因而市场信息的产生和转化是连续不断的。为了反映企业经营活动的变动及发展,必须进行市场信息的积累,把纵向系统与横向系统的各种信息结合起来,从而对市场经济运行有一个整体认识。同时,随着商品经济的发展,市场动态不断变化,将会出现某些市场信息老化、陈旧的现象,所以,要不断地进行更新。

二、市场信息的分类

企业的市场信息可分为内部信息和外部信息两大类。

(一)内部信息

内部信息即通过企业内部管理的各项经济指标反映市场情况的信息。企业内部资料可以帮助研究人员迅速而经济地取得调研成果,是取得市场信息的一项极为重要的来源。企业应重视各种资料、数据的积累与管理。内部信息一般包括以下几个方面。

1. 生产成果信息

这类信息包括产品产量(销量)、产品质量、品种三部分。产量指标用以说明生产劳动成果的数量标志。质量指标用以说明产品本身的物理、化学性能及生产过程工作好坏两个方面的标志。品种指标是用以说明满足社会需要逐步扩大新品种取得效果的标志。

2. 物资利用信息

这类信息指原材料、燃料、动力等在市场营销过程中消耗的情况。这些信息可以通过材料储备指标、材料单耗指标、材料利用率指标等体现出来。

3. 劳动资料信息

劳动是创造物质财富的主要源泉,是生产力的决定性因素。每个企业都必须合理而节约地使用人力,争取以尽可能少的劳动耗费去生产尽可能多而好的产品。这类信息包括职工人数指标、工资总额指标、工时利用指标、劳动市场率指标等的变动情况。

4. 固定设备信息

提高设备利用率,发挥设备的效能,意味着以同样的固定资产生产出更多的优质产品,同时相对减少折旧费,降低产品成本,为企业增加利润。这类指标也是企业必须掌握的信息。

5. 财务状况信息

这类信息包括资金、成本、利润三大指标。财务状况的好坏直接影响企业的经济效益,是企业营销必不可少的参考数据。内部信息的内容十分广泛,认真分析这些资料可以明确机会与存在的问题,比较预期和实际完成水平。一般来说,这些资料除了会计部门提供以外,企业的生产、运输、人事以及研究与发展部门也是内部信息的来源处。

(二)外部信息

外部信息即来自企业外部,反映客观环境变化的与各种生产营销活动有关的信息,具体包括以下几个方面。

1. 政府的方针、政策、法令及有关文件

政治背景的变更往往会对企业的市场营销活动产生至关重要的影响。如政府某些政策、法令的修改就会使有的产品无销路而退出市场,另一些产品则因达到许可开发而进入市场。因此,这一类信息必须引起企业的重视。同时,把握好各级政府和主管部门所颁发的经济统计资料和调查报告可以了解过去与当前情况以及发展趋势,这些也是企业应当注意取得的重要信息。

2. 市场竞争情况

市场经济社会,参与市场营销活动的企业间相互竞争是必然的,而且随着市场经济的不断发展,这种竞争将会越来越激烈。"知己知彼,百战不殆。"企业要加速自身的发展,并在市场竞争中立于不败之地,就必须想尽一切办法去获取那些同行竞争的信息,诸如对对手的经营规模(包括设备先进程度、生产规模、劳动效率等)、产品特点(包括外观、内质以及相应的价格水平等)、应变能力(包括生产多档产品、适应市场需求等)、技术设备(包括技术队伍、新产品开发、试验室建设等)的了解。把握了经营同类产品企业的概况,企业就能把握在营销活动中的相应地位及利弊。

3. 市场需求状况

企业进行市场营销活动的根本目的是满足社会不断增长的物质与文化生活需要。因此,市场需求状况信息是企业必须调研的重要内容,包括消费者需要什么、消费者在何时需要以及消费者愿意按何种条件接受营销企业的产品或服务等。消费者需要既指同营销企业所提供的产品有关的方面,如产品的质量、性能、包装及销售服务等,也指同企业尚未开发生产和投入市场的产品有关的需求。消费者需要的时间既指具有购买支付能力的时间,又指消费者习惯上的购买时间。当然,市场需求状况信息也包括影响消费者购买行为产生的其他因素,如动机、爱好、家庭、文化、收入等。

4. 科技发展水平

科学技术的不断发展导致了新产品、新行业的不断产生,以及一些产品和行业的落后甚至被淘汰。特别是在科技飞跃发展的今天,人们正在电子计算机、能源、激光和新材料等方面寻求新的重大突破。这一切将对整个人类社会带来巨大影响。每个企业必须及时掌握有关科技情报,诸如同行之间对同类产品更新换代的过程(包括全新产品、重大改进等)以及国内的科技最新成就(包括产品合理结构、质量及功能提高,新材料、新工艺、新技术的应用等),不断改进现有产品和开发新产品,才能跟上时代前进的步伐。

5. 相关企业情况

企业要搞好市场营销,必须要注意的另一个重要内容就是水、电、煤、油、天然气等动力供应和各项原材料及设备更新的来源。这些相关企业的生产动态,新能源、新材料及其代用材料的利用等情况,都是企业所应该掌握的重要内容。

除上述各方面的信息外,还有自然资源条件与利用、气候变化与水旱灾情、国际形势和重大变化等,都是企业应当掌握与研究的资料。

三、市场营销调研的意义

美国市场营销协会将市场营销调研定义为"一种借助信息把消费者、顾客及公共部门和市场联系起来的特殊活动——这些信息用以识别和界定市场营销的机会和问题,产生、改进和评价营销活动,监控营销绩效,增进对营销过程的理解"。从该定义中不难理解市场营销调研的重要意义。市场营销调研工作能够为企业经营者解读一些纷繁的信息,是企业经营的基础环节。

(一)为企业把握市场脉搏

企业发展既受自身战略的影响,也受外部环境的制约。现代企业组织面对的竞争不仅仅包括对手的威胁,还需要能够正确理解目标消费者所处的自然条件、经济发展水平,把握当地政治倾向、文化风俗,以及具体的人口统计相关数据等。通过市场调查,可以得到有助于我们及时了解市场经济动态和科技信息的资料,为企业提供最新的市场情报和技术生产情报,以便更好地学习和吸取同行业的先进经验和最新技术,改进企业的生产技术,提高人员的技术水平,提高企业的管理水平,从而提高产品的质量,加速产品的更新换代,增强产品和企业的竞争力,保障企业的生存和发展。只有通过营销调研,才能把握和预测市场的发展趋向。

(二)为企业管理部门提供决策和预测依据

一个企业只有在对市场情况有了实际了解的情况下,才能有针对性地制定市场营销策略和企业经营发展策略。在企业管理部门和有关人员要针对某些问题进行决策时,如进行产品策略、价格策略、分销策略、广告和促销策略的制定,通常要了解的情况和考虑的问题是多方面的,主要有:本企业产品在什么市场上销售较好,有发展潜力;在哪个具体的市场上预期可销售数量是多少;如何才能扩大企业产品的销售量;如何掌握产品的销售价格;如何制定产品价格,才能同时保证销售和利润的提升;怎样组织产品推销,销售费用又将是多少,等等。这些问题都只有通过具体的市场调查才可以得到具体的答复,而且只有通过市场调查得来的具体答案才能作为企业决策的依据,否则就会形成盲目和脱离实际的决策,而盲目则往往意味着失败和损失。

(三)增强企业的竞争力和生存能力

商品市场的竞争由于现代化社会大生产的发展和技术水平的进步而变得日益激烈化。市场情况在不断地发生变化,而促使市场发生变化的原因不外乎产品、价格、分销、广告、推销等市场因素和有关政治、经济、文化、地理条件等市场环境因素。这两种因素往往又是相互联系和相互影响的,而且不断地发生变化。因此,企业为适应这种变化,就只有通过广泛的市场调查,及时了解各种市场因素和市场环境因素的变化,从而有针对性地采取措施,通过对市场因素,如价格、产品结构、广告等的调整,去应付市场竞争。对于企业来说,能否及时了解市场变化情况,并适时适当地采取应变措施,是企业能否取胜的关键。

阅读材料

美国麦当劳公司从一家名不见经传的快餐店,发展成为国内有5000多家分公司,在全世界40多个国家和地区有4000多家店的国际快餐经营集团。其在营销过程中的一个重要宗旨就是:用市场研究的成功,确保市场营销的成功。

麦当劳在北京的分店于1992年4月23日开业,但早在8年前,美国麦当劳总部就派专家对中国的河北、山西等地的上百种马铃薯进行考察,对其成分逐一进行分析和测定,最后确定麦当劳的专业马铃薯。

【分析提示】

麦当劳的成功很大程度上是基于它的市场研究,仅仅是一个炸薯条的原材料,麦当劳就耗费如此巨大的工程,可见其对市场研究重视到了何等程度。它的成功,也就应该是必然中的必然了。

四、市场营销信息系统

市场营销系统的现代营销学之父菲利普·科特勒认为,市场营销信息系统(Marketing Information System,MIS)"由人、机器和程序组成,它为营销决策者收集、挑选、分析、评估和分配需要的、及时的和准确的信息"。

市场营销信息系统由四个子系统组成,分别是企业内部报告系统、营销情报系统、营销调研系统和营销分析系统。图5-1展示了市场营销系统的运行关系。(1)市场营销信息系统是由人员、知识以及信息设备的软硬件共同组成的一个相互作用的、有机的集合体。(2)市场营销信息系统的起始和终端都是营销者。(3)市场营销信息系统的一般处理程序是"评估信息需求—开发所需信息—评估新的信息需求—提供信息"。

市场营销信息系统的目的是收集、分类、分析、评价和分配适当的、带有时间约束的和准确的信息,辅助决策者和营销人员实现营销决策,开展营销规划,执行营销活动,提高其理解和控制营销环境的能力。

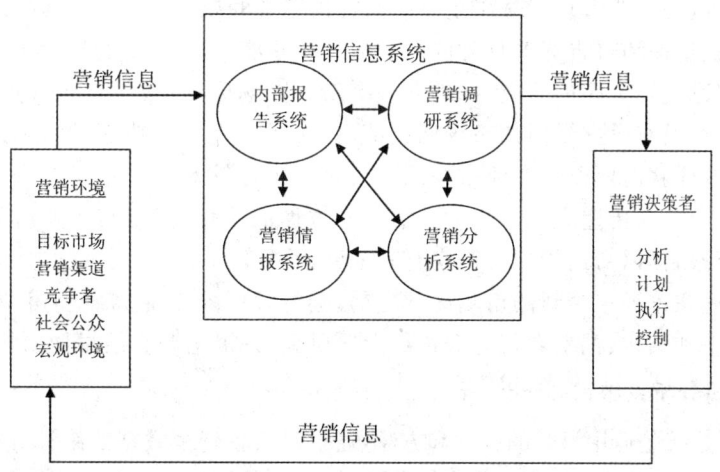

图 5-1 市场营销信息系统

(一) 内部报告系统(Internal Recording System)

在整个营销系统中,内部报告系统是决策者们利用的最基本系统。它的信息主要来自企业内部的财会部门,生产、销售部门提供辅助信息,因此又称为内部会计系统。它能提供有关订货、销售、库存、现金流量、应收账款、应付账款等即时信息,通过分析这些内部信息,销售经理能够发现市场机会,找出管理中的问题。

内部报告系统的核心是"订单—发货—收款"的循环,即接到客户订单之后,将订单副本分送到各有关部门,无存货的则要立即组织生产,有存货的仓储部门立即备货并发货;最后,企业将货物及账单送至顾客手中,财务部门进行结算,得到付款通知后进行收款账务,然后定期向主管部门报告。很多公司为了更有效、更准确地处理"订单—发货—收款"循环,采用电子数据处理(EDI)软件。我国国内一些企业,比如大型零售企业中商集团的EDI系统通过电脑网络与供应商(如海尔集团)进行信息沟通,即时将商品的销售、库存等信息直接反映给供应商,当库存不足时自动向供应商下订单。

(二)营销情报系统(Marketing Intelligence System)

营销情报系统是使营销经理获得日常有关企业外部的市场营销资料的各种来源和程序。它的主要功能是向营销部门及时提供有关外部营销环境发展变化的情报。搜集情报的途径有很多,营销人员在与客户、经销商、供应商的交谈中可以捕捉市场信息,通过书籍、报刊、网络能够获得信息,但这些做法不正规且带有极大的偶然性,获取的信息可能已经不具有时效性。因此,一些规模较大的企业专门建立内部信息中心,由专人负责查阅主要的出版刊物、网站、编写简报等。市场营销人员在搜集情报中的重要地位是不可取代的,企业应培训并鼓励销售人员通过参加各种贸易博览会或者与竞争对手的前雇员、经销商、中间商进行交谈,去发现有用而及时的信息。企业也可以向专业调查公司购买市场动向、市场趋势的情报。

(三)营销调研系统(Marketing Research System)

营销调研系统的任务是对与企业具体营销决策有关的信息进行有计划的、系统的收集、分析和报告,为企业管理者做出正确决策提供客观的依据。

除了收集、传递和报告有关日常的内部信息和外部的营销情报外,企业还需要经常对某些特定的问题进行专门的研究,如进入一个新的市场区域,或对广告效果进行测定等。大多数企业往往没有设立专门的市场调查部门,或者企业自身缺乏时间和进行市场调研的专业人员,这样就需要委托专业市场调研公司来进行针对性的市场调查,系统地、客观地识别、收集、分析和传递有关市场营销活动各方面的信息,拟出与企业所面临的营销问题有关的研究报告,以帮助管理者制定有效的营销决策。

例如,企业在进入一个新的市场区域之前,会寻找一家专业调研公司,对该区域人口构成、收入水平和结构、消费者偏好等进行专题研究,并根据调查结果做出相应决策。

(四)营销分析系统(Marketing Analysis System)

营销分析系统是运用科学的技术和方法,通过对市场营销数据的统计分析和建立数学模型,帮助营销管理人员分析复杂的市场营销问题,做出最佳的市场营销决策。营销分析系统由两个部分组成,一个是统计工具库,另一个是模型库。其中,统计工具库的功能是采用各种统计分析技术从大量数据中提取有意义的信息。营销分析系统常用计算平均数、测量离散度、资料交叉列表等统计方法,另外,也运用统计软件对内部资料和外部数据进行回归分析、相关分析、因素分析、聚类分析等。模型库包含了解决各种营销决策问题的数学模型,如广告预算模型、竞争策略模型、产品定价模型以及最佳营销组合模型等。

阅读材料

柯达胶卷的情报研究

在20世纪80年代激烈竞争的商业环境中,市场决策的失误即使对持续成功、享有盛誉的企业来说也会是一场大灾难。因此,柯达公司的最高管理机构一直致力于支持和利用市场研究。他们投入了大量的时间来充分了解市场情报的作用,确保能客观地报道和搜集到所有的情报。

柯达公司的市场情报人员必须在时间和成本范围这两大限制上努力工作。譬如,管理人员有一次让市场情报人员在限定的期限内获得情报,而研究人员发现该期限实在太紧,于是他们报告给管理部门,除非期限放宽六个月,否则所需情报的质量将无法保证;若要按照原定期限,则需要认真权衡利弊。管理部门根据这些情况,最终仍决定维持原来的期限。情报质量偏低固然会增加风险,但仍然强于延误六个月所付出的昂贵代价。在另一例中,管理部门起先认为情报部门所进行的研究要花费1000万美元以上,成本太高,但情报部门报告说,如果柯达公司愿意放弃2%的利润收益,研究成本可减少一半。管理部门于是立即批准了这一修正过的研究计划。

第二节　市场营销调研

一、市场营销调研的含义及作用

市场营销调研(Marketing Research),是指运用科学的方法,有目的、有计划地收集有关市场营销方面的信息,通过整理和系统的分析,为营销管理人员提供准确、及时的信息,作为营销决策和市场预测的依据。

市场营销调研的实质是通过信息将消费者、公众与营销者连接起来。营销者利用这些信息去识别和确定营销机会及问题,制定并改进和评估营销方案,对营销绩效进行监控,加深对营销过程的认识,帮助企业管理者制定正确的营销决策等。

市场营销调研是企业营销活动的出发点,有着十分重要的作用。

(1) 有利于制订科学的营销规划。通过营销调研,了解市场,分析市场,才能根据市场需求及其变化、市场规模和竞争格局、消费者意见与购买行为、营销环境的基本特征,科学地制订和调整企业营销计划。

(2) 有利于优化营销组合。企业根据营销调研的结果,分析研究产品的生命周期,开发新产品,制定产品生命周期各阶段的营销组合策略。如测量消费者对产品价格变动的反应,分析竞争者的价格策略,从而确定适合的产品价格;综合运用各种营销手段,加强促销活动、广告宣传和售后服务,增进产品知名度和顾客满意度;尽量减少不必要的中间环节,节约储运费用,降低销售成本,提高竞争力。

(3) 有利于开拓新的市场。通过市场调研,企业可发现消费者尚未满足的需求,测量市场上现有产品及营销策略满足消费者需求的程度,从而不断开拓新的市场。营销环境的变化往往会影响和改变消费者的购买动机和购买行为,给企业带来新的机会和挑战,企业可据此确定和调整发展方向。

二、市场营销调研的类型

(一) 根据调研的要求和目的不同进行分类

根据调研的要求和目的不同进行分类,市场营销调研可划分为探测性调研、描述性调研、因果性调研和预测性调研。

1. 探测性调研

探测性调研又称为初步调研。当企业对需要调研的问题尚不清楚,无法确定应调研哪些内容时,只能收集一些有关资料进行分析,从而帮助企业查明问题产生的症结,找出问题的关键,以便为进一步开展深层次的正式调研提出基础和依据。它的主要作用是发现问题或寻找市场机会。例如,某公司预在某市区开一家大型超市,就需对某市区的人流量、需求大小、消费者偏好、交通运输条件和投资收益等方面做初步了解的探测性调研,如果具有可行性,再做周密细致的深层次正式调研。

探测性调研的调研范围一般较小,所用方法比较简单,不需制定严密的调研方案,调研时间短,调研资料分析主要是定性的。

阅读材料

××公司人力资源情况的调研

××公司近期陆陆续续有员工提出离职,公司总经理感到十分担忧,找人力资源部门了解情况,为什么近期有这么多员工辞职?辞职的原因是什么?员工离职既有个人的考虑因素,也会有企业自身的问题。于是,人力资源部设计了一份调研问卷,请已离职和申请离职的员工填写。根据问卷分析,找出员工离职的主要原因,分析公司在内部管理、员工激励等方面的缺陷,针对性地制定提高员工对企业的忠诚度的措施,从而留住人才,保持企业发展的核心优势。以下是调研问卷样稿:

员工离职调研问卷

亲爱的同事:

您好,感谢您为公司付出的辛勤劳动,为您即将离开公司,我们表示深切的遗憾,并送上真挚的祝福。

首先感谢您参加本次问卷调研!本问卷调研旨在了解您主动离开公司的真实情况,从而改进我们的工作,提高我们的管理及运营水平,对于您没有任何不利影响,一切有关您所反馈的信息,行政部将做好保密工作。感谢您的合作!

基本信息:

填表人：　　　　　　部门：　　　　　　职务：
直接主管：　　　　　填表日期：
离职原因

管理类

A. 什么因素促使您申请离职？
　　○薪资福利　　　○晋升　　　○工作环境　　　○工作性质
　　○人际关系　　　○家庭因素　○其他,请说明

B. 您是否经常与直接主管交流沟通？
　　○经常　　　　　○偶尔　　　○没有

C. 您是否认同直接主管的工作能力、管理能力和综合素质？
　　○认同　　　　　○一般　　　○不认同

D. 在工作中,直接上级是否对您有不公平的行为？
　　○有　　　　　　○很少　　　○没有

E. 您感觉部门工作气氛是否很压抑？
　　○是　　　　　　○有一点　　○没有

F. 在工作中,您是否经常得到主管的激励？
　　○经常　　　　　○偶尔　　　○没有

G. 您认为部门的管理、考核是否合理公平？
　　○比较合理　　　○一般　　　○不合理

H. 您对您的主管的意见：
_____

后勤工会类

A. 您是否认为工作量大,压力大,加班频率高？
　　○是　　　　　　○一般　　　○否

B. 您认为公司的住宿条件如何？
　　○好　　　　　　○一般　　　○很差

C. 您对公司的伙食是否满意？
　　○满意　　　　　○一般　　　○不满意

D. 您对公司的环境是否满意？
　　○满意　　　　　○一般　　　○不满意

E. 您对后勤方面的意见是：
_____

企业文化类

A. 在工作中,您能经常得到同事的帮助吗？
　　○经常　　　　　○偶尔　　　○没有

B. 您的主管是否指导您制定过相应的发展方向？

○是　　　　　　○否

C. 进入公司后,您是否能经常得到培训的机会?
　　○能(培训的水平如何? ○很好　○一般　○差)
　　○有时(培训的水平如何? ○很好　○一般　○差)
　　○不能

D. 您对公司给您的工资是否满意?
　　○满意　　　　　○一般　　　　　○不满意

E. 您认为公司提供的升迁机会多吗?
　　○多　　　　　　○一般　　　　　○不多

F. 您认为您在入职以来收获大吗?
　　○多　　　　　　○一般　　　　　○不多

G. 您对公司的意见:
_____
_____

离职后打算

A. 目前您是否已经确定好了工作单位?
　　□否,那您打算:　○马上找新工作 ○先休息一段时间再做打算
　　○继续深造或接受短期培训　　　○自主创业　　　○不确定
　　□是,新单位与我公司相比,在哪些方面优于我公司(可多选):
① 工作环境优越　② 企业文化　③ 工作内容更丰富或自己更感兴趣
④ 培训、学习机会更多　⑤ 收入更高　⑥ 福利待遇更完善
⑦ 公司品牌/形象　⑧ 工作地点因素　⑨ 其他(请说明):
_____
_____

B. 如果公司在哪一方面做出改善,您觉得会继续留在公司工作?(可多选)
① 提高薪资/福利待遇　② 制定个人职业发展规划　③ 提供升迁机会
④ 调换部门/主管领导　⑤ 提供更多培训和学习机会　⑥ 调换自己的岗位
⑦ 其他

C. 如果公司需要,您是否会愿意重新回公司工作?
　　□愿意　　联系电话:　　　　邮箱:　　　　QQ/MSN:
　　□不愿意　□不一定

最后,再次感谢您对我们工作的支持,祝您前程似锦!

(某公司提供)

2. 描述性调研

描述性调研是市场营销调研方法中比较常见的一种,通过详细的调研和分析,对市场营销活动的某个方面进行客观的描述。它侧重于市场状况的客观反映,重在获取调研市场的诸如"是什么""何时""何地""如何"等要素信息,对客观资料做出实事求是的总结、分析,如实叙述表达,从而起到描述市场现状的作用,如消费者需求调研、市场占有率调研、

竞争对手状况调研等。例如，某百货公司通过一项调研来了解其顾客的年龄结构、性别结构、平均消费额、不同营业时段顾客人数、顾客反映意见较多的问题等情况。

描述性调研是一种正式市场调研，必须事先拟定好调研方案，按调研计划实施，所获取的资料必须真实、详尽、系统，其意义在于及时向有关部门提供准确的市场现状信息，为决策部门提供依据。

3. 因果性调研

因果性调研是为了找出关联现象或变量之间的因果关系，收集有关市场变量的数据资料，运用统计分析和逻辑推理等方法，判明何者是自变量（原因），何者是因变量（结果），以及它们之间变动的规律。企业往往会遇到一些困惑，需要了解其产生的原因，即需要知道"为什么"会产生如此局面。例如，产品的销售量下滑，今年明显低于去年，是什么原因造成的，就要通过市场调研来寻找答案。通过因果调研，找到影响产品销售量的主要原因，便于企业调整经营策略。

因果性调研就是为了找出市场变量之间的因果关系，探求影响因素中哪些是主要的，哪些是次要的。因而因果性调研可视为在描述性调研的基础上，对市场现象问题更深入地调研，以获取市场各种变量的实际资料，再运用科学方法进行综合分析判断，从而揭示市场现象之间的因果关系。

4. 预测性调研

预测性调研是在收集历史数据的基础上，运用一定方法对未来发展趋势做出预测的调研。市场营销所面临的最大问题就是市场需求的预测问题，这是企业制定市场营销方案和市场营销决策的基础和前提。预测性调研就是企业为了推断和测量市场的未来变化而进行的研究，对企业的生存与发展具有重要意义。

根据以上分析，市场调研按照调研目的进行分类如表5-1所示。

表5-1 市场调研按照调研目的进行分类

分类	内容	解决的问题
探测性调研	在对所要调研问题涉及的范围不甚清楚，无法确定调研课题时进行的初步调研	问题是什么
描述性调研	针对所要调研的问题，将市场现象的客观情况如实地加以描述和反映	描述的是什么
因果性调研	揭示市场变量之间的因果关系	采取措施会带来什么变化
预测性调研	在收集历史和现在数据的基础上，运用统计方法对事物未来发展趋势做出预测	将来是什么

(二) 按照市场调研组织方式的不同进行分类

按照市场调研组织方式的不同进行分类，市场营销调研可划分为全面市场调研、典型市场调研、重点市场调研和抽样市场调研。

1. 全面市场调研

全面市场调研又称市场普查，是指为了搜集一定时空范围内调研对象的较为全面、准确、系统的调研资料,对调研对象(总体)的全部个体单位进行逐一的、无遗漏的全面调研。这种调研方式主要适用的情形是:市场调研对象的个体差异性很大,调研机构需要全面、准确了解并掌握调研对象的市场信息,调研的市场信息至关重要。虽然调研结果比较准确、全面,但由于全面调研覆盖面广,所需时间较长,需要的人力、物力、财力较多,因而没有得到普遍应用。

2. 典型市场调研

典型市场调研是调研者为了特定的调研目的从调研对象(总体)中有意识地选择一部分有代表性的单位组成样本而进行的专门调研。这种调研方式要求利用总体的有关信息,对调研对象的特定和总体分布进行分析,把那些能够代表总体的单位挑选出来组成样本,之后通过观察、访问、登记等方法获取所需的信息。其主要特点是调研选取的样本数量很少,调研者可以集中对样本单位作较为深入、细致的调研研究,从中发现与反映调研对象总体的一些特征与规律。但是,典型市场调研要注意避免发生以偏概全的问题。

3. 重点市场调研

重点市场调研指调研者为了特定的调研目的从调研对象(总体)中选择一部分重点单位组成样本而进行的一种非全面调研。所谓重点单位,是指其标志总量占总体标志总量绝大比重的那些单位。这些重点单位构成的样本称为"重点样本"。重点样本中的单位数目虽然不多,但它们的标准总量所占比重较大。例如,要了解全国钢铁产、销、存的情况,可以从全国众多的钢铁企业中,选择首钢、宝钢、包钢、鞍钢等几家大型钢铁公司组成重点样本进行调研。

4. 抽样市场调研

抽样市场调研又称随机抽样调研,即按照随机原则,以一定的抽样方式从调研对象总体中选取部分个体单位作为调研样本所进行的调研,以样本的调研结果推断总体的情况。这种调研方式可以使市场面有控制地减缩,从而减少调研时间,节省调研的人力、物力、财力的支出。为此,抽样市场调研在市场调研中成了一种应用较广、较常用的调研方式。

三、市场营销调研的内容

市场调研的内容十分广泛,但每次市场调研的内容又不能包罗万象,面面俱到,只能根据市场调研的目的,有针对性、有区别地进行选择,为市场预测与经营决策提供资料。消费者市场作为最终产品的市场,必然成为市场调研的最重要内容,如图5-2所示,具体包括以下几个方面。

(一)宏观环境调研

宏观环境调研包括政治环境、经济环境和社会文化环境三方面的调研。其中,政治环境调研是指对政府有关的政策、法令的调研,如国家的税收政策、金融政策、外贸政策、价格政策等各项政策,还包括专利法、商标法、广告法、保险法、环境保护法等各项法规法令。经济环境调研主要包括国民生产总值、人均国民收入、人口总数、家庭收入、个人收入、能源资源状况、交通运输条件等方面的调研。社会文化环境调研主要包括国民教育程度、文化水平、职业构成、民族分布、宗教信仰、风俗习惯、审美观念等方面的调研。

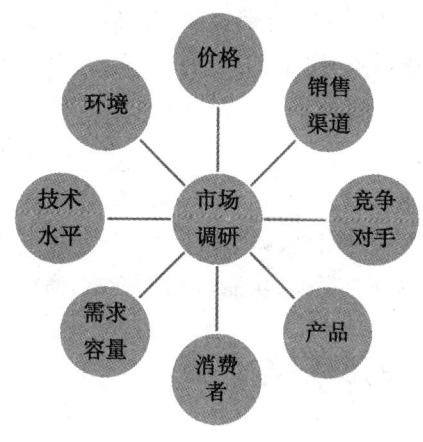

图 5-2　市场营销调研的内容

（二）技术发展水平调研

科技是第一生产力。技术的创新往往会带来新原料、新工艺、新方法的相应出现。技术发展水平的调研主要是指各个时期新技术、新工艺、新材料、新能源的状况，技术的先进水平，新产品的开发速度与发展趋势等。

（三）需求容量调研

需求容量的调研主要包括商品市场最大、最小、最可能的需求数量，潜在的需求数量，现有与潜在的购买人数，现有与潜在的供应数量，不同产品的市场规模与特征，以及不同地域的销售机遇，本企业产品的市场占有率，相关企业同类产品的市场竞争态势等。

（四）消费者及其消费行为调研

消费者调研主要是指消费者个人的年龄、性别、职业、民族、文化水平、居住地、消费水平、消费习惯等方面的调研。消费者购买行为的调研包括购买方式的调研，即经常性购买、选择性购买、试探性购买的调研；购买动机的调研，即感情动机、理智动机和惠顾动机的调研。

（五）产品调研

产品调研的内容包括：一是产品效用调研，包括产品形态、大小、重量、色彩、美观程度、使用方便性、耐久性、可靠性以及安全性等；二是顾客对产品的意见调研，包括顾客对产品及服务的要求、意见与评价等；三是产品寿命周期调研，即产品处于寿命周期的哪个阶段，其销量或销售增长率发生了哪些变化，老产品应改进的问题，有无新的销售领域；四是新产品调研，即市场需要何种新产品，新产品发展的问题，是向多功能化、多样化，还是向微型化和简单化的方向发展等，还包括产品品牌、商标调研，产品包装调研。

（六）价格调研

产品价格调研包括老产品调价、新产品定价、本企业与竞争企业同类商品价格差距，调研企业实行浮动价格、赊销价格、优惠价格与竞销价格的最佳时机等。

（七）销售渠道调研

企业需要了解中间商情况，建立合理的销售渠道来完成企业营销目标，主要包括现有销售渠道的研究,即了解本企业产品现有销售渠道的组成状况;各渠道环节上的价格及促销情况;了解各经销商的企业形象、规模、销售量、推销形式、顾客类型及所提供的服务等。

(八) 竞争对手调研

竞争对手的调研内容,一方面是竞争单位调研,包括竞争对手数目,竞争对手商品市场占有率,竞争对手的生产能力、生产方式与生产成本,竞争对手的技术水平、产品特性与服务项目,竞争对手的促销方式、营销策略、地理位置与运输条件等;另一方面是竞争产品调研,包括竞争产品的特性、品质、用途、功能、包装、价格、商标与交货期等内容。

四、市场营销调研的原则与步骤

(一) 市场营销调研的原则

1. 实事求是的原则

坚持实事求是是指市场调研要尊重事实,反对弄虚作假;要客观全面,防止主观片面;要以实践为准。只有坚持实事求是的原则,才能真正发挥市场调研的应有作用。

2. 全面系统原则

市场环境的影响因素很多,有宏观因素的影响,如政治法律、社会文化、科学技术、经济因素等;还有微观因素的影响,如行业发展、竞争、企业内部因素等。各因素之间是相互联系、相互作用的,所以,要考虑环境因素的影响,不能单纯就事论事,要把握事物发生、发展及其变化的本质,抓住关键因素。调研所搜集的资料内容全面、完整,要求调研的各项目都不缺、不漏、不重,能全面反映调研母体的全貌,从而做出正确的结论。

3. 准确、及时原则

准确是指各项调研资料必须真实、准确,符合实际。如果调研资料不准确,将直接影响市场预测的科学合理性,最终导致决策的失误。及时是指按调研工作计划的进度要求,及时开展调研,及时汇总统计,及时形成调研结论,及时提供给有关部门使用,为企业在经营过程中适时地制定方案和调整决策创造条件。

4. 深入反馈原则

市场调研是一项艰苦细致的工作,要把握市场的脉搏,要指示市场内在的错综复杂的联系,要认识市场变化的本质规律,必须深入市场,从市场搜集第一手资料。市场调研不能一蹴而就,要反复实践,不断反馈,不断总结。

5. 控制成本原则

市场调研是要付出代价并发生各种调研成本费用的,但要尽量节约调研经费,要力争用最少的费用取得最佳的调研效果,要提倡少花钱、多办事、办好事的精神,根据企业自己的实力,力争以较小的投入取得较好的调研效果。

(二) 市场营销调研的步骤

建立一套系统科学的工作程序,是市场调研得以顺利进行、提高工作效率和质量的重要保证。市场调研的步骤应按照调研内容的繁简程度,调研的时间、地点、预算、手段以及调研人员的学识、经验等条件具体确定。一般来说,正式的市场调研大体上可分为三个阶段:市场调研的准备阶段、市场调研的实施阶段和对市场调研资料进行整理分析并写出调研报告的阶段。其中,每一个阶段又可分为若干个具体步骤,如图5-3所示。

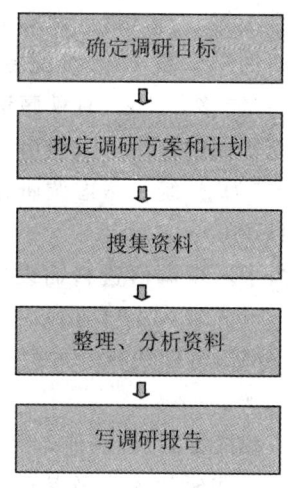

图5-3 市场调研步骤

第一阶段:市场调研的准备阶段。

这一阶段是市场调研工作的开始。准备工作是否充分周到,对后续的实际调研工作的开展和调研质量的好坏影响甚大。

1. 确定调研目标

随着外部环境的变化,企业会面临一系列问题,如现行的营销策略的改变问题、根据市场需求的变化来重新制定市场营销组合的问题等。另外,通过市场调研可以发现和评估新的市场机会。调研中,对调研目标的确定需先搞清以下几个问题:(1)为什么要调研;(2)调研中想了解什么;(3)调研结果有什么样的用处。对于一些暂时难以确定的调研目标,可以先进行一般性的初步调研,即探索性调研,比如举行一次小组座谈会或搜集文案资料等。

阅读材料

通用汽车公司计划向美国年轻家庭推出一款小型面包车,调研的目的是了解谁是年轻家庭购买小型面包车的决策者。调研结果表明,坐在"后排座位"的顾客,即8~14岁之间的孩子通常在购买小型面包车中起着主要的决策作用。于是,通用汽车公司在一面向8~14岁孩子的《儿童体育画报》的内封上刊登这种小型面包车广告,并在大型购物中心展示这种车,车内放置录像机播放迪士尼电影。

通用汽车的例子说明通过调研目标的确定能得到一些与调研问题有关的具体信息。管理者必须将这些信息与自己的经验和其他信息相结合,才能做出正确的决策。有时,为了做出一项管理决策,需要开展几项调研。在上述例子中,一旦通用汽车公司认定目标市场中孩子发挥重要作用,接下来的问题就变成"应该如何去影响这些孩子";进一步的调研表明,广告和购物中心促销可能是最好的促销方式。

2. 拟定调研方案和工作计划

调研方案是对调研的具体设计,主要包括确定调研的目的和要求、调研的具体对象、调研的内容、调研的方法、抽样的方法等。它是指导调研工作具体实施的依据。

调研工作计划是指对某项调研的组织领导、人员配备、完成时间、工作进度和费用预算等的预先安排,目的是使调研工作能够有计划、有秩序地进行,以保证调研方案的实现。

调研方案和调研工作计划各有不同的作用。大型市场调研需要调研方案和调研工作计划;一些小型市场调研则可以合二为一,统一考虑调研方案和计划。

这个阶段包括的主要内容有以下几个方面。

(1) 调研项目的确定。它是为了取得调研资料而设置的,是表明调研对象特征的各项标志。

(2) 调研方法,即取得资料的方法,可供选择的方法有文案调研和实地调研,其中,实地调研又有访问法、观察法、实验法等。

(3) 抽样方法,包括样本数量、抽样方法、调研地点的确定,调研对象的选择等。

(4) 调研人员。这是指参加市场调研的人员及其应具备的条件,一般是针对某一特定项目对市场调研人员进行培训。

(5) 调研费用。申请调研费用的原则是节约、有效,即在调研费用有限的情况下,力求取得最好的调研效果,或者说在保证实现调研目标的前提下,力求调研费用最省。

(6) 调研工作安排,主要应包括工作进度日程、工作进度监督检查、对调研人员的考核等。

客观上不存在最好的调研方案,相反,调研人员可以有多种选择。每一种选择都有优缺点,研究人员需要进行权衡,一般来说,主要权衡调研成本和决策信息的质量。通常,所获得的信息越精确、错误越少,成本就越高。另外,需要权衡的还有时间限制和调研类型,这就要求调研人员在各种条件的约束下,向管理者提供尽可能好的信息。

调研计划表如表 5-2 所示。

表 5-2 调研计划表

调研目的	为何要做此调研,调研结果有何用途
调研方法	问卷法、询问法、电话法、邮寄法、观察法
调研项目	访问项目、问卷设计
调研地区	被调研者所在地区、居住范围
调研对象、样本	被调研者的基本情况、抽样方法、样本数量
调研时间、地点	调研期限,调研起始时间
调研人员	调研人员的选择与培训
调研进度	调研工作具体日程安排
调研费用	各项开支预算

第二阶段:市场调研资料的搜集阶段。

市场调研资料的搜集阶段也就是市场调研的实施阶段,主要任务是设计调研问卷,组织调研人员深入实际，按照调研方案的要求和调研工作计划的安排，有组织地、系统地、细致地搜集各种资料数据。

市场调研资料的搜集阶段是耗费人力、财力最多，而又最容易产生调研误差的阶段。此阶段对组织、管理、监督、检查工作都提出了较高的要求。在问卷设计完成后，进行大样本的实地调研之前，往往要进行一次预调研，即抽取小部分调研对象，根据调研要求进行访问，然后将获得的资料加以整理、分析。这样可以发现问卷设计中存在的问题，便于修改调研问卷并节省调研时间和经费。另外，预调研也是锻炼访问员和督导水平的好机会。

预调研完成之后，正式的资料搜集工作就开始了。资料搜集过程包括访问、问卷复核和回访等几个方面。访问是指由访问员对调研者进行调研；问卷复核是对访问员交回的问卷资料进行检查，以便发现是否有不符合规定的地方，比如说问卷要求单选而回答中填成了多选等。如果有不符合规定的地方，要对此问题进行回访，此工作一般可由督导完成。回访除了消除不符合规定的回答外，另外一个功能是了解、判断访问员调研过程的真实性。

第三阶段：对调研资料整理、分析，完成调研报告的阶段。

在这个阶段，市场调研人员要对问卷资料进行统计处理（如编码、数据录入、数据运算和输出结果等），并由市场分析人员对数据结果进行分析，最后由研究者撰写市场调研报告。由于市场调研获得的资料大多数是分散的、零星的，在这个阶段，要求调研人员拥有极大的耐心，进行细致的审核、订正、分类、汇总工作；要求统计分析人员有较高的专业技术水平，善于对搜集的信息归纳分析、去伪存真，从现象上升到本质。在分类整理的基础上，市场调研人员还要运用某些统计方法，对资料进行检验和分析，这些方法包括因素分析法、回归分析法、相关分析法、判断分析法等。

这个阶段的最后环节是市场调研报告的撰写，对所调研的问题做出结论，并提出实现调研目标的建设性的书面意见，供领导决策。调研报告是市场调研成果的最终体现，为客户作决策提供科学的依据，要求调研报告尽可能简明扼要、清楚易懂。调研人员提出调研报告，并不表示调研工作已经结束，调研人员还要了解提出的建议是否被领导采纳和实施。若被采纳实施了，则需要了解实施后的效果。若已解决了经营中的问题，此项调研就结束了。若没有完全解决，还有必要继续进行调研。

五、市场营销调研的方法

市场营销调研的方法包括市场信息收集方法和市场信息抽样方法。

（一）市场信息收集方法

市场信息可以分成原始资料和次级资料。原始资料是指未经过任何加工整理的市场调研资料。次级资料又叫二手资料，一般表现为各种现成的文献、报告、报表、数据库等。

研究人员首先借助二手资料来开展调研，这样能节省收集原始资料的费用，从而降低成本，提高效率。信息的来源非常广泛，它存在于各种相关的资料源里。计算机网络技术的发展减轻了收集二手资料的繁重任务，通过建立内部的和外部的数据库，企业营销管理人员可以方便地对大量数据进行编辑、整理和分类。内部数据库包括企业的经营与营销、生产、产品设计、财务和物资供应等,外部数据库包括政府刊物(如国家和地区的统计年鉴、经济年鉴等)、报刊书籍、市场营销杂志、图书等。市场调研人员收集的二手资料必须与调研项目密切相关,要了解寻找资料的相关信息源,收集的资料要有针对性和时效性。

收集原始资料的方法主要有观察法、座谈法、实验调研法和问卷调研法等。

1. 观察法

观察法是指调研者到现场直接观察或借助摄录像器材,观察和记录正在发生的市场行为或状况,以获取有关信息的实地调研法。其特点是,不需要向被调研者提问,而是在被调研者不知情的情形下进行有关调研。调研者凭自己的直观感觉,从侧面观察、旁听、记录现场发生的事实,以获取所需要的信息。

对商品推销人员来讲,观察法是了解市场最常用的一种方法。如调研者亲临销售现场,观察顾客的购买行为,了解顾客对哪种产品、哪种品牌、哪些产品性能关注,记录后可以为企业分析产品质量、性能、适用范围等营销活动提供原始资料。

2. 座谈法

座谈法是调研者与被调研者直接接触,通过面对面地询问和观察被访问者而获取信息资料的方法。它是市场调研中最通用和最灵活的一种调研方法。访问者事先设计好问卷或调研提纲,根据特定的访问环境、访问对象改变提问的方法和顺序,也可以围绕调研问题自由交谈,采取个人面谈、小组座谈等多种形式。这样,不仅可以使调研对象充分发表自己的意见,还能根据需求,深入挖掘,获取进一步的有用信息。另外,由于面对面的直接访谈一般不至于遭到对方的推托和拒绝,再加上访问者可以通过对方的语言、表情、动作判断被访问者合作的真实程度,所以座谈法的回答率比较高,获取的资料真实性很强。

3. 实验调研法

实验调研法是通过实验设计和观测实验结果而获取有关的信息,即从影响调研问题的许多可变因素中选出一个或两个因素,将它们置于同一条件下进行小规模实验,然后对实验观察的数据进行处理和分析,从中提取出有价值的信息,为决策提供依据。它来源于自然科学的实验求证,为市场营销决策提供科学的依据。

4. 问卷调研法

问卷调研法是调研者事先拟好调研问卷或调研表,用书面提问的方法直接了解被调研对象的反应和看法,并以此获得信息资料的调研方法。问卷调研法一般预先根据调研内容设计好问卷由被调研者填写或口头询问,调研者笔录,也可以用邮寄的方法请被调研者填好后寄回问卷,最后根据集中后的问卷进行数据整理和分析。

问卷调研是为了达到调研目的,收集必要数据而设计的标准化、统一化的数据收集程序,可以使调研访问在一个可控的过程中进行。问卷设计者必须与调研主要负责人认真讨论调研的目的,确认调研的方式,确定问卷的结构和形式并尽快拿出设计初稿。同时,必须进行调研试验,发现调研试验中的问题,找出原因,再次修改。问卷只有经过反复修改并确信没有问题,获得各方面的认可时,才能最后定稿,用于正式调研。

(二) 市场信息抽样方法

1. 抽样调研的含义与特点

抽样调研又称随机抽样调研或概率抽样调研,是指调研者为了特定的调研目的,按照随机原则从调研总体中抽取一部分单位作为样本,对样本进行调研的一种非全面调研方法。抽样调研的目的是根据样本调研的结果推断总体的数量特征。其特点如下:

(1) 科学性。抽样调研是建立在数理统计基础之上的科学方法,有充分的数理依据,能够将调研样本的代表性误差控制在允许的范围内。由于样本的抽取是随机的,受主管因素影响较小,因而只要严格按照抽样调研的要求进行,就可以确保调研结果的精确度不低于全面市场调研,有时甚至高于全面市场调研。

(2) 经济性。抽样调研是从总体中抽取一小部分单位组成样本进行调研,调研涉及面较小,因而资料收集、整理工作相对容易,取得调研结果比较快,比全面市场调研大大节省了人力、物力和财力。

(3) 时效性。由于抽样调研的样本单位少,搜集、整理、汇总调研资料的工作量相对少,信息传递的时间必然比全面市场调研短,因而可提高信息获取的时效性。

(4) 准确性。按照随机原则抽取的样本能排除主观人为因素的干扰,保证样本推断总体的客观性。同时,由于调研单位少,涉及面较小,因而可在很大程度上克服全面调研产生的重复、遗漏和较大误差的影响。

抽样市场调研的主要缺点是抽样技术方案设计要求高,非专业人员难以胜任,如果技术方案设计存在严重缺陷,往往会导致抽样调研的失败。

2. 抽样调研的方法

要保证抽样调研的科学性、准确性,做好抽样设计是关键。抽样设计包括三个内容:一是确定抽样对象(调研哪些人),二是确定样本大小(调研多少人),三是确定抽样方法(如何抽取样本)。

(1) 抽样对象。抽样对象并不总是显而易见的。例如,要想了解一个家庭购买电视机的决策过程,究竟应调研丈夫、妻子还是全体家庭成员?要想了解工业用户对所采购产品的意见,应调研用户的采购部门、使用部门还是领导部门?只要购买者、使用者、决定者和影响者处于分离状态(即不是由同一人承担),调研人员就需要对抽样对象做出选择。

(2) 样本大小。大样本当然比小样本提供的结果更可靠,但大样本的调研成本高,而且往往没有必要。只要抽样方法正确,即使样本不足总体的1%,也同样能提供可靠的调研结果。

(3) 抽样方法。抽样方法主要有两大类:一是非随机抽样,二是随机抽样。

非随机抽样法是指在整体中不是每一个体都有机会被选作样本。非随机抽样也可分为三种具体方法:一是任意抽样,即调研人员根据方便程度任意选择样本,如在街头上任意找几个行人询问其对某产品的看法和印象;二是判断抽样,即调研人员根据自己或专家的经验来判断由哪些个体作为样本;三是配额抽样,即首先对总体进行分组,然后由调研人员从各组中任意抽取一定数量的样本。

随机抽样也叫概率抽样,就是在广泛的对象中不做任何有目的的选择,用偶然的方法抽取样本,总体中每一个体的机遇是相等的。随机抽样是一种严密、科学的方法,在市场调研中已被广泛使用。随机抽样的方法很多,常用的有如下几种。

① 简单随机抽样。简单随机抽样是指在随机抽样中采取最简单的方法,这种方法适用于所有个体都差异不大的情况的调研。

② 分层随机抽样。分层随机抽样调研是指把调研的总体按特性分成若干层,在每层中抽取一定数量的样本。这种方法适用于那些个体差异性很大的情况的调研。怎样分层,并无一定规则。例如,对消费者的调研,一般可按收入多少分层,也可按性别、年龄、家庭人口等标准分层。

③ 分群随机抽样。分群随机抽样就是把被调研的对象分为若干群,然后再从中抽取一个或几个群。抽中的群中所有的个体都是被选中的样本。分群抽样与分层抽样不同。分层随机抽样的各层之间差异很大,层内样本之间差异不大;而分群随机抽样则是群之间差别不大,群内样本之间却差异很大。如调研用户,按分层随机抽样法,在收入高的一层中全是高的,收入低的一层中全是低的;而在分群随机抽样中,在每一群中都有高、中、低三种。

④ 等距抽样。等距抽样就是把被调研的总数编号排列,然后每隔一定的距离从总体中抽取一个样本。抽样的间隔距离由调研总数除以样本总数所得,其公式是:

$$抽样间隔距离=调研总体单位数÷样本总数$$

例如,对 2000 名消费者进行调研,采用等距抽样取 40 个样本,则样本区间等于 2000÷40=50。若在第一组 01~50 中抽到 33 号,则依次加上 50 就得到全部样本 33,83,133,183,……

第三节 市场需求测量与预测

所谓市场预测,就是在市场调查和市场分析的基础上,运用逻辑和数学方法,预先对市场未来的发展变化趋势做出描述和量的估计。

一、市场预测的内容

(一) 市场需求量的测定

销售预测的基础是需求预测,而销售预测又是企业经营中的一个重要决策依据,因为财务部门根据销售预测来筹集所需的资金,采购部门根据销售预测来订购原料或购买设备,生产部门根据销售预测来安排生产进度,人事部门则根据这一数据来确定需要雇用的员工人数,营销部门也需要用到这一数据,如在营销计划的制订中,营销目标的确定往往与销售预测密切相关。因此,市场预测的重要内容就是市场需求预测。

市场需求是一个产品在一定的地理区域和一定的时期内,在一定的营销环境和一定的营销方案下,由特定的顾客群体愿意购买的总数量。市场需求受很多因素的影响,有市场主体外部的因素,如政治、法律、文化、技术、消费心理和消费习惯等,也有市场主体内部的因素,如目标市场的选择、销售价格的制定与变动、促销手段的选择与实施、营销方法的确定等。市场需求预测正是全面考察这些因素后对市场需要量进行的估计和推测。市场需求量的测定可以就某类商品或某种商品分别进行,其市场需求量的测定需要考虑人口数量(或用户数量)、人均(户均)购买量和其他需求量三个要素。市场需求量的决定模型如下:

市场需求量＝人口数量(用户数量)/人均(户均购买量)＋其他需求量

（1）人口数量或用户数量是计算需求量的基础变量,一般来说,人口或用户数量多,市场规模就大,对商品的需求量也必然增大。计算需求量既要考虑现有人口的多少,还要考虑人口的自然增长率;既要考虑人口总量,也要考虑人口的类型和结构,因为某些商品可能只涉及部分人群的需要,如香烟、妇女用品、儿童用品等。对于某些生产设备而言,市场需求量的测定应重点考虑用户数量的多少及变动。

（2）市场需求量的大小还受到货币支付能力的影响。在人口数量或用户数量一定的条件下,市场需求量与购买力成正比。分析消费者的购买力主要考虑货币收入水平与变化、需求支出水平与方向、储蓄状况等。消费者的购买力通常可通过人均或户均购买量度量,即利用历史统计数据或抽样调查资料进行测定。测定时,应考虑人均(户均)购买量的发展变化趋势和规律。

（3）市场需求量的测定,还应考虑企业、事业、机关团体的需求,即社会集团消费需求。

（二）市场营销组合预测

市场营销组合预测,是对企业的产品、价格、销售渠道和促销方式等营销因素进行的预测。

1. 产品预测

现代产品,不仅指产品的物质实体,还包含产品的商标、包装以及安装、维修、咨询等方面。产品组合是由产品线的不同宽深度和关联度决定的生产策略。现代企业既要提高专业化程度,组织大批量生产,强化生产线的深度,又要实行多样化经营,适应市场变化的需要,扩大产品线的宽度。前者可以更加广泛地满足各种需要,甚至是特殊的消费需要,有利于占领更多的细分市场;后者有利于挖掘企业潜力,分散投资风险,不断占领新的市场。加强产品线的关联性,则可以增强企业的竞争地位,提高产品的市场占有率。开展产品组合预测,有利于企业制定正确的产品组合策略,提高企业在行业中的优势。

2. 价格预测

价格是市场营销活动最重要的内容,每个企业都需要了解竞争企业或竞争产品的价格,而且还必须注意到不同价格水平会导致不同的需求量,因此需要对竞争产品的成本和价格进行预测。企业的产品价格确定后,应当及时地调查价格是否偏高或偏低,是否对消费者与经营者都有利,与竞争对手相比,是否具有优势或主动性等;有条件的企业,还应当进行产品需求曲线的预测。当产品需求曲线呈非弹性的时候,提高产品价格可以增加企业收入;若产品需求曲线呈弹性的时候,降低价格则可以增加企业收入。企业掌握这些情况,对产品价格的及时调整很有帮助。

3. 销售渠道预测

销售渠道即商品流通渠道,是企业产品实现其价值的重要环节。它包括合理制定分销路线,选择与配置中间商,有效地安排运输与储存,适时地向用户提供适用的商品。如果企业销售渠道的数量多,商品流通的路线就广,市场占有率就高。消费品的销售渠道,可以在代理、批发和零售等中间商中选择一个或几个层次;生产资料的销售渠道一般不需要零售中间商。生产者选择销售渠道时,应对自身的条件、产品的情况和所处的市场进行综合分析,如企业的资本、商誉、服务和管理能力等,产品的单价高低、体积大小、易毁或易腐、通用或专用等,市场上同类商品的多少、潜在顾客的数量、购买者的习惯等。企业开展销售渠道的预测,就是要对这些影响因素的未来变化情况做出推测与判断,以确定相应的策略。

4. 促销方式预测

促销方式是指企业通过一定的方法或手段向消费者传递信息,从而促进消费者对产品或企业的了解,并影响消费者的购买行为。市场营销实践表明,客户接受一种产品的前提,首先是接受消费这一产品的观念。通过多种媒介传递信息,说服客户,就能创造使用这种产品的社会氛围。促销方式主要有广告、人员推销、销售促进和公共关系四种具体形式。各种形式都有自身的特性,相互之间又存在着一定的替代性,营销部门在大多数情况下都必须配合使用。企业开展促销方式的预测,就是要估计不同产品最适合的信息传递途径,推测顾客在不同促销方式下消费观念的变化,测算企业在各种促销组合下的经济效益。

二、市场营销预测方法

(一)定性预测方法

定性预测方法是相对于各种定量预测法而言的一类预测方法。定性预测法也称为经验判断预测法,是市场预测中经常使用的方法。定性预测主要依靠预测人员所掌握的信息、经验和综合判断能力,预测市场未来的状况和发展趋势。定性预测法就是指参与预测的有关人员按照预测要求,依据自己的经验知识,在个人判断的基础上提出预测意见,再综合大家的意见,做出市场预测的方法。定性预测方法简便,易于掌握,而且时间快、费用低,因此得到了广泛采用。

特别是进行多因素综合分析时,采用定性预测方法效果更加显著。因此,在对各种市场现象和各种影响市场的因素进行综合预测时,定性预测方法是必不可少的重要方法。

1. 综合意见法

综合意见法指各方人士(可以是企业内部经营管理人员、业务人员,也可以是企业外部的业务人员或用户)凭自己的经验判断,对市场未来需求趋势提出个人预测意见,再集合大家意见做出市场预测的方法。这种方法简便易行,可靠实用,注重发挥集体智慧,在一定程度上克服了个人直观判断的局限性和片面性,有利于提高市场预测的质量。其具有以下几种方法。

(1)经理人员判断法。这种方法是指销售预测以有关经理人员,如销售经理、市场经理或销售商的估计为根据。这种方法费用低、效率高,就是把一些经理人员找来,座谈一下,研究一下市场的前景和展望。由于他们贴近市场,对市场情况和发展方向较清楚,并有见地,因此让他们提出看法,然后综合意见,做出预测。

(2) 销售人员估计法。这种方法是由企业经理把与营销活动有关或熟悉市场情况的管理人员、业务人员等召集起来,让他们根据已收集的信息资料和经理提出的预测要求,依靠自己丰富的市场经验和判断能力,对市场未来发展趋势或某一营销问题做出判断预测;然后把经理、管理人员、业务人员的预测方案和预测结果集中起来,加以综合分析,确定出最终预测值。

(3) 购买意见法,也可以称为用户意见法。这种方法通过一定的调查方法选择一部分或全部潜在购买者,直接向他们了解预测期购买商品的意向,并在此基础上对商品需求或销售做出估计。

2. 专家预测法

专家预测法是指根据市场预测的目的和要求,由市场调查与预测人员向有关专家提供一定的背景资料,请专家们对未来市场的发展变化做出判断,提出量的估计,再由市场调查与预测人员通过收集汇总专家们的意见,得出最终预测值的一种预测方法。专家预测法一般用于以下几种情况:没有历史资料或历史资料不完备,难以进行量的分析,或需要进行质的分析预测。常采用的专家预测法有专家会议法和德尔菲法。

(1) 专家会议法。

专家会议法即通过组织一个具有相关知识的专家参与的专家会议,运用专家各方面的专业知识和经验,相互启发,集思广益,对市场未来发展趋势或企业某个产品的发展前景做出判断的一种预测方法。

(2) 德尔菲法。

德尔菲法也叫专家小组法,是美国兰德公司在 20 世纪 40 年代末首创的,最先用于科技预测,20 世纪 60 年代以来在市场预测中也得到了广泛应用。德尔菲(Delphi)是阿波罗神殿所在地的希腊古城之名,传说阿波罗是预言神,众神每年集会于德尔菲以预测未来。因此,以专家小组的形式进行预测也称为德尔菲法。

德尔菲法是专家会议法的改进和发展,是为避免集体讨论存在的屈从于权威或盲目服从多数的缺陷而提出的。德尔菲法是指采用背对背的通信函询方式征询专家小组成员的预测意见,经过几轮征询,使专家小组预测意见趋于集中,最后做出符合市场未来发展趋势的预测结论的一种定性预测方法。它运用匿名方式,采用背靠背的交流,专家之间互不往来,彼此之间都不知道对方是谁。该方法有利于消除成员间的相互影响,充分发挥专家们的智慧、知识和经验,真正体现各位专家自己的预测意见。

(二) 定量预测方法

定性预测方法缺乏数量分析,主观因素的作用较大,预测的准确度难免受到影响。因此,在采用定性预测方法时,应尽可能结合定量分析方法,使预测过程更科学、预测结果更准确。定量预测方法,是指在数据资料充分的基础上,运用数学方法,有时还要结合计算机技术,对事物未来的发展趋势进行数量方面的估计与推测。定量预测方法有两个明显的特点:一是依靠实际观察数据,重视数据的作用和定量分析;二是建立数学模型作为定量预测的工具。随着统计方法、数学模型和计算机技术日益为更多的人所掌握,定量预测方法的运用会越来越多,主要有以下几种。

1. 时间序列法

时间序列法以过去的资料为基础,将某种经济指标的数值按时间顺序排成序列,再将此序列加以延伸推算,预测发展趋势。产品销售的时间序列(Y)的变化趋势主要是受以下四种因素的影响。

趋势(T):利用过去的销售资料描绘人口、技术和资本等的发展趋势。

周期(C):经济周期对预测也起到一定作用。

季节(S):一年内销售随假期、气候等产生的规律变化。

不确定因素(E):偶发事件对销售能够产生一定影响。

时间序列法运用上述因素构成预测模型,如 $Y=T+C+S+E$,然后利用前期资料和数据进行运算。

2. 指数平滑法

前期实际销售量乘以 a(加权因子或平滑系数)加上前期预测的销售量乘以$(1-a)$,得出本期预测销量。其计算公式为

$$Y_t = Y_{t-1} + a(X_{t-1} - Y_{t-1})$$
$$= aX_{t-1} + (1-a)Y_{t-1}$$

式中:X_{t-1} 表示前期实际销售值;Y_{t-1} 表示前期预测值;Y_t 表示本期预测值;a 表示平滑系数,代表了新旧数据的分配比值。

a 的取值大小体现了不同时期的因素在预测中所起的不同作用。a 越大,其上期的实际值比重就越大。

例如,某百货商店6月份销售额预测值为1000,而该月实际值为1050,若 $a=0.3$,则7月份预测值计算如下:

$$Y_t = 0.3 \times 1050 + (1-0.3) \times 1000$$
$$= 315 + 700 = 1015$$

计算结果表明,"$a=0.3$"的含义就是考虑上月预测值的比重占70%,考虑上月实际值比重为30%。

3. 回归分析法

回归分析法是预测分析中最为常见的统计分析方法。它是以事物之间的相反联系为依据,从已知的原因推测出未知的结果。首先确定影响需求的主要因素,然后根据历史数据来确定这些影响因素和需求之间的函数模型关系。回归分析的解决需要通过数学方程来实现。回归方程可分为线性回归方程和非线性回归方程。当一种结果受一种因素制约,并且判定该因素与市场预测值呈线性关系时,可以通过建立最简单的一元线性回归方程来解决。

现以较常见的一元回归为例介绍。

某饮料公司预测某城市饮料需求量跟每月温度有关系,并建立模型为线性方程

$$y = a + bx$$

式中:y 为预测需求量,x 为用于预测 y 的温度变量,a 为截距,b 为斜率。其中,

$$a = \bar{y} - \overline{bx}$$

$$b = \frac{n\sum_{i=1}^{n}x_iy_i - (\sum_{i=1}^{n}x_i)(\sum_{i=1}^{n}y_i)}{n\sum_{i=1}^{n}x_i^2 - (\sum_{i=1}^{n}x_i)^2}$$

假设通过近年的销售资料(略)测算出 $a=185, b=4.65$,则预测直线为 $y=185+4.65x$,然后通过预测得出当月可能需求量。

当然,实际生活中往往遇到变量间呈非线性关系的实例。这里假设预测模型为非线性回归,则需要用指数、对数、双曲线模型等进行预测。仅以指数回归预测模型公式为例介绍,有

$$y = ae^{bx}$$

两边去对数,有

$$\ln y = \ln a + \ln e^{bx} = \ln a + bx$$
$$y' = \ln y, a' = \ln a$$
$$y' = a' + bx$$

例如,某公司销售额如下表所示,根据表中资料预测 2008 年销售额(万元)。

年份	2000	2001	2002	2003	2004	2005	2006	2007
时序(x)	1	2	3	4	5	6	7	8
观测值(y)	3.0	4.2	5.7	8.3	11.5	16.0	22.4	31.0

解:预测模型的类型是指数曲线。按照上述公式,得出的模型为

$$b = \frac{n\sum xy' - \sum x \sum y'}{n\sum x^2 - (\sum x)^2} = \frac{8 \times 95.7378 - 36 \times 18.1485}{8 \times 204 - 36^2} = 0.335$$

$$a' = \ln a = \frac{\sum y'}{n} - b\bar{x} = \frac{18.1485}{5} - 0.335 \times \frac{36}{8} = 0.761$$

所以有

$$y' = 0.761 + 0.33 = 5x$$

即有

$$y = e^{0.761+0.335x}$$

由最小二乘法有

$$y = ae^{bx}$$

两边取对数,有

$$\ln y = \ln a + \ln e^{bx} = \ln a + bx$$

设

$$y' = \ln y, a' = \ln a$$

则有

$$y' = a' + bx$$

为预测模型曲线。

课 后 训 练

【关键词】

市场信息　市场营销系统　市场营销调研　市场需求　市场预测

【思考题】

1. 市场营销信息系统的概念、构成是什么？
2. 市场营销调研的作用、类型是什么？
3. 市场营销调研的内容是什么？
4. 市场营销调研的程序、方法是什么？
5. 市场预测的内容是什么？
6. 常用的市场预测方法有哪些？

【案例分析】

美国航空公司对飞机上提供电话服务的调研

美国航空公司注意探索为乘客提供他们需要的新服务。一位经理提出在高空为乘客提供电话通信的想法。其他的经理们认为这是激动人心的，并同意应对此作进一步的研究。于是，提出这一建议的营销经理自愿为此作初步调查。他同一个大电信公司接触，研究了波音747飞机从东海岸到西海岸的飞行途中，电话服务在技术上是否可行。据该公司讲，这种系统每次航行成本大约是1000美元。因此，若每次电话收费25美元，则在每航次中至少有40人通话才能保本。于是这位经理与本公司的营销调研经理联系，请他研究乘客对这种新服务将做出何种反应。

一、确定问题与调研目标

1. 航空公司的乘客在飞机航行期间打电话的主要原因是什么？
2. 哪些类型的乘客最喜欢在飞机航行中打电话？
3. 有多少乘客可能会打电话？各种层次的价格对他们有何影响？
4. 这一新服务会使美国航空公司增加多少乘客？
5. 这一新服务对美国航空公司的形象将会产生多少有长期意义的影响？
6. 电话服务与其他因素，诸如航班计划、食物和行李处理等相比，其重要性将是怎样的？

二、拟订调研计划

假定该公司预计不作任何市场调研而在飞机上提供电话服务，并获得长期利润5万美元。而营销经理认为调研会帮助公司改进促销计划并可获得长期利润9万美元。在这种情况下,在市场调研上所花的费用最高为4万美元。

调研计划包括资料来源、调研方法、调研工具、抽样计划、接触方法。

三、收集信息(略)

四、分析信息(略)

五、提出结论

1. 使用飞机上电话服务的主要原因是有紧急情况、紧迫的商业交易、飞行时间上的混乱等。用电话来消磨时间的现象是不大会发生的。绝大多数的电话是商人所打的,并且他们要报销单。

2. 每200人中,大约有20位乘客愿花费25美元打一次电话,而约40人期望每次通话费为15美元,因此,每次收15美元($40 \times 15 = 600$)比收25美元($20 \times 25 = 500$)有更多的收入。然而,这些收入都大大低于飞行通话的保本点1000美元。

3. 施行飞行中的电话服务使美航每次航班能增加2个额外的乘客,从这2人身上能收到400美元的纯收入,然而,这也不足以帮助抵付保本点。

4. 提供飞行服务增强了美航公司创新和进步的航空公司的公众形象。

(资料来源:菲利普·科特勒,凯文·莱恩·凯勒.营销管理.上海:格致出版社,2009)

案例思考题:

1. 根据本案例,谈谈市场营销调研对企业营销利润的作用和影响,并简要拟出问卷调查要点。

2. 根据案例中的调研计划要点,简要确定各计划中的核心内容。

【实训项目】

1. 虽然刚过9月份,但是对于进入大四阶段的学生来说,已有一块无形的石头压过来,那就是艰难的就业选择。之所以难,是因为近几年新毕业大学生的就业率不断下降,而毕业大学生的数量近几年又在增加,造成了人才市场的"火爆"局面,拥挤的人才招聘会给应聘者的机会是少之又少。下面请以目前大学生的就业市场供需情况进行一次调查,要求实地和文献调查方法相结合,对目前人才市场的需求结构、需求数量、人才素质要求、专业技能、企业类型等进行详细调查,并形成一份调查报告。

2. 请设计一份有关大学生饮料消费情况的调查问卷。调查目的是了解大学生饮料的消费规模、偏好、消费习惯、性别差异、有何问题等,为饮料企业更好地了解目前大学生饮料消费情况提供数据。要求问卷结构合理,问题明确,符合问卷格式要求。

第六章　目标市场营销

【本章学习目标】

1. 了解消费者市场细分的标准及市场细分的步骤。
2. 理解有效细分的条件。
3. 熟悉细分市场的评估和影响目标市场选择的因素。
4. 掌握市场定位的概念、市场定位方式及定位步骤。
5. 掌握目标市场选择模式及选择依据。

【能力目标】

能够运用市场细分标准对目标市场进行有效细分，能够根据企业情况制定科学的目标市场选择模式。

【导入案例】

中国冻鸡在日本的市场细分

中国粮油食品进出口公司（以下简称粮油公司）自20世纪60年代开始向日本出口冻鸡，销路一直较好，但20世纪70年代中期日本冻鸡市场竞争加剧，中国冻鸡出口呈现下降趋势。粮油公司对日本冻鸡市场做了深入的调查研究，在市场细分的基础上，重新选准目标市场，调整市场战略，日本市场出口的冻鸡重新出现持续大幅度上升的局面。

粮油公司经过市场调查，对市场需求进行了市场细分。

一、市场细分

1. 从消费习惯上细分，日本冻鸡市场有三种不同的需求

（1）净肢全鸡，指肉鸡宰杀、脱毛和净膛后以整鸡包装出售。

（2）分割鸡，即在净膛鸡的基础上将鸡的各个部分分割，以不同部位分别包装出售，如鸡腿、鸡翅膀。

（3）鸡肉串，将鸡肉、鸡皮切5克左右的小块，串在一定长度的竹签上，包装、冷冻处理后出售。

以上三种类型的需求量很大，后两种的需求量增长尤其快。

2. 从购买者细分，大致有三种类型

（1）饮食业用户，饭店、餐厅、快餐店等饮食业用鸡肉烹制成各种菜肴、小吃等。

（2）团体用户，如单位、车队、学校的食堂。

（3）家庭主妇。

饮食业用户对鸡的品质要求比较高,而且还要求严格按重量分级包装,对于同一等级的产品,规格必须整齐划一。如同一等级的鸡全腿的公差不得超过10克,但在价格上相对于家庭主妇则不太敏感。饮食业用户进货批量一般较大。团体用户也是批量进货,对肉鸡的品质、重量分级、包装的要求不如饮食业用户高,用纸箱包装10千克或20千克即可,但希望购买比较便宜的产品。家庭主妇一般到超级市场或零售店购买冻鸡,她们对冻鸡的品质、外观要求高,同时要求价格合理。

粮油公司根据上述分析,将日本冻鸡市场分为9个细分市场,如表6-1所示。

表6-1 日本冻鸡细分市场

	家庭主妇	饮食业用户	团体用户
净膛全鸡	①	②	③
分割鸡	④	⑤	⑥
鸡肉串	⑦	⑧	⑨

二、选择目标市场

粮油公司在细分市场的基础上,分析了中国冻鸡的优势和劣势。

在日本市场,决定质量的三种因素是鸡种、喂养的饲料、加工。在鸡种方面,中国出口冻鸡的鸡种是从国外引进的优良品种,与其他国家相比并不处于劣势。在饲料方面,中国由于饲料加工业不够发达,饲料的品种与配比科学化程度不高。因此,用中国饲料喂养出来的肉鸡质量比竞争对手稍逊一筹,特别是鸡肉的外观,而这种状况在短期内不可能有重大改变。在肉鸡加工方面,中国出口冻鸡采用机械化宰杀、脱毛和净膛,这与竞争对手有很大差异,但在后续加工上,如摘除细毛、进行分割、深度加工成肉串等特殊品种、逐只过秤、新选包装等拥有较大优势,因为中国粮油公司可以发挥劳动密集型生产的优势。粮油公司针对不同类型的用户对农鸡的不同需求,分别进行了预测分析,以确定目标市场。

据预测,日本市场对冻鸡的需求量会不断上升。由于家庭主妇对冻鸡质量、外观、包装等比较重视,而饮食业用户和团体用户对鸡的外观要求不高,但对重量要求高,因此,粮油公司根据自身优势选择"②③⑤⑥⑧⑨"作为目标市场。

本案例中,粮油公司的冻鸡出口日本,最初由于未进行市场细分,在激烈的竞争中处于不利地位。后来对市场进行调查,对不同消费者对产品的需求进行分析,以消费者的类型和产品的种类为依据对市场进行细分,把日本市场分为9个细分市场;同时分析企业的优势,认为企业的优势在鸡的后续加工上,而在鸡肉的品质、外观方面无优势,不能满足家庭主妇挑剔的眼光,因此,选择饮食业用户和团体用户为服务对象,选择"②③⑤⑥⑧⑨"为目标市场;然后根据这些市场的特点开展营销活动,从而使公司的营销业绩又逐步回升。

对于一个企业来说,其所拥有的资源是有限的,不可能占有所有的市场,满足人的所有需求。因此,就需要对市场进行细分,以明确哪些市场是适合自己的目标市场。目标市场营销是现代营销的核心战略。目标市场营销主要包含三个步骤:市场细分(Segmentation)、目标市场选择(Targeting)、市场定位(Positioning),所以又被称为STP战略,如图6-1所示。

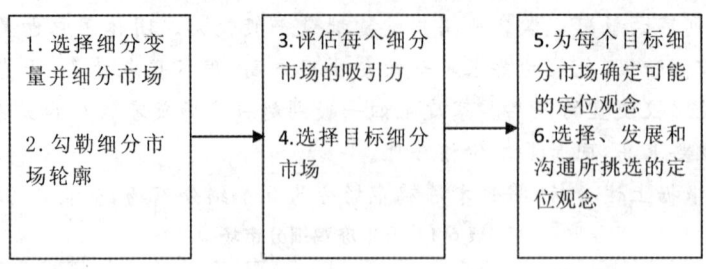

图6-1 市场细分、选择目标市场和定位(STP)思路

第一节 市场细分

一、市场细分

(一) 市场细分的含义

在市场上,由于受许多因素影响,不同的消费者通常有不同的欲望和需要,因而有不同的购买习惯和购买行为。正因为如此,企业营销人员可以按照这些因素把整个市场细分为若干个不同的子市场。每一个子市场都是一个有相似的需要的消费者群。市场细分的客观依据是消费者需求的异质性。市场细分是企业确定目标市场并制定市场营销策略的前提与基础。具体地讲,市场细分就是企业的管理者按照细分变数,即影响市场上购买者的欲望和需要、购买习惯和行为等因素,把整个市场细分为若干子市场的过程,其中任何一个市场部分或子市场都是个有相似的欲望和需要的购买者群,都可能被选为企业的目标市场。

市场细分是20世纪50年代中期美国市场营销学家温德尔·史密斯(Wendell R. Smith)在总结企业市场营销实践经验的基础上首次提出的。它的产生与发展从一开始就具有很强的实践性,并非纯粹的理论概念。

(二) 细分市场

细分市场是指某种提供物的整体市场的一个组成部分,如女性服装市场就是服装市场的一个细分市场。细分市场是由具有相同或相似性需求的顾客组成的群体,如图6-2所示的几个群体。细分市场内的个体间在某个或某些方面的异质性降低,而表现出较多的同质化或趋于同质化,而不同的细分市场之间则呈现显著的异质性。如在服装的需求上,20～25岁的女性,30～40岁的女性,各自内部具有同质性,两者之间具有显著的异质性。

细分市场有两种极端的情况:一是把每一个人都定义为一个市场,因为每个人的需求都与别人不同;二是把所有人都定义为一个大的细分市场,因为所有的人均有一些类似的基本需求,如对水和食品的需求。前者需要制定个性营销,如量体裁衣、理发等;后者所指的市场一般称为整体市场,适合采用标准的营销组合或者大众化营销,比如一个城市对所有的居民提供同样的自来水。但是,当消费者认识到水污染的严重性以及对人体的危害性之后,在同质化的需求中便衍生出异质化的需求,于是,那些有支付能力的消费者就产生了对安全饮用水的需要,这就为纯净水或矿泉水带来了营销机会。从营销的观点来看,目标市场应该是两个结果的折中,它应该具有一定数量规模的消费者。

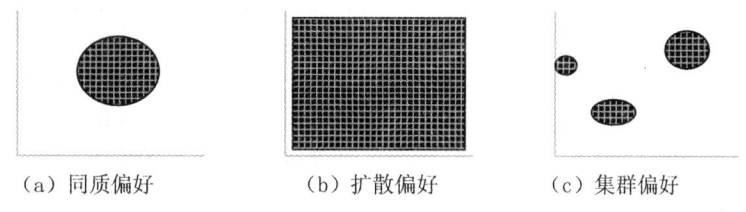

(a)同质偏好 　　　　(b)扩散偏好 　　　　(c)集群偏好

图 6-2 市场细分模式

二、市场营销的演变

从总体上看,有什么样的市场条件,就会产生什么样的营销战略思想。市场细分战略作为现代市场营销理论的产物,其产生与发展经历了以下几个主要阶段。

(一)大众化营销阶段

早在 19 世纪末 20 世纪初,西方经济发展的重心是速度和规模,企业市场营销的基本方式是大量营销,即大批量生产品种、规格单一的产品和通过大众化的渠道推销。由于大量的营销方式降低了成本和价格,在当时的市场环境下获得了较丰厚的利润。不难看出,在大众化营销环境下,企业没有必要,也不可能重视市场需求的研究,市场细分战略不可能产生。

(二)产品差异化营销阶段

在 20 世纪 30 年代,发生了震撼世界的资本主义经济危机,西方企业面临着产品严重过剩的局面。市场迫使企业转变经营观念,企业营销方式经历了从大量营销向差异化营销的转变。产品差异化营销较大量营销是一种进步。但是,由于该策略的前提是企业以现有的设计、技术为基础进行生产,结果使企业向市场推出了具有不同质量、外观和品种、规格等的产品或产品系列。由于其产品差异化缺乏市场基础,因此不能大幅度地提高产品的适销率。由此可见,在产品差异化营销阶段,企业仍没有重视市场需求的研究,市场细分战略仍无产生的基础和条件。

(三)目标市场营销阶段

20 世纪 50 年代以后,在科学技术革命的推动下,生产力水平大幅度提高,产品日新月异,生产与消费的矛盾日益尖锐,以产品差异化为中心的推销体制远远不能解决企业所面临的市场难题。于是,市场迫使企业再次转变经营观念和经营方式,由产品差异化营销转向以市场需求为导向的目标营销。目标市场营销体现了以顾客为中心的营销哲学,即企业在研究市场和细分市场的基础上,结合自身的资源与优势,选择其中最有吸引力和最具有发展潜力的细分市场作为目标市场从事经营,设计与目标市场需求相互匹配的营销组合等。于是,市场细分战略应运而生。市场细分理论的产生使传统营销观念发生了根本变革,在理论和实践中都产生了极大的影响,以至于被西方理论家称为"市场营销革命"。目标市场营销的优点和缺点如表 6-2 所示。

表 6-2 目标市场营销的优点和缺点

优点	缺点
有利于确定市场,更好地了解潜在市场	增加了营销成本
能够基于独特的需求为客户指定营销组合	增加了产品种类、运营成本和库存
为顾及潜在的市场提供帮助	市场细分过度或伪市场细分
有利于确认竞争对手	可能减少消费者忠诚度
提高营销组合的针对性和有效性	有的细分行为可能不道德,如针对未成年人的烟酒
有利于为产品谋划市场定位	
有利于发展和确认市场机会	

三、市场细分的作用

市场细分被企业誉为具有创造性的新概念,它给企业营销带来了新的发展空间,具有以下意义。

(一)市场细分是企业发展市场机会的起点

在发达的商品经济"买方市场"条件下,企业营销决策的起点在于发现具有吸引力的市场环境机会。这种环境机会能否发展成市场机会,取决于两点:一个是这种环境机会是否与企业战略目标匹配,另一个是利用这种环境机会能否比竞争者更具有优势,并获得显著收益。显然,这些必须以市场细分为起点。通过细分市场,企业可以发现哪些市场需求已得到满足,哪些只满足了一部分,哪些仍是潜在需求。相应地,企业可以发现哪些产品竞争激烈,哪些产品竞争较少,哪些产品亟待发展。

阅读材料

20 世纪 80 年代初,我国牙膏市场一度供过于求。当杭州牙膏厂厂长陈瑞华走马上任时,全国牙膏库存有 7 亿多支,厂里也积压了 2000 多万支,企业压力很大。敏锐的陈瑞华对牙膏市场进行一番细分,发现儿童牙膏市场潜力巨大。当时全国 11 亿人中有 3 亿多儿童,而儿童中患龋齿者十之七八。于是杭州牙膏厂果断决定以儿童为目标市场,采用国际防龋药剂,配以国际流行的草莓原料,迅速推出新一代"小白兔"儿童专用牙膏,并断然买下中央电视台"小喇叭"儿童节目全年广告,大作"小白兔吃萝卜"电视广告,再配以其他多种形式的公关活动。就这样,"小白兔"名声大振,每年销售 3000 多万支,独占全国儿童牙膏市场 2/3 以上的份额,连续 7 年被各大商场推荐为"全国最受欢迎的轻工产品"。

(二) 有利于掌握目标市场的特点

只有进行市场细分,企业才能有效地选择目标市场,鉴别各个细分市场的需求特点,从而进行有针对性的市场营销。

阅读材料

江崎糖业想挤进日本的口香糖市场,但日本泡泡糖市场已为劳特公司垄断。江崎糖业通过市场细分,发现一个被劳特公司忽视的新市场:成年人市场。劳特公司的营销重点一直是儿童,而越来越多的成年人也开始咀嚼泡泡糖,而且消费者的口味也正从单一水果型向多样化口味转变。但是,市场上没有专门针对成年人的产品。于是江崎糖业决定开发以成人为目标顾客的产品,同时还根据不同人的口味又将泡泡糖市场再分成四个子市场:一是以含有浓度薄荷、天然牛黄的具有强刺激作用的司机型口香糖;二是除口臭、清洁口腔的交际型口香糖;三是含有多种维生素,有利于消除疲劳的体育型口香糖;四是添加叶绿素,改变人的不良情绪的轻松型口香糖。通过开发这四种成人口香糖,江崎糖业公司在激烈的口香糖市场中当年就抢占了25%的市场份额。

(三) 有利于制定市场营销组合策略

市场营销组合是企业综合考虑产品、价格、促销形式和销售渠道等各种因素而制定的市场营销方案。就每一特定市场而言,只有一种最佳组合形式,这种最佳组合只能是市场细分的结果。

阅读材料

前些年我国曾向欧美市场出口真丝花绸,消费者是上流社会的女性。由于我国外贸出口部门没有认真进行市场细分,没有掌握目标市场的需求特点,因而营销策略发生了较大失误:产品配色不协调、不柔和,未能赢得消费者的喜爱;低价策略与目标顾客的社会地位不相适应;销售渠道选择了街角商店、杂货店,甚至跳蚤市场,大大降低了真丝花绸产品的"华贵"品位。这个失败的营销个案,从反面说明了市场细分对于制定营销组合策略具有多么重要的作用。

(四) 有利于提高企业的竞争能力

企业的竞争能力受客观因素的影响而存在差别,但通过有效的市场细分战略可以改变这种差别。市场细分以后,每一细分市场上竞争者的优势和劣势就明显地暴露出来,企业只要看准市场机会,利用竞争者的弱点,同时有效地开发本企业的资源优势,就能用较少的资源把竞争者的顾客和潜在顾客变为本企业的顾客,提高市场占有率,增强竞争能力。

四、消费者市场细分

消费者市场细分的标准随着市场细分理论在企业营销中的普遍应用越来越为人们所重视,消费者市场细分可以选择一个或多个变量作为细分的基础。从理论上说,对消费者进行市场细分的依据是消费者需求的异质性,但从实际操作上看,却是根据影响或反应消费者需求的因素对市场进行细分。这些因素可以分为两大类:一类是反映消费者特征的因素,如人口统计特征、地理变量和消费心理特征;另一类是根据消费者对提供物营销组合的反应进行细分,如消费者购买商品所追求的利益、使用频率、品牌忠诚度等。归纳起来,细分变量主要有以下四个方面:地理环境因素、人口因素、消费心理因素和消费行为因素。这些因素有些是相对稳定的,多数则处于动态变化中,如表6-3所示。

表 6-3 消费品市场细分变量

细分标准	细分因素
地理环境因素	区域、地形、气候、城市规模、人口密度等
人口因素	年龄、性别、家庭人口、家庭收入、专业、教育程度、文化水平、种族、国籍、宗教信仰、社会阶层等
消费心理因素	生活方式、价值观、生活格调、追逐利益等
消费行为因素	购买动机、购买状况、使用习惯等

(一)地理环境因素

地理环境因素即按照消费者所处的地理位置、自然环境来细分市场,具体变量包括国家、地区、城市规模、不同地区的气候及人口密度等。之所以将地理环境因素作为细分消费者市场的首要依据,是由于处于不同地理位置和环境下的消费者,对同一类产品往往会呈现出差别较大的需求特征,以至于对企业营销组合的反应也常常存在较大的差别。

1. 地理位置

地理位置不同在很大程度上影响到人们的生活习惯,比如某一地区可能会比别的地区更保守,这便会影响促销手段的使用方法:是以情动人,还是以理服人,取决于当地人的文化背景。

2. 人口密度

人口密度决定着该地区存在的需求规模,对于基本生活资料市场也具有重要意义。基本生活资料的消费数量往往与人口数量成正比例关系。以城市、市区、农村来作为人口密度的划分标准,一般都比较准确。

3. 气候

气候会在很大程度上影响到人们的生活习惯。防暑降温、御寒保暖之类的消费品按照不同气候带细分市场是很有意义的。在我国北方地区,因为气候干燥,人们一般很少吃辣椒,而在南方地区,因为气候潮湿,当地人都很喜欢吃辣椒。

总之,地理环境因素易于辨别和分析,是细分市场时应予以考虑的基本因素。但同时,地理环境因素又是一种相对静态的变数,处于同一地理位置的消费者对某一产品的需求仍存在较大的差异。因此,企业选择目标市场还必须同时依据其他因素进行市场细分。

阅读材料

某自行车生产厂家根据自然地理因素对市场进行细分后,认为城市自行车购买者所要购买的自行车要适于城市道路的运行条件,如机动灵活、舒适、美观等。农村的自行车购买者则要求自行车适于农村道路运行条件,如越野能力强、载重大、耐用等。因此,针对不同的细分市场生产不同型号的自行车受到了广大城乡自行车使用者的欢迎。

(二) 人口因素

细分市场可以依据的人口统计变量包括年龄、婚姻、职业、性别、收入、受教育程度、家庭生命周期、国籍、民族宗教、社会阶层等。显然,这些人口变量因素与需求差异性之间存在着密切的关系。例如,不同年龄、受教育程度不同的消费者在价值观念、生活情理、审美观念和生活方式等方面会有很大的差异,由此,依据人口统计变量来细分市场,在企业营销管理中受到普遍重视。

1. 年龄

对于不同年龄阶段的消费者,由于年龄上的差别使得他们存在着生理、心理上的差别,这导致他们的消费内容也存在很大的差别。如青年人与老年人对服饰的需求差异较大,青年人需要鲜艳、时髦的服装,老年人需要端庄、素雅的服饰。

阅读材料

美国的婴儿潮

第二次世界大战后,美国婴儿的出生率迅速提高,到20世纪60年代,第二次世界大战后出生的一代已成长为青少年。加之美国这个时期经济繁荣,家庭可支配收入增加,所以,几乎所有定位于青少年的产业及产品都获得了巨大的成功,举世闻名的迪士尼乐园就是成功的典范。

20世纪70年代后期,受美国经济不景气的影响,出生率显著下降。到了20世纪80年代中期,几乎所有定位于婴幼儿和儿童的产品市场都出现了不同程度的萧条,这必然使那些原来定位于儿童和青少年市场的企业重新定位或扩大经营范围,如迪士尼集团不得不放下架子,除了继续以青少年为对象外,还增加了成年人游戏项目、非经营酒店、高尔夫球等业务,使企业在新的市场环境下继续发展。

2. 性别

由于生理上的差别,男性与女性在产品需求与偏好上的差别是很明显的,在服饰、发型、生活必需品等方面均有差别。

阅读材料

江民杀毒软件进入日本市场

2001年,江民软件就开始进军日本杀毒软件市场,但以失败告终。两年后,江民软件重新登陆日本,短短6个月即打开市场,引起日本业界的高度关注,进入同类软件销售排行榜前4名,引起日本业界高度关注。

江民杀毒软件明确定位于日本女性白领阶层,与江民杀毒软件在国内的定位显然不同。由于日本杀毒软件垄断程度较高,新进入者必须与先行者有明显不同之处。由此,江民杀毒软件大胆将市场按性别细分,并锁定女性这一相对薄弱的市场。江民杀毒软件重金聘请日本著名女星担任形象代言人,产品包装和用户界面均由女性设计师设计,其外包装为蓝色和白色,界面为粉红色。为迎合女性特点,简化操作界面,其电视广告故事也充满感情色彩。

3. 收入

高收入消费者与低收入消费者在产品选择、休闲时间的安排、社会交际等方面都会有所不同。收入的不同事实上也反映了收入者不同的生活和工作能力,反映了他们必定会存在不同的消费习惯。诸如服装、化妆品、旅游服务等领域根据收入来细分市场是相当普遍的。

4. 职业与教育

教育程度和职业一般有十分紧密的联系。教育水平和职业的不同影响到消费者的需求种类。比如,农民购买自行车偏好载重自行车,而学生、教师则喜欢轻型的、样式美观的自行车。

阅读材料

金利来市场细分

金利来公司的产品一向注重爱人性,主要体现在它的服饰设计思想方面。金利来服饰几十年如一日地强调轻软、合体、透气,西服坚持用纯天然毛织物,领带坚持用纯天然真丝,衬衫和T恤大多采用纯棉、棉麻混纺制品。金利来公司将产品定位于年轻进取、有活力、坚毅睿智、崇尚个性的新兴白领阶层。金利来系列产品多年来深受有品位男士的钟爱,正如其广告词所言"金利来,男人的世界"。

5. 家庭生命周期

一个家庭,按年龄、婚姻和子女状况可划分为七个阶段。在不同阶段,家庭购买力、家庭人员对商品的兴趣偏好会有较大差别。

(1)单身阶段:年轻人,单身,几乎没有经济负担,新消费观念的带头人,娱乐导向型购买。

(2)新婚阶段:年轻夫妻,无子女,经济条件比满巢初期好,购买力强,对耐用品、大件商品的欲望和要求强烈。

(3)满巢初期:年轻夫妻,有6岁以下子女,经常购买家庭用品,不满足现有的经济状况,注意储蓄,购买较多的儿童用品。

(4)满巢中期:中年夫妻,有6岁以上未成年子女,经济状况较好,购买趋向理智型,受广告及其他市场营销刺激的影响相对减少,注重档次较高的商品及子女的教育投资。

(5)满巢末期:年长的夫妇与尚未独立的成年子女同住,经济状况仍然较好,妻子或子女皆有工作,注重储蓄,购买冷静、理智。

(6)空巢阶段:年长夫妇,子女离家自立;前期收入较高,购买力达到高峰,较多购买老年用品,如医疗保健品、娱乐及服务性消费支出增加;后期退休收入减少。

(7)孤独阶段:单身老人,独居,收入锐减,特别注重情感、关注等需要及安全保障。

除了上述方面,经常用于市场细分的人口变数还有家庭规模、国籍、种族、宗教等。实际上大多数公司通常是采用两个或两个以上人口的统计变量来细分市场。

(三) 消费心理因素

消费心理因素即按照消费者的心理特征细分市场。很明显,按照上述几种标准划分的处于同一群体中的消费者,有时对产品的需求仍显示出差异性,这通常是心理因素在发挥作用。心理因素十分复杂,包括个性、价值观念、生活格调、追求的利益等。

1. 生活方式

加利福尼亚州 SRI(斯坦福研究所)开发了一种有名的心理细分方法。起先他们把美国的消费者划分成 9 个群体,并冠以 VALS 名称,这代表"价值和生活方式"。最新版本 VALS2 给出了生活方式的 8 类细分市场,如图 6-3 所示。

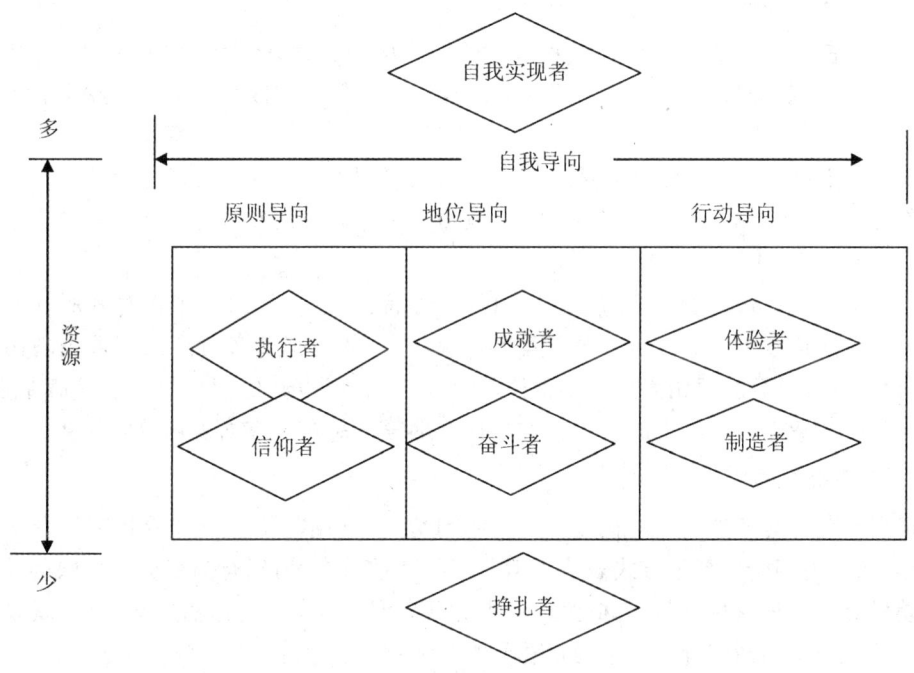

图 6-3 价值和生活方式细分类型

VALS2 组合是以二元形式排列的。纵轴表示资源,包括收入、教育、自信心、健康、购买欲望。横轴表示三种导向:原则导向,消费者是由他们对世界的本来面目或将要如何发展的认识指引的;地位导向,消费者是被其他人的行动和意见支配的;行动导向,消费者是被社会的或生理的活动、多变的承担风险的欲望指引的。

(1) 自我实现者。自我实现者是成功、活跃并富有自尊的"领导式"人物。这种消费者收入高,他们能够成功地把握机会,个人兴趣在自我的成长上,追逐发展,用各种方式表达自我,按原则行事,追求对他人的影响和变化,表现为有教养,兴趣广泛,独立性强,有品位,喜欢生活中美好的东西。

(2) 执行者。这种消费者属于成熟、生活舒适、喜爱思考、负责任且受过良好教育、有固定收入的人。他们对扩充知识感兴趣,关心国际事件,有很强的控制欲望,自信心强,对产品的要求是有价值和耐用性。

(3) 信仰者。这些消费者是原则导向型中收入较低的一类，通常有具体的信仰，只有少数人达到大学水平。他们的生活中心是家庭、教堂、社区和国家。他们喜欢名牌。

(4) 成就者。他们属于收入高的阶层，在政治上保守，尊重权威和现状。他们自认为属于职业成功型，喜欢控制感情，认为自己地位高。

(5) 奋斗者。这种消费者很少有大学学历，与成就者的心理很相近，但其经济的、社会的、心理的资源却不如前者。他们大都为自己的有限资源而苦恼，对他人的意见比较在意，喜欢时尚和模仿。

(6) 经验者。他们是行动导向型中收入最高的一类人，大多在20岁左右。他们精力充沛，倾向于体育活动和社会活动，敢于消费，愿意在服装、快餐、音乐和其他带有特别显著的青年人特色的新产品和服务方面花钱。

(7) 制造者。这种消费者年龄为30岁左右，属于自谋职业者，注重实践，自给自足（过于自信），喜欢抬高身份，对于新思想采取保守和怀疑的态度。他们一般欣赏有使用功能的产品。

(8) 挣扎者。他们为满足需要而艰苦工作，一般为穷人，技能低，缺少教育，专注于满足当前的迫切需要，对于安全非常关注，但也是品牌忠诚的消费者。

2. 个性

个性是指一个人比较稳定的心理倾向与心理特征，它会导致一个人对其所处环境做出相对一致和持续不断的反应。对于营销来说，个性使得消费者对产品需求表现出不同的倾向和喜好。因此，营销人员也经常使用个性来细分市场，他们赋予产品品牌个性，并以此来吸引消费者。市场上的装饰品、饮料、香烟等产品在这方面表现得尤为突出。

(四) 消费行为因素

根据消费者对产品的了解程度、态度、使用情况、使用时机及反应等将其划分成不同的群体，叫行为细分。行为方式表达了消费者的利益追求，所以行为变数所反映的消费者需求差异更具有针对性，因而它成为市场细分的最佳起点。"送礼就送脑白金"就是依据购买行为上的差异而细分出一个为送礼而购买的群体。

按行为变量来分，细分市场主要包括以下几种。

1. 时机细分

在日常生活中，消费者的需求和购买欲望的产生受到心理、环境、习俗等外界条件的影响和制约，因此可以根据消费时机将他们划分成不同的群体。例如，消费者对鲜花的需求一般产生于节假日或用于看望亲朋好友，因此鲜花销售商就应该尽可能多地给鲜花赋予较多的含义，以此增加消费需求。

2. 利益细分

利益细分方法就是建立在人们消费某种特定产品时要求获得的某种利益基础之上。例如，消费者购买牙膏，有研究者认定四种基本细分：敏感类、交际类、焦虑类、独立类，如表6-4所示。

表 6-4 牙膏市场利益细分

	敏感细分	交际细分	焦虑细分	独立细分
主要追逐利益	味道、产品的外表	牙齿的光亮度	防止蛀牙	价格
消费者层次	儿童	青少年	大量消费者	男性
品牌	高露洁	超洁白	佳洁士	最便宜的品牌
行为特征	使用留兰香口味的牙膏	烟民	大量消费者	大量消费者
生活方式	享乐型	活动性	保守型	价值导向型

3. 使用率细分

使用率细分就是根据顾客是否使用和使用程度细分市场,通常可分为经常购买者、首次购买者、潜在购买者和非购买者。大公司往往注重将潜在使用者变为实际使用者;较小的公司则注重于保持现有使用者,并设法吸引使用竞争者产品的顾客转而使用本公司产品。

阅读材料

美国的啤酒市场,数据显示有 41% 的家庭购买啤酒,但大量使用者消费了其中的 87%,几乎是很少使用者的 7 倍。公司宁愿花大力气吸引那些大量使用者喜欢自己的品牌。米勒啤酒了解到一些经常使用者的抱怨,他们说想喝更多的啤酒,但啤酒很容易产生饱胀感。于是米勒啤酒开发出米勒轻啤,其广告语是:米勒轻啤味道好,而且不容易引起饱胀感。这一营销组合有效地吸引了爱喝啤酒的消费者,并持续了 20 多年,最终使米勒轻啤销售额占到米勒啤酒销售额的 22%。

4. 品牌忠诚程度细分

使用者忠诚度是指一个购买者购买某一品牌商品的一种持续信仰和约束,它表现为不同的忠诚程度。有些消费者经常变换品牌,另外一些消费者则在较长时期内专注于某一或少数几个品牌。通过了解消费者品牌忠诚情况和品牌忠诚者与品牌转换者的各种行为与心理特征,不仅可为企业细分市场提供一个基础,同时也有助于企业了解为什么有些消费者忠诚于本企业产品,而另外一些消费者则忠诚于竞争企业的产品,从而为企业选择目标市场提供依据。

5. 购买阶段细分

消费者对各种产品的了解程度往往因人而异。有的消费者可能对某一产品确有需要,但并不知道该产品的存在;还有的消费者虽已知道某产品的存在,但对其产品的价值、稳定性等还存在疑虑;另外一些消费者则可能正在收集信息考虑购买。针对处于不同购买阶段的消费群体,企业进行市场细分并采用不同的营销策略。

6. 态度细分

企业还可以根据市场上顾客对产品的热心程度来细分市场。不同消费者对同一产品的态度可能有很大差异,有的持肯定态度,有的持否定态度,还有的则处于既不肯定也不否定的无所谓态度。针对持不同态度的消费群体进行市场细分,在广告、促销等方面的策略应当有所不同。

五、工业品市场细分

大多数消费品的细分标准对工业品市场细分也基本适用,但由于工业品市场有自己的特点,因此需要单独对其进行研究。细分工业品市场时应考虑下列因素,如表 6-5 所示。

表 6-5 工业品市场细分变量

细分标准	细分变量因素
最终用户要求	商品规格、型号、功能、品质、价格等
用户规模	生活方式、价值观、生活格调、追逐利益等
用户地点	资源条件、自然环境、地理位置、生产布局、交通条件等

(一)最终用户要求

在产业市场上,不同的最终用户对同一种产业用品的市场营销组合往往有不同的要求。例如,电脑制造商采购产品时最重视的是产品质量和可用性,服务、价格也许并不是要考虑的最主要因素;飞机制造商对轮胎要求的标准比农用拖拉机制造商高得多。

阅读材料

某工业品制造商按其最终用户的不同需求将市场分为三个细分市场。一是军用工业品用户,这类用户非常重视制造商的产品质量和生产设备水平。军用工业品市场上的制造商必须面对其市场的特殊需求,生产有针对性的特殊质量军用工业品;营销人员要熟悉这类产品的技术知识和军方的采购程序和注意事项。二是工业生产用户,这类用户除对产品的质量和服务要求较高外,还对产品价格有一定的要求,所以,工业产品生产企业也要提高研发能力,力求开发并生产种类齐全的各种产品,营销人员要具有各类产品专门技术知识。三是商业用户,这类用户着重关注工业品的价格及交货期,对企业的研发能力要求不高,针对商业用户的需要,生产者应具有大量生产的能力,营销人员要善于促销和推销。

(二)用户规模

购买者的组织规模是指企业规模的大小,具体包括企业资金能力与购买力大小。一般来说,大企业的数量少,但资金量大,购买力强,购买相对集中且购买频率低;小企业的数量较多,但资金量小,购买力弱,购买相对分散且购买频率较高。因此,有些企业针对大小不同的客户采取不同的营销方式来提高企业经营效率。

阅读材料

美国某办公室用品制造商按照用户规模将其顾客分为两大类:一类是大顾客,如国际商业机器公司、标准石油公司等,这类客户由该公司的全国客户经理负责联系;一类是小客户,由地区推销员会同经销商负责联系,根据用户的不同情况分别进行营销活动,取得了良好的效果和收益。

(三) 用户地点

用户的地理位置对于企业合理组织销售力量,选择适当的分销渠道以及有效地安排货物运输关系很大,而且不同地区的用户对生产资料的要求往往各具特色。因此,用户的地理位置也是细分市场的依据之一。

第二节 目标市场选择

市场细分展示了企业面临的各种环境机会,所以选企业要评估细分市场,看它是否适合自己,能否成为目标市场。市场细分的最终目的是选择和确定目标市场,制定最佳市场营销策略,力争取得最大的竞争优势。只有既能发挥企业优势,又能提供足够获利机会的市场,企业才可真的进入。

所谓目标市场选择,是指在市场细分的基础上,企业要进入的最佳细分市场。选择目标市场的步骤是:评估细分市场、选择目标市场和制定目标市场战略。

一、评估细分市场

细分市场是为了企业能够准确选择正确的目标市场,因此在市场细分的基础上,企业必须对各个细分市场进行全面的评估和分析。细分市场的评估一般从以下几个方面来考虑。

(一) 细分市场的规模和增长潜力

企业进行细分市场评估的首要工作就是确定细分市场是否具有适当的规模和增长潜力。这里的适当规模和增长潜力是相对于企业的规模和实力而言的:大企业一般选择销售量大的细分市场,对较小市场往往不大重视;而小企业在选择目标市场时一般多以小市场为主,较大的市场对于小企业来说,往往由于缺乏资源而无法有效进入,并且小企业也无力与大企业展开竞争。

细分市场的增长潜力关系到企业销售和利润在将来的增长态势。一般来说,细分市场应有一定的增长潜力,但增长潜力大也会导致竞争加剧,从而又会削弱其获利机会。例如,我国最早开发出 VCD(影碟光盘)产品的万燕电子公司,在有着巨大增长潜力的 VCD 市场上未能进一步发展就属于这种情况。虽然万燕公司最早开发出这种新产品并最早进入市场,但由于 VCD 市场的巨大吸引力,国内外众多大企业纷纷开发该产品,并进入市场,而万燕电子公司由于实力等的限制,反而逐渐陷入困难的经营境地。

(二) 细分市场的吸引力

所谓吸引力,主要是指长期获利率的大小。当一个企业发现某一个细分市场具有巨大的市场规模和增长潜力之后,它还不能盲目进入,因为这个细分市场还存在很多影响企业的因素。这些影响因素中最主要的是竞争结构,它决定了这个市场对企业来说究竟有多大吸引力。迈克尔·波特于20世纪80年代初提出了"五力模型"。他认为行业中存在着决定竞争规模和程度的五种力量。他所描述的这五种竞争力量决定了整个市场或其中任何一个细分市场的长期的内在吸引力:

一是现实的竞争者,如果某个细分市场已经有了为数众多的、强大的或者竞争意识强烈的竞争者,该细分市场就失去了吸引力;二是潜在的竞争者,如果某个细分市场可能吸引新的竞争者,他们会增加新的生产能力和大量资源,并争夺市场份额,也会使这个市场的吸引力下降;三是替代产品,如果某个细分市场已存在着替代产品或者有潜在替代产品,该细分市场就失去了吸引力,替代产品会使现有产品市场趋于萎缩,从而使企业的利润下降;四是购买者,如果某个细分市场购买者的议价能力很强或正在增强,他们会设法压低价格,对产品质量和服务提出更高的要求,并使竞争企业间互相争斗,那么该细分市场的吸引力就会下降;五是供应商,如果企业的供应商提高价格或降低产品和服务质量,或减少供应数量,就会影响该市场的吸引力。

(三)企业本身的目标和资源

企业本身的目标和资源状况也是企业评价细分市场时必须考虑的一个方面。有些细分市场具有一定规模和发展潜力,并且也具有吸引力,但若不符合企业本身的长远目标和资源状况,则这样的市场对企业也是不合适的。要在某一细分市场上成功,企业应具有必要的竞争能力和资源。

阅读材料

麦当劳在中国选择的目标市场就不同于美国。在中国,他们不把成年人而把少年儿童作为自己的目标顾客,这是因为麦当劳作为一种外来饮食文化,很难得到传统饮食文明浸染已久的成年人的认同,因此他们不得不将目光关注于受传统饮食文化影响不太深的少年儿童。他们还注意到随着中国独生子女的数量越来越多,这一市场会很有潜力。他们希望通过影响少年儿童的饮食习惯达到最终开拓整个中国市场的目的。

二、选择目标市场

选择目标市场要考虑两方面的问题:一是进入的业务领域,如顶新最初在大陆市场选择进入食用油业务,后来才选择生产方便面;二是选择要进入的地理区域,如顶新先是在中国台湾营销方便面失败后才转到大陆,并且选择北方消费者作为目标市场。一般来说,企业选择目标市场有五种基本模式,如图6-4所示,这些模式分别适合不同规模的企业和特定的营销环境。

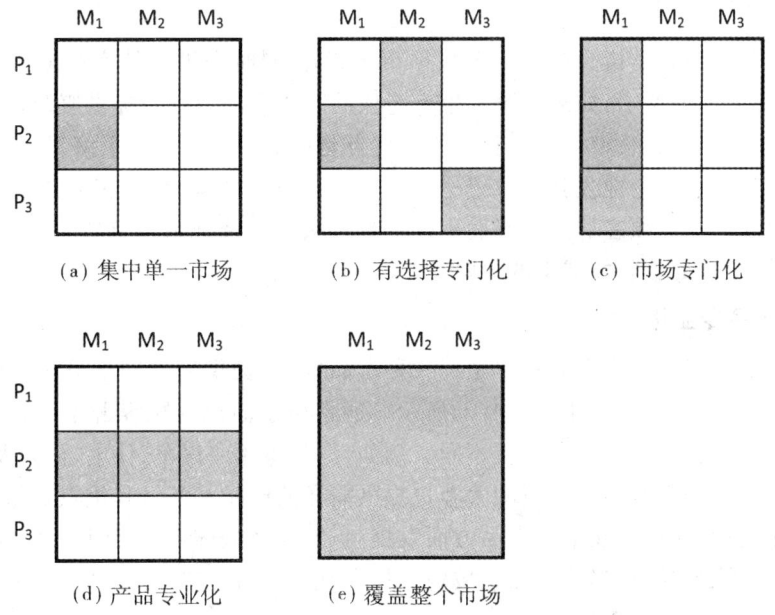

图 6-4　目标市场选择的五种模式

（一）集中单一市场

集中单一市场模式是指企业选择一个细分市场，实行密集营销，即只生产一类产品（P_2）供给单一顾客群体（M_1）。这是最简单的目标市场覆盖模式，如图 6-4(a)所示。

选择此类目标市场模式的企业一般基于以下考虑：企业具备在某一细分市场从事专业化经营或取胜的优势条件；限于资金能力，只能经营一个细分市场；目标细分市场的竞争对手数量相对较少或势力较弱；企业在进入新的业务市场前先选取其中的一个细分市场站稳根基。这是中小型企业常用的"聚焦"战略。大企业采用这种策略主要是因为初次进入一个新市场，缺乏经验，而求稳妥保险。TCL 公司在 1996 年进入彩电市场就是对准较高的目标市场提供 29 寸彩电。

这种战略的好处是：能够使企业集中力量，可在一个细分市场上占有较高的市场份额。由于顾客群单一集中，营销者能对其深入了解，争取较高的市场渗透率。其不利之处就是风险较大，一旦市场形势突然不利，如小分支偏好转移、价格下跌、出现强有力的竞争者，企业就可能陷入困境。

（二）有选择专门化

有选择专门化模式是指企业选择多个细分市场提供多个产品，如图 6-4(b)所示，企业选择了若干个关联性较小的有效细分市场作为目标市场（P_1M_2；P_2M_1；P_3M_3），针对不同的需求提供不同的产品或实行不同的营销组合策略，如各电视媒体向年龄、性别、爱好、个性、教育水平、职业不同的消费者提供丰富多彩的收视节目。这种策略的一个显著特点是可以较为有效地分散经营风险，使企业在某个产品市场不景气时可以在其他市场取得盈利；缺点是增加了营销的难度和成本，对企业的资源水平和经营能力有较高的要求。

（三）市场专门化

市场专门化模式是指企业为一个目标市场（M_1）同时提供多种产品或产品组合（P_1；P_2；P_3），如图6-4（c）所示，如运动服饰生产企业同时向运动爱好者提供服装、鞋帽、运动器材、装备等一系列产品。市场专门化战略的优点是能够深入细致地了解目标市场的需求，在一定程度上有利于企业发挥生产技术优势，分散经营风险，在顾客群内取得良好的声誉。其风险在于一旦顾客群的偏好发生改变或购买力下降或减少开支，企业的经营就会受到严重的影响，面临收益减少的风险。

（四）产品专业化

产品专业化模式是指企业集中生产一种产品（P_2），提供给不同细分市场上有相同需求的顾客群（M_1；M_2；M_3），如图6-4（d）所示。通常由于面对的顾客群不同，产品在质量、定价、包装或款式、规格方面会有所不同。例如，户外媒体向汽车、住宅、保险及金融、电信服务乃至许多日用消费品等领域的大客户提供同样的产品服务。其优点是企业既可以保持较宽的市场面，又可以在某个产品方面发展生产，发挥技术和营销上的优势，树立良好的形象。其局限性在于，当该产品领域内的技术有重大的突破或革新时，企业的优势地位以及经营效益也会难以保持。

（五）覆盖整个市场

覆盖整个市场模式是指企业将整体市场上的每一个细分市场都作为目标市场，生产和提供多种产品满足各类消费群体的需求和欲望。显然，该模式对企业自身条件的要求极高，一般只有势力雄厚的大型企业才选用这种模式。例如，美国IBM公司在全球计算机市场、丰田汽车公司在全球汽车市场等都采取全面覆盖市场的模式。

三、制定目标市场战略

企业选择的目标市场范围不同，确定目标市场涵盖策略的选择也不相同，企业对所选的目标市场，有以下三种营销策略。

（一）无差异性市场营销

无差异性市场营销策略是指企业不考虑细分市场的差异性，把整体市场作为一个大的目标市场，对所有的消费者只提供一种产品，采用单一市场营销组合的目标市场策略。其核心思想是致力于顾客需求的相同之处，即共性，关注的是开发顾客普遍需要的产品，并吸引尽可能多的顾客，如图6-5所示。

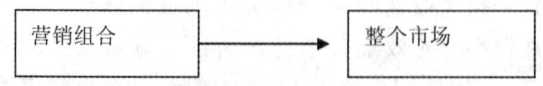

图6-5　无差异性市场营销策略

无差异性市场营销策略的指导思想是，市场上所有消费者的需求是相同的，因而不关心需求差异。这种策略的经济理论基础是生产的规模经济。其优点是有利于标准化和大规模生产，有利于降低单位产品的成本费用，从而在价格上获得竞争的有利地位，获得较好的规模效益。只设计一种产品,产品容易标准化,能够大批量地生产和储运,可以节省产品生产、储存、运输、广告宣传等费用。不进行市场细分,也相应减少了市场调研,减少了制定多种市场营销组合策略所要消耗的费用。其缺点是难以满足消费者需求的多样性,不能满足其他较小的细分市场的消费者需求,不能适应多变的市场形势。如果同一市场上有众多企业都采用这种战略,就会使市场竞争加剧。因此,在现代市场营销实践中,无差异性市场营销策略只有少数企业才采用,而且此策略对于一个企业来说,一般也不宜长期采用,因为随着市场需求的不断变化,一成不变的产品很难被消费者长期接受。若众多同一产品生产者均采用这种策略,必然会导致市场竞争激烈而消费者的需求却得不到满足。这对企业和消费者都是极为不利的。由于这些原因,可口可乐公司在软饮料市场的竞争不断加剧,"百事可乐"异军突起打破其独霸市场的局面后,可口可乐也放弃了传统的无差异性营销策略。

(二) 差异性市场营销策略

差异性市场营销策略是企业在把整个市场划分为若干细分市场的基础上,选择两个以上乃至全部细分市场作为目标市场,并为每个选定的细分市场设计不同产品,制定不同的市场营销组合方案,同时多方位或全方位地满足不同消费者需求的目标市场策略。差异性营销策略的侧重点放在细分市场的个性上,而不去关注细分市场的共性,如图6-6所示。

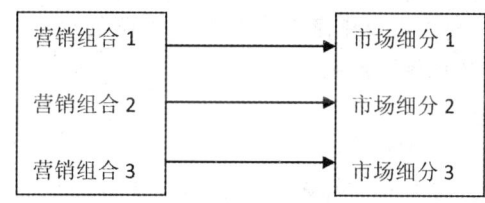

图 6-6　差异性市场营销策略

差异性市场营销策略对目标市场中的各个细分实现都给予了关注,适用于大多数异质的产品。实行差异性市场营销策略的必要条件是企业要拥有较为雄厚的财力、较强的技术力量和素质较高的管理人员。随着产品品种的增加、分销渠道的多样化,以及市场调研和广告宣传活动的扩大与复杂化,生产成本和各种费用必然大幅度增加,需大量资源作为依托,因而,受企业资源和条件的限制,采用差异性市场营销策略的企业一般是大企业;一部分企业,尤其是小企业则无力采用。例如,汽车公司针对消费者不同的收入水平、购买目的和个性,专为满足某一部分顾客的特殊需要而设计生产出标准型、赛车型、豪华型、超小型汽车,在各类顾客群中赢得了声誉,吸引消费者重复购买。

差异性营销的市场进入策略一般是:先进入一个有占有率的细分市场,在条件成熟或机会到来时再进入其他细分市场,最终实现逐步扩大目标市场范围的目标。

差异性市场营销的优点:第一,可以有针对性地满足具有不同特征的顾客群的需要,扩大销售,减少经营风险,增强竞争力;第二,如果企业在数个细分市场都能取得较好的经营效果,某一两种产品经营不善的风险可以由其他产品经营所弥补,就能树立企业良好的市场形象,提高市场占有率。

差异性市场营销的缺点在于:一是增加企业的成本,产品品种、销售渠道、广告宣传的扩大化与多样性使成本增大;二是该战略有可能使企业资源过度分散,甚至出现内部互相争夺资源的现象,不利于企业核心竞争力的培育;三是各细分市场之间可能会出现"互斥"和替代效应,这种"互斥"现象指一种新产品推出时会削减企业现有产品的销量。因此,企业在营销中有时需进行"反细分化"或拓宽顾客基础。

(三)集中性市场营销策略

集中性市场营销策略是指在将整体市场分割为若干细分市场后,只选择一个或少数几个细分市场作为目标市场,实行专门化生产和销售,一般适合于资源有限的中小企业或初次进入新市场的大企业,如图 6-7 所示。

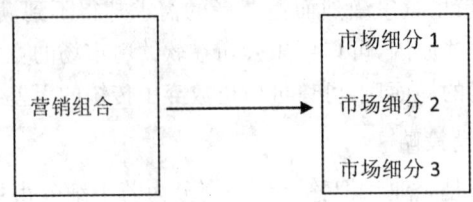

图 6-7 集中性市场营销策略

集中性市场营销策略是"大中求小,小中求大"战略思想的体现,把企业的人、财、物集中用于某一个或几个较小的子市场,实行专门化生产和销售,以谋求在某一目标市场的较大份额。合理的战略应是在大市场中选择一个有利可图的小市场,并集中自己的资源和优势在小市场上占有较大的市场份额。

阅读材料

常言道:"宁做鸡头,不做凤尾。"日本尼西奇公司最早是一家生产塑料制品的公司,后来公司调整经营战略,走集中化道路,专门生产婴儿尿布,从而成为世界著名的"尿布大王"。

四、选择目标市场营销策略的条件

上述三种目标市场策略各有利弊,企业在选择目标市场营销策略时需综合考虑企业、产品市场和竞争对手等多方面的因素。

(一)企业能力

如果企业在生产、技术、销售、管理和资金等方面实力雄厚,而且市场营销管理能力较强,可考虑采用差异性或无差异性市场营销策略。若企业能力有限,无力涉及几个或整体市场,则宜选用集中性市场营销策略。

(二)产品同质化

农副产品、钢材、大米、石油、食盐等产品在性能、特点等方面相似度较大,虽然产品在品质上或多或少存在差异,但用户一般不加区分或难以区分,消费需求差异小,同质性高,产品的竞争主要体现在价格和服务上,对此类产品较适宜采取无差异性营销策略。而对家电、服装、化妆品、食品等需求差异比较大的产品,则适合采用差异性或集中性营销策略。

(三) 市场同质化

若市场上顾客需求、顾客购买行为等比较接近,并且对市场营销刺激的反应大致相同,则市场同质性高,宜采用无差异性市场营销策略;反之,则应采用差异性市场营销策略或集中性市场营销策略。

(四) 产品所处的寿命周期阶段

对于新产品,其上市时的销售价格和营销渠道基本上是单一化的,竞争比较少,因此,可以实行无差异性营销策略,以便了解和掌握市场需求和潜在顾客。对于处于成长或成熟期的产品,宜采用差异性市场营销策略,以开拓新市场,或是采用集中性市场营销策略,延长产品生命周期,保持原有市场。

(五) 竞争者的战略

若竞争对手实行无差异性市场营销策略,则企业可采取差异性市场营销策略或集中性市场营销策略。若竞争对手实行差异性市场营销策略,则企业应进一步细分市场,实行更细致的差异性市场营销策略或集中性市场营销策略。

(六) 消费者行为

企业选取目标市场策略的目的是为消费者服务并争取用户,因此,消费者行为是企业确定策略时必须注意的因素。如果消费者的需要和偏好相近,购买方式大致相同,就可采取无差异性市场营销策略;反之,应当采用差异性市场营销策略或集中性市场营销策略。

(七) 营销宏观环境

营销宏观环境,如国家的政治与经济因素、方针与政策、物价与税率、投资方向与存款利息等不仅控制、指导和调节着经济与社会的发展,也影响人们的消费行为,因此,营销宏观环境是企业在选择目标市场策略时不可忽视的重要因素。

第三节 市场定位

通过市场细分,选定目标市场后,企业将面临一个或若干个具体的子市场。一般情况下,一个企业很难击败所有的竞争对手,完全占领一个市场并垄断它。所以,在一个目标市场下进行市场竞争是不可避免的。而一个企业及其产品要想在市场上占据竞争优势,必须在企业经营和产品营销中形成自己的特点,以此来针对顾客需求开发市场,战胜竞争对手。因此,企业进行市场定位是非常重要的。

一、市场定位的概念

(一) 市场定位的含义

市场定位又称产品的市场定位,是指对企业的产品(服务)和形象进行设计,使其在目标顾客心目中占有一个独特的位置的行动。也就是说,这里所指的"位",是产品在消费者感觉中所处的地位,是一个抽象的心理位置的概念。目标市场定位的实质在于对已经确定的目标市场,从产品特征出发进行更深层次的剖析,进而确定企业营销,最终要落实到具体产品的生产和营销上来。企业的任务就是创造产品的特色,使之在消费者心目中占据突出的地位,给消费者留下鲜明的印象。市场定位案例如表6-6所示。

表6-6 宝洁公司洗衣粉定位

品牌	定位
Tide 汰渍	洗涤能力强
Cheer	强劲的洗涤能力和护色能力
Bold	洗涤剂加织物柔软剂
Gain	阳光一样的清新除味配方
Era	污渍处理,能有效去除污渍
Dash	价值品牌
Oxydol	含有漂白剂配方,能有效漂白
Solo	洗涤剂与织物柔软剂的液体配方
Ivory Snow	适合洗涤婴儿衣物和精细衣物,保护纤维和皮肤
Ariel 碧浪	洗涤能力强,以西班牙语人为目标市场

"定位"这个词是由艾尔·赖兹(Al Ries)和杰克·特劳特(Jack Trout)于1972年提出来的。他们认为定位并非对产品本身采取什么行动,而是针对潜在顾客的心理进行的创造性活动,也就是说,将产品或品牌在顾客的心目中确定一个适当的位置。

随着市场竞争的加剧,为使自己的产品获得竞争优势,企业必须在消费者心目中确立自己产品相对于竞争者的产品而言,具有独特的品牌利益和鲜明的差异性。简单地说,就是要使消费者感到自己的产品与众不同,即与竞争者有差异,并且偏爱这种差异。从这个意义上来说,目标市场定位又是一种竞争性定位。

定位的概念适用于产品或服务、品牌公司、组织,甚至个人。而通常定位都会与品牌决策有关。产品定位、品牌定位、市场定位这几个概念经常会替换使用,本质上它们是同一问题的不同方面,是从不同角度来认识或诉求同一概念。

(二)市场定位的过程

市场定位的过程可分为以下四个具体的操作步骤。

1. 建立市场结构图

任何一种产品都有许多属性或特征,如价格的高低、质量的优劣、规格的大小、功能的多少等。其中任何两个不同的属性变量就能组成一个坐标,从而构建起一个目标市场的平面图,如图6-8所示。

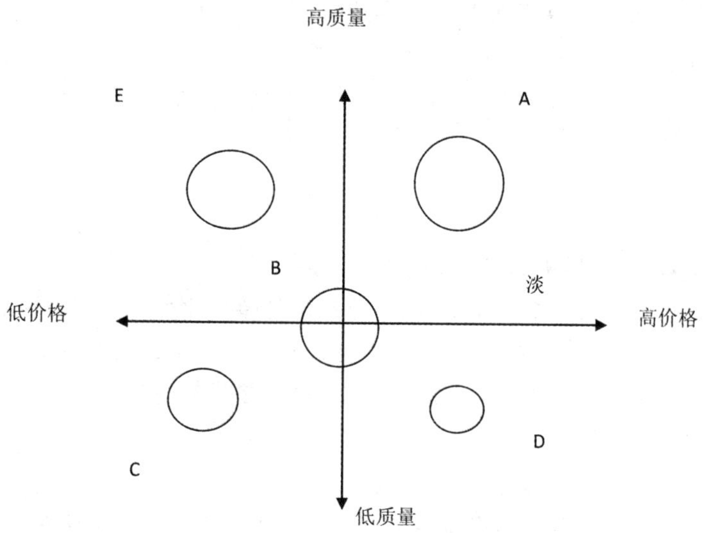

```
          高质量
           ↑
    E      │      A
   ○       │     ○
           │
       B   │
           │        淡
低价格 ─────┼○────── 高价格
           │
    ○      │     ○
           │      D
    C      │
           ↓
          低质量
```

图 6-8 市场定位

2. 描绘竞争状况

目标市场定位的第二步就是在市场结构图上标明现有竞争者的位置（坐标平面上的点）及其市场份额大小（圆圈的面积）。以图 6-8 为例，A、B、C、D 四个圆圈分别代表目标市场上已有的四个竞争者，圆心的坐标反映其在目标市场中的实际定位，圆圈的面积大小则说明各个竞争者的销售额大小。我们可以看到，A 是市场中颇有声望的企业，生产的是优质优价的产品；B 企业生产的是质量中等的中档产品；C 企业占据着低档产品市场部分，以低价提供低质量产品；D 企业以高价提供着质量低劣的产品，市场形象差。这四个企业中，A 企业的销售情况最好，市场份额最大。

3. 初步确定定位方案

企业的产品在图中找到相应的位置，每一种位置意味着一种定位方案。分析评价各种可能的方案后，选出最理想的作为初步的定位，经有关部门详细论证后确定执行。

4. 修正定位方案和再定位

企业的定位是否准确是关系企业成败的关键，所以在初步定位完成后，还应做一些调查和试销工作，及时找到偏差并立即纠正。

企业可能会对产品名称、价格、包装、品牌乃至用途和功能进行变动，也会改变目标顾客对其原有的印象，即再定位。

（三）市场定位的程序

市场定位的程序可分为以下几个。

1. 明确优势

企业在市场定位时，首先，必须明确自身资源的优势、满足目标市场需求方面的优势，以及与竞争者比较的优势。只有分析清楚企业所具有的以上优势，才能充分发挥优势的作用，使企业形成与其他企业不同的特点。

其次，企业要分析自身的资源特点。一方面企业资源是有限的，只能重点集中于某些方面,在明确顾客需求的前提下发挥资源的优势;另一方面要注意企业资源与其他竞争者资源的比较优势。资源是企业创造自己特点的基础。

最后,企业要分析竞争者的定位特点,这就要求企业明确自己的定位特点与竞争者的差别及优势和劣势。

2. 选择优势

在市场竞争中,企业除充分研究竞争对手和自身的基本特点以外,还要进一步明确企业自己的比较优势,来指导市场定位。

企业的相对优势一般来自两个方面:一是产品的差别化优势,二是成本优势。产品的差别化优势就是产品的功能、质量、服务等产品属性的某一个或几个方面不同于竞争者的优势。成本优势来自于多个方面,是企业形成产品价格优势的基础。

阅读材料

日本的 Sony 公司据竞争者的情况和自己的特点分析发现,公司的创新能力是具有明显优势的,因此,着力强化自己的产品创新与研发,把自己定位为"技术的 Sony"。该公司凭借强大的技术开发与产品开发能力,不断推出优秀的新产品,逐渐使其产品成为市场上同类产品发展趋势的领袖。尽管 Sony 的产品比同类型其他企业的产品要稍贵一些,但仍然受到消费者的欢迎,尤其是年轻的消费者将使用 Sony 产品看作时尚的表现。

3. 显示优势

企业努力形成的优势不但自己要清楚,更重要的是让目标市场内的顾客也明知,这样才能形成真正的特色优势。把企业的竞争优势变为企业及其产品的特点,就必须使顾客也知道企业的优势所在,而让顾客了解实现企业竞争优势的最佳途径就是把竞争优势体现在产品上,让产品体现出优势的所在。如企业有成本优势,就要体现在企业产品的价格比其他企业产品的价格更能被顾客接受上;企业产品有差别化优势,就要体现在企业产品比其他企业产品更能满足顾客的需求上。

二、市场定位的战略

常用的市场定位战略有以下几种。

(一) 初次定位

初次定位是指新成立的企业初入市场,企业新产品投入市场,或产品进入新市场时,企业必须从零开始,运用所有的市场营销组合,使产品特色确定符合所选择的目标市场。但是,企业要进入目标市场时,往往是竞争者的产品已在市场露面或形成了一定的市场格局。这时,企业就应认真研究竞争对手的同一产品在目标市场上的位置,确定本企业产品的有利位置。

(二) 重新定位

重新定位是指企业变动产品特色,改变目标顾客对其原有的印象,使目标顾客对其产品新形象有一个重新的认识过程。市场重新定位对于企业适应市场环境、调整市场营销

战略是必不可少的。企业产品在市场上的定位即使很恰当,在出现下列情况时也需考虑重新定位:

(1) 原有产品在市场上遇到新产品的强大竞争,已无力抵抗;
(2) 因多种原因,产品市场萎缩;
(3) 原有市场饱和,需要开拓新市场;
(4) 技术进步或消费者需求偏好发生转移。

企业在重新定位前,尚需考虑两个主要因素:一是企业将自己的品牌定位从一个子市场转移到另一个子市场时的全部费用;二是企业将自己的品牌定在新位置上的收入有多少,而收入多少又取决于该子市场上的购买者和竞争者情况,取决于在该子市场上销售价格能定多高等。

阅读材料

从《广东妇女》到《家庭》

《广东妇女》杂志于 1980 年创办,是广东妇联的机关刊物。由于受到定位的限制,它的目标读者群比较狭窄,仅限于广东省内部分妇女。因为缺乏知名度,投稿的人少,投来的稿件覆盖内容也比较狭窄,因而发行量很低。1983 年,它更名为《家庭》杂志,面向更为广阔的目标市场,覆盖了全国范围几乎所有家庭成员,从而成为一种大众化的通俗刊物,更贴近普通百姓的生活。新的定位使它的内容突破了原来地域、取材范围、体裁的局限性,获得来自全国各地的、各种体裁和形式的、讲述有关家庭生活的各个方面的稿件,杂志的内容更为丰富,更具有趣味性,吸引了全国各地各个阶层和年龄层次的读者,知名度迅速提高,一跃成为全国销量最好的杂志之一,曾经创下 1 个月销售达 250 万份的纪录。

在这一实例中,其他要素都没改变,唯一改变的是产品定位,新的定位使产品重新获得了生命力。

(三) 对峙定位

对峙定位是指企业选择靠近于现有竞争者或与现有竞争者重合的市场位置,争夺同样的顾客,彼此在产品、价格、分销及促销等各个方面差别不大。采用该种定位的企业要有一定的实力,能够在长期对抗中持续作战,同时应深入研究市场,确定市场有很大的潜力。

阅读材料

中山名人电脑开发有限公司成立于 1993 年初,是一家合资的专业化电脑公司。公司成立后,名人在技术上遥遥领先于同行,1994 年 11 月,即首创全世界第一台全中文手写掌上电脑,一举突破该类产品传统的输入方式,但其销售形势却没有发生大的变化。而曾作为 1995~1997 年名人公司全国总代理的张征宁,凭借多年在掌上电脑行业的经营经验,敏锐地觉察到掌上电脑巨大的商机,1998 年创建恒基伟业,同年 12 月即推出掌上电脑商务通,并迅速向全国范围推广。只短短一年的时间,恒基伟业即创下了年销售 40 万台、销售收入 10 亿元的业绩,1999 年商务通的市场占有率更高达 60%,比处于第二名的名人高出40个百分点。

由于2001年以前商务通是PDA领域无可争议的领导品牌,名人把商务通作为直接的竞争对手,一是出于竞争的需要,二是出于传播的需要。针对商务通赖以成名的"呼机、手机、商务通一个都不能少"的广告词,名人公司推出了"呼机换了,手机换了,掌上电脑也该换了"的广告语,而商务通立刻回敬"要换就换商务通";当商务通用鹰比喻自己产品的快捷时,名人马上称自己是射雕英雄;当商务通推行"个性风暴"时,名人马上推出"普及风暴",提出个性消费必须以普及为前提,宣称"有实力,个性选择更容易"。在这场争战中,商务通中了名人"借势"的圈套,针对名人又反过来进行了一系列的传播,从而使名人进一步引起了媒体的关注。如当名人让李亚鹏说"我酷,特能王"时,商务通则让濮存昕讲"比一比谁更酷";当名人推出第一个武打片广告"笑傲江湖"时,商务通就来了一个"风快、剑快、商务通更快",也玩起了武打。名人还通过开新闻发布会向全球同行厂商下"战书",别出心裁地抛出"致恒基伟业的一封公开信",提出"竞合"倡议,从而进一步引起了媒体的关注。结果,名人的市场占有率自2001年4月份以来稳定在40%左右的水平,坐上了行业第一把交椅。

(四) 回避定位

回避定位是指企业回避与目标市场上的竞争者直接对抗,将其位置确定于市场"空白点",开发并销售目前市场上还没有的某种特色产品,开拓新的市场领域。除此之外,市场定位的方法还有根据属性和利益定位、根据价格和质量定位、根据用途定位、根据使用者定位、根据产品档次定位、根据竞争局势定位,以及各种方法组合定位等。

阅读材料

"白加黑"感冒片在进行定位时就采用了避强定位,在产品颜色和服药方式上进行差异定位,避开竞争对手,以"白天不瞌睡,晚上睡得香"为利益点,明显与其他产品不同,投放市场仅半年,就创下1.6亿销售额,分割了全国15%的感冒药市场。

市场定位属于营销的战略层次,也是制定具体营销策略的基础,两者的关系的定位是营销组合的核心,营销组合是定位的表现,是定位的内容与形式。因此,定位与营销组合应该有机地结合在一起。

三、市场定位的方法

一个产品要有好的定位,必须依赖于一个好的定位方法。各种定位方法的目的就是寻求产品在某方面的特色优势,并使这种特色优势有效地向目标市场显示。常用的产品定位方法有以下几种。

(一) 据产品属性和利益定位

产品本身的属性以及由此而获得的利益能使消费者体会到它的定位,如大众汽车的"豪华气派",丰田车的"经济可靠",沃尔沃车的"耐用"。有些情况下,新产品应强调一种属性,而这种属性往往是竞争对手没有顾及的,这种定位方法比较容易收效。

（二）据产品价格和质量定位

对于那些消费者对质量和价格比较关心的产品来说，选择在质量和价格上的定位也是突出本企业形象的好方法。按照这种方法，企业可以采用"优质高价"定位和"优质低价"定位。在"彩电大战""空调大战"如火如荼的同时，海尔始终坚持不降价，保持较高的价位，这是"优质高价"的典型表现。

（三）按产品特色定位

品牌特色常用来与竞争者进行差异化对比，如果产品的一个特色表明了对目标市场有重要的利益，那么它就能成为市场定位的基础。

阅读材料

北京卡夫食品有限公司的"雪凝"牌酸奶抢占北京市场，就是用产品特色对其酸奶进行定位取得成功的。多年来，北京的酸奶市场一直被十几家老企业霸占着，卡夫牛奶针对老产品的"缝隙"——包装简陋，对自己的品牌进行定位。"雪凝"的广告语"将容杯倒过来，酸牛奶不会出现倒流"。这种定位没有哪家老企业敢于应战。机械化铝箔砌封条保鲜包装让蜡纸加橡皮筋的老产品自惭形秽。"雪凝"以高于老产品一倍的价格销售，反而深得消费者喜爱，就连从不销售酸奶的中友公司、燕莎商城这样一些高档购物场所也把"雪凝"摆到了自己的冷饮柜里。

（四）按使用者定位

企业常常把某些产品指引给适当的使用者或某个分市场，以便根据那个细分市场的特点创建起恰当的形象。这种定位方法通过展示产品使用者的不同来强调产品的特点，这是一种能够很好地吸引目标顾客的定位方法，在消费市场中经常采用。如各种品牌的香水是针对各个不同分市场的，有些香水定位于雅致的、富有的、时髦的妇女，目前也有些定位于生活方式活跃的青年人。

阅读材料

两种不同类型的减肥主力军："快速减肥"与"均衡减肥"。

目前我国的减肥人数众多，但主力人群集中在两个年龄段上：一个是以 20～30 岁的年轻女性为主的感性减肥者，另一个是以 30～40 岁成熟女性为主的理性减肥者。别看她们都热衷于减肥，但是两者对于减肥的目标与认识大相径庭。感性减肥者大多是年轻女性，处于恋爱或寻求爱情的状态，大多没有结婚，或结婚后没有子女。她们朝气蓬勃，对于生活、工作、爱情的理解大多凭感觉，多幻想，不太理性。她们没有疾病，不存在健康问题，因此她们减肥的特点单一，追求单纯的"骨感美"，崇尚瘦体瘦身。她们的要求集中在"快"字上，即减肥的效果要立竿见影。她们不关心减肥的安全，不在意或不过多在意减肥药品与方法对身体有没有副作用，有的甚至宁愿牺牲健康，也要做一个"骨感美人""病态美女"。以这类群体作为目标顾客的减肥药品最好的定位是"快速减肥"。理性减肥者通常是成熟女性，多数已婚，有了家庭与子女，事业有成，或有稳定的工作与收入，或生活有保障。她们文化水平较高，讲求生活质量与情趣。她们对减肥的理解比较理性：既能实现均衡美,又安全没有副作用,不能损害健康。均衡美就是她们不同于年轻减肥者的特点。她们不会片面追求"瘦",而是在结实丰满的基础上保持长期的曲线美,那种以牺牲健康的快速减肥对她们没有吸引力。因此,"均衡减肥,安全健康"是成熟女性减肥的定位。

(资料来源:"切割市场,将对手逼向墙角".销售与市场:管理版.2004)

(五)据产品档次定位

产品档次包括低档、中档和高档,企业可根据自己的实际情况任选其一。例如,著名的丹东手表工业公司在国内大多数企业角逐中、低档表市场的时候,通过对市场的调研分析发现了高档市场的潜在需求。于是,企业大胆地进行技术攻关,果断地率先进入高档手表的生产领域,成功地将其拳头产品"孔雀"表推入市场,并以高档优质的独特形象赢得了国内消费者的青睐。

(六)据竞争地位定位

产品可定位于与竞争直接有关的不同属性或利益,如无铅皮蛋,将其定为不含铅,间接地暗示普通腌制的皮蛋含有铅,对消费者健康不利。这种定位方式关键是要突出企业的优势,如技术可靠性程度高,售后服务方便、迅速,以及其他对目标顾客有吸引力的因素,从而千方百计地在竞争者中突出自己的形象。

(七)多重因素定位

这种方式是将产品定位在几个层次上,或者依据多重因素对产品进行定位,使产品给消费者的感觉是产品的特征很多,具有多重作用或效能。如一些名牌饮品分别以天然原料(质量定位)、饮用、佐餐均相宜(用途定位)、适用于儿童、少年及成年人(使用者定位)等综合方法来进行产品定位。采用这种方式,要求产品本身一定要有充分的内容,其"全"恰好就是它的竞争优势,是其他竞争者一时无法达到的。否则,由于需要描述的产品特性过多,反而冲淡了产品的形象,使产品显得过于平常,对消费者吸引力不大,因而难以给消费者留下深刻印象。

阅读材料

联想的多功能电脑

联想电子产品的核心品牌是个人电脑,复印、传真、扫描仪不是其强项,这些产品有各自的主导品牌,市场基本上被他们占领。如何改变这种局面,将自己的品牌优势拓展到这些产品上,是联想公司人员经常思考的问题。开发出以联想品牌命名的复印、传真、扫描仪与相应的主导品牌争夺市场代价较大,效果也不明显。后来他们寻找到了一个机会:整合上述几类产品顾客的需求,满足顾客的便利性需求。随着各种办公设备的增加,企业的业务规模不断扩大,人们频繁奔波于各种设备之间,过多的办公设备占据较大的空间,也不美观。联想看到顾客的需求,发现市场上没有集多种功能于一体、方便顾客的电子产品。于是他们利用自己电脑的品牌优势,开发出兼有打印、复印、传真和扫描功能的多功能电脑。它不仅方便了操作,节约了时间,而且也大大降低了办公成本,受到消费者的欢迎。这样,原先购买不同品牌的办公设备的顾客就成为联想品牌的新的目标顾客了,扩大了联想的市场份额。

(八) 突出多少个差异点

当产品有多个差异点时,厂商可以在以下三个方面进行选择。其一,突出一点,或者也叫作唯一销售主张。如果产品的优势较多,厂商要对其优势进行综合比较,从中选择一个最能突出自己的特色,被目标顾客识别、认同,又能体现出与竞争品牌的差异的卖点。实践证明,推出一个卖点的定位策略比同时推出多个卖点效果要好,特别是推出一个全新的产品,或者进入一个完全陌生的市场,这种定位十分奏效。因为激烈的市场竞争使消费者面对众多的产品信息无所适从,重点突出的信息,特别是只有一个突出的信息,既可减少顾客对于信息接收、理解的时间,又可以给顾客留下较深的印象。其二,同时推出相关性较强的几个差异。如果某些产品的差异因素优势明显,相关性较强,也可将这几个差异同时推出。运用这种策略的关键在于差异不能太多,而且还要有较强的相关性,这需要营销人员有较强的市场判断力与应变能力。其三,逐步推出若干差异。如果产品差异较多,竞争品牌的定位也经常改变,而且对消费者的认知也会产生影响,就需要将自己的多点优势全部推出,但不能一次推出,而是要逐步推出。首先要对全部差异要素推出的顺序进行合理规划:诸多因素由一个被消费者认同的内在逻辑关系主导;其次要选择一个好的突破点:突破点与竞争品牌的差异要特别明显,易于消费者识别与接受。

阅读材料

承德露露的"卖点"

承德露露是一种杏仁露,是一种不同于可乐的果汁饮料。它最初的目标市场是偏爱果汁饮料或不习惯碳酸性饮料的顾客。然后,它又通过广告传达"热着喝露露"既是一种新方法,又是一种时尚。众所周知,夏天是冷饮销售的旺季,冷饮可以起到解渴、降温的作用。但到了冬天,饮料进入了淡季。这时,露露的"热着喝"的方法,不仅将原有的目标顾客变成淡季不淡,而且还为偏好碳酸性饮料的顾客提供了冬天喝饮料的一种新选择。这就从饮用时间与顾客群体上将两个潜在的市场扩大为一个新的目标市场。以后它又向市场传达了长期饮用露露可以促进美容的信息,又将重视容貌的中青年女士拉入稳步发展的市场范围,特别是争取到了那些喜欢可乐饮料的消费群体——年轻的女性。在我国的传统中医中,杏仁具有药用与保健作用,露露经过认证,又将其产品定位延伸到降血压、降血脂上,这样又将那些喜欢喝茶而饮料偏好较低的中老年人引入其目标市场内。当这一品牌逐渐被消费者接受后,它又宣传夏季冰着喝也是一种时尚。如果它一开始就传播其夏季冰着喝的定位,恐怕消费者难以接受。

(九) 价值定位法

价值定位法也是企业经常采用的一种定位方法。它主要是依据顾客价值理论,从顾客通过所获的收益与付出的价格比较上寻找某种产品与竞争品牌的不同点。顾客价值是指顾客从所购商品中获得的价值与所付出的成本(通常是价格)之差。

营销者必须认识到,定位策略能否实现取决于许多因素。首先,选择的定位必须能清楚地与目标顾客沟通。其次,由于定位是一个漫长和花费昂贵的过程,因此,应该避免频繁地转变定位,否则顾客对其定位的印象便会模糊不清。最后,也是最重要的,市场中的定位应该是可持续和有利可图的。

课后训练

【关键词】

市场细分　目标市场　市场定位　目标市场选择

【思考题】

1. 什么是市场细分和细分市场?为什么要对市场进行细分?
2. 什么是大众化营销?差异化营销与产品产业化有何不同?目标市场营销与大众化营销和产品产业化营销有何不同?
3. 试用地理、人口、消费心理、行为等细分变量对服装、食品等市场进行分析。
4. 选择目标市场的五种基本战略各有什么利弊?
5. 无差异营销、差异营销和集中化营销各有什么利弊?
6. 什么是市场定位?
7. 简述市场定位的过程。
8. 简述市场定位常用的方法。

【案例分析】

老张的素餐馆

老张是一家个体餐馆的老板。刚开始做这行的时候,老张看到人家经营餐馆赚钱,也开了一家大众化餐馆。与别的餐馆相比,老张的餐馆毫无特色,别的餐馆早晨卖早点、中午和晚上卖一些大众菜肴,他的餐馆也一样。但做了一段时间后,老张的生意却是冷冷清清,怎么也红火不起来。无奈之下,老张只好关了餐馆,另谋出路。

在没有找到更好的投资项目的情况下,老张的朋友建议他重操旧业,并且提出了要针对客户的不同需求进行市场细分,开设特色餐馆,而不应该与其他餐馆进行大众化的竞争的建议。最终在朋友的建议下,老张决定针对有美容瘦身需求的女性、佛教信徒及时尚追寻者推出素食。

他的素菜馆一开张就吸引了不少顾客的眼球,生意出奇地红火。

于是,为了让常来就餐的老顾客保持一种新鲜感、丰富菜品的花样,他的素食馆每个星期都会新推出几种菜品、几种不同的素汤供就餐者选择。店里的主打菜常做常新,这样在留住了老顾客的同时也吸引了新顾客。

素食馆的淡旺季与一般的餐馆有所不同,因为就餐者中有一些吃素的佛门信徒,所以一般农历每月的初一、十五或者一些佛门盛事也就成了素食馆生意最好的时间,而逢上一些农历节日更是会出现门庭若市的景象,而他也能赚个盆满钵盈。

老张的创业经历给了人们深刻的启示,同样做餐馆但前后的经历却是两重天。老张头一次开餐馆败就败在盲目跟风上,而后一次开餐馆却赢在市场细分上。经营者要能够"先行一步",事先细致地了解市场及消费者的需求,区分出不同的顾客群,然后再根据不同的顾客实施人性化的服务,最大限度地满足顾客的需求,这样才会在赢得市场的同时为自己拓展出一片发展的天地。而这样的市场细分不仅可以让新产品迅速占领市场,还可以将传统产品做出新意,开拓出新的市场需求。

聪明的投资者在投资项目之前非常注重市场调查,在项目实施之前会花很大心思摸清市场需求,然后根据这种需求确立经营决策。而有些投资者的投资意识却一直停留在粗放式投资上,别人经营什么自己也跟着经营什么,全然不考虑市场的需求,焉能有不被市场淘汰之理?

案例思考题:
1. 老张的素餐馆成功的关键在于什么?
2. 老张的素餐馆持续良好经营的关键的下一步是什么?

【实训项目】

实训目的:
训练学生运用市场细分标准细分市场的能力。

实训素材:
A公司欲在大学校园内开设一家餐馆,现请你对本校大学生餐饮市场进行细分。

实训要求:
细分时必须考察地理因素、人口因素、消费者心理因素和行为因素。

第七章 产品策略

【本章学习目标】

1. 了解产品整体概念、产品组合策略。
2. 掌握产品生命周期各阶段的特点以及营销对策。
3. 熟练、有效地运用各种品牌策略。
4. 理解新产品开发策略及包装策略。

【能力目标】

能够正确判断出产品生命周期的不同阶段,制定相应的营销策略,具备对品牌、包装初步的策划设计能力。

【导入案例】

绿色蔬菜成西藏圣诞节时髦礼品

做蔬菜生意的藏族姑娘卓嘎驱车近 400 千米,从白朗县贩回的一箱箱绿色蔬菜,成为拉萨市民竞相争购,并赠送亲朋的圣诞"礼品菜"。随着圣诞节的来临,拉萨的大街小巷充满了节日气氛,各大菜市场的副食品琳琅满目,然而,最热销的却是当地产的樱桃西红柿、安德烈长茄、以色列七色椒等绿色蔬菜。"过去,过节总是大鱼大肉,现在,我们也讲究绿色蔬菜了。"在拉萨市宗角禄康农贸市场购买了一大篮子蔬菜,准备送给姐姐家的旺加说。他说,如今西藏群众不光喜食蔬菜,而且时兴以当地绿色蔬菜为礼品赠送亲朋。当地农民也改变过去单一种植青稞等粮食作物的生产模式,开始学种蔬菜赚钱。

调查显示,西藏由于肥胖引起的心血管病患病率居全国之首。西藏自治区人民医院心血管科专家岑维浚说,过多地摄入肉类食品是造成西藏人肥胖的原因。现在,偏爱吃肉的西藏人开始讲究饮食结构的调整。过去拉萨藏族居民有句口头语"我不吃草",意思是不吃蔬菜,要吃肉。然而现在,更多的拉萨人喜欢上了吃蔬菜,而绿色蔬菜无疑成了雪域高原上既体贴又实惠的圣诞礼物。

几天前,记者走进西藏年楚河流域中段的白朗县,山顶白雪皑皑,海拔 4000 米的河滩地尽显冬日的萧条,而沿路排排日光蔬菜大棚内却生机盎然,主人们在忙碌地采摘第三茬果菜,就地卖给批批上门客户。白朗县副县长旦真说,年楚河流域长期以来虽然是自治区商品粮基地,但原来单一的青稞、油菜种植缺乏市场竞争力。在山东省援藏干部的帮助下,县里开始搞农业结构调整,引导农民在这气候高寒、无霜期短的地区,利用日光温室种植无污染蔬菜。今年,全县蔬菜大棚已发展到 1500 座,农民蔬菜生产总收入超过 1000 万元。远道而来购菜的普布说:"我们都知道白朗县的蔬菜不施化肥、无污染,吃得放心,自然它就成为人们心中理想的'礼品菜'。"

产品是市场营销组合中最重要的因素。企业在制定营销组合时,首先需要回答的问题是发展什么样的产品来满足目标市场的需求。产品策略的研究将使这一问题得到全面、系统的回答。营销组合中的其他三个因素也必须以产品为基础进行决策,因此,产品策略是整个营销组合策略的基石。

第一节 产品整体概念

市场营销策略组合,是指企业根据目标市场的需要和市场的定位,对企业可以控制的各要素进行优化和综合运用,使各个要素之间相互协调,以取得更好的社会和经济效益。营销策略组合要素分别是产品(product)、价格(price)、分销(place)和促销(promotion),四个词英文的首字母都是P,所以我们也将市场营销策略组合称为"4Ps"组合。产品策略是市场营销策略组合的核心,是企业市场营销活动的支柱和基石,更是价格策略、分销策略和促销策略的基础。

一、产品概念

传统的产品是指人们从事生产经营活动的直接而有效的物质成果。把产品理解为物质产品,这是狭义的理解。在市场经济条件下,企业生产经营的产品都是商品。

现代市场营销学认为,产品是指能够在市场上得到的,用于满足人们欲望和需要的任何东西,包括实物、服务、场所、设计、软件、意识等各种有形和无形产品。

二、产品的整体概念

现代营销学之父菲利普·科特勒博士是现代营销理论的集大成者。他认为应该使用五个层次来表述产品的整体概念。产品整体概念的五个层次如下。

(一)核心产品

核心产品是指向购买者提供的能够满足其需要的基本效用或者利益。例如,电脑产品的核心产品是为了使消费者获得各种信息与娱乐效用,而不是为了使消费者获得装有某些机械、电器零部件的一个箱子。

(二)形式产品

形式产品是核心产品借以实现的形式,是企业向消费者提供的产品实体和服务的外观。任何产品总具有确定的外观,产品的外观出现于市场时,可以为顾客提供赖以识别的面貌。市场营销学将形式产品归纳为由以下五个标志构成。

（1）产品品质，指产品的理化性能、技术指标、使用寿命等内容，表明产品的质量水平。

（2）产品特点，指本产品和同类产品相比所具有的独特之处，很大程度上决定着产品的市场份额和竞争力。

（3）产品款式，指产品的原理结构，造型，外观设计的新颖性、艺术性和奇异性，是影响消费者选择的重要指标之一。

（4）产品品牌，指企业产品的名称，用以区别不同企业的产品，是企业实力的综合反映，是企业的无形资产。

（5）产品包装，指企业产品的外部包装。好的包装能起到保护产品、美化产品、提高产品价值、方便顾客、促进销售的功能。

（三）期望产品

期望产品是购买者在购买该产品时，期望得到的与产品密切相关的一整套属性和条件。

（四）延伸产品

延伸产品是指顾客购买期望产品和形式产品时，附带获得的各种利益的总和，包括产品的说明书、保证、安装、送货、技术培训等。国内外许多企业的成功在一定程度上归功于他们更好地认识了服务在产品总体概念中所占的重要位置。许多情况表明，新的竞争并非各公司在其工厂中所生产的产品，而是附加在产品上的包装、服务、广告、顾客咨询、运送以及其他具有价值的形式。能够正确发展延伸产品的公司必将在竞争中赢得主动。

（五）潜在产品

潜在产品是指包括所有附加产品在内的，可能发展成为未来最终产品的潜在状态的产品。潜在产品指出了现有产品的可能的演变趋势和前景。

产品系统概念是市场营销理论的重大发展，它强调企业在实现实质产品的同时，也要重视形式产品、期望产品、延伸产品和潜在产品的研究和开发，强化产品在竞争中的动态作用，以全方位地满足消费者的需要。

产品整体概念的五个层次十分清晰地体现了以顾客为中心的现代营销观念。这一概念的内涵和外延都是以消费者需求为标准的，由消费者的需求来决定。可以说，产品整体概念是建立在"需求＝产品"这样一个等式基础上的。没有产品整体概念，就不可能真正贯彻现代营销观念。

第二节 产品生命周期

一、产品生命周期的概念

(一) 产品生命周期的概念

产品生命周期是指某产品从进入市场到被淘汰退出市场的全部运动过程。产品生命周期由需求与技术的生命周期决定。企业开展市场营销活动的思维视角,不是从产品开始,而是从需求出发的。任何产品都只是作为满足特定需要或解决问题的特定方式而存在的。产品生命周期是企业研究和制定产品策略的重要组成部分。产品经过研究、开发、试销,然后进入市场。产品进入市场标志着产品生命周期的开始,产品退出市场标志着产品生命周期的结束。

(二) 产品生命周期的阶段划分

1. 产品生命周期的四个阶段

引入期也叫导入期,是指市场上推出新产品,消费者对产品还不太了解,产品销售呈缓慢增长状态的阶段。

成长期是指该产品在市场上迅速为消费者所接受,成本开始大幅度下降,销售额迅速上升,利润较大幅度增长的阶段。

成熟期是指大多数的购买者已经接受该产品,市场销售额呈现缓慢增长或者下降的阶段。

衰退期是指销售额的下降趋势明显增强,然而利润趋于零的阶段。产品在各个生命周期的销售额和利润的关系如图 7-1 所示。

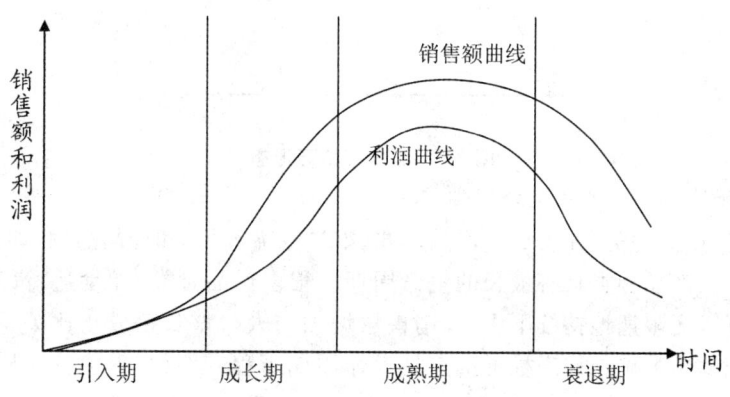

图 7-1 生命周期销售额和利润关系

2. 产品生命周期的其他形态

产品生命周期是一种理论抽象,在现实经济生活中,并不是所有产品的生命历程都完全符合这种理论形态。除上述正态分布曲线外,产品生命周期还有以下几种形态。

(1) 再循环形态。它是指产品销售进入衰退期后,由于种种因素的作用而进入第二个成长分阶段。这种再循环型生命周期是市场需求变化或厂商投入更多的促销费用的结果。图 7-2 可以表示出这种再循环状态。再循环状态,亦称扇形运动曲线或波浪形循环形态,是在产品进入成熟期以后,厂商通过制定和实施正确的营销策略,使产品销售量不断达到新的高潮。

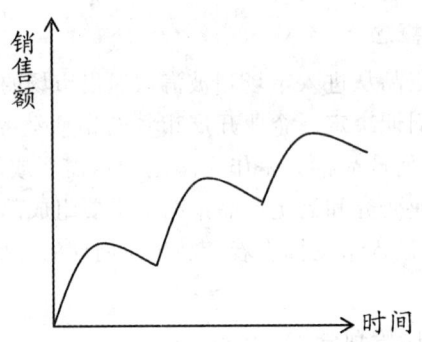

图 7-2 再循环形态

(2) 非连续循环形态。大多数时髦商品呈非连续循环,这些产品一上市即热销,而后很快在市场上销声匿迹,厂商无必要也不愿意做延长其成熟期的任何努力,而是等待下一周期的来临,如图 7-3 所示。

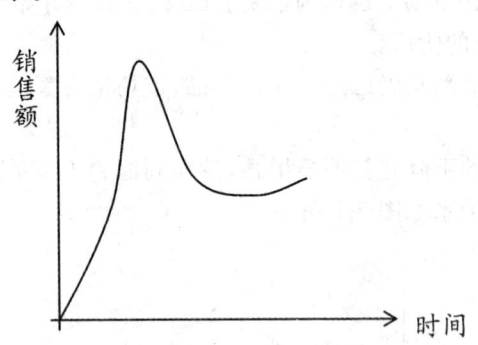

图 7-3 非连续循环形态

3. 产品种类、形式、品牌生命周期

一般而言,产品种类(如香烟)、产品形式(如过滤嘴香烟)和产品品牌(如云烟)的生命周期各不相同。产品种类具有最长的生命周期。很多产品种类,如食盐、汽车、冰箱的产品成熟阶段可以无限期地持续下去,其销售量增加与人口增长率成正比关系。产品形式比产品种类能够更准确地体现标准的产品生命周期历程。例如,手控打字机在经历了典型的引入期、成长期、成熟期之后,由于电脑的普及而进入衰退期,退出市场。产品品牌相对于前两者而言则显示了较短的生命周期历程。

二、产品生命周期各阶段的特点和营销策略

(一)引入期的特点及企业营销策略

1. 引入期的特点

(1)生产批量小、制造成本高。因为新产品刚刚开始生产时,技术不够稳定,不能大批量地生产,次品率较高,市场反应测试、改进费用高,因此制造成本高。(2)营销费高。新产品刚刚进入市场,消费者对其性能、质量、款式、价格、优点等不了解、不认识、不认同,需要企业加大推销力度和宣传力度,这样必然引起营销费用的提高。(3)销售数量少。新产品投入市场,由于消费者不了解,只有少数的创新者、早期接受者购买产品,因而销售数量减少。(4)产品价格偏高。

2. 引入期企业营销策略

根据投入期产品的特点,企业要积极搜集市场对新产品的反应,大力开展广告宣传活动,疏通销售渠道,千方百计打开销路,具体策略如下。(1)快速掠取策略,即以高价和高促销推出新产品。实行高价格是为了在每一单位销售额中获取最大的利润,高促销费用是为了引起目标市场的注意,加快市场渗透。成功地实施这一策略,可以赚取较大的利润,尽快收回新产品开发的投资。实施该策略的市场条件是:市场上有较大的需求潜力;目标顾客具有求新心理,急于购买新产品,并愿意为此付出高价;企业面临潜在竞争者的威胁,需要及早树立名牌。(2)缓慢掠取策略,即以高价格低促销费用将新产品推入市场。高价格和低促销费用结合可以使企业获得更多利润。实施该策略的市场条件是:市场规模相对较小,竞争威胁不大;市场上大多数用户对该产品没有过多疑虑;适当的高价能为市场所接受。(3)快速渗透策略,即以低价格和高促销费用推出新产品,目的在于先发制人,以最快的速度打入市场。该策略可以给企业带来最快的市场渗透率和最高的市场占有率。实施这一策略的条件是:产品市场容量很大;潜在消费者对产品不了解,且对价格非常敏感;潜在竞争比较激烈;产品的单位制造成本可随生产规模和销售量的扩大迅速下降。(4)缓慢渗透策略,即企业以低价格和低促销费用推出新产品。低价是为了促使市场迅速地接受新产品,低促销费用则可以实现更多的净利。企业坚信该市场需求价格弹性较高,而促销弹性较小。实施这一策略的基本条件是:市场容量较大;潜在顾客易于或已经了解此项新产品,且对价格十分敏感;有相当多的潜在竞争者准备加入竞争行列。

(二)成长期的特点及企业营销策略

1. 成长期的特点

(1)产品销售势头强劲,经营成果令人瞩目。

由于产品已经被广大消费者采用,销售势头良好,其销售金额大幅度上扬。成长期单个商品的进销差价虽然不及导入期的单个新产品,但是由于销售额的大幅度上扬,并且单个产品的经营利润仍保持在一定的额度上,因而市场上该类产品的绝对利润额大大超过导入期的绝对利润额,厂家和商家在经营处于这一时期的产品时,一般都可以获得丰硕的

经营成果。

(2) 产品质量日趋稳定,企业已经形成规模化生产。

新产品经过导入期的不断改进和完善,其质量开始逐渐提高。在进入成长期后,产品也已经基本定型。由于产品已经被大多数消费者所接受,因此,市场的需求量有明显的提高。为充分地满足广大消费者的需要,各家企业开始批量生产,其中部分企业已经具备规模化生产能力,并且取得了良好的规模效益。

2. 成长期企业营销策略

成长期产品的生产和经营已经不再是独家占有,并开始形成多家企业竞争的格局。由于丰厚利润的吸引,"多头竞争"的局面愈演愈烈,导入期垄断性被竞争性所代替。

产品处于成长期,要求企业稳定产品质量,扩大生产能力,组织好销售工作,具体策略如下。(1) 改良产品品质。不断根据用户的需求与建议改进产品性能,提高产品质量,增加新的品种和款式,力求创出新的特色。(2) 扩展销售新产品的市场,如扩大推销范围;采用新包装;增加销售渠道;降低产品价格,以吸引对价格敏感的潜在客户。(3) 加强商标地位。注册商标,取得商标专用权;改变广告宣传重点,由介绍产品转向树立产品形象;创立名牌产品和争取新客户。(4) 巩固销售渠道的地位,加强与销售渠道的联系。

(三) 成熟期的特点及企业营销策略

成熟期是产品市场生命周期的一个鼎盛时期,其前半期的销售额逐渐上升并达到最高峰,在稳定一个相对短暂的时期后,其销售额开始缓慢回落,这时便进入了一个转折时期,即成熟期的后半期。

1. 成熟期的特点

由于成熟期就是产品生命周期的巅峰时期,同时又是一个由盛转衰的转折时期,因此,成熟期的产品特点集中体现在以下几个方面。

(1) 产品结构基本定型,工艺成熟。厂家在研制生产出新产品后,将其投放市场,经过引入期、成长期的试销和批量销售,厂家得到有关产品信息的反馈,并对产品结构进行多次调整,进而使产品结构定型。(2) 产品销售额在逐渐达到顶峰后开始回落。成熟期产品对广大消费者来说已经属于半新半旧的产品,相当一部分人已经买过并且使用过这类产品,他们在使用这类产品时,已经对产品的性能、质量有所了解,并且大胆地重复购买,从而大幅度地提高了购买量,致使销售额在成熟期的前半期达到了顶峰。但是,在成熟期的后半期,市场上已经开始出现同类的新产品,从而使成熟期相同类型的半新半旧产品的购买量减少下来,因此,成熟期又是一个由盛转衰的转折期。(3) 产品价格差距不大,竞争处于"白炽化"。成熟期产品生产厂家众多,其技术水平和生产成本基本趋于平衡,因此,产品销售价格差距不大,从而导致市场处于竞争"白炽化"的状态。(4) 企业经营状况不尽人意,利润开始下降。激烈的市场竞争使企业的宣传费用增加,加之库存产品的积压,资金周转的速度缓慢,所付出的银行利息开始增加,企业的利润开始下降,其经营前景不容乐观。

2. 成熟期企业营销策略

成熟期的长短直接影响产品开发经济效益的大小,企业要千方百计地努力延长产品成熟期的时间,可以采取的策略有以下几点。(1) 产品改革,亦称产品再推出。此种策略有品质改良,如提高耐用性、可靠性;有性能改良,如增加适应性和方便性;有形态改良,如提高产品的外形美。电视机厂将彩电由卧式带防爆玻璃改为平面直角并且带有遥控的超大规格电视机,再到数字化彩电和多媒体彩电等,就是产品改革的一个例子。(2)市场改革,包括寻找尚未采用本土产品的新市场或者市场中的新部分;增加产品新的用途,创造新的消费方式等。例如,美国杜邦化学公司开发的尼龙产品最初用于军事,制造降落伞和绳索,现在用于轮胎的衬布等。(3)市场组合改革,即改变某些市场的组合因素,以增加销售量,如降低价格,改进包装,扩大分销渠道,采用新广告,加强销售服务等手段刺激现有的顾客增加使用率。(4)转移生产场地,即把处于成熟期的产品转移到某些生产成本低、市场潜力大的国家和地区。

(四)衰退期的特点及企业营销策略

1. 衰退期的特点

(1)产品陈旧,且日趋老化。当产品处于衰退期时,市场已经出现功能更先进、外形更美观的同类产品,这些产品转移了消费者的注意力。于是,在这部分人眼里,衰退期的产品已经彻底陈旧老化。(2)产品的销售量急剧下降。大部分消费者已经对衰退期的产品不感兴趣,并将购买力投入同类的新产品或者较新的产品方面。(3)利润下降明显,部分企业出现亏损。(4)大幅度削价处理库存产品,企业存在濒临破产的危机。

2. 衰退期企业营销策略

面对处于衰退期的产品,厂商需进行认真研究分析,决定采取什么策略,在什么时间推出市场,具体策略有:(1)继续经营策略,也称为自然淘汰策略,是指企业继续使用过去的经营策略,直到该产品完全退出市场为止;(2)集中策略,是指把企业能力、资源集中在最有利的子市场和渠道上,放弃那些没有盈利机会的市场;(3)放弃策略,指当企业现有产品并无潜在市场机会或新一代的产品已经上市并且前途看好时,当机立断放弃老产品,把企业生产条件、经营渠道、广告宣传等移植到新产品上。

综上所述,产品市场生命周期不同阶段有不同的特点,需要制定不同的市场营销策略。

第三节 产品组合

一、产品组合的概念

(一)产品组合概念

产品组合也称产品结构或业务组合,即企业的业务范围与结构,是指企业向目标市场所提供的全部产品或业务的组合或搭配。产品组合由产品线构成,产品线由产品项目组成。

产品线是指企业提供给市场的所有产品中,在技术上密切相关,具有相同使用功能且能满足同类需要的一组产品。产品项目是指同一产品线中具有不同品种、规格、质量和价格等属性的特定产品。

(二) 产品组合的宽度、长度、深度和相关性

产品组合包括四个变数:宽度、长度、深度和相关性。产品组合的宽度是指产品组合中所拥有的产品线的数目。产品组合的长度是指产品组合中产品项目的总数。如以产品项目总数除以产品线数目即可得到产品线的平均长度。表7-1所显示的产品组合总长度为18,每条产品线的平均长度为18÷4=4.5。产品组合的深度是指一条产品线中所含产品项目的多少。产品组合的相关性是指各条产品线在最终用途、生产条件、分配渠道或其他方面相互关联的程度。例如,某家用电器公司拥有电视机、收录机等多条产品线,但每条产品线都与电有关,这一产品组合具有较强的一致性。相反,实行多角化经营的企业,其产品组合的相关性则小。

表7-1 产品组合的长度

	服装	皮鞋	帽子	针织品
产品线的长度	男西装	男凉鞋	制服帽	卫生衣
	女西装	女凉鞋	鸭舌帽	卫生裤
	男中山装	男皮鞋	礼帽	汗衫背心
	女中山装	女皮鞋	女帽	
	风雨衣		童帽	
	儿童服装			

根据产品组合的四种尺度,企业可以采取四种方法发展业务组合:加大产品组合的宽度,扩展企业的经营领域,实行多样化经营,分散企业投资风险;增加产品组合的长度,使产品线丰满充裕,成为更全面的产品线公司;加强产品组合的深度,占领同类产品的更多细分市场,满足更广泛的市场需求,增强行业竞争力;加强产品组合的一致性,使企业在某一特定的市场领域内加强竞争力和赢得良好的声誉。因此,产品组合决策就是企业根据市场需求、竞争形势和企业自身能力对产品组合的宽度、长度、深度和其他相关方面做出的决策。

阅读材料

五粮液的产品组合

五粮液人根据高档、名贵、品位独特的市场定位,针对不同层次消费者开发了四个不同档次的五粮液,有价值3万元左右的珍品艺术瓶五粮液和2万元左右的珍品秦皇五粮液,适合于收藏;有价值1200元左右的精品五粮液,适合于赠送嘉宾;有价值350元的豪华五粮液,适用于送礼;有普通型的五粮液,适合于顾客日常消费。在尖装系列上,五粮液人针对不同层次、不同区域开发了圆筒尖装和精品尖装。1995年初,他们根据福建、广东

等沿海地区消费者白酒要具备"甜、净、爽"的要求,与福建一客商联合开发35度的"五粮醇",投入市场不到一年就销售2000多吨。1996年,他们又根据江苏客户的要求,联合开发"五粮神"。1996年4月以后,鉴于市场上零售价在80元左右的酒是个断层,而且考虑到五粮液与尖装之间档次过于悬殊、价格相差过大的情况,他们利用高科技和传统工艺,开发了高品位的"五粮春"投放市场,反应良好;之后,根据尖装生产量逐年增加、尖装价位较低的情况以及对市场准确调查的结果,他们又开发了新一代的尖装新品种"尖装王"。通过这一系列措施,他们很快向市场推出了包括五粮液、五粮春、五粮神、五粮醇、尖装王、精品尖装和普通尖装等7大系列40多个品种,其产品有不同度数、不同包装、不同规格、不同档次、不同口味,基本达到了品种多样化、产品多元化、价格梯度化、结构合理化。

二、优化产品组合的分析

产品组合状况直接关系到企业的销售额和利润水平,企业必须对现行产品组合做出系统的分析和评价,并决策是否加强或剔除某些产品线或产品项目。优化产品组合的过程通常是分析、评价和调整现行产品组合的过程。优化产品组合包括以下两个重要步骤。

(1) 产品线销售额和利润分析,即分析、评价现行产品线上不同产品项目所提供的销售额和利润水平。

(2) 产品项目市场地位分析,即将产品线中各产品项目与竞争者的同类产品作对比分析,全面衡量各产品项目的市场地位。

三、产品组合策略

(一) 扩大产品组合

扩大产品组合包括开拓产品组合的宽度和加强产品组合的深度,前者指在原产品组合中增加产品线,扩大经营范围;后者指在原有产品线内增加新的产品项目。当企业预测现有产品线的销售额和盈利率在未来可能下降时,就需考虑在现有产品组合中增加新的产品线,或者加强其中有发展潜力的产品线。

(二) 缩减产品组合

市场繁荣时期,较长、较宽的产品组合会为企业带来更多的盈利机会。但是在市场不景气或原料、能源供应紧张时期,缩减产品线反而能使总利润上升,因为剔除那些获利小甚至亏损的产品线或产品项目,企业可集中力量发展获利多的产品线和产品项目。

(三) 产品线延伸策略

每一个企业的产品都有特定的市场定位,如美国的"林肯"牌汽车定位在高档市场,"雪佛兰"牌汽车定位在中档汽车市场,而"斑马"牌则定位在低档车市场。产品线延伸策略指全部或者部分地改变原有产品的市场定位,具有向下延伸、向上延伸和双向延伸三种实现方式。

1. 向下延伸

向下延伸是在高档产品线中增加低档产品项目。实行这一策略需要具备以下市场条件：利用高档名牌产品的声誉，吸引购买力水平较低的顾客慕名购买此产品线中的廉价产品；高档产品销售增长缓慢，企业的资源设备没有得到充分利用，为赢得更多的顾客，将产品线向下伸展；企业最初进入高档产品市场的目的是建立厂牌信誉，然后进入中低档市场，以扩大市场占有率和销售增长率；补充企业的产品线空白。实行这一策略也有一定的风险，如处理不慎，会影响企业原有产品，特别是名牌产品的市场形象，还必须辅之以一套相应的营销组合策略，譬如对销售系统的重新设置等。所有这些都将大大增加企业的营销费用开支。

2. 向上延伸

向上延伸是在原有的产品线内增加高档产品项目。实行这一策略的主要目的是：高档产品市场具有较大的潜在成长率和较高的利润率的吸引，企业的技术设备和营销能力已经具备加入高档产品市场的条件，企业要重新进行产品线定位。采用这一策略也要承担一定的风险，要改变产品在顾客心目中的地位是相当难的，处理不好，还会影响原有产品的声誉。

3. 双向延伸

双向延伸即原定为中档产品市场的企业掌握了市场优势以后，向产品线的上下两个方向延伸。

第四节　品牌与包装策略

一、产品品牌

（一）品牌的含义

品牌（Brand）与商标（Trademark）都是用以识别不同生产经营者的不同种类、不同品质产品的商业名称及标志。但在企业的营销实践中，品牌和商标并不完全等同。商标是指受法律保护的品牌，是获得专用权的品牌，是品牌的一部分。

品牌（商标）是一个集合概念，包括品牌名称和品牌标志两部分。品牌名称是指品牌中可以用语言称呼的部分，也称"品名"，如奔驰（Mercedes-Benz）、奥迪（Audi）等；品牌标志，也称"品标"，是指品牌中可以被认出、易于记忆但不能用言语称呼的部分，通常由图案、符号或特殊颜色等构成，如三叉圆环和相连着的四环分别是奔驰和奥迪的品牌标志。

品牌，就其实质来说，代表着销售者（卖者）对交给买者的产品特征、利益和服务的一贯性的承诺。为了深刻揭示品牌的含义，还需从以下六个方面透视。

1. 属性

品牌代表着特定的商品属性，这是品牌最基本的含义。例如，奔驰牌轿车意味着工艺精湛、制造优良、昂贵、耐用、信誉好、声誉高、再转卖价值高、行驶速度快等。这些属性是生产经营者广为宣传的重要内容。多年来奔驰的广告一直强调"全世界无可比拟的工艺精良的汽车"。

2. 利益

品牌不仅代表着一系列属性,而且还体现着某种特定的利益。顾客购买商品实质是购买某种利益,这就需要属性转化为功能性或情感性利益。或者说,品牌利益相当程度地受制于品牌属性。就奔驰而言,"工艺精湛、制造优良"的属性可转化为"安全"这种功能性和情感性利益;"昂贵"的属性可转化为情感性利益:"这车令人羡慕,让我感觉到自己很重要并受人尊重";"耐用"属性可转化为功能性利益:"多年内我不需要买新车"。

3. 价值

品牌体现了生产者的某些价值感,如奔驰代表着高绩效、安全、声望等。品牌的价值感客观要求企业营销者必须分辨出对这些价值感兴趣的购买者群体。

4. 文化

品牌还附着特定的文化。从奔驰汽车给人们带来的利益等方面来看,奔驰品牌蕴含着"有组织、高效率和高品质"的德国文化。

5. 个性

品牌也反映一定的个性。如果品牌是一个人、一种动物或一个物体,那么不同的品牌会使人们产生不同的品牌个性联想。奔驰会让人想到一位严谨的老板、一只勇猛的雄狮或一座庄严质朴的宫殿。

6. 用户

品牌暗示了购买或使用产品的消费者的类型。如果我们看到一位20来岁的女秘书驾驶奔驰汽车就会感到很吃惊,我们更愿意看到驾驶奔驰轿车的是有成就的企业家或高级经理。

品牌最持久的含义是其价值、文化和个性,它们构成了品牌的基础,揭示了品牌间差异的实质。奔驰的"高技术、绩效、成功"等是其独特价值和个性的反映。若奔驰公司在其品牌战略中未能反映出这些价值和个性,而且以奔驰的名称推出一种廉价小汽车,那将是一个莫大的错误,因为这将会严重削弱奔驰公司多年来苦心经营所建立起来的品牌价值和个性。

(二) 品牌的作用

品牌的作用可从多个方面来透视。以下就品牌对营销者、对消费者的不同作用分别加以阐述。

1. 品牌对营销者的重要作用

对从事市场营销活动的企业来说,品牌的有益作用主要表现在以下几个方面。

(1) 品牌有助于促进产品销售,树立企业形象。品牌以其简洁、明快、易读易记的特征成为消费者记忆产品质量、产品特征的标志,也正因为此,品牌成为企业促销的重要基础。借助品牌,消费者了解了品牌标定下的商品;借助品牌,消费者记住了品牌及商品,也记住了企业(有的企业名称与品牌名称相同,更易于消费者记忆);借助品牌,即使产品不断更新换代,消费者也会因为对品牌信任而产生新的购买欲望,同时,企业的社会形象、市场信誉也会因为消费者对品牌的信任而得以确立,并随品牌忠诚度的提高而提高。

(2) 品牌有利于保护品牌所有者的合法权益。品牌经注册后获得商标专用权,其他任何未经许可的企业和个人都不得仿冒侵权,从而为保护品牌所有者的合法权益奠定了客观基础。

(3) 品牌有利于约束企业的不良行为。品牌是一把双刃剑,一方面因其容易为消费者所认知、记忆而有利于促进产品销售,注册后的品牌有利于保护自己的利益;另一方面,品牌也对品牌使用者的市场行为起到约束作用,督促企业着眼于企业长远利益、消费者利益和社会利益,规范自己的营销行为。

(4) 品牌有助于扩大产品组合。为适应市场竞争的需要,企业常常需要同时生产多种产品。值得注意的是,这种产品组合是动态的概念。依据市场变化,不断地开发新产品、淘汰市场不能继续接受的老产品是企业产品策略的重要组成部分,而品牌是支持其新的产品组合(尤其是扩大的产品组合)的无形力量。若无品牌,再好的产品和服务也会因消费者经常无从记起原有产品或服务而无助于产品改变或产品扩张。而有了品牌,消费者对某一品牌产生了偏爱,则该品牌标定下的产品组合的扩大即容易为消费者所接受。

此外,品牌还有利于企业实施市场细分战略,不同的品牌对应不同的目标市场,针对性强,利于进入、拓展各细分市场。

2. 品牌给消费者带来的益处

(1) 品牌有利于消费者识别所需商品。随着科学技术的发展,商品的科技含量日益提高,对消费者来说,同种类商品间的差别越来越难以辨别。由于不同的品牌代表着不同的商品品质、不同的利益,所以,有了品牌,消费者即可借助品牌辨别、选择所需商品或服务。

(2) 品牌有利于维护消费者利益。有了品牌,企业以品牌作为促销基础,消费者认牌购物。企业为了维护自己品牌的形象和信誉,都十分注意恪守给予消费者的利益,并注重同一品牌的产品质量水平同一化。如此,消费者可以在厂商维护自身品牌形象的同时获得稳定的购买利益。

(3) 品牌有利于促进产品改良。因为品牌实质上代表着销售者(卖者)对交付给买者的产品特征和利益的承诺,所以,企业为了适应消费者的需求变化,适应市场竞争的客观要求,必然会不断更新或创制新产品,以变更、增加承诺。这是厂商的选择,也是消费者的期望。可见,迫于市场的外部压力和企业积极主动迎接挑战的动力,品牌最终会给消费者更多的利益。

品牌的作用还表现在有利于市场监控、有利于维系市场运行秩序、有利于发展市场经济等社会经济发展方面。

(三) 品牌资产

品牌资产是一种超过商品本身利益的价值。它通过为消费者和企业提供附加利益来体现其价值,并与某一特定的品牌紧密联系着。若某种品牌给消费者提供的超过商品或服务本身的附加利益越多,则该品牌对消费者的吸引力越大,品牌资产价值也就越高。若该品牌的名称或标志发生变更,则附着在该品牌上的财产也将部分或全部丧失。品牌给企业带来的附加利益最终源于品牌对消费者的吸引力和感召力。也可以说,品牌资产是企业与顾客关系的反映,而且是长期动态关系的反映。

品牌资产作为企业财产的重要组成部分,主要有以下几个基本特征。

1. 无形性

品牌资产与厂房、设备等有形资产不同,它不能使人凭借眼看手摸等人们的感官直接感受到它的存在及大小。所以,品牌资产的这种无形性增加了人们对它予以直观把握的难度。另一方面,由无形性所决定的品牌资产的所有权获得和所有权转移也与有形资产存在着差异。有形资产通常是通过市场交换的方式取得其所有权,而品牌资产则经由品牌或商标者申请注册,由注册机关依照法定程序确立其所有权。

2. 品牌资产在利用中增值

就一般有形资产而言,其投资与利用往往是泾渭分明的,存在着明显的界限,投资即会增加资产存量,利用就会减少资产存量,而品牌资产则不同。品牌资产作为一种无形资产,其投资与利用常常是交织在一起、难以截然分开的。品牌资产的利用并不必然是品牌资产减少的过程,而且,如果品牌管理利用得当,品牌资产非但不会因利用而减少,反而会在利用中增值。

3. 品牌资产难以准确计量

品牌的重要价值已广泛为人们所认知,如何计量品牌资产是企业非常关心的问题。然而,品牌资产的计量却难于一般有形资产,甚至难以准确计量。品牌资产的特殊构成决定了品牌资产难以准确计量。

4. 品牌资产具有波动性

从品牌资产构成上分析可以看出,无论是品牌知名度的提高,还是品牌忠诚度的增强,抑或品牌品质形象的改善,都不可能是一蹴而就之事。品牌从无到有,从消费者感到陌生,到消费者熟知并产生好感,是品牌运营者长期不懈努力的结果。尽管品牌资产是企业以往投入的沉淀与结晶,但这并不表明品牌资产只增不减。事实上,企业品牌决策的失误,竞争者品牌运营的成功,都有可能使企业品牌资产发生波动,甚至是大幅度下降。

5. 品牌资产是营销绩效的主要衡量指标

因为品牌资产的实质是销售者(卖者)对交付给买者的产品特征、利益和服务等方面的一贯性承诺,所以,为了维系和发展企业与消费者之间互惠互利的长期交换关系,需要积极开展营销活动,履行各种承诺。可以说,品牌资产是企业不断进行营销投入或营销活动的结果,每一种营销投入或营销活动都或多或少地会对品牌资产存量的增减速变化产生影响。正因为此,分散的、单一的营销手段难以保证品牌资产获得增值,必须综合运用各种营销手段,并使之有机协调与配合。

(四) 品牌设计的原则

在设计品牌的过程中,一般应坚持以下几个基本原则。

1. 简洁醒目,易读易记

来自心理学家的一项调查分析表明,人们接收到的外界信息中,83%的印象通过眼睛,11%借助听觉,3.5%依赖触摸,其余的源于味觉和嗅觉。基于此,为了便于消费者认知、传诵和记忆,品牌设计的首要原则就是简洁醒目,易读易记。为适应这个要求,不宜把过长的和难以诵读的字符串作为品牌名称,也不宜将呆板、缺乏特色感的符号、颜色用作品牌标记。

2. 构思巧妙,暗示属性

一个与众不同、充满感召力的品牌,在设计上还应该充分体现该品牌产品的优点和特性,暗示产品的优良属性。

"方正"作为我国优质电子出版软件品牌,其品牌设计也是别具匠心的。"方正"整体品牌由中文、图形和英文三部分组成。首先,"方正"二字蕴含丰富:"方正"即一方之正、一方之中、一方之主,指北大方正电子系统为全球中文电子排版技术的主体和正宗,居世界领先地位。其次,"方正"的英文是 FOUNDER,其含义是"奠基者、创立者、缔造者",表明北大方正是中文电子排版系统的开创者;其音译为"方的",与汉字方正实现了有机配合。最后,再从"方正"品牌的图标上看,其立体形状表现为中间的白色方框为正方形,分别与右上角和左下角的黑色部分构成正方体,与文字"方正"相一致;其平面开头表现为右上角和左下角的黑色部分像两个箭头,右上角向上的箭头表示科技顶天,左下角向下的箭头表示市场立地,意味着北大方正集团的高科技产业是顶天立地的事业。

3. 富蕴内涵,情意浓重

品牌大多都有其独特的含义和解释或释义。有的就是一个地方的名称,有的就是一种产品的功能,有的或者就是一个典故。富蕴内涵、情意浓重的品牌,因其能唤起消费者和社会公众美好的联想而备受厂商青睐。

"红豆"是一种植物,是人们常用的镶嵌物,是美好情感的象征物(又称"相思子"或"相思豆"),同时"红豆"也是江苏红豆集团的服装品牌和企业名称。红豆之所以具有较高的知名度,主要是因为"红豆"一词与情爱有关,其英文是 The seed of love(爱的种子)。提起它,即会使人们想起唐代大诗人王维的千古绝句,即会勾起人们的相思之情。此外,红豆作为品牌,也表达了企业对消费者的关爱。借助"红豆"传情,年轻的情侣通过互赠红豆服装表示爱慕之意,离家的游子以红豆服装寄托其思乡之情。红豆服装正是借"红豆"这一富含中国传统文化内涵、情意浓重的品牌"红"起来的。

4. 避免雷同,超越时空

品牌设计的雷同是实施品牌运营的大忌,因为品牌运营的最终目标是通过不断提高品牌竞争力,超越竞争对手。若品牌的设计与竞争对手雷同,将永远居于人后,达不到最终超越对手的目的。

在我国,由于企业的品牌意识还比较淡薄,品牌运营的经验还比较少,品牌雷同现象更为严重。据统计,我国以"熊猫"为品牌名称的有 311 家,"海燕"和"天鹅"两品牌分别有 193 家和 175 家同时使用。除重名以外,还有像香烟市场上"凤凰"和"凤舞"、白酒市场上"五加鞭"和"五加白"等品名极其相近的品牌。

除了注意避免雷同以外,为了延长品牌使用时间,扩大品牌的使用区域,在品牌的设计上还应注意尽可能超越时空限制。就时间限制来讲,用具有某一时代特征的词语作品牌名称并不一定是好的创意,甚至可能是很糟糕的创意。这是因为,具有时代特征的名称有强烈的应时性,可能在当时或延续一段时日后会"火",但随着时间的推移,品牌的感召力也会越来越小。

超越空间的限制主要是指品牌超越地理文化边界的限制。由于世界各国的历史文化传统、语言文字、风俗习惯、价值观念和审美情趣不同,不同国家的消费者对于一个品牌的认知、联想必然会产生很大的差异。试想,若将"Sprite"直译为"妖精",又有多少中国人会乐于认购呢?将其译成符合中国文化特征的"雪碧",就比较准确地揭示了产品的"凉""爽"等属性。

(五)品牌(商标)策略

企业从事品牌运营,科学而合理地制定品牌策略是其核心内容。依据品牌运营的主要作业环节,品牌策略主要包括品牌有无、品牌归属、品牌统分、品牌扩展、多品牌和品牌重新定位等需抉择的内容。

1. 品牌有无策略

尽管品牌能够给品牌所有者、品牌使用者带来很多好处,但并不是所有的产品都必须有品牌,要视品牌运营的投入与产出而定。实践中,有的营销者为了节约包装、广告等费用,降低产品价格,吸引低收入购买力,提高市场竞争力,也常采用无品牌策略。例如,在超市里就有无品牌产品,它们多是包装简易且价格便宜的产品。

必须说明的是,商品无品牌有些是由对品牌认识不足、缺乏品牌意识等原因造成的。当然,商品有无品牌不是一成不变的。随着品牌意识的增强,近年来,我国企业品牌化程度不断提高,农产品品牌(如"七河源"大米等)更是引人注目。

2. 品牌归属策略

确定产品应该有品牌以后,接下来就涉及如何抉择品牌归属的问题了。对此,企业有三种可供选择的策略:其一是企业使用属于自己的品牌,这种品牌叫作企业品牌或生产者品牌;其二是企业将其产品售给中间商,由中间商使用他自己的品牌将产品转卖出去,这种品牌叫作中间商品牌;其三是企业对部分产品使用自己的品牌,而对另一部分产品使用中间商品牌。

在以往的品牌运营实践中,由于产品的设计、产品的质量水平和产品特色等都决定于制造者,加之市场供求关系对生产企业的压力还不太大,所以,品牌几乎都为生产者或制造商所有。可以说,品牌是由制造商设计的制造标记。但是,随着市场经济的发展,市场竞争日趋激烈,品牌的作用日益为人们所认知,中间商对品牌的拥有欲望也越来越强烈。近年来,中间商品牌呈明显的增长之势。许多市场信誉较好的中间商(包括百货公司、超级市场、服装商店等)都争相设计并使用自己的品牌。例如,美国的 Sears 公司经销的商品 90% 都标有自己的品牌。中间商品牌的出现与发展掀起了新一轮更宽范围的品牌战。

企业选择生产者品牌还是中间商品牌,即品牌归属生产者还是中间商,要全面考虑各相关因素,综合分析得益损失,最关键还是要看生产者和中间商谁在这个产品分销链上居于主导地位,拥有更好的市场信誉和拓展市场的潜能。一般来讲,在生产者或制造商的市场信誉良好、企业实力较强、产品市场占有率较高的情况下,宜采用生产者品牌;相反,在生产者或制造商资金拮据、市场营销薄弱的情况下,不宜选用生产者品牌,而应以中间商品牌为主,或全部采用中间商品牌。必须指出,若中间商在某目标市场拥有较好的品牌忠诚度及庞大而完善的销售网络,即使生产者或制造商有自营品牌的能力,也应考虑采用中间商品牌,这是在进占海外市场的实践中常用的品牌策略。

3. 品牌统分策略

品牌，无论是属于生产者，还是归属于中间商，或者是两者共同拥有品牌使用权，都必须考虑对所有产品如何命名的问题。是大部分或全部产品都使用一个品牌，还是各种产品分别使用不同的品牌？如何对此进行决策事关品牌运营的成败。决策问题通常有以下四种可供选择的策略。

(1) 统一品牌，即企业所有的产品（包括不同种类的产品）都统一使用一个品牌。例如，飞利浦公司的所有产品（包括音响、电视、灯管、显示器等）都使用"PHILIPS"这个品牌，佳能公司生产的照相机、传真机、复印机等所有产品都统一使用"Canon"品牌。企业采用统一品牌策略能够降低新产品的宣传费用；可在企业的品牌已赢得良好市场信誉的情况下一步实现顺利推出新产品的愿望；同时也有助于显示企业实力，塑造企业形象。不过，不可忽视的是，若某一种产品因某种原因（如质量）出现问题，就可能影响全部产品和整个企业的信誉。此外，统一品牌策略也存在着易相互混淆、难以区分产品质量和档次等令消费者不便的缺憾。

(2) 个别品牌，是指企业对各种不同的产品分别使用不同的品牌。这种品牌策略可以保证企业的整体信誉不至于受其某种商品声誉的影响，使消费者识别不同档次、不同质量的商品，同时也有利于企业的新产品向多个目标市场渗透。当然，促销费用较高也是不可忽视的。

(3) 分类商品，即指企业对所有产品在分类的基础上各类产品使用不同的品牌。如企业可以将自己生产经营的产品分为器具类产品、妇女服装类产品、主要家庭设备类产品，并分别赋予其不同的品牌名称及品牌标志。这实际上是对前两种做法的一种折中。

(4) 企业名称加个别品牌。其做法是企业对其各种不同的产品分别使用不同的品牌，但需在各种产品的品牌前面冠以企业名称。例如，美国凯洛格公司采取这种品牌策略，推出"凯洛格富来卡米饼""凯洛格麸皮葡萄干"等。这种在各不同产品的品牌名称前冠以企业名称的做法，可以使新产品与老产品统一化，进而享受企业的整体信誉。与此同时，各种不同的新产品分别使用不同的品牌名称，又可以使不同的新产品各具特色。

4. 品牌扩展策略

统一品牌、个别品牌、分类品牌、企业名称加个别品牌这四种品牌策略，不管企业选择了哪一种，经过科学而有效的运营都有可能获得较好的品牌知名度和美誉度。那么，一个品牌获得较好的市场信誉，赢得了较高的品牌忠诚度以后，是否可用在其他产品上而使该品牌得以拓展或扩展呢？这也是品牌运营过程中的重要命题。品牌扩展就是指企业利用其成功品牌的声誉来推出改良产品或新产品。例如，中国海尔集团成功地推出了海尔(Haier)冰箱之后，又利用这个品牌及图样特征成功地推出了洗衣机、电视机等新产品。显然，如果不利用"海尔"这个成功的品牌，这些新产品就不一定能很快地进入市场。品牌扩展策略可以使新产品借助成功品牌的市场信誉在节省促销费用的情况下顺利地进占市场。

值得注意的是，品牌扩展策略是一把双刃剑。若已成功的品牌开发并投放市场的新产品不尽如人意，消费者不认可，也会影响该品牌的市场信誉。

5. 多品牌策略

品牌扩展因其市场进占成本较低而备受企业青睐,但并非所有的品牌都适合扩展,也并不是所有扩展的品牌都一定能扩展成功。若品牌扩展难以获得理想的预期效果,则新产品入市问题就只能借助新品牌,于是,企业产品品牌就会多起来。多品牌策略即是指企业同时为一种产品设计两种或两种以上互相竞争的品牌的做法。这种策略由宝洁公司(P&G)首创并获得了成功。在中国市场上,宝洁公司为自己生产的洗发液产品设计了三个品牌:飘柔、海飞丝和潘婷。宝洁公司洗发液产品的多品牌策略在中国获得了令人瞩目的市场业绩,飘柔、海飞丝和潘婷三个品牌的总市场占有率曾经达到了国内洗护用品市场的66.7%。企业运用多品牌策略可以在产品分销过程中占有更大的货架空间,进而压缩或挤占了竞争者产品的货架面积,为获得较高的市场占有率奠定了基础。而且还应看到,多种不同的品牌代表了不同的产品特色,多品牌可吸引具有多种不同需求的顾客,提高市场占有率。还需提及的是,由于多种不同的品牌同时并存必然使企业促销费用高且存在自身竞争的风险,因此,在运用多种品牌策略时,要注意各品牌市场份额的大小及变化趋势,适时撤销市场占有率过低的品牌,以免造成自身品牌过度竞争。

6. 品牌重新定位策略

品牌重新定位策略也称再定位策略,是指全部或部分调整改变品牌原有市场定位的做法。虽然品牌没有市场生命周期,但这决不意味着品牌设计出来就一定能使品牌持续到永远。要使品牌持续到永远,在品牌运营实践中还必须适时、适势地做好品牌重新定位工作。"七喜"的"非可乐"定位是品牌重新定位的成功范例。

受竞争者品牌迫近(竞争者品牌定位于本企业品牌附近,侵占了本企业的品牌市场份额)和部分消费者偏好变化(消费者改变对本企业品牌的信任,转购竞争者品牌的商品,使本企业品牌的市场占有率下降)等原因的影响,某一品牌即使在市场上的最初定位很好,随着时间的推移也需要重新定位。品牌重新定位的目的是使现有产品具有与竞争产品不同的特点,与竞争产品拉开距离。

企业在进行品牌重新定位时,要综合考虑两方面的影响因素。一方面,要考虑再定位成本,即把企业自己的品牌从一个市场定位点转移到另一个市场定位点所支付的成本费用,包括改变产品品质费用、包装费用和广告费用等。一般认为,重新定位的距离越远,其再定位成本就越高。另一方面,要考虑再定位收入,即把企业品牌定在新位置上所增加的收入。

阅读材料

"维他奶"的重新定位

"维他奶"原来定位为健康饮料,"饮维他奶,更高、更强、更健美"的广告语用了10年,这种定位,曾创造了辉煌的纪录。然而,随着时间的推移,各种新的、不同品牌的饮料相继登场。它们纷纷抓住年轻人的心理,突出其产品的时代感,相形之下,"维他奶"形象显得落伍了,市场占有率不断萎缩。后来其进行了重新定位,塑造品牌时髦、健康、受欢迎的新形象。新的定位通过富有时代气息的广告表现,既突出了产品优势,又深切地把握了年轻人的心理,其广告语很快成为社会流行的口头语。"维他奶"因此成为受年轻人欢迎的饮品,在激烈的市场竞争中稳固发展并扩大了市场。

二、产品包装

包装是商品生产的继续,商品只有经过包装才能进入流通领域,实现其价值和使用价值。商品包装可以保护商品在流通过程中品质完好和数量完整,同时,还可以增加商品的价值。此外,良好的包装还有利于消费者挑选、携带和使用。产品包装作为重要的营销组合要素,在营销实践中成为市场竞争中的一种重要手段。

(一) 包装的含义

包装是指对某一品牌的商品设计并制作容器或包扎物的一系列活动。也可以说,包装有两个方面的含义:其一,包装是指为产品设计、制作包扎物的活动过程;其二,包装就是指包扎物。一般来说,商品包装应该包括商标或品牌、形状、颜色、图案和材料等要素。

商标或品牌是包装中最主要的构成要素,应在包装整体上占据突出的位置。适宜的包装形状有利于储运和陈列,也有利于产品销售,因此,形状是包装中不可缺少的组合要素。颜色是包装中最具刺激销售作用的构成要素。突出商品特性的色调组合,不仅能够加强品牌特征,而且对顾客有强烈的感召力。图案包装如同广告中的画面,其重要性、不可或缺性不言而喻。包装材料的选择不仅影响包装成本,也影响着商品的市场竞争力。开发和选用新型材料是包装设计中的一项重要工作。此外,产品包装上还有标签。标签上一般都印有包装内容和产品所包含的主要成分、使用方法等,有些标签上还印有彩色图案或实物照片,以促进销售。

(二) 包装的作用

包装作为商品的重要组成部分,其营销作用主要表现在以下几个方面。

1. 保护商品

包装保护商品的作用主要表现在两个方面。其一是保护商品本身。有些商品怕震、怕压,需要包装来保护;有些商品怕风吹、日晒、雨淋、虫蛀等,也需要借助包装物来保护。其二是安全(环境)保护。有些商品属于易燃、易爆、放射、污染或有毒物品,对它们必须进行包装,以防泄漏造成危害。

2. 便于储运

有的商品外形不固定,或者是液态、气态,或者是粉状,若不对此进行包装,则无法运输和储藏。所以,良好的包装有助于储藏和运输,从而使商品保值,同时加快交货时间。

3. 促进销售

顾客对商品的第一印象不是来自产品的内在质量,而是它的外观包装。产品包装美观大方、漂亮得体,不仅能够吸引顾客,而且能刺激顾客购买。美国杜邦公司研究发现,63%的消费者根据商品包装做出购买决定。可以说,包装是无声的推销员。

4. 增加盈利

由于装潢精美、使用方便的包装能够满足消费者的某种心理需求,因此,消费者乐于按较高的价格购买。而且，包装材料本身也包含着一部分利润，可以说，包装能够增加企业的利润。

（三）包装设计的原则

"人要衣装，佛要金装"，商品要包装。重视包装设计是企业市场营销活动适应竞争需要的理性选择。一般来说，包装设计还应遵循以下几个基本原则。

1. 安全

安全是产品包装（包括运输包装和销售包装）最核心的作用之一，也是最基本的设计原则之一。在包装活动过程中，包装材料的选择及包装物的制作必须适合产品的物理、化学、生物性能，以保证产品不损坏、不变质、不变形、不渗漏等。这样做一方面可以保证商品质量完好、数量完整，另一方面可以保护环境安全。

2. 便于运输，便于保管与陈列，便于携带和使用

在保证产品安全的前提下，应尽可能缩小包装体积，以利于节省包装材料和运输、储存费用。销售包装的造型结构，一方面，应与运输包装的要求相吻合，以适应运输和储存要求；另一方面，要注意货架陈列的要求。此外，为方便顾客和满足消费者的不同需要，包装的体积、容量和形式应多种多样；包装的大小、轻重要适当，便于携带和使用（如在保证包装封口严密的条件下，要达到易打开）；为适应不同需要，还可采用单件、多件和配套包装等多种不同的包装形式。

3. 美观大方，突出特色

包装具有促销作用，主要是因为销售包装具有美感。美观大方的包装给人以美的感受，有艺术感染力，进而成为激发顾客购买的主要诱因。这客观要求包装设计要注重艺术性。与此同时，包装还应突出产品个性，这是因为包装是产品的组成部分，追求不同产品之间的差异化是市场竞争的客观要求，而包装是实现产品差异化的重要手段。富有个性、新颖别致的包装更易满足消费者的某种心理需求。

4. 包装与商品价值和质量水平相匹配

包装作为商品的包扎物，尽管有促销作用，但也不可能成为商品价值的主要部分。因此，包装应有一个定位。一般来说，包装与所包装的商品的价值和质量水平相匹配。经验数字告诉我们，包装不宜超过商品本身价值的 13% ~ 15%。若包装在商品价值中所占的比重过高，就会容易产生名不副实的感觉而使消费者难以接受；相反，价高质优的商品自然也需要高档包装来烘托商品的高雅贵重。

5. 尊重消费者的宗教信仰和风俗习惯

因为社会文化环境直接影响着消费者对包装的认可程度，所以，为使包装收到促销效果，在包装设计中，必须尊重不同国家和地区的宗教信仰和风俗习惯等社会文化环境下消费者对包装的不同要求，切忌出现有损消费者宗教情感、容易引起消费者忌讳的颜色、图案和文字。应该深入了解、分析消费者特性，区别不同的宗教信仰和风俗习惯，设计不同的包装，以适应目标市场的要求。

6. 符合法律规定，兼顾社会利益

法律是市场营销活动的边界。包装设计作为企业市场营销活动的重要环节，在实践中必须严格依法行事。例如，应按法律规定在包装上标明企业名称及地址；对食品、化妆

品等与人民身体健康密切相关的产品,应标明生产日期和保质期等。不仅如此,包装设计还应兼顾社会利益,努力减轻消费者负担,节约社会资源,禁止使用有害包装材料,实施绿色包装战略。

此外,还应注意满足不同运输商、不同分销商的特殊要求。

阅读材料

产品包装作用举例

苏州生产的檀香扇,历史悠久,闻名海内外。但是因为其包装简单、貌不惊人,最好的扇子在香港的售价也不过 65 元。当生产者意识到包装的重要作用后,采用成本 5 元的锦盒包装后售价高达 165 元,销售量也有大幅度增长。

贵州茅台号称国酒,可以说是白酒中的"国王"。在茅台改进包装前,国际市场上的价格仅为 20 美元,改进包装后,一下飙升到 125 美元。

下面是几个不重视包装或因包装不善而吃亏的例子。

(1) 榨菜:原产四川的榨菜,大坛装运,获利甚微;上海人买入,改为中坛,获利渐涨;香港人买之,小坛出售,获利又倍之;日本人买入,破坛,切丝,装铝铂小袋中,获利又倍之,与四川大坛获利,翻番又翻番矣。

(2) 乌龙茶:福建名产乌龙茶,日本人尤喜,几乎家家必备。我国连年出口皆以木桶储藏,抵香港后,日本人运输到加工厂,拆而熬制成乌龙茶水,装入易拉罐中,风靡全国,年销售量达 6 亿美元。

(3) 中华礼品唐三彩:一日,某人拜访一位重要客人,送唐三彩一套,当面开启,抽出纸条若干堆于桌上,又抽出纸条若干,堆于桌上,"彩"始露面,抚而视之,马尾已断,主客皆尴尬。

(四) 包装策略

符合设计要求的包装固然是良好的包装,但良好的包装只有同科学的包装决策结合起来才能发挥其应有的作用。可供企业选择的包装策略主要有以下几种。

1. 类似包装策略

该策略是指企业生产经营的所有产品,在包装外形上都采取相同或相近的图案、色彩等共同的特征,使消费者通过类似的包装联想起这些商品是同一企业的产品,具有同样的水平。类似包装策略不仅可以节省包装设计成本,树立企业整体形象,扩大企业影响,还可以充分利用企业已拥有的良好声誉,消除消费者对新产品的不信任感,进而带动新产品销售。它适用于质量水平相近的产品,但由于类似包装策略容易对优质产品产生不良影响,因此,大多数不同种类、不同档次的产品一般不宜采用这种包装策略。

2. 等级包装策略

该策略是指企业对自己生产经营的不同质量等级的产品分别设计和使用不同的包装。显然,这种依产品等级来配比设计包装的策略可使包装质量与产品品质等级相匹配,对高档产品采用精致包装,对低档产品采用简略包装,其做法适用不同需求层次消费者的购买心理,便于消费者识别、选购商品,从而利于全面扩大销售。当然,该策略的实施成本高于类似包装策略也是显而易见的。

3. 分类包装策略

该策略是指根据消费者购买目的的不同,对同一种产品采用不同的包装。例如,购买商品用作礼品赠送亲友,则可精致包装;若购买者自己使用,则可简单包装。此种包装策略的优缺点与等级包装策略相同。

4. 配套包装策略

配套包装就是指企业将几种有关联性的产品组合在同一包装物内的做法。这种策略能够节约交易时间,便于消费者购买、携带与使用,有利于扩大产品销售,还能够在将新旧产品组合在一起时使新产品顺利进入市场。但在实践中,还须注意市场需求的具体特点、消费者的购买能力和产品本身的关联程度大小,切忌任意配套搭配。

5. 再使用包装策略

该策略也称双重用途包装策略,即指包装物在被包装的产品消费完毕后还能够做他用的做法。我们常见的果汁、咖啡等的包装即属此种。由于这种包装策略增加了包装的用途,可以刺激消费者的购买欲望,有利于扩大产品销售,同时也可使带有商品商标的包装物在再使用过程中起到延伸宣传的作用。

6. 附赠品包装策略

该策略是指在包装物内附有赠品以诱发消费者重复购买的做法。包装物中的附赠品可以是玩具、图片,也可以是奖券。该包装策略对儿童和青少年以及低收入者比较有效。这也是一种有效的营业推广方式。

7. 更新包装策略

更新包装就是改变原来的包装。更新包装策略是指企业包装策略随着市场需求的变化而改变的做法。一种包装策略无效果,依消费者的要求更换包装,实施新的包装策略,可以改变商品在消费者心目中的地位,进而收到迅速恢复企业声誉之佳效。

第五节 新产品开发

一、新产品的概念和种类

新产品是指在某个市场上首次出现的或者是企业首次生产销售的整体产品。产品只要在功能或形态上得到改进,与原有的产品产生差异,并为顾客带来新的利益,都可视为新产品。

从现在市场营销学的角度来看,新产品可以分为以下六种基本类型。

(1)全新产品,即运用新一代科学技术革命创造的整体更新产品;(2)新产品线,即能够使一个企业首次进入一个新市场的产品;(3)现有产品线的增补产品,增补的新产品包括产品的型号、款式、大小等;(4)现有产品的改进或更新,对现有产品性能进行改进或注入较多的新价值;(5)再定位,进入新的目标市场或者改变原有产品市场定位,推出新产品;(6)成本减少,以较低成本推出同样性能的新产品。

二、新产品开发的方式

采用什么样的方式开发新产品,是企业进行新产品开发需要解决的重要问题,一般有以下四种方式可供企业选择。

(一)独立研制型

这是企业依靠自己的科研、技术力量研究开发新产品。这种方式可以密切结合企业的特点,容易形成本企业的产品系列,使企业在某一方面具有领先地位,但独立研制需要较多的费用。目前,我国许多大的公司、企业都有自己的研究机构进行新产品的独立研制。

(二)引进型

这是指利用已经成熟的制造技术,借鉴别人已经成功的经验开发新产品。采用这种方式不仅可以缩短开发新产品的时间,节约研制费用,而且可以促进技术水平和生产效率乃至产品质量的提高。但应注意,从生产企业引进的技术通常是别人已采用的,此时要认真分析市场的大小,分析自己的竞争能力。

(三)研制与引进相结合

在开发新产品的方式上采用两条腿走路,既重视独立研制,又重视技术引进,二者有机结合,互为补充,会产生更好的效果。目前,国内外企业采用这种方式开发新产品较为普遍。

(四)协作研制

协作研制是企业与企业、企业与科研单位、企业与教学部门等之间的协作。这种开发方式有利于充分利用社会的科研力量,弥补企业力量的不足,有利于把科技成果迅速转化为生产力,有利于发挥各方面的长处和力量。

三、新产品开发的必要性

(一)新产品开发是企业发展的生命线

在激烈的市场竞争中,不论是哪家企业,胜利和失败的决定性因素都取决于企业能不能用性能更好、质量更高、成本更低、款式更新的产品压倒对方,也就是能不能有新产品上市。因为产品的市场生命周期告诉我们,在知识经济时代,新技术转化为新产品的速度加快,产品的市场生命周期越来越短,因此企业需要不断开发市场需要的新产品,才能确保企业的持续发展。

(二)新产品开发是企业保持市场竞争优势的重要条件

企业竞争力的强弱往往体现在它的产品满足消费者的程度和产品的领先性方面,忽视科技进步、科技创新和市场新动向就会成为时代的落伍者,被市场淘汰。只有不断创造出适用市场需要的新产品并持续强化研究开发能力,才是企业生产力的源泉,才能保持企业的竞争优势。

(三)新产品开发是充分利用企业资源,增强企业活力的条件

一般来说,企业在生产主体产品时,往往会有许多资源得不到充分利用,若从这些资源利用的角度去开发新产品,必然能够降低成本。同时,企业不断创造新产品,才会有压力,才需要新人才、新技术、新工艺,职工的积极性和创造性才能充分发挥出来,从而激发企业的生机和活力。

(四)新产品开发是提高企业经济效益的重要途径

一个成功的企业,各种产品在其生命周期的各个阶段上应该平衡发展,也就是说,当某些产品处在成熟期时,另一些新产品已经开始推向市场;当某些产品开始出现衰退时,另一些产品进入快速增长期,这样的状态能够保持企业经济效益的稳定上升。实现这一目标的保证就是新产品的不断开发,还有,销售对路的新产品市场广阔,能实现规模经济效益;新产品使企业在拥有国内市场的同时进一步赢得国际市场;新产品在生产工艺、材料采用、污染控制上更符合环保要求,减少了对环境的污染;新产品使高新技术被广泛地应用到生产和生活的各个方面,方便了生产,提高了生活质量。这些都有利于提高企业的经济效益和社会效益。

四、新产品开发的程序

为了提高新产品开发的成功率,必须建立科学的新产品开发管理程序。不同行业的生产条件与产品项目不同,管理程序也有所差异,但一般企业研制新产品的管理程序大致如图7-4所示。

(一)新产品构思

构思是为满足一种新需求而提出的设想。在产品构思阶段,营销部门的主要责任是:寻找,积极地在不同环境寻找好的产品构思;激励,积极地鼓励公司内外人员发展产品构思;提高,将所汇集的产品构思转送公司内部有关部门,征求修正意见,使其内容更加充实。

营销人员寻找和搜集新产品构思的主要方法有以下几种。

1. *产品属性排列法*

这是指将现有产品的属性一一排列出来,然后探讨,尝试改良每一种属性,在此基础上形成新的产品创意。

2. *强行关系法*

强行关系法先列举若干不同的产品,然后把某一产品与另一产品或几种产品强行结合起来,产生一种新的构思。譬如,组合家具的最初构想就是把衣柜、写字台、装饰柜的不同特点及不同用途相结合,设计出既美观又实用的组合型家具。

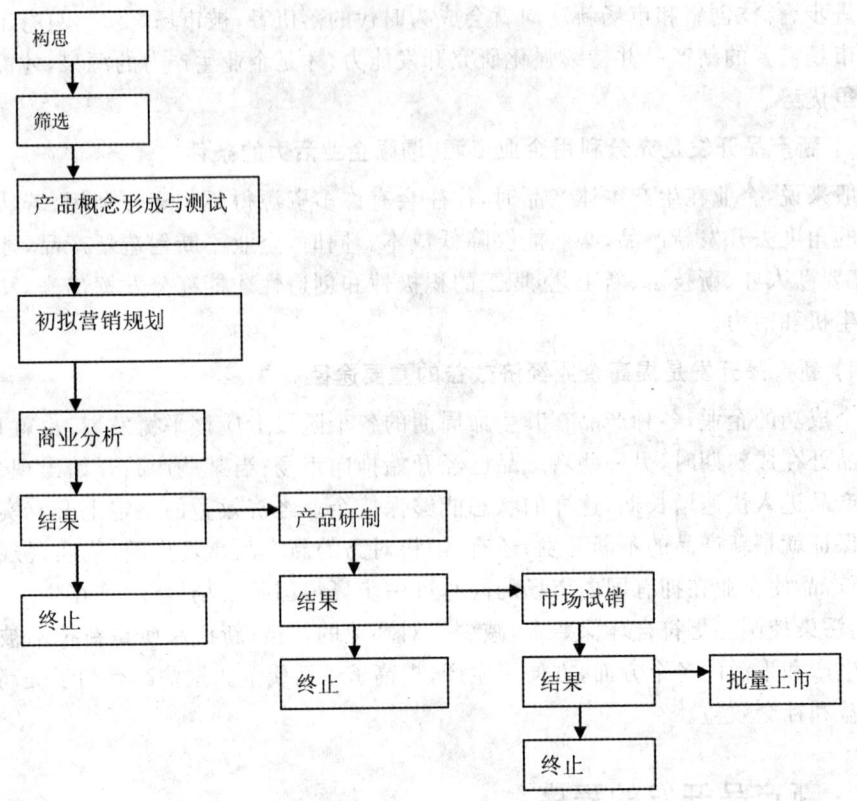

图 7-4 新产品开发管理程序

3. 多角分析法

这种方法首先将产品的重要因素抽象出来,然后具体地分析每一种特性,再形成新的创意。例如,洗衣粉最重要的属性是其溶解的水温、使用方法和包装,根据这三方面因素所提供的不同标准,便可以提出不同的新产品创意。

4. 聚会激励创新法

这种方法将若干名有见解的专业人员或发明家集合在一起(一般不超过 10 人为宜),开讨论会前提出若干问题并给予时间准备,会上畅所欲言,彼此激励,相互启发,提出种种设想和建议,经分析归纳,便可形成新产品构思。

5. 征集意见法

征集意见法指产品设计人员通过问卷调查、召开座谈会等方式了解消费者的需求,征求科技人员的意见,询问技术发明人、专利代言人、大学或企业的实验室、广告代理商等的意见,并且坚持形成制度。

(二) 筛选

筛选的主要目的是选出那些符合本企业发展目标和长远利益,并与企业资源相协调的产品构思,摒弃那些可行性小或获利较少的产品构思。筛选应遵循如下标准。

1. 市场成功的条件

市场成功的条件包括产品的潜在市场成长率、竞争程度及前景、企业能否获得较高的收益。

2. 企业内部条件

企业内部条件主要衡量企业的人、财、物资源,及企业的技术条件和管理水平是否适合生产这种产品。

3. 销售条件

此项是指企业现有的销售结构是否适合销售这种产品。

4. 利润收益条件

此项是指产品是否符合企业的营销目标,其获利水平及新产品对企业原有产品销售有何影响。这一阶段的任务是剔除那些明显不适当的产品构思。

筛选新产品构思可通过新产品构思评审表进行。表7-2是一份比较典型的新产品构思评审表。

表7-2 新产品构思评审表

产品成功的必要条件	权重(A)	公司能力水平(B)											得分数
		0.0	0.1	0.2	0.3	0.4	0.5	0.6	0.7	0.8	0.9	1.0	
公司信誉	0.20												
市场营销	0.20												
研究与开发	0.20												
人员	0.15												
财务	0.10												
生产	0.05												
销售地点	0.05												
采购与供应	0.05												
总计	1.00												

分等级:0.00~0.40为"劣";0.41~0.75为"中";0.76~1.00为"良"。目前可以接受的最低分数为0.70。

表中第一栏是某新产品成功的条件;第二栏是按照这些条件在进入市场时的重要程度分别给予不同的权重;第三栏是对某新产品成功打入市场的能力给予不同的评分;最后汇总,即(A)×(B),得数相加,表示这个产品投放市场是否符合本企业的目标和战略的综合评分。

在筛选阶段,应力求避免两种偏差。一种是漏选良好产品构思,对其潜在价值估价不足,失去发展机会;另一种是采纳了错误的产品构思,仓促投产,造成失败。

(三)产品概念的形成与测试

新产品构思经筛选后,需进一步发展更具体、明确的产品概念。产品概念是指已经成型的产品构思,即用文字、图像、模型等予以清晰阐述,使之在顾客心目中形成一种潜在的产品形象。一个产品构思能够转化为若干个产品概念。

阅读材料

一家食品厂打算生产一种口味鲜美的营养奶制品,这种产品既有较高的营养价值,又具有特殊鲜美的味道,食用简单方便,只需加开水冲饮。这是一种奶制品构思,为了形成鲜明的产品形象,则需要转化为产品概念。为此,企业在产品概念中应回答以下问题:

(1) 目标市场消费者是儿童、成人、病人还是老人?
(2) 使用者从产品中得到的主要益处是营养、方便、美味、提神还是健身?
(3) 适合作早餐、午餐、晚餐还是夜宵饮用?

根据这些问题,企业就可以形成这样几个明确的产品概念:概念一,为中小学生提供的一种快速早餐饮料,提供充分的蛋白质、维生素等营养价值;概念二,一种可口的快餐饮料,供成年人中午饮用提神;概念三,一种康复饮品,适合老年人夜间就寝时饮用。

每一个产品概念都要进行定位,以了解同类产品的竞争状况,选择最佳的产品概念。选择的依据是未来市场的潜在容量、投资收益率、销售成长率、生产能力以及对企业设备和资源的充分利用等,可采取问卷方式将产品概念提交目标市场有代表性的消费者群进行测试、评估,如上述三种产品概念的问卷可以包括下列问题:你认为这种饮品与一般奶制品相比有什么优点?该产品是否能够满足你的需求?与同类产品比较,你是否偏好此产品?你能否对产品属性提供某些改进的建议?你认为价格是否合理?产品投入市场,你是否会购买(肯定买、可能买、可能不买、肯定不买)?问卷调查可帮助企业确立吸引力最强的产品概念。

(四) 初拟营销规划

企业选择了最佳的产品概念之后,必须制订把这种产品引入市场的初步市场营销计划,并在未来的发展阶段中不断完善。初拟的营销计划包括三个部分:(1) 描述目标市场的规模、结构、消费者的购买行为、产品的市场定位以及短期(如三个月)的销售量、市场占有率、利润率预期等;(2) 概述产品预期价格、分配渠道及第一年的营销预算;(3) 分别阐述较长期(如3~5年)的销售额和投资收益率,以及不同时期的市场营销组合等。

(五) 商业分析

商业分析即从经济效益分析新产品概念是否符合企业目标,包括两个具体步骤:预测销售额和推算成本与利润。预测新产品销售额可参照市场上类似产品的销售发展历史,并考虑各种竞争因素,分析新产品的市场地位、市场占有率等。

(六) 新产品研制

新产品研制主要是将通过商业分析后的新产品概念交送研发部门,并且生产成产品模型或样品,同时进行包装的研制和品牌的设计。这是新产品开发的一个重要步骤,只有通过产品试制,投入资金、设备和劳力,才能知道产品概念在技术、商业上的可行性如何。应当强调,新产品研制必须使模型或样品具有产品概念所规定的所有特征。

(七) 市场试销

新产品试销应对以下问题做出决策:(1) 试销的地区范围,试销市场应是企业目标市场的缩影;(2) 试销时间,试销时间的长短一般根据该产品的平均重复购买率决定,再购率高的新产品,试销的时间应当长一些,因为只有重复购买才能真正说明消费者喜欢新产品;(3)试销中所要取得的资料,一般应了解首次购买情况(试用率)和重复购买情况(再购率);(4)试销所需要的费用开支;(5)试销成功后需进一步采取的战略行动。

(八) 商业性投放

新产品试销成功后,就可以正式批量生产,全面推向市场。这时,企业要支付大量费用,而新产品投放市场的初期往往利润微小,甚至亏损,因此,企业在此阶段应在产品投放市场的时机、区域、目前市场的选择和最初的营销组合等方面做出慎重决策。

课 后 训 练

【关键词】

产品整体概念 产品组合 产品市场生命周期 品牌 包装 新产品开发

【思考题】

1. 何谓产品整体概念?产品整体概念的营销意义是什么?
2. 何谓优化产品组合?通过哪些步骤或途径来实现?
3. 什么是产品生命周期?产品生命周期各阶段有哪些市场特征?
4. 请阐述引入期和成熟期的市场策略。
5. 新产品开发要经过哪些主要管理阶段,每个阶段需要解决的主要问题是什么?
6. 品牌策略主要有哪几种?应如何选择与选用?

【案例分析】

娃哈哈的品牌延伸

莎士比亚说过,玫瑰不管取什么名字都是香的。实际上并不尽然。有人说创名牌从起名开始,这一说法有其道理。娃哈哈集团的品牌中,"娃哈哈""非常"都很有创意,在品牌名称上,似乎就已胜出。"娃哈哈"这个名称来自那首知名歌曲"我们的祖国是花园,花园里花儿真鲜艳……娃哈哈,娃哈哈,每个人脸上都笑开颜",当时还引起一场知识产权风波。"娃哈哈"这一名称容易传播,大众化,极具亲和力,大众、亲和、健康、欢乐就是其内涵。当然,也有不少人从品牌视觉(名称、吉祥物)联想角度出发,认为"娃哈哈"是一个儿童专属品牌,不宜向成人产品延伸。对此,娃哈哈集团认为,"娃哈哈"并非仅限于儿童概念,是一个儿童、成人通用性品牌。在产品开发和市场推广实践中,"娃哈哈"似乎也在努力淡化其儿童概念,以便为品牌创造一个更大的发展空间。到目前为止,"娃哈哈"的品牌延伸是很成功的,因为其延伸并未脱离品牌核心概念。

"非常"是娃哈哈集团的另一个品牌。"非常"(future,未来)这个名称响亮大气、时尚、优越、欢乐、泛义。推出"非常可乐"时,也有人主张沿用"娃哈哈",但是最终选择了另创品牌之路。"非常"品牌的推出,弥补了"娃哈哈"概念上的不足,如时尚、优越感等要素,也拓宽了集团品牌的定义域。更为重要的是,要挑战可口可乐,用"娃哈哈"品牌不足以显示其气势和差异,就中文名称而言,"非常"显然不逊于"可口"和"百事"。

可以设想,将来娃哈哈集团会形成类似宝洁的产品品牌格局:一个产品(产品经理辖下)两个品牌,如"娃哈哈"茶饮料与"非常"茶饮料并行,夺取更大的货架空间,并显示不同的产品定位,针对不同的目标消费群("非常"定位高于"娃哈哈")有多种产品;两个品牌在集团战略框架下有机整合,有分有合,分合自如。

娃哈哈集团从儿童营养液起步,目前形成五大战略业务单元(SBU):奶制品(乳酸奶、纯牛奶)、水(纯净水)、茶、可乐(非常可乐、非常柠檬、非常甜橙)和八宝粥。在国内市场占有率方面,目前除了碳酸饮料屈居"两乐"之后,茶在追赶"统一""康师傅"外,水、八宝粥和奶制品均保持业内第一的地位,可以说是做一个成功一个。"娃哈哈"产品线丰满是其一大竞争优势,业内竞争对手单薄的产品线难以与其多系列产品相抗衡。"娃哈哈"的品牌战略是在饮料行业内相关多元化发展,由于"多角化","娃哈哈"可以把握商机,滚动开发增长点,将企业做大做好。由于"相关相连","娃哈哈"可以资源共享,降低成本,学习和积累专业经验,提高决策和运作水平;"娃哈哈"各类相关产品可以共享网络平台,使网络成为真正的"航空港";"娃哈哈"在生产工艺、生产线、研发成果、人力资源等方面也有一定的共享性,如可实现季节交替生产,保证生产的平衡性;此外,"娃哈哈"的供应链优势得到了发挥,而未来企业间的竞争将主要表现在供应链之间的竞争。产品系列的相关性使得"娃哈哈"更容易形成核心竞争力,进而有助于集团做强。

娃哈哈集团的多角化战略可以有多种选择:一是沿袭儿童概念,开发儿童饮料以外的儿童服装、玩具等产品,但属于不相关多角化,企业将进入多个陌生领域,可能难以做强;二是集中在饮料这一专业领域内多点开发,这是"娃哈哈"目前的选择;三是"娃哈哈"规划的饮料、保健品、医药三大产品领域架构。

案例思考题:
1. "娃哈哈"品牌战略思想体现在哪些方面?
2. 从相关多角化战略分析如何支配产品组合。

【实训项目】

实训目的:

熟悉产品的整体概念、产品组合策略、品牌与包装策略、新产品开发策略、产品市场生命周期策略等的原理与应用。

实训组织:

在教师指导下,由学生按照已定的 4 人为一组研究性学习项目小组,确定项目负责人,并经教师确认选择 2～3 个类型的产品作为研究样本。

实训要求:

由小组组织市场调研,针对样本产品的整体概念、市场生命周期等问题收集市场信息,确定所研究产品的整体概念和市场生命周期阶段。根据研究结论,针对该产品的竞争和营销现状提出改进方案。

具体包括如下内容:

(1) 分析阐述该产品的产品整体概念。

(2) 该产品目前处于生命周期的什么阶段?有哪些市场特点?拟采取的营销策略有哪些?

(3) 如何进一步开发该产品组合?

(4) 该产品的品牌能否延伸,包装可否进一步调整?

(5) 根据研究结论,针对该产品的竞争和营销现状提出改进方案。

第八章　定价策略

【本章学习目标】

1. 理解产品定价的目标。
2. 掌握产品定价的基本方法。
3. 熟悉产品定价的策略和技巧。
4. 掌握价格调整策略和竞争中的价格变动策略。

【能力目标】

能够运用定价策略引导、管理企业的定价活动。

【导入案例】

休布雷公司对沃尔酿酒公司的反攻

休布雷公司在美国伏特加酒的市场中,属于营销出色的企业,他们生产的史密诺夫酒在伏特加酒的市场上占有率达23%,其品牌已在消费者心目中形成了一定的影响。20世纪60年代初,沃尔酿酒公司推出了一种新型的伏特加酒,其质量不比史密诺夫酒低,而每瓶的价格却比史密诺夫酒低1美元。按照惯例,休布雷公司有以下三条对策可用:第一,降价1美元,以保住市场占有率;第二,维持原价,通过增加广告费用和推销支出与竞争对手竞争;第三,维持原价,听任市场占有率降低。由此看来,不论休布雷公司采取上述哪种策略,都很被动,似乎将是输定了。但是,该公司的人员经过深思熟虑后,却采取了令人们大吃一惊、意想不到的第四种策略。那就是史密诺夫酒的价格再提高1美元,同时推出一种与竞争对手的新伏特加酒一样的瑞色加酒和另一种价格更低的波波酒。实际上这三种酒的成本、制作工艺和味道都差不多,但在消费者心目中留下的印象却不一样。它使沃尔酿酒公司出的新型伏特加酒在价格上处于休布雷公司产品的"夹击"之中,消费者无论是想喝好一点的伏特加酒还是喝便宜一点的伏特加酒,或者喝原先的伏特加酒,都有可能选购休布雷公司的产品。休布雷公司的这一做法为该公司巩固和扩大市场份额奠定了坚实的基础。

定价策略是给所有买者规定一个价格,是一个比较近代的观念。它形成的动因是19世纪末大规模零售业的发展。历史上,多数情况下,价格是作为买者做出选择的主要决定因素在起作用;在最近的10多年里,在买者选择行为中非价格因素已经相对地变得更重要了。但是,价格仍是决定公司市场份额和盈利率的最重要因素之一。在营销组合中,价格是唯一能产生收入的因素,其他因素表现为成本。

第一节 影响定价的因素

定价策略在营销组合中是一个十分关键的组成部分。价格通常是影响交易成败的重要因素,同时又是市场营销组合中最难以确定的因素。企业定价的目标是促进销售,获取利润。这就要求企业既要考虑成本的补偿,又要考虑消费者对价格的接受能力,从而使定价策略具有买卖双方双向决策的特征。此外,价格还是市场营销组合中最灵活的因素,它可以对市场做出灵敏的反应。

一、产品价格构成

产品价格构成,是指组成产品价格的各个要素及其在价格中的组成情况。从市场营销角度来看,产品价格的具体构成为:

价格＝生产成本＋流通费用＋税金＋利润

二、影响产品定价的因素

企业为使自己的产品被消费者所接受,实现经营目标,需要制定适当的价格。而消费者对产品价格的接受程度是由多方面因素决定的。企业在制定价格时必须充分考虑影响和制约价格策略选择的各方面因素。

(一) 企业外部因素对产品定价的影响

成本是企业进行经济核算的工具,成本的高低主要取决于企业的技术水平和内部管理水平。与成本不同,价格的高低除受企业自身成本水平影响外,还要受外部因素的制约。因此,在价格决策过程中,企业在充分考虑内部因素制约的同时,更需要充分考虑外部因素的制约,主要包括以下几个方面。

1. 市场结构

企业定价随不同的市场类型发生变化。按市场竞争的程度,可以分为完全竞争、垄断竞争、寡头垄断和完全垄断四种市场类型。每一种类型对产品定价产生不同的影响。

(1) 完全竞争,是指没有任何垄断因素的市场状况。其主要特征是:同种产品有许多生产者,各企业的产品没有差别,且产量在市场销售总量中比重很小,没有一个企业能够垄断市场和控制价格。在完全竞争的市场上,企业不可能采用提价的办法多获利润,只能通过提高劳动生产率和节约各种费用开支的途径使本企业的成本低于同行业的平均成本来获得更多的利润。在完全竞争的市场中,定价活动几乎没什么作用或根本发挥不了作用。

(2) 垄断竞争,是指既有垄断又有竞争的市场状况。垄断竞争介于完全竞争和完全垄断之间,是现代市场经济中普遍存在的典型竞争形式。其主要特征是:同类产品在市场上有较多的生产者,市场竞争激烈,由于产品存在着差异性,少数拥有某种优势的企业产生了一定的垄断因素,可以对市场价格起较大的影响。在这种状况下,企业应努力开发不同的市场供应产品,以便适应不同购买者细分市场的需要。由于存在众多的竞争者,在垄断竞争市场中,企业较少受竞争者市场营销战略的影响。

(3) 寡头垄断,是指某种产品的绝大部分由少数几家企业垄断的市场状况。其主要特征是:少数企业共同占有大部分的市场份额,并控制和影响市场价格,个别企业难以单独改变价格。如果某个寡头垄断者减价,它未必能得到其期望的东西;同样,如果某个寡头垄断者抬高价格,它的竞争者也并不会跟着抬高价格。因而在寡头垄断的情况下,企业彼此价格接近,企业的成本意识较强。

(4) 完全垄断,是指一种产品完全由一家或极少数几家企业所控制的市场状况。其主要特征是:企业没有竞争对手,独家或少数几家企业联合控制市场价格,主要通过市场供给量调节市场价格。完全垄断只有在特定的条件下才能形成。例如,拥有资源垄断、专卖、专利产品的企业,就可能处于垄断地位。完全垄断市场使企业缺乏降低成本的外在压力,导致销售价格提高及生产效率低下,社会资源配置不佳。

2. 社会经济状况

社会经济状况从多方面影响产品价格的变化,社会经济周期性的变化直接影响市场的繁荣或疲软,并决定价格总水平的变化。一般来说,经济高速发展,人们收入水平增长较快,易出现总需求膨胀,引起价格总水平上涨;而在经济调整期,经济发展速度放慢,人们收入水平增长缓慢,易出现有效需求不足,物价总水平基本稳定或有所下降。经济繁荣期,货币的购买力强,人们对价格变动的敏感性减弱,有利于企业自由地为产品定价。

3. 顾客需求

企业每制定一种价格,都要深入研究价格变动对需求变动的影响程度,以及这些变动对企业的营销目标有何影响,这就需要分析需求弹性(demand elasticity)。需求弹性是指价格变动引起的需求量相应变化的程序,它反映需求对价格变动反应的灵敏度。假如价格发生变动时,需求量几乎不变,我们就说需求无弹性;相反,需求量变化很大时,我们就说需求有弹性。需求弹性用弹性系数 E 表示,该系数是需求量变化的百分比与价格变化的比值。其公式为:

$$需求弹性(E)=需求量的变化(\%)/价格的变化(\%)$$

不同产品具有不同的需求弹性,需求弹性的强弱可影响企业的价格决策。需求弹性的类型主要有以下三种。

(1) E=1,反映需求量与价格等比例变化。在这种情况下,卖方总收入保持不变,即销售量虽然减少,但价格的提高使总收入不变。这类产品价格的上升或下降会引起需求量同幅度地减少或增加。企业定价时,可选择实现预期盈利率为价格依据或选择通行的市场价格,同时将其他市场营销措施作为提高盈利率的主要手段。

(2) E>1,反映需求量变动的百分比大于价格变动的百分比,称为需求弹性大或富于弹性。此类产品,价格的升降会引起需求量较大幅度地下降或上升。企业定价时,应通过降低价格、薄利多销达到增加盈利的目的。

(3) E＜1，反映需求量变化的百分比小于价格变化的百分比，称为需求弹性小或缺乏弹性。此类产品，价格的升降会引起需求量较小程度地变化。企业定价时，高价往往会增加盈利，低价对需求量刺激效果不明显，薄利反而会减少企业收入。

需求弹性是由什么决定的呢？在下列情况下，需求可能比较缺乏弹性：
(1) 替代品很少或没有；
(2) 没有竞争对手；
(3) 买方较少在意价格；
(4) 产品总成本远远低于买方的收入；
(5) 费用由他人负担时，买方也较少在意价格。

4. 竞争者行为

竞争对手产品的价格也是影响企业定价的重要因素之一。市场的需求和企业的成本分别为产品的价格确定了上限和下限。在上、下限幅度内，企业能把产品价格定得多高，则取决于竞争对手的同种产品的价格水平。在竞争激烈的市场上，同类产品的竞争是全面的竞争，企业定价时必须考虑竞争对手的同种产品的成本、可能的价格水平以及竞争对手对该企业定价可能会做出的反应。因此，企业必须采取适当的方式了解竞争对手所提供的产品质量和价目表。企业只有通过合法途径尽量获取竞争对手有关方面的市场信息，通过比较和分析，才能制定出具有竞争性的价格。此外，企业的定价战略会影响企业所面对的竞争的性质。如果企业采取高价格、高利润的战略，就会引来竞争；而低价格、低利润的战略，就可以阻止竞争者进入市场。

一旦企业了解了竞争对手的价格和产品，就可能将它作为自己定价的出发点。若企业的产品与主要竞争对手的产品十分相似，则产品定价应与竞争对手相近。若企业产品不如竞争对手的产品，定价则不能高于竞争对手的价格。若企业产品质量较高，则定价可以高于竞争对手的价格。还需指出的是，竞争对手会根据企业的价格做出相应的价格调整，企业必须对此有充分的认识。

5. 政府干预

市场经济的发展，价值规律、供求规律和竞争规律等的自发作用，会产生某些无法自我完善的弊端。政府总是要通过运用经济、法律和行政手段对经济运行进行调控，甚至是直接对市场价格进行宽严程度不同的管制。政府制定了一系列的政策和法规对市场价格进行管理，并采取各种改革措施，建立与市场经济相适应的价格管理体制。政府这些政策、法规和改革措施，既有监督性的，也有保护性的，还有限制性的。它们在市场经济活动中制约着市场价格的形成，是各类企业制定价格的重要依据。因此，企业在日常经营和定价过程中应密切注意以下几方面：货币政策、财政政策、贸易政策、法律和行政调控体系对市场流通和价格的管制措施等。

阅读材料

天价楼盘"汤臣一品"的市场宿命

2005年10月底，中国的豪宅纪录被黄浦江畔"汤臣一品"刷新，均价高达12万每平方米;大半年后,"汤臣一品"又创造了一项纪录——250多天没有售出一套房子。到2006年8月,"汤臣一品"似乎出现了转机,售出一套,预定三套。然而好景不长,2007年6月,上海掀起一轮房地产市场秩序整顿"风暴",上海市房屋土地资源管理局宣布,为更好地执行建设部、国土资源部等八部门联合下发的《关于开展房地产市场秩序专项整治的通知》,将对上海房地产企业进行专项检查,首批专项检查对象为"汤臣一品""嘉和国际大厦""经纬城市绿洲"等三个商品房开发项目,其中,"汤臣一品"因其定价是市场价格的26倍,成为重点整治对象。至此,"汤臣一品"的价格神话几近破灭。

(二) 企业内部因素对产品定价的影响

1. 产品成本

产品在生产与流通过程中要耗费一定数量的物化劳动和活劳动并构成产品的成本。成本是影响产品价格的主要因素。企业产品定价以成本为最低界限,产品价格只有高于成本,企业才能补偿生产上的耗费,从而获得一定盈利,但是这并不排除短时期在个别产品上价格低于成本。在市场竞争中,产品成本低的企业,对价格制定拥有较大的灵活性,在市场竞争中将占有有利地位,能获得较好的经济效益;反之,在市场竞争中就会处于被动地位。

2. 产品特征

因不同产品是为满足不同层次的市场需求,产品本身的特点将直接影响到企业价格策略的选择。应考虑的主要方面包括以下几点。

(1) 产品满足的需求层次。产品满足消费者需要的不同,使消费者对各类产品注重的因素会有所不同,其需求价格弹性会存在较大差异。便利品的价格受到重视,而特殊品的品牌知名度的影响力要比价格因素重要得多。

(2) 产品的质量。产品质量是影响产品定价的重要内在因素。据经验,仅就产品质量与价格的关系而言,企业有三种定价策略可以选择,如表8-1所示。

表 8-1 产品质量与价格的关系

产品质量 \ 价格	高	中	低
高	报酬策略	渗透策略	超级买卖策略
中	高价策略	一般质量策略	便宜货策略
低	一锤子策略	次货策略	廉价策略

按质论价分为优质高价、中质中价、低质低价,物美价廉分为优质中价、高质低价、中质低价,质次价高分为中质高价、低质高价、低质中价。

(3) 产品生命周期的不同阶段。在产品生命周期的不同阶段,成本和销量差别很大,企业应配合其他营销组合针对不同情况制定不同的价格。在引入期,成本费用较高,因而该阶段价格水平较高,但定价不能过高而影响产品销路。在成长期,成本费用水平大幅度下降,市场销售量扩大,价格应有条件地下调。在成熟期,市场竞争加剧,这时,定价应以保持企业的市场份额为主要目标,采用竞争性的低水平价格。在衰退期,产品趋于淘汰,销售疲软,企业应大幅度降价,以便尽快将有限的资金转入新产品的生产或经营。

3. 企业实力

企业价格决策的运用要以强大的企业实力为后盾,资金实力雄厚、技术力量强和设备好的企业,在定价过程中拥有优势,而实力不足的企业,就不敢轻易卷入价格战。当企业准备采取竞争导向定价,与竞争对手之间展开直接的价格竞争时,竞争的成败将取决于谁的经济实力强,能够在较长时间内维持比竞争者更低的价格。

4. 销售渠道与促销宣传

销售渠道的建设和选择,中间环节的多少,直接决定着销售费用的高低,从而直接影响着产品的价格。销售渠道的开辟与畅通,促销宣传活动的开展,体现着企业的营销能力。营销能力强的企业,在定价时的回旋余地较大。

5. 企业的整体营销战略与策略

企业在从事市场营销活动过程中,需要制定市场营销战略与策略。各个市场营销决策之间需要协调配合,形成一个有机的整体,构成一个营销决策体系。价格策略作为营销决策体系的重要组成部分,既要服从于市场营销战略目标的实现,又要配合其他各项决策的制定与实施。

三、定价目标

定价目标,是指企业在对其生产或经营的产品制定价格时,有意识地要求达到的目的。它是指导企业进行价格决策的依据。定价目标的确定必须服从于企业营销总目标,并且与其他营销目标相协调。一般来说,企业价格决策的目标主要包括以下几个方面。

(一) 利润目标

利润目标是企业定价的重要组成部分,获取利润是企业生存和发展的必要条件,是企业经营的直接动力和最终目的。因此,利润目标为大多数企业所采用。由于企业的经营哲学及营销总目标不同,这一目标在实践中有两种形式。

(1) 追求最大利润为目标。最大利润有长期和短期之分,还有单一产品最大利润和企业全部产品综合最大利润之别。一般而言,企业追求的应该是长期的、全部产品的综合最大利润,这样,企业就可以取得较大的市场竞争优势,占领和扩大更多的市场份额,拥有更好的发展前景。当然,一些中小型企业、产品生命周期短的企业、产品在市场上供不应求的企业等,也可以谋求短期最大利润。

最大利润目标并不必然导致高价,价格太高会导致销售量下降,利润总额可能因此而减少。有时,高额利润是通过采用低价策略,待占领市场后再逐步提高价格来获得的;有时,企业可以采用招徕低价策略,对部分产品定低价,赔钱销售,以扩大影响,招徕顾客,带动其他产品的销售,进而谋取最大的整体效益。

(2) 以获取适度的利润为目标。它是指企业在补偿社会平均成本的基础上,适当地加上一定量的利润作为商品价格,以获取正常情况下合理利润的一种定价目标。以最大利润为目标,尽管从理论上讲十分完美,也十分诱人,但是实际运用起来时常会受到各种限制。所以,很多企业按适度原则确定利润水平,并以此为目标制定价格。采用适度利润目标有各种原因,以适度利润为目标使商品价格不会显得太高,从而可以阻止激烈的市场竞争。某些企业也会为了协调投资者和消费者的关系,树立良好的企业形象,以适度利润为其目标。

由于以适度利润为目标确定的价格不仅可以使企业避免不必要的竞争,还能使其获得长期利润,而且由于价格适中,消费者愿意接受,还符合政府的价格指导方针,因此这是一种兼顾企业利益和社会利益的定价目标。需要指出的是,适度利润的实现必须充分考虑产销量、投资成本、竞争格局和市场接受程度等因素,否则,适度利润只能是一句空话。

(二) 销售额目标

这种定价目标是在保证一定利润水平的前提下,谋求销售额的最大化。某种产品在一定时期、一定市场状况下的销售额由该产品的销售量和价格共同决定,因此销售额的最大化既不等于销量最大也不等于价格最高。对于需求弹性较大的商品,降低价格而导致的损失可以由销量的增加得到补偿,因此企业宜采用薄利多销的策略,保证在总利润不低于企业最低利润的条件下,尽量降低价格,促进销售,扩大利益;反之,若商品的需求弹性小时,降价会导致收入减少,而提价则使销售额增加,企业应该采用高价、厚利、限销的策略。

采用销售额目标时,确保企业的利润水平尤为重要。这是因为销售额的增加并不必然带来利润的增加。有些企业的销售额上升到一定程度,利润就很难上升,甚至销售额越大亏损越多。因此,销售额和利润必须同时考虑,在两者发生矛盾时,除非是特殊情况(如为尽快地回收现金),应以保证最低利润为原则。

(三) 市场占有率目标

市场占有率又称市场份额,是指企业的销售额占整个行业销售额的百分比,或者是指某企业的某产品在某市场上的销量占同类产品在该市场销售额的比重。市场占有率是企业经营状况和企业产品竞争力的直接反映。作为定价目标,市场占有率与利润的相关性很强,从长期来看,较高的市场占有率必然带来高利润。美国市场营销战略影响利润系统的分析指出:当市场占有率在10%以下时,投资收益率大约是8%;市场占有率在10%～20%时,投资收益率在14%以上;市场占有率在20%～30%时,投资收益率在22%;市场占有率在30%～40%时,投资收益率在24%;市场占有率在40%以上时,投资收益率在29%,因此,以销售额为定价目标具有获取长期较好利润的可能性。

市场占有率目标在运用时存在着保持和扩大两个互相递进的层次,保持市场占有率的定价目标的特征是根据竞争对手的价格水平不断调整价格,以保证足够的竞争优势,防止竞争对手占有自己的市场份额。扩大市场占有率的定价目标就是从竞争对手那里夺取市场份额,以达到扩大企业销售市场乃至控制整个市场的目的。

(四) 稳定价格目标

稳定的价格通常是大多数企业获得一定目标收益的必要条件,市场价格越稳定,经营风险也就越小。稳定价格目标的实质是通过本企业产品的定价来左右整个市场的价格,避免不必要的价格波动。按这种目标定价,可以使市场价格在一个较长的时期内相对稳定,减少企业之间因价格竞争而产生的损失。

为达到稳定价格的目的,通常情况下是由那些拥有较高的市场占有率、经营实力较强或较具有竞争力和影响力的领导者先制定一个价格,其他企业的价格则与之保持一定的距离或比例关系。对大企业来说,这是一种稳妥的价格保护政策;对中小企业来说,由于大企业不愿意随便改变价格,竞争性减弱,其利润也可以得到保障。在钢铁、采矿业、石油化工等行业内,稳定价格目标得到最广泛的应用。

(五) 对付和防止市场竞争目标

在竞争环境中,价格竞争是市场竞争的重要方面。用价格去应付竞争是一种相应对策,也就是用价格作为竞争的一种手段,以追求一定的定价目的;用价格去防止竞争,是指以对市场价格有决定影响的竞争者的价格为基础,去制定本企业的产品价格。其定价的目标既可能是为了应付竞争,对竞争者挑起的价格竞争进行反击,也可能是为了预防潜在的竞争,通过价格设置一道看不见的进入障碍。在这里,值得说明的是后一种情形。在生产某种产品的技术水平和成本水平一定的情况下,产品价格的高低就代表了利润水平的高低。企业为投入市场的产品制定高价,既可能在较短的时期内为企业带来较多的利润回报,同时也可能吸引大量竞争者的进入。而制定低价,企业在短期内获取的利润可能是有限的,但低价意味着较低的利润水平,也就降低了本行业对潜在进入者的吸引力,从而降低了企业在未来可能面临的竞争压力。

(六) 树立和改善企业形象目标

良好的企业形象是企业的无形资产和宝贵财富,是企业成功地运用了市场营销组合策略取得了消费者信任、长期积累的成果。因此,企业对此不可小视。企业形象同样也体现在定价决策中。以树立和改善企业形象为定价目标,首先,要考虑价格水平能否被目标消费者群所接受,是否与他们期望的价格水平相接近,是否有利于企业整体策略的有效实施;其次,产品价格要使人感到质价相称,货真价实,定价整体应具有一定特色,或以价廉物美著称,或以价格稳定见长;再次,企业定价要依照社会和职业道德规范,不能贪图企业一时的蝇头小利而损害消费者的利益,自损信誉,自毁形象;最后,企业定价还要符合国家宏观经济发展目标,自觉遵守政策指导和法律约束。实现该目标,需综合运用多种营销策略与价格策略。各策略相互配合,不仅可以起到确立、强化企业形象特征的作用,而且可以起到宣传企业良好形象的效果。

第二节 定价方法

企业为了实现其定价目标,就要采取适当的定价方法,给产品制定一个基本价格和浮动范围。因为影响定价最基本的三个因素是产品成本、市场需求和竞争,所以定价的方法一般分为三类:成本导向定价法、需求导向定价法和竞争导向定价法。

一、成本导向定价法

成本导向定价法是企业定价首先要考虑的方法。成本是企业生产经营过程中所发生的实际耗费,客观上要求通过商品的销售得到补偿,并且要获得大于其支出的收入,超出的部分表现为企业利润。以产品单位成本为基本依据,再加上预期利润来确定价格的成本导向定价法,是中外企业最常用、最基本的定价方法。

常用的成本导向定价法包括以下几种。

(一) 成本加成定价法

成本加成定价法,是在单位产品成本的基础上,加上一定比例的预期利润作为产品的销售价格。销售价格与成本之间的差额即为利润。由于利润的多少是按一定比例确定的,习惯上称为"几成",因此,这种定价方法被称为成本加成定价法。其计算公式为:

$$单位产品价格 = 单位产品成本 \times (1 + 加成率)$$

其中:加成率为预期利润占产品成本的百分比。

一般来说,高档消费品和生产批量较小的产品,加成比例应适当高一些,而生活必需品和生产批量较大的产品,其加成比例应适当低一些。

成本加成定价法简便易行,因为确定成本要比确定需求容易,价格盯住成本,公司可简化定价工作,也不必经常依据需求情况而作调整;采用这种方法可以保证各行业取得正常的利润,从而可以保障生产经营的正常进行;如果同行都采取此种方法定价,价格竞争就会大大削弱。这种方法在西方国家广为应用,尤其是在零售业中,大都采用加成定价。它们对各种商品加上预先规定的不同幅度的加成。比如,百货商店一般对烟加成20%,照相机加成28%,书籍加成34%,衣物加成41%,珠宝饰品加成46%,等等。

例如,某电视机厂生产2000台彩色电视机,总固定成本600万元,每台彩电的变动成本为1000元,确定目标利润率为25%,则采用成本加成定价法确定价格的过程如下:

单位产品固定成本 = 6000000 ÷ 2000 = 3000 元;

单位产品变动成本 = 1000 元;

单位产品总成本 = 4000 元;

单位产品价格 = 4000 × (1 + 25%) = 5000 元。

采用成本加成定价法,确定合理的成本利润率是一个关键问题,而成本利润率的确定必须考虑市场环境、行业特点等多种因素。某一行业的某一种产品在特定的市场以相同的价格出售时,成本低的企业能够获得较高的利润率,并且在进行价格竞争时可以拥有更大的回旋余地。

(二) 盈亏平衡定价法

在销量既定的条件下,企业产品的价格必须达到一定的水平才能做到盈亏平衡、收支相抵。既定的销量就称为盈亏平衡点,这种制定价格的方法就称为盈亏平衡定价法。科学地预测销量和已知固定成本、变动成本是盈亏平衡定价的前提。企业产品的销售量达到既定销售量,可实现收支平衡,超过既定销售量获得赢利,不足既定销售量出现亏损。

其计算公式为：

$$单位产品价格 = 单位固定成本 + 单位变动成本$$

以盈亏平衡点确定的价格只能使企业的生产耗费得以补偿，而不能得到收益。因而这种定价方法是在企业的产品销售遇到了困难，或市场竞争激烈，为避免更大的损失，将保本经营作为定价的目标时，才使用的方法。

在此方法下，为了确定价格可以利用如下公式：

$$盈亏平衡点价格 = 固定总成本 \div 销量 + 单位变动成本$$

例如，某企业年固定成本为 100000 元，单位产品变动成本为 30 元/双，年销量为 2000 双，则该企业盈亏平衡点价格 = $100000 \div 2000 + 30 = 80$ 元。

以盈亏平衡点确定价格只能使企业的生产耗费得以补偿，而不能得到收益。因此，各企业实际上均将盈亏平衡点价格作为价格的最低限度，通常再加上单位产品目标利润后才作为最终市场价格。有时，为了开展价格竞争或应付供过于求的市场格局，企业采用这种定价方法以取得市场竞争的主动权。

（三）边际成本定价法

边际成本是指企业生产产品所花费的变动成本。这种定价方法是以产品的单位变动成本为基础，加上产品的边际收益来确定价格的一种定价方法。

边际收益的计算公式可以写成：

$$边际收益 = 售价 - 变动成本$$

这一部分收入可以用来补偿生产中的固定成本，甚至超过固定成本，为企业带来利润。边际收益可以分为以下三种情况。

(1) 当销售收入低于保本点时，收益不足以补偿固定成本。

(2) 当销售收入等于保本点时，收益刚好补偿固定成本。

(3) 当销售收入高于保本点时，收益除补偿固定成本外，产生利润。

这种定价主要适合于以下三种场合。

(1) 企业的生产能力超过市场需求。在企业生产能力有余，而市场也有需求的情况下，企业生产产品会增加变动成本而不会增加固定费用。只要新增加产品的销售价格高于变动成本，就可以采用此方法。

(2) 利用降价战胜竞争对手，赢得订货。在市场不景气和市场竞争激烈的情况下，企业可以用此种方法吸引订货，补偿一部分固定成本支出，减少企业亏损。

(3) 为提高市场占有率，制定经营价格，即当企业为了提高产品的市场占有率，或者想用一种产品刺激消费者购买相关产品时，可以采取此方法。

例如，某制衣厂在一定时期内发生固定成本 80000 元，单位变动成本 0.7 元，预计销量为 100000 件，在当时的市场条件下，同类产品的价格为 1 元/件。那么，企业是否应该继续生产呢？其决策过程应该是这样的：

固定成本 = 80000 元；

变动成本 = $0.7 \times 100000 = 70000$ 元；

销售收入 = $1 \times 100000 = 100000$ 元；

企业盈亏 = $100000 - 70000 - 80000 = -50000$ 元。

按照变动成本定价，企业出现了 50000 元的亏损，但是作为已经发生的固定成本，在不生产的情况下，已支出了 80000 元，这说明按变动成本定价时可以减少 30000 元的固定成本的损失，并补偿了全部变动成本 70000 元。若低于变动成本定价，如市场价格降为 0.7 元/件以下，则企业应该停产，因为此时的销售收入不仅不能补偿固定成本，连变动成本也不能补偿，生产得越多，亏损便越多，企业的生产活动已变得毫无意义。

边际成本定价法改变了售价低于总成本便拒绝交易的传统做法，在竞争激烈的市场条件下具有极大的定价灵活性，对于有效地对付竞争者、开拓新市场、调节需求的季节差异、形成最优产品组合具有巨大的作用。但是，过低的成本有可能被指控为从事不正当竞争，并招致竞争者的报复，在国际市场则易被进口国认定为"倾销"，产品价格会因为"反倾销税"的征收而畸形上升，失去了最初的意义。从本质上说，成本导向定价法是一种卖方定价导向，它忽视了市场需求、竞争和价格水平的变化，在有些时候与定价目标相脱节，不能与之很好地配合。此外，运用这一方法制定的价格均是建立在对销量主观预测的基础上，从而降低了价格制定的科学性。因此，在采用成本导向定价法时，还需要充分考虑需求和竞争状况，来确定最终的市场价格水平。

阅读材料

奔驰轿车的定价策略

德国奔驰轿车的质量是全世界消费者一致公认的，但其价格也是昂贵的。曾经有位记者在采访奔驰汽车公司的销售经理时问："奔驰汽车销售价高会不会对竞争带来不利？"这位经理胸有成竹地回答："奔驰轿车的售价确实比别的品牌的汽车要贵些，但在市场竞争中，我们有最后价格作保证！这是我们的优势。"记者对于他说的最后价格感到费解。这位经理便解释道："所谓最后价格，是对最初价格而言的。说奔驰汽车的价格贵，仅指它的最初价格，但最初价格不是客户选购汽车时考虑的唯一因素。想购买汽车的用户一般均会考虑汽车的安全、坚固耐用、舒适宽敞、操作方便、外形美观等，在使用一段时间后再转卖出去，还要考虑能卖多少钱，这就是我们所说的最后价格的含义。"

接着，这位经理还列举了具体的理由，将各种品牌的汽车与奔驰汽车的使用寿命作了比较，结论是：一般的汽车使用寿命以行驶 10 万千米为限期，而奔驰汽车跑满 30 万千米以后，它的内部结构基本还是完好的，此时车主想转让汽车，一般还可以回收原价的 60%。最后，这位经理信心十足地宣布："我们奔驰汽车就是凭这张最后价格的王牌与同行竞争的，至少到目前为止，还未遇到挑战。"

二、需求导向定价法

需求导向定价法是以需求为中心的定价方法。它依据顾客对产品价值的理解和需求强度来制定价格，而不是依据产品的成本来定价。

(一) 理解价值定价法

所谓理解价值定价法，是指以消费者需求的变化及消费者价格心理作为定价的基础，是一种伴随营销观念更新而产生的定价方法。研究表明,基于自身需要的迫切程度、支付能力等,消费者对其所想购买的商品通常都有一个价值判断。消费者商品的价值判断与企业实际索取的价格之间的关系在很大程度上决定消费者的购买决策。对某消费者来说,当某商品的市场价格高于消费者的价值判断时,消费者购买该商品的可能性为零;当实际市场价格等于或低于消费者的价值判断时,消费者购买商品的可能性就会加大。鉴于企业销售价格、消费者的价值判断及市场销售状况之间的上述关系,对企业而言,就要研究该种商品在不同消费者心目中的价格标准,以及在不同价格水平上的不同销售量,并做出恰当的判断,进而有针对性地运用市场营销组合中的非价格因素去影响消费者,使消费者形成一定的价值观念,制定出符合消费者需求的期望价格。

在确定了消费者的理解价值后,企业就可以以理解价值为基础制定价格。值得注意的是,在采用理解价值定价法时,企业以消费者对商品的理解价值为定价的依据,并不是说企业完全处于被动地位。企业不仅要注意通过多种方法了解消费者对商品的理解价值,而且要采用多种手段去影响消费者对商品价值的理解状况。因此,企业应有计划地搞好产品的市场定位,在质量、服务、包装、广告等这些因素上下功夫,既能提高价格决策的主动性,又能提高整个营销活动的效果。

(二) 需求差别定价法

所谓需求差别定价法,是指对同一质量、功能、规格的产品,对有不同需求的顾客采用不同的价格。也就是说,价格差异并非取决于成本的多少,而是取决于顾客需求的差异。例如,收入不同、年龄不同、职业不同、文化不同等的消费者,对同一种产品价格的反映是不同的。这种差异随着消费者收入差距的扩大而明显扩大。因此,企业使用这种定价法时,要充分考虑顾客的不同需求强度、不同购买力、不同购买时间等因素,制定出灵活的价格。

根据需求特性的不同,需求差别定价法通常有以下几种形式。

(1) 以顾客为基础的差别定价,即对同一产品,针对不同的顾客制定不同的价格。例如,同一产品对新老顾客采用不同的价格。

(2) 以地理位置为基础的差别定价,随着地点的不同而收取不同的价格。例如,同种产品卖给不同国家可以定出不同的价格。

(3) 以时间为基础的差别定价。同一种产品,价格随季节、日期,甚至钟点的不同而变化。例如,长途电话费在不同时间可以制定不同的价格。

(4) 以产品为基础的差别定价。同种产品的不同外观、不同花色、不同型号、不同规格、不同用途,其成本也有所不同,但它们在价格上的差异并不完全反映成本之间的差异,主要区别在于需求的不同,可根据顾客对产品的喜爱程度制定价格。例如,同等质量而式样新的可以定高价。

(三) 逆向定价法

逆向定价法,也叫需求价格倒推法,是指企业以市场所能接受的价格为依据而定价的方法。这种定价方法主要不是单纯考虑产品成本,而是首先考虑需求状况。依据市场调研资料及顾客能够接受的最终销售价格,确定销售产品的零售价,逆向推算出中间商的批

发价和生产企业的出厂价。其计算公式为:

出厂价格＝市场可销价格×(1－批零差率)×(1－销进差率)

采用逆向法定价的关键在于如何正确测定市场可销价格的水平,因为逆向定价法是在测定零售价格的基础上倒推出批发价,在批发价的基础上倒推出生产者价格。

逆向定价法的特点是:价格能反映市场需求情况,有利于加强与中间商的友好关系,保证中间商的正常利润,使产品迅速向市场渗透,并可根据市场供求情况及时调整,定价比较灵活。

三、竞争导向定价法

在竞争十分激烈的市场上,企业通过研究竞争对手的生产条件、服务状况、价格水平等因素,依据自身的竞争实力,参考成本和供求状况来制定有利于在市场竞争中获胜的产品价格,这种定价方法就是通常所说的竞争导向定价法。竞争导向定价法主要包括以下几种。

(一)竞争参照定价法

竞争参照定价法,即根据本企业产品的实际情况及与竞争对手的产品差异状况来确定价格。这是一种主动竞争的定价方法,一般为实力雄厚或产品独具特色的企业所采用。定价时可采取以下步骤。

(1)将企业估算价格与市场上竞争者的产品价格进行比较,分为高于、等于、低于三个价格层次。

① 以高于竞争对手的价格定价,在本企业产品存在明显优势,产品需求弹性较小时采用。

② 与竞争对手的价格一致,在竞争激烈、产品不存在显著差别的情况下采用。

③ 以低于竞争对手的价格定价,在具备较强的资金实力,能应付竞相降价的后果且需求弹性较大时采用。

(2)将本企业产品的性能、质量、成本、产量等与竞争者进行比较,分析造成价格差异的原因。

(3)根据以上综合指标确定本企业产品的特色、优势及市场地位,在此基础上,按定价所要达到的目标确定产品价格。

(4)跟踪竞争者产品的价格变化,及时分析原因,相应调整本企业的产品价格。

(二)随行就市定价法

随行就市定价法,是以本行业平均定价水平作为本企业的定价标准,使企业的产品价格保持在同行业的平均水平上,而较少地考虑自己的成本与需求。其方法是企业使其产品价格与同行业的平均水平基本衔接。这种定价方法主要适用于需求弹性较小或供求基本平衡的产品,如金属制品、食品、纺织品、玻璃制品等。这些种类的产品,无论是哪一家生产的,其质量基本相似,消费者是否购买这些产品的条件是价格低、方便安全,而没有偏好因素。在这种情况下,单个企业提高价格,就会失去消费者;而降低价格,需求和利润也不会增加。所以,随行就市定价法就成了一种较稳妥的定价方法。

(三) 密封投标定价法

密封投标定价法也是一种依据竞争情况来定价的方法,是招标人通过引导卖方竞争的方法来寻找最佳合作者的一种有效途径。它主要用于建筑工程承包、产品设计和政府采购等方面。其基本原理是,招标方(买方)首先发出招标信息,说明招标内容和具体要求,参加投标的企业(卖方)在规定期间内密封报价和其他有关内容,参与竞争。其中,密封价格就是投标者愿意承担的价格。这个价格主要是考虑了竞争者的报价,而不是只看本企业的成本。在投标中,报价的目的是中标,所以报价要力求低于竞争者。

(四) 拍卖定价法

拍卖定价法是指卖方委托拍卖行,以公开叫卖的方式引导买方报价,利用买方竞争求购的心理,从中选择高价格成交的一种定价方法。这种方法历史悠久,常见于出售古董、珍品、高级艺术品或大宗商品的交易中。

阅读材料

低价开盘,火爆买房

2002年5月1日,正逢广州高温,广园东碧桂园凤凰城售楼处的热度尤为高涨,来这里的人们坐车要排队,看样板房要排队,下定金要排队,甚至上厕所也要排队。广园东碧桂园凤凰城是碧桂园集团的第九个,也是那时面积最大(10 000亩)的楼盘,离广州市中心30千米。这次能够在当地掀起如此火爆反应的一个最直接的原因就是低廉的房价。此次作为广园东碧桂园凤凰城主卖点的低价别墅TOWNHOUSE的浪漫阳光别墅,分为北美古典与现代两种风格,面积为160~180平方米,户型多达9种,价格仅从50万元起。而这个价格如果放在市区,只能买到80~90平方米的房子,而且风景绝对比不上凤凰城。5月5日,有记者到达碧桂园时,见到该楼盘第四期期房也有人预定。在一块显示楼房销售进展的告示牌前,销售人员每隔几分钟就往上贴一个红圈,表示该楼房被预订。记者留意到,告示上共有56幢房,但其中30多幢已贴满红圈。据统计,"五一"当天,有超过3.5万人到碧桂园凤凰城看楼,仅进出车辆就达5000辆次。凤凰城当日销售独立别墅260套、两排别墅120套、洋房600套,销售额达7.5亿元。

第三节 定价策略

一、新产品定价策略

新产品定价的难点是顾客对产品缺乏了解,企业无法确定消费者对于新产品的理解价值。如果产品价格过高,难以被消费者接受,影响新产品的市场普及;如果产品的定价过低,就会影响企业效益。常采用的新产品定价策略有以下三种。

(一)撇脂定价策略

所谓撇脂定价,是指在产品生命周期的最初阶段,即新产品上市初期,把价格定得高出成本价格很多,以便在短期内获得最大利润。

撇脂定价的条件:

(1)市场有足够的购买者,他们的需求缺乏弹性,即使把价格定得很高,市场需求也不会大量减少;

(2)高价使需求减少,但不致抵消高价所带来的利益;

(3)在高价情况下仍然独家经营,别无竞争者,高价使人们产生"这种产品是高档产品"的印象。

撇脂定价的优点:

(1)有利于生产者尽快收回投资并获得较高利润,以迅速扩大生产,满足市场需要;

(2)具有较大的降价空间,如果预先估计有错误,高价影响了销售时,可以降价销售;

(3)以高价提高商品身份,在顾客心目中树立高价、优质、名牌的形象。

撇脂定价的缺点:

(1)高价产品的需求规模毕竟有限,过高的价格不利于市场开拓、增加销量,也不利于占领和稳定市场,容易导致新产品开发失败;

(2)高价高利会导致竞争者的大量进入,替代品、仿制品快速跟进,促使价格急剧下降,若此时没有其他有效策略相配合,企业塑造的高价质优形象可能会受到损害,失去一部分消费者;

(3)如果价格远远高于价值,从某种角度上说实际上损害了消费者的利益。

(二)渗透定价策略

所谓渗透定价,是与撇脂定价相反的一种定价策略,即企业在新产品刚进入市场时,把价格定得相对较低,以吸引大量顾客,提高市场占有率。

渗透定价的条件:

(1)市场需求对价格极为敏感,低价会刺激市场需求迅速增长;

(2)企业的生产成本和经营费用会随着生产经营经验的增加而下降。

渗透定价的优点:

(1)低价不会引起实际和潜在的竞争,可有效阻止竞争者进入;

(2)新产品能迅速被市场接受,有利于提高市场占有率。

渗透定价的缺点:

(1)定价低,企业的单位利润也就低,一旦市场占有率扩展缓慢,收回成本速度也慢;

(2)消费者容易将价格和质量画等号,低价策略有时会导致消费者怀疑产品的质量保证。

(三)满意定价策略

满意定价策略是一种介于撇脂定价策略和渗透定价策略之间的价格策略,其所定的价格比撇脂价格低,而比渗透价格要高,是一种中间价格。这种定价策略因能使生产者和顾客都比较满意而得名,有时它又被称为"君子价格"或"温和价格"。

其优点在于:

(1) 企业制定的产品价格容易被消费者认可,企业可以在不承担较大风险的情况下获得较稳定的市场;

(2) 由于新产品价格不高不低,销售渠道成员觉得稳妥,因此能保持经营的积极性;

(3) 从企业自身看,此策略可有计划地在不太长的时期内收回企业的研制成本;

(4) 满意定价的最大优点是"稳",通过前面两种策略的调整和折中来避免两者的明显缺点,但同时也在很大程度上将两者的优点抹杀了,采用此策略最应注意的问题是避免产品没有特色而打不开销路。

阅读材料

销售一空的绿宝石

美国亚利桑那州一家珠宝店采购到一批绿宝石,由于数量较大,店主担心短时间内销不出去,影响资金周转,便决定只求微利,以低价销售。本以为会一抢而光,结果却事与愿违。后来店老板急着去外地谈生意,便在临走时匆匆留下了一张手令:我走后若仍销售不畅,可按1/2的价格卖掉。几天后老板返回,见绿宝石已销售一空,一问价格,大吃一惊。原来店员们把老板的指令误读成:按1~2倍的价格卖。他们开始还犹豫不决,后来购买者反而越来越多。薄利多销未必一贯正确,有时,高价策略反倒更能促进销售。

二、心理定价策略

产品的价值与消费者的心理感受有着很大的关系,每一件产品都能满足消费者某一方面的需求,由此企业在定价时可以利用消费者心理因素,有意识地将产品价格定得高些或是低些,以满足消费者生理的和心理的、物质的和精神的多方面需求,扩大市场销售,获得最大效益。通过消费者对企业产品的偏爱或忠诚,扩大市场销售,获得最大效益。心理定价策略主要应用于零售商业,包括以下几种策略。

(一) 尾数定价策略

尾数定价,也称零头定价或缺额定价,即给产品定一个零头数结尾的非整数价格。大多数消费者在购买产品时,尤其是购买一般的日用消费品时,乐于接受尾数价格,如0.99元、9.98元等。消费者会认为这种价格经过精确计算,购买不会吃亏,从而产生信任感。同时,价格虽离整数仅相差几分或几角钱,但给人一种低一位数的感觉,符合消费者求廉的心理愿望。这种策略通常适用于基本生活用品。

(二) 整数定价策略

整数定价与尾数定价正好相反,企业有意将产品价格定为整数,以显示产品具有一定质量。整数定价多用于价格较贵的耐用品或礼品,以及消费者不太了解的产品。对于价格较贵的高档产品,顾客对质量较为重视,往往把价格高低作为衡量产品质量的标准之一,容易产生"一分价钱一分货"的感觉,这其实很有利于销售。

(三) 声望定价策略

声望定价即针对消费者"便宜无好货、价高质必优"的心理,对在消费者心目中享有一定声望、具有较高信誉的产品制定高价。不少高级名牌产品和稀缺产品,如豪华轿车、高档手表、名牌时装、名人字画、珠宝古董等,在消费者心目中享有极高的声望价值。购买这些产品的人往往不在乎产品价格,而最关心的是产品能否显示其身份和地位,价格越高,心理满足的程度也就越大。为了使声望价格得以长久,需要适当控制市场上的商品数量。

(四) 习惯定价策略

有些产品在长期的市场交换过程中已经形成了为消费者所适应的价格,称为习惯价格。企业对这类产品定价时要充分考虑消费者的习惯倾向,采用"习惯成自然"的定价策略。对消费者已经习惯了的价格,不宜轻易变动。降低价格会使消费者怀疑产品质量是否有问题;提高价格会使消费者产生不满情绪,导致购买转移。在不得不需要提价时,应采取改换包装或品牌等措施,减少抵触心理,并引导消费者逐步形成新的习惯价格。

(五) 招徕定价策略

这是适应消费者"求廉"的心理,将产品价格定得低于一般市价,个别的甚至低于成本,以吸引顾客、扩大销售的一种定价策略。采用这种策略,虽然几种低价产品不赚钱,甚至亏本,但从总的经济效益来看,由于低价产品带动了其他产品的销售,企业还是有利可图的。但是,在使用招徕定价时必须注意,低价产品不能是低劣、过时商品,否则容易使企业声誉受到影响。

阅读材料

只降两美分

一个炎热的夏天,美国的一家日用杂货店购进了一批单人凉席,定价每张1美元。本来这样炎热的夏天,凉席会很快销售一空的,但结果是消费者购买并不踊跃。商店只得降价销售,但由于进价过高,每张凉席只能降价2美分,奇怪的是,顾客马上纷至沓来,凉席再也不愁销不出去了。这位老板在有了这个惊喜的发现后,马上依葫芦画瓢,大量进货,居然屡试不爽。

三、折扣定价策略

折扣定价是指对基本价格做出一定的让步,直接或间接降低价格,以争取顾客,扩大销量。其中,直接折扣的形式有数量折扣、现金折扣、功能折扣、季节折扣,间接折扣的形式有回扣和津贴。

(一) 数量折扣

数量折扣指按购买数量的多少,分别给予不同的折扣,购买数量愈多,折扣愈大。其目的是鼓励大量购买,或集中向本企业购买。数量折扣包括累计数量折扣和一次性数量折扣两种形式。累计数量折扣规定顾客在一定时间内,购买商品若达到一定数量或金额,则按其总量给予一定折扣,目的是鼓励顾客经常向本企业购买,成为可信赖的长期客户。一次性数量折扣规定一次购买某种产品达到一定数量或购买多种产品达到一定金额,则给予折扣优惠,目的是鼓励顾客大批量购买,促进产品多销、快销。

(二) 现金折扣

现金折扣是对在规定的时间内提前付款或用现金付款者所给予的一种价格折扣,其目的是鼓励顾客尽早付款,加速资金周转,降低销售费用,减少财务风险。采用现金折扣一般要考虑三个因素:折扣比例、给予折扣的时间限制、付清全部货款的期限。在西方国家,典型的付款期限折扣表示为"3/20,Net60",其含义是在成交后20天内付款,买者可以得到3%的折扣;超过20天,在60天内付款不予折扣;超过60天付款要加付利息。

提供现金折扣等于降低价格,所以,企业在运用这种手段时要考虑商品是否有足够的需求弹性,保证通过需求量的增加使企业获得足够利润。此外,由于我国的许多企业和消费者对现金折扣还不熟悉,运用这种手段的企业必须结合宣传手段,使买者更清楚自己将得到的好处。

(三) 功能折扣

中间商在产品分销过程中所处的环节不同,其所承担的功能、责任和风险也不同,企业据此给予不同的折扣,称为功能折扣。对生产性用户的价格折扣也属于一种功能折扣。功能折扣的比例主要考虑中间商在分销渠道中的地位、对生产企业产品销售的重要性、购买批量、完成的促销功能、承担的风险、服务水平、履行的商业责任,以及产品在分销中所经历的层次和在市场上的最终售价等。功能折扣的结果是形成购销差价和批零差价。

鼓励中间商大批量订货,扩大销售,争取顾客,并与生产企业建立长期、稳定、良好的合作关系是实行功能折扣的主要目标。功能折扣的另一个目的是对中间商经营的有关产品的成本和费用进行补偿,并让中间商有一定的盈利。

(四) 季节折扣

有些商品的生产是连续的,而其消费却具有明显的季节性。为了调节供需矛盾,这些商品的生产企业便采用季节折扣的方式,对在淡季购买商品的顾客给予一定的优惠,使企业的生产和销售在一年四季能保持相对稳定。例如,啤酒生产厂家对在冬季进货的商业单位给予大幅度让利,羽绒服生产企业则为夏季购买其产品的客户提供折扣。

季节折扣比例的确定应考虑成本、储存费用、基价和资金利息等因素。季节折扣有利于减轻库存,加速商品流通,迅速收回资金,促进企业均衡生产,充分发挥生产和销售潜力,避免因季节需求变化带来的市场风险。

(五) 回扣和津贴

回扣是间接折扣的一种形式,是指购买者在按价格目录将货款全部付给销售者以后,销售者再按一定比例将货款的一部分返还给购买者。津贴是企业为特殊目的,对特殊顾客以特定形式所给予的价格补贴或其他补贴。比如,当中间商为企业产品提供了包括刊登地方性广告、设置样品陈列窗等在内的各种促销活动时,生产企业给予中间商一定数额的资助或补贴。又如，对于进入成熟期的消费者，开展以旧换新业务，将旧货折算成一定的价格，在新产品的价格中扣除，顾客只支付余额，以刺激消费需求，促进产品的更新换代，扩大新一代产品的销售。这也是一种津贴的形式。

四、产品组合定价策略

产品组合定价是指企业为了实现整个产品组合（或整体）利润最大化，在充分考虑不同产品之间的关系，以及个别产品定价高低对企业总利润的影响等因素的基础上，系统地调整产品组合相关产品的价格，主要策略有以下几种。

（一）产品线定价策略

产品线定价策略是指企业为了追求整体收益的最大化，为同一产品线中不同的产品确立不同的角色，制定高低不等的价格。有的产品充当招徕品，定价很低，以吸引顾客购买产品线中的其他产品，而定价高的则为企业的获利产品。产品线定价策略的关键在于合理确定价格差距。

（二）互补定价策略

有些产品需要互相配合在一起使用，才能发挥出某种使用价值，如打印机与墨盒、隐形眼镜与消毒液、饮水机和桶装水、照相机和胶卷等。企业经常为主要产品（价值量高的产品）制定较低的价格，而为附属品（价值量低的产品）制定较高的价格，这样有利于整体销量的增加，增加企业利润。

（三）成套优惠定价策略

对于成套设备、服务性产品等，为鼓励顾客成套购买，以扩大企业销售，加快资金周转，可以使成套购买的价格低于单独购买其中每一产品的费用总和。

五、地区定价策略

通常一个企业的产品不仅在本地销售，同时还要销往其他地区，而产品从生产地运到销售地要花费一定的运输、仓储等费用。那么如何合理分摊这些费用、不同地区的价格应如何制定就是地区定价策略所要解决的问题。其具体包括以下几种方法。

（一）产地定价

产地定价是指以产地价格或出厂价格为交货价格，运杂费和运输风险全部由买方承担。这种做法适用于销路好、市场紧俏的商品，但不利于吸引路途较远的顾客。

（二）统一交货价

统一交货价也称邮票定价法，是指企业对于不同地区的顾客实行统一的价格，即按出厂价加上平均运费制定统一交货价（统一交货价＝出厂价＋平均运费）。这种方法简便易行，但实际上是由于近处的顾客承担了部分远方顾客的运费，对于近处的顾客不利，而较受远方顾客的欢迎。

(三) 分区定价

分区定价是指企业把销售市场划分为远近不同的区域,各区域因运距差异而实行不同的价格,同区域内实行统一价格。分区定价类似于邮政包裹、长途电话的收费,对于企业来讲,可以较为简便地协调不同地理位置用户的运费负担问题,但对处于分界线两侧的顾客而言,还会存在一定的矛盾。

(四) 基点定价

企业在产品销售的地理范围内选择某些城市作为定价基点,然后按照出厂加上基点城市到顾客所在地的运费来定价。这种情况下,运杂费用等是以各基点城市为界由买卖双方分担。该策略适用于体积大、运费占成本比重较高、销售范围广、需求弹性小的产品。

(五) 津贴费用定价

津贴费用定价是指由企业承担部分或全部运输费用的定价策略。当市场竞争激烈,或企业急于打开新的市场时常采用这种方法。

阅读材料

沃尔玛的"折价销售"

沃尔玛能够迅速发展,除了正确的战略定位以外,也得益于其首创的"折价销售"策略。每家沃尔玛商店都贴有"天天廉价"的大标语。同一种商品在沃尔玛比其他商店要便宜。沃尔玛提倡的是低成本、低费用结构、低价格的经营思想,主张把更多的利益让给消费者,"为顾客节省每一分钱"是他们的目标。沃尔玛的利润率在30%左右,而其他零售商的利润率大都在45%左右。公司每星期六早上举行经理人员会议,如果有分店报告某商品在其他商店的售价比沃尔玛低,可立即决定降价。低廉的价格、可靠的质量是沃尔玛的一大竞争优势,吸引了一批又一批的顾客。

第四节 价格调整

企业为某种产品制定出价格后,并不意味着大功告成。随着市场营销环境的变化,企业必须对现行价格予以适当的调整。企业产品价格调整的原因既可能是来自于内部,也可能来自于外部。倘若是企业利用自身的产品或是成本优势主动地对价格予以调整,将价格作为竞争的利器,这称为主动调整价格。有时,调整价格是出于应付竞争的需要,即竞争对手主动调整价格,因此企业也相应地被动调整价格。无论是主动调价还是被动调价,其不外乎降价和提价两种。

一、降价策略

降价策略是指在市场营销活动中,企业为了适应市场环境和自身内部条件的变化而降低产品价格的做法。

企业降价的原因很多,有企业外部需求及竞争等因素的变化,也有企业内部的战略转变、成本变化等,还有国家政策、法令的制约和干预等。这些原因具体表现在以下几个方面。

(1) 企业产品积压,运用各种手段仍难以打开销路,企业急需回笼资金。此时企业可以通过降价从而增加销售额获取现金。

(2) 企业通过降价来开拓新市场。在降价不会对原顾客产生影响的前提下,企业可以通过降价方式来扩大市场份额。不过为了保证这一策略的成功,有时需要以产品改进策略相配合。

(3) 企业市场占有率下降,为了击败竞争者,扩大市场份额,必须降价。对于某些产品来说,各个企业的生产条件、生产成本不同,最低价格也会有所差异。那些以目前价格销售产品仅能保本的企业在别的企业主动降价以后会因为价格的被迫降低得不到利润而只好停止生产。

(4) 企业生产能力过剩,产品供过于求,但是企业又无法通过产品改进和加强促销等工作来扩大销售。在这种情况下,企业必须考虑降价。

(5) 企业决策者预期降价会扩大销售,由此可望获得更大的生产规模。特别是进入成熟期的产品,降价可以大幅度增进销售,从而在价格和生产规模之间形成良性循环,为企业获取更多的市场份额奠定基础。

(6) 成本降低,费用减少,使企业降价成为可能。随着科学技术的进步和企业经营管理水平的提高,许多产品的单位产品成本和费用在不断下降,因此企业拥有条件适当降价。

(7) 企业决策者出于对中间商要求的考虑,以较低的价格购进货物不仅可以减少中间商的资金占用,而且可以为产品的大量销售提供一定的条件。

(8) 政治、法律环境及经济形势的变化迫使企业降价。政府为了实现物价总水平的下调,保护需求,鼓励消费,遏制垄断利润,往往通过政策和法令进行调整,使企业的价格水平下调。在紧缩通货的经济形势下或者在市场疲软、经济萧条时期,企业产品价格也应随之降低,以适应消费者的购买力水平。

阅读材料

格兰仕的价格策划

1979年,广东顺德桂洲羽绒厂(10多个人)正式成立。当时谁都不会想到,这个再普通不过的乡镇小厂,会成为震惊世界的"微波炉大王"。

格兰仕成功的原因到底在哪里?这绝不是用一句话就能回答的,价格策划运用上的独到之处,即"三大战役"揭示了其成功的奥秘。

(1) 1996年8月,格兰仕在全国打响微波炉市场的"第一大战役"——降价幅度平均达40%,以全年产销量65万台的规模占据了中国市场的34.7%,确立了市场领先者的地位。

(2) 1997年,格兰仕抓住时机,在春节后发起了微波炉市场的"第二大战役"——阵地巩固战。

(3) 在取得市场的绝对优势后,格兰仕并没有因此而停滞,反而乘胜追击,加强了市场的冲击力度,发动了微波炉市场的"第三大战役"——品牌歼灭战。

目前,格兰仕垄断了国内60%、全球35%的市场份额,成为中国乃至世界的"微波炉大王"。

二、提价策略

提价策略是指在市场营销活动中,企业为了适应市场环境和自身内部条件的变化而提高产品价格的做法。提价确实能够增加企业的利润率,却会导致竞争力下降、消费者不满、经销商抱怨,甚至还会受到政府的干预和同行的指责,从而对企业产生不利影响。虽然如此,在实际中仍然存在着较多的提价现象。

提价的主要原因包括以下几点。

(1) 产品成本上涨,企业需要通过涨价来维持正常的盈利水平。这是所有产品价格上涨的主要原因。成本的增加是由原材料价格上涨或者是生产或管理费用提高而引起的。企业为了保证利润率不致因此而降低,便采取提价策略。

(2) 企业为了适应通货膨胀减少、企业因货币贬值造成的损失而提价。在通货膨胀条件下,即使企业仍能维持原价,但随着时间的推移,其利润的实际价值也呈下降趋势。为了减少损失,企业只好提价,将通货膨胀的压力转嫁给中间商和消费者。

(3) 产品供不应求,遏制过度消费。对于某些产品来说,在需求旺盛而生产规模又不能及时扩大,因而出现供不应求的情况下,可以通过提价来遏制需求,同时又可以取得高额利润,在缓解市场压力,使供求趋于平衡的同时,为扩大生产准备了条件。

(4) 企业为了补偿改进产品过程中支付的费用和利用顾客心理创造优质效应而凸显其高品位。作为一种价格策略,企业可以利用涨价营造名牌形象,使消费者产生价高质优的心理定式,以提高企业知名度和产品声望。对于那些革新产品、贵重商品、生产规模受到限制而难以扩大的产品,这种效应表现得尤为明显。

提价是市场中一个非常敏感的话题,会造成顾客的抵触情绪与待购情绪,影响企业的产品销售。为了保证提价策略的顺利实现,提价企业应注意做到以下几点。

(1) 掌握好提价时机。比如在市场供不应求、原材料价格上涨、企业推出革新产品、市场领导者提价时,都是企业提价的良好时机。

(2) 掌握好提价幅度。根据消费心理的一般规律,人们对于提价的反应总是要大于降价,所以,提价幅度宜小不宜大,速度宜缓不宜快。

(3) 选择好提价方法。在选择提价时尽量多采用间接提价,比如改换包装、减少促销优惠等,将提价的负面影响减到最低程度,运用好了不但不会影响销量和利润,而且能够被潜在消费者普遍接受。

（4）对提价的原因做出明确解释与说明，以求得消费者的理解和配合。在宣传之余，还应采取积极的产品策略和促销策略，帮助顾客寻找节约途径，以减少顾客不满，维护企业形象，提高消费者信心，刺激消费者的需求和购买行为。

三、购买者对调价的反应

顾客对降价可能有以下看法：
（1）产品样式老了，将被新产品代替。
（2）产品有缺点，销售不畅。
（3）企业财务困难，难以继续经营。
（4）价格还要进一步下跌。
（5）产品质量下降了。

顾客对提价的可能反应：
（1）产品很畅销，不赶快买就买不到了。
（2）产品很有价值。
（3）卖主想赚取更多利润。

购买者对价值不同的产品价格的反应也有所不同，对于价值高、经常购买的产品的价格变动较为敏感；而对于价值低、不经常购买的产品，即使单位价格提高，购买者也不大在意。此外，购买者通常更关心取得、使用和维修产品的总费用，因此卖方可以把产品的配套服务做好，然后再把价格定得比竞争者高，以取得较多利润。

四、竞争者对调价的反应

竞争者对调价的反应有以下几种类型。

（1）相向式反应。你提价，他涨价；你降价，他也降价。这样一致的行为对企业影响不太大，不会导致严重后果。企业坚持合理营销策略，不会失掉市场和减少市场份额。

（2）逆向式反应。你提价，他降价或维持原价不变；你降价，他提价或维持原价不变。这种相互冲突的行为影响很严重，竞争者的目的也十分清楚，就是乘机争夺市场。对此，企业要进行调查分析，首先要摸清竞争者的具体目的，其次要估计竞争者的实力，再次要了解市场的竞争格局。

（3）交叉式反应。众多竞争者对企业调价反应不一，有相向的，有逆向的，有不变的，情况错综复杂。企业在不得不进行价格调整时应注意提高产品质量，加强广告宣传，保持分销渠道畅通等。

五、企业对竞争者调价的反应

在同质产品市场，如果竞争者降价，企业必随之降价，否则企业会失去顾客。某一企业提价,其他企业随之提价(如果提价对整个行业有利),但如有一个企业不提价,最先提价的企业和其他企业将不得不取消提价。

在异质产品市场,购买者不仅考虑产品价格高低,而且考虑质量、服务、可靠性等因素,因此购买者对较小价格差额无反应或不敏感,则企业对竞争者价格调整的反应有较多自由。

企业在做出反应时,首先必须分析:竞争者调价的目的是什么?调价是暂时的,还是长期的?能否持久?企业面临竞争者应权衡得失:是否应做出反应?如何反应?另外还必须分析价格的需求弹性、产品成本和销售量之间的关系等复杂问题。

企业要迅速做出反应,最好事先制定反应程序,到时按程序处理,提高反应的灵活性和有效性,如图 8-1 所示。

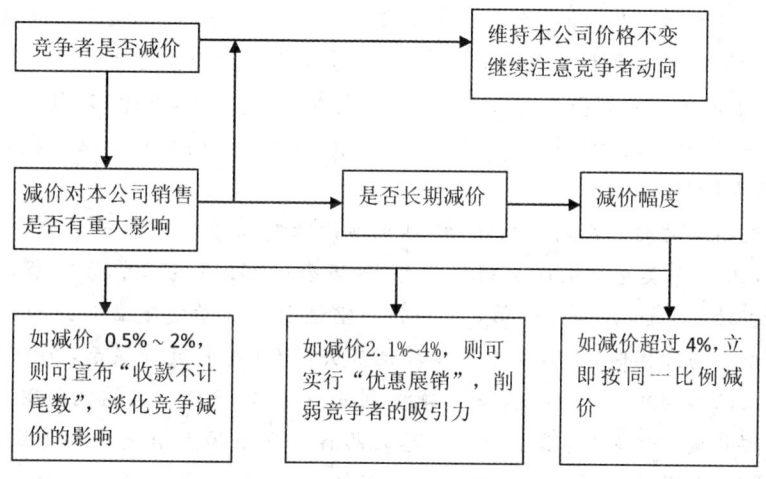

图 8-1　对付竞争者降价的程序

课 后 训 练

【关键词】

定价　成本　市场竞争　需求规律

【思考题】

1. 企业价格决策过程中,应考虑哪些因素?
2. 企业的定价方法有哪些?各有什么适应性?
3. 企业在进行定价时,如何灵活运用价格技巧?
4. 简述企业在哪些情况下可能需要采取降价策略。

【案例分析】

奥克斯空调的平价革命

奥克斯空调的生产厂家是宁波奥克斯空调公司,它是宁波三星集团的下属子公司。宁波三星集团是目前世界上最大的电能表生产企业,其主打产品——三星牌电能表的市场占有率达到30%。1993年,三星集团与美国奥克斯集团合资,进入空调市场,最初生产国内很少见的高档机。由于这一定位没有得到响应,奥克斯空调没有获得大的发展。从1996年起,奥克斯改变原有定位,开始走优质平价的路子,事实证明这一决定是正确的,奥克斯空调销路大增。此后,奥克斯坚定了自己的发展方向:采取低成本战略,为消费者提供优质平价的空调。像大多数创业企业一样,奥克斯并没有急于宣传自己的战略,而是稳扎稳打,一方面加大内部整合力度,压低生产成本;另一方面,继续"只做不说"的市场开拓运动,稳步提高自己的市场份额。从2000年开始,奥克斯逐步在市场上发力,大力宣传自己的"优质平价"战略。

伴随奥克斯发动的一系列市场活动,奥克斯的业绩几乎一年上一个台阶。据奥克斯提供的数据,2000年奥克斯空调总销售量为58万套;2001年为90.23万套,位居业内第六;2002年为157万套,位居行业第四;2003年空调总出货量突破250万台,进入中国空调业的前三甲。与此同时,跨国性专业市场调查公司GFK的数据显示,2002年旺季零售检测到的活跃品牌为105个,而2003年减少到97个。市场分析机构也预测,今后几年空调行业的洗牌将进一步加剧,很多以前熟悉的品牌将在市场上消失。种种现象让很多人联想起20世纪90年代同样依靠价格战冲击市场,并在几年内几乎成为微波炉行业垄断品牌的格兰仕。

奥克斯作为中国空调市场传统强势品牌的挑战者,成为推动空调市场重新洗牌的主要力量,通过差异化的定位、进攻性的价格策略,再配以一系列的事件营销保证了自己的持续成长。

差异化的市场定位

奥克斯从1996年开始改变原定路线,走了一条差异化道路。它始终明确将其空调定位于"优质平价"的"民牌"空调,相比于市场传统强势品牌的"高价优质"定位,更容易为大众喜欢,大众也用得起,并且有物有所值,甚至物超所值的感觉。

进攻性的价格策略

从2000年起,奥克斯拉起空调降价的大旗。此时奥克斯还是一个默默无闻的区域品牌,但正是奥克斯的"价格杀手"称号,让奥克斯声名鹊起,震动"江湖"。奥克斯自2000年以来的主要降价活动包括:

2000年3月在成都打出"1.5匹空调跌破2500元生死价"的条幅,最大降幅达到25%,第一次喊出"要做优质平价的'民牌'空调";

2001年4月,40余款主流机型全面降价,最大降幅达到30%以上;

2002年4月,16款主流机型全面降价,包括1匹和1.5匹变频空调,最大降幅达到 26%；

2003 年 4 月，所有机型一律降价，据称平均降幅达 30%，单款机型最大降幅达 2000 元。

奥克斯空调的价格战，每次基本选择在 4 月份，早了消费者没反应，竞争者容易跟进，晚了也起不到作用。奥克斯的降价，每次都是大规模、高幅度的降价，出其不意地袭击竞争对手，坚定消费者购买的决心。另外，奥克斯为配合价格战加强，加强广告攻势，采取"大中央小地方"的模式，如 2002 年 4～6 月在央视投入了 3000 多万元，进行大规模集中轰炸，有力地配合了降价促销活动。

系列化的事件营销活动

奥克斯成功的另一个关键策略是巧用事件营销的影响，不断吸引消费者的眼球。通过事件营销活动，奥克斯不断向空调业原有规则发起冲击，在消费者面前"出尽风头"，也让全国的消费者获得了新的体验。

1. 狂打"足球牌"

2001 年年底，奥克斯聘请米卢为品牌代言人，随后开展了米卢"巡回路演"和售空调赠签名足球活动。五六月份奥克斯投入 6000 万元在央视高频度播出"米卢篇"广告，并在后来推出"200 万巨奖任你赢"世界杯欢乐竞猜活动。

2003 年 2 月 12 日，奥克斯投资 2000 万元赞助令中国球迷关注的"中巴之战"。同一天，世界顶级球星罗纳尔多的亚洲经纪人与奥克斯空调全国市场总监李晓龙达成一致意向，罗纳尔多将以 150 万美元的身价出任奥克斯空调新一任品牌形象代言人。

2.《空调成本白皮书》

2002 年 4 月 20 日，奥克斯空调向外界首家披露《空调成本白皮书》，以行业背叛者的身份揭示了"一台空调究竟该卖什么价"的行业秘密，显然，矛头指向消费者关注的空调业实际利润的问题。在《空调成本白皮书》上，奥克斯一一列举了 1.5 匹冷暖型空调 1880 元零售价格的几大组成部分：生产成本 1378 元、销售费用 370 元、商家利润 80 元、厂家利润 52 元，奥克斯还具体剖析了成本的组成部分。

3."一分钱空调"

2002 年，奥克斯空调在 11 月 22 日至 12 月 1 日的 10 天时间内，在广东省内的 700 多家电器店同时推出"一分钱空调"的促销活动。顾客只要花 4338 元购买奥克斯 60 型小 3 匹柜机，再加一分钱，即可以获得另一台价值 1600 元的 1 匹壁挂式分体空调，同时承诺一分钱空调同样享受厂家提供的优质售后服务。在广东市场，类似 60 型小 3 匹的品牌机的价格为 4800～6500 元，25 型 1 匹空调的价格为 1668～2700 元，奥克斯公布的空调套餐价格比市场均价低 3500 元。

4."冷静"大行动

"关注美伊战争，呼吁世界冷静"，是奥克斯推出的"冷静"大行动，目的是提升企业关心公益事业的形象。此次活动从 2003 年 3 月 27 日起至 4 月 21 日止，武汉地区奥克斯空调再掀降价风暴，降幅都在 17% 以上。本次活动奥克斯推出了代号为"冷静 1 号""冷静 2 号""冷静 3 号"的多款机型。奥克斯表示在此次活动中，消费者每购买一款奥克斯空调，奥克斯公司将以消费者的名义捐献一定数额的现金给红十字协会，用于伊拉克战后重建工作,以此表达奥克斯人对世界和平的支持。

5.《空调技术白皮书》

2003年4月23日,奥克斯再次扮演了反叛者的角色,公布了《空调技术白皮书》,宣称"空调技术炒作'高科技'概念只是'皇帝的新装',是空调行业的最后一块'神秘面纱',奥克斯要将其一揭到底,让空调行业早日正本清源,回归到空调'冷、静、强、省'的核心价值上来"等。奥克斯空调的总经理吴方亮宣称奥克斯想宣传的核心内容是"空调不是高科技产品"。他还断言至少在5年内,空调行业不会出现革命性的技术突破。奥克斯最后总结称,目前空调市场上包括"富氧技术""红外线传感技术""温度传感技术"等在内的几大所谓"高科技"实质"只是一种牟取暴利的幌子,都是将附加功能进行包装放大,从而达到误导消费者、让自己获取暴利的目的"。

案例思考题:

1. 奥克斯空调采用的是什么定价策略?它的这种定价在什么条件下才能取胜?
2. 你如何看待奥克斯的《空调成本白皮书》?
3. 面对奥克斯空调的价格策略,格力、美的、科龙等主要品牌该如何应对?

【实训项目】

实训目的:

锻炼学生定价策略的实际运用能力。

实训素材:

新网吧的定价问题

××大学有在校生一万多人,但是由于该学校刚刚搬迁至新校区,新校区地处城市郊区,因而针对大学生的休闲娱乐性商业场所也非常少。实际考察完地形之后,精明的小崔准备在距离该大学500米的地方租赁场地开一个网吧。网吧装修好之后,定价问题却让小崔很头疼。小崔购置的都是价格较高的新电脑,定价过低怕一两年之内很难收回成本,而定价过高又怕该校大学生不接受,因为该校校园网络已开通,很多大学生也已购置了电脑,再加上在距离学校四千米的地方已有一家名叫"极度"的网吧(定价为3元每小时),虽然距离较远,但是从学校经过的公交车(票价为一元)也正好经过那家网吧。针对小崔这一头疼的问题,请你结合本章所学知识对小崔予以帮助。

实训要求:

实训前要求学生回答以下问题。

(1)分析在校大学生网吧使用群体的价格敏感度。

(2)对该网吧进行定价需要考虑哪些影响因素?

(3)你决定选择哪些定价方法帮助小崔解决定价问题?

(4)如果极度网吧上网价格从3元降至2元,小崔这家网吧的上网价格需要不需要变动?为什么?如果你认为需要变动,该如何变动?

第九章　分销渠道策略

【本章学习目标】

1. 理解分销渠道的概念、结构及类型。
2. 了解中间商的功能及分类。
3. 掌握影响中间商选择的因素及选择中间商的考虑范围。
4. 掌握制定渠道策略的基本步骤与程序。

【能力目标】

能够运用渠道策略理念帮助企业建设或维护自身渠道,具有渠道相关问题的诊断解决能力。

【导入案例】

白酒行业渠道遇电商冲击波

曾经人头攒动的大型购物商场、大卖场,现在其生存空间受到了严重的挤压。而电子商务经过几年长足的发展,已经成为许多消费者,特别是年轻消费者购物的首选。尽管酒类产品不同于服装、数码、书籍、家具等商品,但是酒类产品的电子商务发展大势是不可逆的。

2012年11月11日,酒类电商创下2亿元的销售额,其中,酒仙网突破6000万元大关,与上一年同期相比,实现了近6倍的增长,这一增速让传统渠道望尘莫及。

2011年,酒仙网第一次参与天猫"双十一"时,就创下了日成交1000多万元的成绩,订单数是平日的10倍。由于对消费需求有所低估,酒仙网出现了严重的备货不足情况。于是从2012年9月开始,该网站就投入对"双十一"的备战中,投入资金高达上亿元,其中,仅备货量就达上一年的10倍。

种种迹象表明,酒类传统渠道与电商渠道难免狭路相逢。

一、打破区域壁垒

受经济大环境的影响,如今企业开拓市场越来越难,所需费用越来越高。山东一家白酒企业的负责人曾向记者粗略估算过,"企业想要打开一个地级市的市场,至少要投入上千万元,而且每年都需要维护,但最终的效果却无法保证。并不是说投入了就一定能够拿下这个市场,有些企业投入了大量资金,多年打造一个市场,最后却灰溜溜退场的情景并不少见"。

而随着80后新兴主流消费群体的形成,包括白酒在内的各类消费品的经销模式也渐渐受到影响。得益于互联网的迅速发展，电商企业扁平化的层级和开放式的平台等优势日益凸显，受到传统行业的青睐。白酒企业与经销商通过借道电商，能够有效地压缩流通环节费用，并迅速实现全国、全网覆盖。

这也是为何2012年酒仙网能够如此活跃在酒业舞台上，忙着与各地的企业签订战略合作协议，特别是诸如景芝、杜康等想要谋划全国市场的区域强势品牌更是如此。

一方面，随着现代信息技术的快速发展和销售观念的转变，网络渗透到社会生活的每一个角落，利用网络媒体加强与消费者的接触，建立与新生代人群的沟通，巩固并扩大市场份额，是一些酒类企业希望通过电子商务打开新生代消费群体市场的初衷。在这种形势下，各类酒业纷纷"触电"，涌现了一批酒业电子商务平台。

另一方面，目前中国多数酒类企业依靠各级批发零售渠道，渠道商依靠层层加价和拿返点的形式盈利。厂家提价10%，到消费者手里就变成涨价50%以上。一些价格体系不完善的品牌，渠道加价甚至超过1倍。另外，酒类厂商也看到了渠道流通领域的丰厚利润。因此，酒类企业纷纷建立自己的电子商务平台，直接介入互联网这一全新的销售渠道，想减少渠道的中间环节，节约传统的营销成本，扩大销售渠道。

以酒仙网为例，其在上游拥有较丰富的白酒资源，并与100多家酒类生产商建立合作，成为它们在网络市场的"一级代理商"，打破了酒类产品传统渠道模式，变成从厂家到酒仙网，再从酒仙网直接发往终端消费者的模式，不仅大大降低了销售成本，而且防止了酒类产品在流通环节中的年份酒造假、抬价等问题。此外，在销售终端，除了自身平台销售外，该公司还与天猫、当当、京东商城等大平台进行合作。

在2013年的经济增势放缓和政策环境变化的情况下，经销商普遍面临着经销压力和库存压力的挑战，尤其是一批名酒经销商的压力更大。如何突破发展瓶颈，创造新的业绩增长途径，是传统白酒企业及经销商需要思考的问题。

电子商务是当前的一个首选。在2012年的采访中，记者发现许多白酒企业、大小经销商，包括葡萄酒运营商都在做这方面的尝试。这样做不仅是为了降低成本、提升业绩，更是突破区域限制，扩大品牌在全国的影响力。

二、渠道间的"竞合"

虽然电子商务在如火如荼地发展，但是酒类电商企业正遭遇一场销量上的挑战。据悉，目前网上的销售渠道虽然铺得较为广泛，但销售量却不及线下渠道的十分之一。

据不完全统计，目前酒类电子商务市场拥有独立域名和平台的酒水网站百余家，其余大大小小非独立域名的酒水网站至少上千家，其中包括酒仙网、酒多网、购酒网等综合性酒类B2C（企业对消费者）网站，也买网、酒美网、红酒客、酒团网、红酒汇等葡萄酒专项B2C网站，茅台网上商城、五粮液在线等酒类企业自建B2C网站，以及中国酒类商务网、中国酒网、中国黄酒交易网等具有B2B（企业对企业）性质的网站。

尽管酒类电商企业很多，但是拥有深厚酒类文化底蕴的中国，在酒类电子商务发展中依然面临很多瓶颈，其中很重要的一点就是与传统渠道的遭遇战。

酒仙网就有前车之鉴。其在成立之初曾表示，将借助渠道优势，坚决抑制酒价虚涨，把酒价砍低30%~50%，同时还要最大限度地满足普通消费者对真酒、实惠酒的消费诉求。如此大张旗鼓，酒仙网受到了传统渠道商的集体抵制，也因此在早期无法从白酒生产厂家处拿到稳定的货源。

其实,酒类电商与传统的酒类产品销售渠道应该是一种竞合关系,而非谁取代谁。与酒仙网合作愉快的洛阳杜康控股销售公司总经理苗国军告诉记者:"消费者针对电子商务渠道和传统渠道的消费习惯不同,所以基本不会有太大的冲突,电子商务有效地弥补了传统渠道的不足。"

就在2012年年底,北京市糖业烟酒有限公司(以下简称"京糖")与酒仙网签约合作,开创了一种渠道合作模式。

一方面,酒仙网独家代理京糖的百余种酒水,极大地丰富了产品线;另一方面,京糖也借助国内最大的酒类电商平台进军电商渠道,实现营销模式的升级,并从北京走向全国。

除了与传统渠道的"竞合"之外,电子商务平台之间也进行着很好的合作。例如,酒仙网已经与库巴、京东、天猫、苏宁易购、当当、亚马逊、腾讯QQ商城等10余家平台类电商实现"联姻",进驻或包揽这些平台类电商的酒水频道,不断拓展销售渠道。通过与其他电商平台的合作,把彼此间的关系由"竞争"变成"竞合",让电商共享优势:垂直类电商拥有在细分领域内产品和运营上的优势,而平台类电商拥有丰富的全品类及强大流量和市场推广能力。两者结合给消费者带来了更优质的服务体验。这种日益完善的"竞合"模式,把渠道化优势发挥到极致。

但是,也应该看到传统渠道与电子商务渠道之间的问题。苗国军指出,传统渠道和电子商务暂时不存在融合问题,更大的问题是电子商务公司是新兴的,传统白酒厂家面对现代电子商务渠道往往是不重视或者束手无策,而营销的根本秘诀在于研究消费者。网民和传统渠道的购买者,两者之间存在着很大的不同,这个课题对电子商务公司和传统白酒厂家都是巨大的挑战,但现在还没有看到哪一家企业对此十分重视或者有非常好的想法。苗国军说:"电子商务更多的是满足个体消费,对单位消费或者群体消费没有太多的优势。5年内电子商务占整个渠道的比例最多10%。"

三、电商渠道的未来

电子商务在不断改变我们的生活。电商的购物模式为消费者提供了全新的购物体验,除了物品价格更优惠外,消费者还能在购物过程中满足社交需求,提高购物效率。而且电子商务还避免了来自传统渠道的实体店铺租金和存货的压力。

著名的硅谷风投家马克·安德森(Marc Andreessen)断言,电子商务未来将完全取代零售行业。他认为,电子商务浪潮会在2020年迎来峰值。10年后,电子商务将代替传统零售行业,成为人们购买商品的唯一选择。

同时,酒类电子商务人士表示,10年内B2C有可能占领传统酒类行业50%左右的市场份额,传统的酒类销售模式难逃夕阳产业的命运。

酒仙网董事长兼CEO郝鸿峰算过这样一笔账,"2011年我国电子商务的营业总额已接近8000亿元,占总零售额的4.5%。如以此标准来判断,一个100亿元销售规模的酒类企业,应该有4.5亿元是通过电子商务渠道卖出去的"。

尽管如此,如苗国军所言,目前电子商务渠道还没有真正受到企业的重视和研究。郝鸿峰分析了其中的原因,他将酒类电子商务的发展概括为三个阶段:第一个阶段叫"看不懂",消费者老是怀疑网上怎么还能卖酒,但是这个时期已经结束;第二个阶段叫"看不起",也就是在一个年销售20亿元或者30亿元的企业眼里,只有几百万元或者几千万元的酒是通过电子渠道销售的,觉得没有多大价值,不予重视;第三个阶段叫"来不及",也就是当你突然开始重视的时候,发现机会已经错过去了,因为电子商务的发展速度太快了。

当然,除了这些优势之外,酒类电子商务也存在着诸多问题,如人才的稀缺、物流成本的重压、产品保真等问题。酒产品作为一种特殊商品,对物流配送要求极高。目前,全国能够进行酒水产品配送的企业不足20家。物流成本的居高不下,给酒类电子商务企业的发展带来了极大障碍。除此之外还有货源问题,不过酒仙网及购酒网等企业均表示,已与贵州茅台、五粮液等主流酒企达成合作,也有电商表示已获得多家白酒生产企业的定制酒资源。

对于消费者来说,在网上买的酒是否是真酒或许是他们最为关心的问题。这也是酒类电商面临的最大挑战。针对这一问题,酒仙网通过和中国太平财产保险公司合作,于2012年底启动了"真酒险",也称"产品质量险"。如果消费者购买的任何一款酒水不是真酒,太平财产保险公司将根据实际情况给予赔偿,最高赔付额每单可达100万元,此类保险在国内尚属首次。

(资料来源:华夏酒报)

第一节 分销渠道概述

分销渠道策略是营销组合的重要组成要素,分销决策直接影响着其他任何一个营销战略决策,特别是在市场经济条件下,怎样适时有效地将自己的产品送达目标顾客是每个公司都要认真考虑的战略问题。分销策略可使企业选择合适的分销模式,管理公司的分销渠道并且保持良好的渠道关系,从而最终达到有效分销的目的。能否正确地制定和实施适当的分销战略,将直接影响公司的经营效益,也将强有力地推动公司未来的发展。

一、分销渠道的概念、特征与职能

(一)分销渠道的概念

分销渠道是指某种产品和服务从生产者向消费者转移的过程中,取得这种产品和服务的所有权或帮助所有权转移的所有企业和个人。它主要包括商人中间商、代理中间商以及处于渠道起点和终点的生产者与消费者。

分销渠道存在于企业的外部,不属于企业内部组织机构,对于企业而言是一项非常重要的外部资源。它的建立往往需要很长时间,而且不能轻易改变。分销渠道将直接影响企业的其他营销策略,如价格决策就与企业是否利用大型的、高质量的经销密切相关。因此,分销渠道的含义一般仅指由参与了商品所有权转移或商品买卖交易活动的中间商组成的流通渠道。分销渠道的起点是生产者,终点是消费者或用户,中间环节包括参与了商品交易活动的批发商、零售商、代理商和经纪人。严格来说,后两类中间商并不对商品拥有所有权,但他们帮助达成了商品的买卖交易活动,因此,也可作为分销渠道的一个环节。所以,只要是从生产者到最终用户或消费者,任何一组与商品交易活动有关并相互依存、相互关联的营销中介机构均可称为一条分销渠道。

营销理论中,市场营销渠道与分销渠道并不完全等同,二者是有区别的。所谓市场营销渠道,是指配合生产、分销和消费某一生产者的产品和服务的所有企业和个人。也就是说,市场营销渠道包括某种产品供、产、销过程中的所有有关企业和个人,如供应商、生产者、商人中间商、代理中间商、辅助商以及最终消费者或用户等,而分销渠道并不包括供应商和辅助商。

充分发挥分销渠道组织,特别是中间商的功能,是提高企业经济效益的重要手段。这种由渠道功能实现的效益可以很直观地体现。中间商集中交易比各自分散交易效率更高。图 9-1 显示了中间商参与交易提高效率的情况:(a)部分显示 3 家厂商均利用直销分别同 3 个顾客交易,这时,需要发生 9 次交易联系;(b)部分显示通过一个中间商交易,其交易联系减少到 6 次。

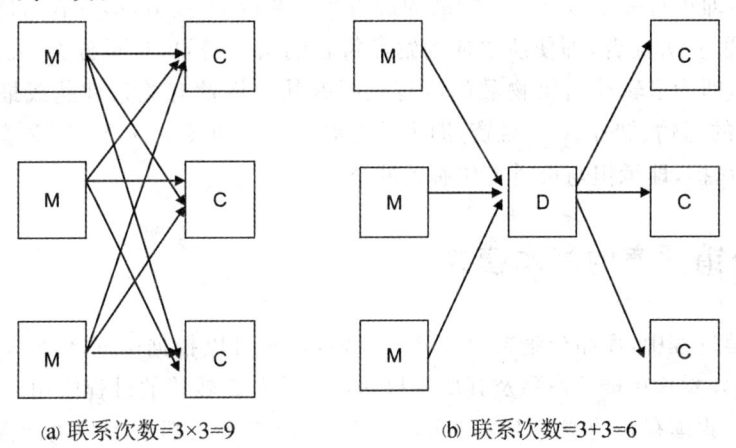

9-1 分销渠道经济效果图(M——生产商;C——消费者;D——中间商)

(二) 分销渠道的特征

分销渠道通过其组织成员的协调运作,产生形式效用、所有权效用、时间效用和地点效用,为最终用户创造价值。概括地说,分销渠道具有以下特征。

(1) 分销渠道反映实现某一特定产品(服务)价值全过程的整个通道。其一端连接生产,另一端连接消费,是该产品从制造商到消费者的整个流通过程。

(2) 分销渠道是一群相互依存的组织和个人的集合。这些组织(个人)为解决产品销路问题各自发挥其功能,并因共同利益而合作,结成共生伙伴关系;同时也会因不同的利益和其他原因发生矛盾和冲突,这就需要协调和管理。渠道成员通常包括制造商、中间商(批发商、代理商、零售商)和消费者。此外,还有一些支持分销的组织,如运输公司、独立仓库、银行和广告公司、市场调研公司等。其中,各类中间商是分销渠道中最积极活跃的成员。

(3) 分销渠道的实体是购销环节。产品在渠道中通过或多或少的购销环节转移所有权,流向消费者。在特定条件下,制造商可将产品直接销售或租赁给消费者,一次性转移产品所有权或使用权。这时,分销渠道最短。但在更多场合,制造商要通过一系列中间商转卖或代理转卖产品,在较长的分销渠道中多次转移产品所有权。渠道的长短决定于比较利益。

(4) 分销渠道是一个多功能系统。它不但要通过在适当的地点、以适当的质量、数量和价格供应产品和服务以满足需求,而且要通过渠道成员的促销活动来刺激需求。分销渠道是通过形式效用、所有权效用、时间效用和地点效用为最终消费者创造价值并协调运作的网络系统。

(三) 分销渠道的职能

从经济理论的观点来看,分销渠道的基本职能在于把自然界提供的不同原料根据人类的需要转换成有意义的产品组合。分销渠道对产品从生产者转移到消费者所必须完成的工作加以组织,其目的在于消除产品(或服务)与使用者之间的分离。

分销渠道的主要职能有如下几种:(1) 研究,即收集制订计划和进行交换所必需的信息;(2) 促销,即进行关于所供应的物品的说服性沟通;(3) 接洽,即寻找可能的购买者并与之进行沟通;(4) 配合,即使所供应的物品符合购买者需要,包括分类、装配、包装等活动;(5) 谈判,即为了转移所供物品的所有权而就其价格及有关条件达成最后协议;(6) 物流,即产品的运输、储存;(7) 融资,即为补偿渠道工作的成本费用而对资金的取得与支出;(8) 风险承担,即承担与渠道工作有关的全部风险。

二、分销渠道的基本模式

现代营销过程中,商品分销渠道的模式很多,通常可以根据中间环节的多少来划分。每个中间商,只要其在推动商品及其所有权向最终消费者转移的过程中构成一个环节,就形成一个级。我国存在消费者市场和生产者市场,由于个人消费者和生产性团体用户购买的主要商品不同,消费目的和购买特点有差异,因此我国销售渠道形成了两种基本模式:企业对生产性团体用户的销售渠道和企业对个人消费者的销售渠道。以下说明了这两种市场的不同级数的分销渠道,如图 9-2 和图 9-3 所示。

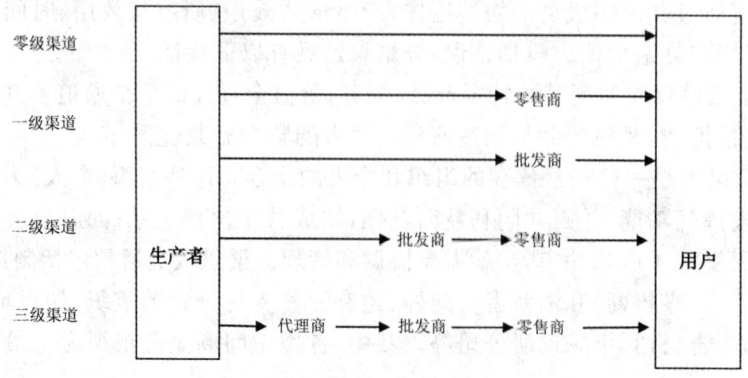

图 9-2　企业对生产性团体用户的销售渠道

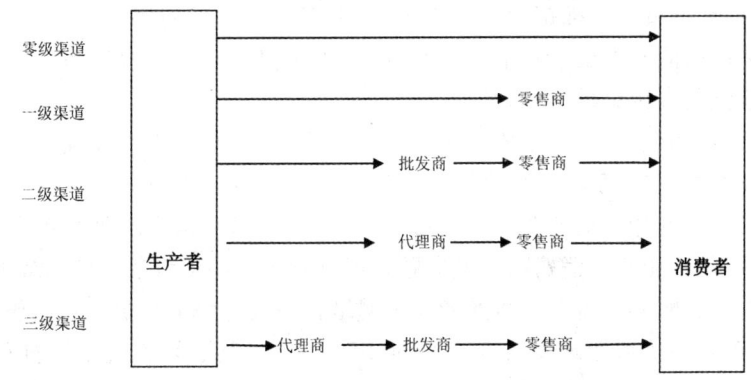

图 9-3　企业对个人消费者的销售渠道

如上图所示,消费品市场和产业用品市场的渠道构成模式常常有很大的不同,我们把某一销售渠道中经过中间商环节的多少称为销售渠道的长度,渠道中使用同类型中间商数目的多少称为销售渠道的宽度。我们以消费品市场的渠道构成模式为例,"生产者—消费者"是最短的渠道(又叫零级渠道),"生产者—代理商—批发商—零售商—消费者"是最长的渠道。如果把销售渠道比作企业产品走向市场的"腿"的话,渠道长也就意味着"腿"长,而"腿"长的企业其产品肯定走得就比较远,也就是说企业产品所辐射的市场区域就比较大。

零级渠道,也叫直接渠道,是指商品未经过任何中间环节,直接由生产者供应给消费者,这是一种最短的渠道。直接渠道的主要形式有上门推销、邮购、电话订购、网上营销等。

一级渠道,指含有一个中间机构的渠道。在消费品市场上,这个中间机构通常是零售企业,即生产者把商品销售给零售企业转售;在生产资料市场上,中间机构常常是销售代理商或经纪人。

二级渠道,指含有两个中间机构的渠道。在消费品市场上,一般是一个批发商和一个零售商。生产者把商品销售给批发商,再由批发商转售给零售商,最后销售给消费者。中间机构是工业分销商和经销商。

三级渠道,指包含三个中间机构的渠道。一些规模小而商品又需要广泛市场的生产者,要通过多层渠道批发或通过代理行、经纪人及其他代理中间商把商品销售给批发商,再通过零售商出售给消费者。

三、分销渠道的类型

(一) 直接渠道与间接渠道

根据是否通过中间商参与来划分,分销渠道可分为直接渠道和间接渠道。

1. 直接渠道

直接渠道是指没有中间商参与,产品由生产者(制造商)直接销售给消费者(用户)的渠道类型。直接渠道的形式是:生产者—用户。近年来,直接销售渠道在国内外发展势头强劲,主要包括销售员上门推销、邮寄、电话、电视直销及网上销售,如安利公司的销售代表通过上门推销向消费者出售旗下所有产品、某些保健品通过电视直销宣传产品的效果等。零级渠道就是直接渠道。

直接渠道是工业品销售的主要方式。大型机器设备、专用工具以及技术复杂而需要提供专门服务的产品,几乎都采用直接渠道销售。在消费品中,如鲜活商品,传统上一直采用直销方式。随着计算机的普及和网络技术的发展,网上销售这种直销方式迅速发展起来,商品类别几乎涵盖了消费品领域。顾客可以直接在网上订货、付款,或者货到付款,这一切大大方便了顾客的需要。生产者通过网络直销渠道为客户提供售后服务和技术支持,特别是对于一些技术性比较强的行业,如IT业,提供网上远程技术支持和培训服务,方便顾客的同时,也使生产者降低了为顾客服务的成本。

直接渠道具有以下优点:(1)对于用途单一、技术复杂的产品,可以有针对性地安排生产,生产厂家可以根据用户的特殊需要组织加工,更好地满足需求;(2)生产者直接向消费者介绍产品,便于消费者更好地掌握产品性能、特点及使用方法;(3)由于直接渠道不经过中间环节,可以减少产品损耗、变质的损失,降低流通费用,掌握价格的主动权。

阅读材料

戴尔直销

IT(信息技术)企业中的戴尔公司以其高成长业绩为世人所称道。其销售的产品和服务遍及170个国家和地区。戴尔企业发展成功的最大奥秘就是其在产品销售上坚持直销。

戴尔公司在1994年将直销模式发展到互联网上,而且业绩突飞猛进,再次处于业内领先地位。今天,戴尔运营着全球最大规模的互联网商务网站。该网站销售额占公司总收益的40%～50%。戴尔服务器运作的 www.dell.com 网址包括80个国家的站点,目前每季度有超过4000万人浏览。客户可以评估多种配置,即时获取报价,得到技术支持,订购一个或多个系统。21世纪,戴尔公司的网上销售重点转向亚洲,2001年的目标是增加50%,公司还打算在互联网销售产品的基础上,整合从零部件供应商到最终用户的整个供应链。

抛弃传统的经营模式,实行零库存在PC(个人电脑)行业,最大的隐形杀手就是库存成本。有关资料披露,戴尔在全球的库存天数平均为7天以内,而COMPAQ的库存天数为26天,中国联想集团是30天,而一般PC机厂商的库存时间是两个月。由此可见,戴尔可以比其他竞争对手快得多的速度将最新的技术提供给用户,这大大降低了库存成本,增加了企业利润。

2. 间接渠道

间接渠道是指生产者利用中间商将商品供应给消费者用户,有一级或多级中间商参与,产品经由一个或多个商业环节售给消费者(用户)的渠道类型。如图9-3所示的一级、二级和三级渠道均为间接渠道。同直接渠道相比,间接渠道是较长的销售渠道,也是消费品销售的主要方式,许多工业品也采用间接渠道。

间接渠道的优点是:(1)中间商的介入使交易次数减少,节约流通领域的人力、物力、财力和流通时间,降低了销售费用和产品价格;(2)中间商的介入不仅可以使生产者集中精力搞好生产,而且可以扩大流通范围和产品销售,有利于所有社会生产者和消费者。

但是这种方法也存在不足:由于中间商的介入,生产者和消费者不能直接沟通信息,生产者不易准确地掌握消费者的需求,消费者也不易掌握生产者的产品供应情况和产品的性能特点,生产者难以为消费者提供完善的服务。

(二) 长渠道与短渠道

根据从生产者到最终消费者,产品所经历的中间环节的多少来划分,分销渠道可以分为长渠道和短渠道,即经过中间环节越多,分销渠道越长;反之,分销渠道越短。

1. 长渠道

长渠道是指经过两个或两个以上的中间环节把产品销售给消费者的分销渠道,包括二级渠道和二级以上的渠道。长渠道的优点:(1)中间商帮助生产者承担流通领域的商业职能,因而厂商可以集中精力研发与生产产品;(2)生产者将产品销售给批发商,降低了库存,资金周转率高;(3)易于开拓新市场,扩大产品的销售。

2. 短渠道

短渠道是指没有中间环节或只经过一个中间环节的分销渠道,直接渠道是最短的分销渠道。

(三) 宽渠道与窄渠道

根据生产者在渠道的每一个层次利用多少同种类型中间商来销售产品,即根据分销渠道中每一环节上使用的同种类中间商数目的多少来划分,分销渠道可以分为宽渠道与窄渠道。渠道越宽,则销售网点越多,市场覆盖面越大;渠道越窄,则销售网点越少,市场覆盖面越小。

按渠道宽度分销策略可分为以下三种。

(1) 密集分销,即在渠道环节中使用尽可能多的中间商,使渠道尽可能宽,尽量发挥众多中间商的大面积辐射功能。这种策略常常用于价廉、易耗、挑选性低、容易储存和保质且为每个家庭或个人必需的日常消费品或生产上使用的标准件、通用小工具等产业用品。

(2) 独家分销,即在某一销售区域内只选择一家中间商来经销或代理,实行独家经营。独家分销是最窄的渠道。对生产厂家来说,其优点在于能选择关系最密切或最优秀的中间商,有利于对渠道的控制,有利于树立自己产品的形象,还可要求中间商为消费者提供良好的售后服务项目。独家分销的缺点主要是由于实行专营,可能造成销售网点少,从而失去一些潜在购买者;厂家对专营中间商的一些经营政策限制可能会导致种种纠纷;如果这一家中间商经营不善或发生意外情况,生产者就要蒙受损失,承担一定的风险。

(3) 选择分销,即制造商在某一销售区域精心挑选若干最合适的中间商来经销或代理自己的产品。这种方式介于上述两种分销策略之间,对于选择性较强的高档消费品、专用性较强的零配件以及技术服务要求较高的商品更为适宜。这种策略的优点是经挑选出来的中间商经营水平较高,能与生产厂家进行良好的合作,双方常通过履行合同或协议共担风险、分享利润;可以减少经销商之间的盲目竞争,有利于提高商品信誉。这种策略一般要求生产厂家处于较主动地位,向中间商提供较优的销售条件,或能向中间商提供畅销品,这样才会有较多的、愿意合作的、能力较强的中间商供厂家挑选。另外,这种策略要求加强协议合同的履行管理,防止发生纠纷和违约情况。

阅读材料

直销与传销的区别

近些年来,直销与传销让普通消费者雾里看花,水中望月,分不清直销与传销有啥区别。随着《直销管理条例》《禁止传销条例》的颁布实施,消费者该如何辨别直销和传销呢?
什么是传销?

"传销"是指组织者或者经营者发展人员,通过对被发展人员以其直接或者间接发展的人员数量或者销售业绩为依据计算和给付报酬,或者要求被发展人员以交纳一定费用为条件取得加入资格等方式牟取非法利益,扰乱经济秩序,影响社会稳定的行为。

传销的明显特征:传销的商品价格严重背离商品本身的实际价值,有的传销商品根本没有任何使用价值,服务项目纯属虚构;参加人员所获得的收益并非来源于销售产品或服务等所得的合理利润,而是他人加入时交纳的费用。

什么是直销?

直销:销售人员以面对面的说明方式,而不是固定店铺经营的方式,把产品或服务直接销售或推广给最终消费者,并计算提取报酬的一种营销方式。这些直接销售人员被称为销售商、销售代表、顾问或其他头衔,他们主要通过上门展示产品、开办活动或者是一对一销售的方式来推销产品。

直销与传销的区别:

(1)推销的商品不同。传销的产品大多是一些没有什么品牌,质次价高的商品,而直销的商品大多为一些著名的品牌,在国内外有一定的认知度。

(2)推销员加入的方式不同。传销是要求推销员加入时,上线要收取下线的商品押金,一般以购物或资金形式收取"入门费"。

(3)营销管理不同。传销的营销管理很混乱,上线推销员通过欺骗下线推销员来获取自己的利益。传销采用"复式计酬"方式,即销售报酬并非仅仅来自商品利润本身,而是按发展传销人员的"人头"计算提成。直销的管理比较严格,推销员是不直接跟商品和钱接触的,自己的业绩由公司来考核,由公司进行分配。

(4)根本目的不同。传销的根本目的是无限制地发展下线,千方百计地通过扩大下线来赚钱,而直销最终面对的终端用户是客户,其最终目的是进行商品交易。

(资料来源:刘晓红.直销与传销的区别.中国经济网)

第二节 中间商

企业的分销渠道并不是一成不变的,随着市场环境的变化,竞争的日益加剧,分销渠道也在发生着变化。而分销渠道的发展与更新,实际上就是中间商的变化及发展过程。

中间商是介于生产者与消费者之间,专门从事商品流通活动的具有法人资格的组织或者个人。中间商可以从不同角度进行划分,按照是否拥有商品的所有权可分为经销商和代理商,按其在流通过程中的不同作用可以分为零售商和批发商。批发的功能是将购进的产品批量转售给各类组织购买者,包括生产企业、服务企业、零售商、其他批发商和各种社会团体机构;零售的功能则是将产品卖给最终市场上的个人消费者。

一、中间商的功能

在中间商出现之前,商品以简单商品流通形式流通,生产者将商品直接销售给消费者。随着社会分工的发展,在生产者和消费者之间出现了专门帮助商品从生产领域转移到消费领域的中间商。中间商的出现对促进商品生产和流通的发展起了重要作用。中间商在销售渠道中发挥的作用主要表现在以下三个方面。

(一)扩大生产和销售

中间商的出现使生产企业将其优势和实力集中于生产之上,有效地实现企业的经济目标。中间商的专业化购销活动帮助生产者扩大了产品销售量,也扩大了产品市场。

(二)协调生产与需求之间的矛盾

专业化生产者生产的商品一般是种类不多而数量很大,消费者需要的商品却是种类繁多、数量很小。中间商可以面向许多生产者购进商品,将商品汇集在一起向消费者供应,从品种、数量、时间、地点等方面为生产者和消费者之间的交换排除了障碍,从而较好地解决了产需之间的矛盾。

(三)方便消费者购买商品

居于中间环节的中间商,能够充分利用专职销售的优势,针对消费者的需求组织货源,在很大程度上满足消费者对商品多种多样的需要。同时,中间商对商品的宣传推广可以使消费者了解商品的性能、特点和使用方法等商品知识和信息,起到了指导消费的作用。

中间商提高了流通效率,并且能节约企业成本,扩大商品的销售区域。选择分销渠道,首先必须了解这些中间商的特点和作用。

二、批发商的功能与类型

批发是指将商品或劳务出售给那些为了转卖或者其他商业用途而购买的组织或者个人的活动,而批发商是指那些从事批发业务的组织或个人。

(一) 批发商的功能

1. 批购与批销

批发商所要做的就是要让他的顾客——零售商,在适当的时间和地点购买到他们所需的适当品种和数量的商品。批购批销也就是批发商根据顾客的需要,从制造商等生产者那里大批量采购商品,然后以小批量转卖给他的顾客(不过,农产品批发商在业务的程序上可能有些差异,这种独立的批发商一方面向分散的、为数众多的小农户小批量收购农产品,另一方面再大批量转卖出去,但由此体现的这种批发商的功能仍然是批购与批销),批发商发挥批购与批销功能主要是从商品数量上消除生产者与零售商之间存在的差异。大批量与小批量的转换以及化整为零、化零为整的操作都体现了批发商批购批销功能的要求。

2. 分销装配

批发商从生产者那里采购到的是各种在花色、品种、规格、品牌等方面相异的商品,而零售商所需要的也是货色各异的商品。生产者能根据最后消费者和零售商的需求让商品流通到他们那里,以满足不同零售商在商品种类和等级上的不同需求,从而实现分销装配功能。

3. 储运服务

虽然批购与批销、分销装配功能都受到时间与空间的影响,但是批发商能消除生产者与零售商在时间和空间上的差异。这种为顾客提供适当的时间与地点的功能集中体现在储运服务上。储运服务即批发商储备商品,并把商品从产地运往销售地,以调节各个季节(或不同时间)各个地区的供求关系。

4. 信息咨询

市场主体要想获得理性表现,就必须掌握充分的信息,因为不对称的信息往往会导致不对称的市场行为,最终形成不协调的市场关系。批发商作为生产者与零售商之间的桥梁,能向桥的两端发挥信息咨询的功能。一方面,批发商向制造商提供关于最后消费者或其他用户需要哪些产品的市场信息,同时向制造商建议应生产哪些新产品、生产多少产品以及如何改进商品包装等;另一方面,批发商还向中小零售商提供关于新产品、竞争者价格、消费者偏好变化的趋势等的市场信息。

5. 财务融通

批发商发挥财务融通的功能就是批发商向生产者、零售商直接或间接提供财务支援和帮助。在商品流通比较发达的西方国家,零售商从批发商手中进货时,通常不必立即付款,只开给一定时期(如两个月、三个月等)的期票,商人批发商通常采用赊购这种商业信用方式,向中小零售商直接提供财务援助。同时,这也许是许多中小零售商宁可从商人批发商进货,而不直接从制造商那里进货的重要原因。批发商的存货控制减少了零售商大量存货的必要,减少了零售商的存货费用,这是批发商为零售商提供财务融通的间接方式。

6. 承担风险

批发商由于拥有商品所有权而承担了若干风险,同时还要承担由于偷窃、危险、损坏和过时被弃等所造成的损失。批发商部分地分担了这种因时空局限造成的市场风险,缓解了渠道其他成员的压力,从而保证了渠道的安全与畅通。另外,一些市场营销意识较强、发展比较完善的批发商还主动提供推销队伍,筹划促销活动,帮助制造商以较小的成本开支接近更广的顾客面;帮助零售商改进其经营活动,如培训他们的推销员、帮助商店进行内部布置和商品陈列以及帮助建立会计制度和存货控制系统。这些批发商通过这些功能的充分发挥,逐步建立起自己的战略关系网,提高了自己在渠道中的地位,进而强化了自身的竞争力。

(二) 批发商的类型

1. 商业批发商

商业批发商又称商人批发商,是通常所说的独立批发商,是批发商的主要类型。按照职能和提供的服务是否完全,商业批发商可进一步划分为完全服务批发商和有限服务批发商。

(1) 完全服务批发商。这种批发商执行全部批发职能,提供全方位服务,包括储存商品、运输、顾客信贷、协助管理,还提供市场信息和承担风险。按经营产品的范围,完全服务批发商又分为三种:综合批发商、专业批发商、专用品批发商。综合批发商经营范围广,产品覆盖不同行业,并为零售商提供综合服务。专业批发商经销的产品同属于某一行业,如五金批发商;而专用品批发商经营范围更窄,如食品行业饮料批发商、服装行业的布料批发商。

(2) 有限服务批发商。这种批发商执行部分批发功能,对其供应者和顾客提供较少服务。根据所提供的服务不同,有限服务批发商又进一步划分为以下几种。一是现购自运批发商,不赊销也不送货,顾客必须立即付清货款,因而其批发价格一般低于完全服务批发商。其主要从事食品杂货的批发。二是直运批发商。这种批发商接到订单后立即向厂商或供应商订货,并通知其将货物直接发送给客户,所以不需要仓储空间,只要有办公地点就行,因而也叫"写字台批发商"。其主要从事煤、木材和重型设备等一些笨重的工业产品的批发。三是卡车批发商,只承担销售和送货功能,不承担仓储功能,从生产者那里将货物装车后,立即运送给客户。其适合经营生鲜产品。四是专柜寄售批发商,服务对象是杂货商店和药品零售商,主要经营家用器皿、化妆品、玩具等,提供送货、陈列商品、储存商品和融通资金等服务。五是邮购批发商,将商品目录寄给零售商或团体用户,然后根据订单通过邮政系统发送货物。

2. 经纪人和代理商

经纪人和代理商主要从事采购或销售业务或两者兼备,但不拥有产品所有权。与商人批发商不同,他们对所经营的产品没有所有权,只是拥有一种代理关系,起着一种牵线搭桥的媒介作用,为促成交易提供方便,所提供的服务比有限服务商人批发商还少,其主要职能在于促成产品的交易,借此赚取佣金作为报酬。与商人批发商相似的是,他们通常专注于某些产品种类或某些顾客群。经纪人和代理商主要有以下五种。

（1）产品经纪人。经纪人的主要作用是为买卖双方牵线搭桥，协助他们进行谈判，买卖达成后向雇用方收取费用。他们并不持有存货，也不参与融资或风险分担。

（2）制造商代表。制造商代表比其他代理批发商人数更多。他们代表两个或若干个互补的产品线的制造商，分别和每个制造商签订有关定价政策、销售区域、订单处理程序、送货服务和各种保证以及佣金比例等方面的正式书面合同。他们了解每个制造商的产品线，并利用其广泛关系来销售制造商的产品。制造商代表常被用在服饰、家具等产品线上。大多数制造商代表都是小型企业，雇用的销售人员虽少，但都极为干练。那些无力为自己雇用销售人员的小公司往往雇用代理商。另外，某些大公司也利用代理商开拓新市场，或者在那些难以雇用专职销售人员的地区雇用代理商作为其代表。

（3）销售代理商。销售代理商是在签订合同的基础上，为委托人销售某些特定产品或全部产品的代理商，对价格、条款及其他交易条件可全权处理。这种代理商在纺织、木材、某些金属产品、食品、服装等行业中常见。在这些行业，竞争非常激烈，产品销路对企业的生存至关重要。

（4）采购代理商。采购代理商一般与顾客有长期关系，代他们进行采购，往往负责为其收货、验货、储运，并将物品运交买主。例如，服饰市场的常驻采购员，他们为小城市的零售商采购适销的服饰产品。他们消息灵通，可向客户提供有用的市场信息，而且还能以最低价格买到好的物品。

（5）佣金商。佣金商是指对产品实体具有控制力并参与产品销售协商的代理商。他们大多从事农产品代销业务。农场主将其生产的农产品委托给佣金商代销，付给他们一定的佣金。委托人和佣金商的业务一般只包括一个收获和销售季节。佣金商一般负责储存和陈列，并没有仓库和铺面，其所得货款扣除佣金和费用后再付给生产者。

3. 自营批发机构

自营批发机构主要指由制造商和零售商自设机构经营批发业务，主要类型有制造商与零售商的分销部和办事处。分销部有一定的产品储存，其形式如同商人批发商，只不过隶属关系不同；办事处没有存货，是企业驻外的业务代办机构，有些零售商在一些中心市场设立采购办事处，主要办理本公司的采购业务，也兼做批发业务，其功能与经纪人和代理商相似。

三、零售商的特点及类型

个人消费者在市场上接触的主要是零售商，零售商是以零售经营为主业的企业和个人。零售业务与批发业务的本质区别就在于零售面对个人消费者市场，是整个营销网络系统的出口，也是产品流通的最后环节。随着社会经济的发展和科学技术的进步，零售的组织形式和经营方式千变万化，层出不穷，成为变化最大、最快的行业之一。

（一）零售商的特点

在分销渠道中，零售商作为重要的中间商之一，与其他的渠道环节相比，具有明显不同的地位，并因此在其存在与发展过程中显现出与市场营销的其他领域相区别的个性特点。

1. 零售网点的布局受到人口和市场分布的影响

由于零售商是直接为广大最后消费者服务的商业单位,其主要业务活动就是把商品直接卖给最后消费者,它必须扎根于最后消费人群才能得以生存和发展。因此,零售商业网点的分布受人口、市场分布情况的影响。事实上,有购买力的人口分布情况是影响零售企业布局的决定因素之一,零售企业往往分散在靠近最终消费者的地方。

2. 零售商的经营有明显的季节性

一方面,由于零售商的主要业务活动是把商品直接卖给最后消费者,而消费者的购买时间、习惯又受到广大消费者所在地的风俗习惯等影响,因此,零售商的营业有明显的季节性。另一方面,在零售业中,许多购买是无计划的或凭一时冲动的即兴购买。这种最终消费每笔的平均数额比较小,且零售企业在确定现有的库存以及选择受欢迎的各种价格、颜色、款式和规格方面也存在着很多难题,因此,订货决策往往不太有效。平均销售额低,意味着成本必须降低,花色品种必须齐全,商品周转率必须高。然而,虽然零售商每笔销售的平均数额比较小,但由于存在着众多的零售商和频繁的零售贸易活动,于是从零售商整体销售额占的比重来看,零售商总销售额是不容忽视的。

3. 零售商一般都讲究文明经商

零售作为流通渠道的最后一个环节,为了赢得发展,文明周到地为消费者服务,不断提高零售服务水平就不可避免地成了零售商十分重要的特殊职责,也因此成为零售商不同于其他中间商的一大特点。零售商必须以优异的服务质量、良好的作风,文明周到地为消费者服务,处处为消费者利益着想,处处为消费者购买提供方便,尽一切努力使消费者满意。

(二) 零售商的类型

按业态区分的零售组织主要有以下几种形式。

1. 专卖店

专卖店一般都是小型零售店,专门销售某一类型产品或者专门销售某一品牌的商品,如李宁专卖店、品牌鞋店等。由于专门性强,规模小,经营成本较高,其商品的价位也较高。专卖店一般设在城市商业聚集区,向有品牌嗜好的顾客提供他们偏爱的商品。

2. 百货商店

百货商店一般是大型零售商店,销售的产品种类繁多,尤其是时装、化妆品、鞋、家居产品、家电产品等,而每一条产品线都作为一个独立部门由专门的采购员和营业员管理。例如,服装部、床上用品部、家电部等。百货商店的商品档次一般较高,购物环境优雅,服务比较周到,因而商品的价格水平也相对较高;百货商店的目标顾客主要是中、高收入阶层。由于其他零售形式的迅猛发展,百货商店正逐渐失去市场竞争力,迫切需要重新定位,以求得发展。

3. 超级市场

超级市场是规模大、成本低廉、薄利多销、顾客自我服务的一种零售机构,主要经营食品、洗涤剂和家庭日常用品等周转率较高的产品。因为品种齐全、购物方便、物美价廉的特点,现在正逐渐成为主流的日用品零售形式。自 20 世纪 90 年代开始,超级市场在我国有了迅速的发展,现在为我们所熟知的有沃尔玛、家乐福、华联等知名超市。除了经营食品和日用百货,超级市场近年还开始销售耐用消费品和家用电器。

4. 便利店

便利店一般设在居民区附近或人流量大的地区,为消费者提供更便捷的购物服务。便利店一般营业时间较长,经营品种主要是食品和日用商品,其销售品种有限、周转率高。便利店一般营业面积较小,价格适中,是一种为城市居民提供便利的零售形式。

5. 购物中心

购物中心是多种零售店铺、服务设施集中在某一建筑物内或某一区域内,向消费者提供综合性服务的商业集合体。它的总营业面积一般可达到几万甚至几十万平方米,购物中心除了各类零售店之外,还有餐饮店、娱乐设施、体育中心、美容院、旅馆、银行等,服务设施齐全。

6. 折扣商店

折扣商店是为了同百货商店竞争,以品牌加上折扣迎合消费者而出现的一种零售商店。其特点是主要经营知名品牌的商品,所售商品均明码标价,一律按标明的折扣出售。为了节约成本、保持其低廉的价格,也实行自助服务,并力求减少设施和装潢。店址一般选择在租金较低的地区,因此一般都不位于商业中心,但因为其低廉的价格和优质的产品,所以一般其辐射范围都很广。

7. 仓储商店

仓储商店的特征是经营面积超大,采取仓柜合一的经营方式,是一种以大批量、低成本、低售价和薄利多销的方式经营的连锁式零售企业。它多采取会员制,定期收取一定的费用,以会员为服务对象。其经营产品线较宽,店内的产品直接放置于货架。仓储商店大多选择在离市区较远的郊外,店址较为偏僻,但一般设有大型停车场,方便顾客一次性购买所需商品。其价位比超级市场还略低,在进入汽车普及时代后,这种仓储商店有广阔的发展前景。

阅读材料

中国仓储商店的发展可以说是最有争议的,目前我们还不能说这种业态模式是否在中国已经取得了成功,但这种模式对中国流通业的冲击是巨大的。

仓储商店分为两种,一种是以万客隆与麦德龙为代表,主要通过销售商品获取利润;另一种典型为沃尔玛山姆会员店,以会员费收入为主。仓储商店在中国的发展是以万客隆和麦德龙为开路先锋的。因此,实际上我们可以把麦德龙和万客隆作为一个连锁系统加以考察。目前麦德龙已在上海和无锡开设了连锁店,万客隆也分别在广州和北京开设了合资店铺。

8. 其他零售形式

随着零售业的不断发展,各类新型的零售业不断出现,如电视购物、邮购、网上商店、自动售货亭等。电视购物是以电视作为向消费者宣传商品的窗口,通过电视平台将产品的外观、功能、用途充分演示出来,以电视观众作为主要目标顾客。其销售的商品与市场上同类商品相比,同质性不强,并且提供送货服务。邮购以向顾客邮寄商品目录来介绍商品,是传统的邮购方式。商品目录印刷精美,商品的照片、价格及尺寸、编号等信息都一目了然,消费者通过目录来选择自己所需的商品,然后通过电话订货,邮购企业提供送货上门服务。邮购和电话购物可以减少售货员的数量,还可以节省一笔店面费用,也给消费者提供了很多便利。在信息技术快速发展和网络普及之后,网购具有极大的发展潜力。这些零售业满足了不同类型的消费需求,扩大了商品销售市场,减少了流通环节,同时也使不同零售业态之间的竞争更加激烈。

第三节 分销渠道策略

在市场经济条件下,大多数制造商并不是将其产品直接出售给消费者,而是通过分销渠道的选择与管理,因此既要考虑影响分销渠道选择的因素和选择分销商的标准,又要考虑对分销渠道的管理与控制。

一、影响分销渠道选择的因素

企业在分销渠道选择中,要综合考虑分销渠道目标和各种影响因素。制约分销渠道的主要因素有以下六个方面。

(一)目标市场状况

当企业目标市场范围大,潜在顾客的数量多且分布广时,需要较长的渠道,通过中间商分销到各地。其次,对于顾客每次购买数量小而购买频率高的产品,可选择长渠道。因为由中间商承担少量频繁的订货,可帮助厂商减少销售成本。

对市场容量大、消费者购买量较大的产品则可考虑短渠道,尽量减少中间费用,提高企业效益。

(二)产品因素

1. 产品的单价

产品的价格和产品的形象、利润等直接相关,而分销渠道的选择将直接影响产品的档次、形象等。通常,产品的单价低,可采用长渠道;产品单价高,可采用短渠道和直接渠道。例如,日用百货商品就要经过若干个批发商,主要是为了扩大销量和市场覆盖面,使得企业薄利多销,获取利润。

2. 产品的体积和重量

产品体积过大或者过重,搬运和运送的难度大,运输费用也比较高,选择分销商时,要尽量考虑短渠道,最好是零渠道,避免中间储存和反复运输;产品的体积较小或者重量较轻的,运输储存都比较容易,费用相对低,可考虑长渠道分销。

3. 产品的款式

对于款式变化大的产品,如服装属于款式花色多变、追赶时尚潮流的产品,其分销渠道一定要短,这样可以减少因为中间环节过多而影响产品的更新。对于款式变化较小的产品,分销渠道可以适当长些。

4. 产品的理化特征

对易毁、易腐的产品,应尽量减少中间环节,减少因时间延误和重复搬运造成的损坏。这类产品主要有瓷器、玻璃制品、鲜活产品等。

5. 定制品和标准品

定制品因有特殊的规格、式样要求,一般需要生产者与用户或消费者直接打交道,不宜经过中间商销售。标准品因固有的统一质量、规格和式样要求,一般可通过中间环节按样品或商品目录进行销售。

6. 产品的技术性和售后服务要求

设备类产品一般都有高度的技术性,且售后服务要求高。制造商要派遣技术人员指导用户安装、操作和维护主要设备,因此一般都由制造商直接销给用户。此外,许多耐用消费品(如家用电器)也有一定的技术性,需要安装并指导消费者使用,消费者往往把销售者的售后服务作为选择购买的一个重要条件,所以这些产品的制造商大多直接开零售店,或在大商场租用柜台直接销售给消费者,或挑选有服务能力的零售商来销售。相反,那些销售数量大且技术性和售后服务要求不很高的产品往往要通过中间商销售,要选择长且宽的渠道。

7. 产品生命周期

在产品的引入初期,中间商对产品了解很少,甚至不感兴趣。为了尽快打开销路,企业不惜花费大量的人力、物力和财力组成强有力的销售队伍向消费者或中间商推销产品。在此阶段,企业的分销渠道一般比较短;在产品的成熟期以后,企业产品已经在市场上站稳了脚跟并大批量投放市场,此时则可以考虑借助中间商的势力,将产品全面铺向市场,以取得规模经济效益。

(三)企业因素

企业在选择渠道时,还必须从自身的角度加以考虑。

(1)企业实力强弱,主要包括人力、物力、财力。如果企业实力强可建立自己的分销网络,实行直接销售。

(2)企业管理能力强弱。如果企业管理能力强,又有丰富的营销经验,可选择直接销售渠道;反之,应选择中间商推销产品。

(3)企业控制渠道的能力。企业为了有效地控制分销渠道,多半选择短渠道;反之,若企业不希望控制渠道,则可选择长渠道。

(四)竞争因素

一般情况下,应尽量避免与竞争者采取相同或相近的分销渠道。但如果自己的产品有独到之处,制造商可将自己的产品与竞争对手的产品摆在一起出售,以供消费者选择,争取更多消费者。例如,食品生产者就希望其品牌和竞争品牌摆在一起销售(如超市的奶粉),百事可乐和可口可乐就是在同一地点出现,争个高低。有特殊优势的企业亦可另辟渠道。

阅读材料

薇姿的药店销售策略

"全世界只在药房销售"的渠道定位是薇姿提出来的。这个世界著名化妆品集团欧莱雅旗下的品牌1998年7月进入中国市场,短短两年里,就在各大城市200多家大型药房开设了薇姿护肤专柜,销售业绩日益看好。

在欧洲,护肤品的主要销售渠道是超市。只有极少数的化妆品品牌能够通过严格的医学测试得以进入药房,而具有70年研究皮肤科学经验的薇姿就是其中一个。70年来,薇姿一直坚持"全世界只在药房销售"的市场策略。

进入中国市场后,薇姿依然选择走药房专销的路子,从而为它今后的成功经营开辟了一条有别于国内护肤品的道路。

国内护肤品品牌大多集中在商场柜台内销售,竞争异常激烈,薇姿只在药房销售则可避免与其他品牌正面冲突,减轻了竞争上的压力;而且众多品牌汇集在一起,使人眼花缭乱,经验不足的消费者很难从中选择适合自己的护肤品,独在药房的薇姿让消费者一目了然,被购买的概率自然大大提高;另外,由于传统上大众对药房专业、健康的良好印象,薇姿也很容易让消费者产生一种专业、优质的信赖感,凸显其品牌价值。

(五)中间商特性

设计渠道时,还必须考虑执行不同任务的市场营销中间机构的优缺点。例如,由制造商代表与顾客接触,花在每一位顾客身上的成本比较低,因为总成本由若干个顾客共同分摊,但制造商代表对顾客所付出的努力则不如中间商的推销员。一般来讲,中间商在执行运输、广告、储存及接纳顾客等职能方面,以及在信用条件、退货特权、人员训练和送货频率方面,都有不同的特点和要求。

(六)社会环境因素

企业所处的宏观环境对分销渠道的选择存在不同程度的影响,包括经济、政治、科技及法律等因素。当经济发展良好,需求上升时,企业利用营销网络的优势将产品更快更多地推向市场;当经济萧条时,为了降低产品的最终售价,企业只有尽力减少周转环节。相关法律及政府有关政策的规定包括专卖制度、反垄断法、进出口规定、税法等以及税收政策、价格政策等,这些因素都影响企业对分销渠道的选择,诸如烟酒实行专卖制度时,企业必须遵守国家有关的政策、法规,使用合法的中间环节,采用合法的分销渠道。

二、分销渠道的管理

渠道各成员是战略联盟合作的关系,同一渠道内的不同企业为了共同的利益目标进行合作,以便能更好地了解市场、满足市场。但有时同一渠道间的不同企业也会因为争抢同一市场而产生矛盾。这种矛盾分为横向和纵向冲突,其中横向冲突是指在同一渠道系统内部的同一级别中,不同企业之间的矛盾;而纵向冲突则是指同一渠道中不同层次企业之间的矛盾。所以必须要进行有效的渠道管理，以避免冲突，完成共同的目标。一般来说，可以通过如下步骤进行渠道管理。

（一）选择渠道成员

制造商本身的知名度与适销对路的产品，这两者对中间商的吸引力是比较大的。所以那些实力较强、声誉较好的企业很容易找到合适的中间商，而剩下的那些企业则比较困难。无论对什么样的企业，选择中间商都应主要考虑以下因素：中间商的实收资本量、声誉的好坏、经营范围以及销售和获利能力、经营管理能力、拓展市场能力、未来的销售增长潜力、顾客类型、购买力大小和需求特点等。

（二）激励渠道成员

在选择好渠道成员之后，主要的工作就是激发渠道成员的积极性，使之为企业分销目标服务。中间商作为一个独立的法人，在处理渠道整体和自身利益时往往会看重其自身的利益。制造商对中间商应采取措施加以激励，尽量避免激励过分与激励不足两种情况。当生产者给予中间商的优惠条件超过他取得合作所需提供的条件时，就会出现激励过分的情况，其结果是销售量提高而利润量下降。当生产者给予中间商的条件过于苛刻，以至于不能激励中间商的努力时，则会出现激励不足的情况，其结果是销售量降低，利润减少。所以，生产者必须确定应花费多少力量，以及花费何种力量来鼓励中间商。

（三）评估渠道成员

生产者在选择和激励了渠道成员之后就应该对其进行评估，以检测渠道的目标是否达成，是否实现了预期的效果，并实行反馈，对有问题的渠道成员或问题进行协商解决。

1. 契约约束与销售配额

若在渠道建设开始时就确定了协议合同，则对中间商进行检测评估时就有了依据，避免了因无相应合同带来的不便。同时，在契约之外，生产商还应该对中间商进行销售配额制，这样对中间商是一种督促，另外通过相应的销售额排名也能起到销售激励作用。在排列名次时，不仅要看各中间商销售水平的绝对值，而且要考虑到它们各自面临的各种不同的环境变化，考虑生产者的产品大类在各中间商的全部产品组合中的相对重要程度。

2. 测量中间商的绩效

评估中间商的依据主要包括销售定额完成情况及平均存货水平、服务质量、顾客反映、付款情况、与生产者的合作及今后的发展规划。

评估的方法主要有两种。一种是中间商每一期销量与前期销量作比较，并以整个群体的升降百分比作为评价标准。对低于该群体平均水平的中间商必须加强评估与激励措施。如果对后进中间商的环境因素加以调查，可能会发现一些可原谅因素，如当地经济衰退、主力推销员的丧失或退休等，其中某些因素可在下一期弥补过来。这样，制造商就不应因这些因素而对经销商采取任何惩罚措施。

另一种是将各中间商的绩效与该地区基于销售潜量分析所设立的配额相比较，即在销售期过后，根据中间商的实际销售额与其潜在销售额的比率，将各中间商按先后名次进行排列。这样，企业的调整与激励措施可以集中用于那些未达既定比率的中间商。

阅读材料

LG 电子公司的渠道策略

LG 电子公司把营销渠道作为一种重要资产来经营。通过把握渠道机会，设计和管理营销渠道拥有了一个高效率、低成本的销售系统，提高了其产品的知名度、市场占有率和竞争力。LG 将市场定位在那些既对产品性能和质量要求较高，又对价格比较敏感的客户。LG 选择大型商场和家电连锁超市作为主要营销渠道。在一些市场发育程度不很高的地区，LG 则投资建立一定数量的专卖店，为其在当地市场的竞争打下良好的基础。

其渠道策略主要体现在以下两点。

一、细化营销渠道，提高其效率

LG 依据产品的种类和特点对营销渠道进行细化，将其分为 LT 产品、空调与制冷产品、影音设备等营销渠道。这样，每个经销商所需要掌握的产品信息、市场信息范围缩小了，可以有更多的精力向深度方向发展，更好地认识产品、把握市场、了解客户，最终提高销售质量和业绩。

二、改变营销模式，实行逆向营销

为了避免传统营销模式的弊端，真正做到以消费者为中心，LG 将营销模式由传统的"LG→总代理→二级代理商→……→用户"改变为"用户←零售商←LG＋分销商"的逆向模式。采用这种营销模式，LG 加强了对经销商特别是零售商的服务与管理，使渠道更通畅；同时中间环节大大减少，物流速度明显加快，销售成本随之降低，产品的价格也更具竞争力。

（资料来源：杨志宁.构建营销渠道优势角逐中国家电市场——LG 的启示.经济与管理.2002 年第 7 期）

三、分销渠道的发展

分销渠道及渠道中间成员之间的关系不是一成不变的，随着各种不同形式的新的商业形态的出现及企业营销策略的变化，分销渠道系统也呈现新的发展趋势。

（一）直销渠道系统的发展

传统的直销渠道主要是上门推销、邮购等。计算机通信和互联网的发展已使电子商务和网上营销成为具有广阔前景的商业形态。网络时代，信息流超前发展，但物流体系相对滞后成为瓶颈，建设信息流、货币流、物流、所有权流、促销流有机结合的社会电子商务物流体系成为直销渠道系统未来的发展方向。同时，在网络经济时代，利用互联网可提供更多的顾客价值。

（二）垂直营销系统的发展

传统的销售渠道，由于制造商、中间商各自独立，每个成员都只考虑自身利益的最大化，很多情况下损害了渠道系统的整体利益。为了适应商业竞争的需要，新的渠道系统应运而生,其中最具代表性的是垂直营销系统。在美国,垂直营销系统已成为消费市场的主要分销模式。

垂直营销系统是制造商、批发商和零售商相互协调行动,实行专业化管理,集中服从一个领导者而形成的一种统一联合体。这个系统由能力和实力最强的一方支配。这种组织形式可以控制渠道行为,解决成员间的利益冲突,能够取得规模经济效益和最佳的市场效果。它主要有以下三种形式。

1. 公司式垂直系统

公司式垂直系统是指一家公司拥有和统一管理若干工厂、批发机构和零售机构,控制分销渠道的若干层次,甚至整个分销渠道,综合经营生产、批发、零售业务。这种渠道系统又分为两类:工商一体化经营和商工一体化经营。工商一体化是指大工业公司拥有、统一管理若干生产单位、商业机构,如美国火石轮胎橡胶公司拥有橡胶种植园,拥有轮胎制造厂,还拥有轮胎系列的批发机构和零售机构,其销售门市部(网点)遍布全国。商工一体化是指由大零售公司拥有和管理若干生产单位。

2. 管理式垂直系统

管理式垂直系统指制造商和零售商共同协商销售管理业务,其业务涉及销售促进、库存管理、定价、商品陈列、购销活动等,如宝洁公司与其零售商共定商品陈列、货架位置、促销、定价。

3. 契约式垂直系统

契约式垂直系统指不同层次的独立制造商和经销商为了获得单独经营达不到的经济利益,而以契约为基础实训的联合体。它主要分为以下三种形式。

(1) 特许经营组织。它包括以下三种:① 制造商倡办的零售特许经营或代理商特许经营。零售特许多见于消费品行业,代理商特许多见于生产资料行业。丰田公司对经销自己产品的代理商、经销商给以买断权和卖断权,即丰田公司与某个经销商签订销售合同后,赋予经销商销售本公司产品的权力而不再与其他经销商签约,同时也规定该经销商只能销售丰田牌子的汽车,实行专卖,避免了经营相同牌子汽车的经销商为抢客户而竞相压价,以致损害公司名誉。② 制造商倡办的批发商特许经营系统。批发商特许经营大多出现在饮食业,如可口可乐、百事可乐与某些拼装厂商签订合同,授予其在某一地区分装的特许权和向零售商发运可口可乐等的特许权。③ 服务企业倡办的零售商特许经营系统,多出现于快餐业(如肯德基)、汽车出租业等。

(2) 批发商倡办的连锁店。

(3) 零售商合作社。它既从事零售,也从事批发,甚至于生产业务。

阅读材料

特许经营

特许经营,是指特许者将自己所拥有的商标、商号、产品、专利和专有技术、经营模式等以特许经营合同的形式授予被特许者使用,被特许者按合同规定,在特许者统一的业务模式下从事经营活动,并向特许者支付相应的费用。由于特许企业的存在形式具有连锁经营统一形象、统一管理等基本特征,因此也被称为特许连锁。

特许经营是知识经济的最佳体现,加盟总部通过品牌的授权与专有经营技术的转移,只将其商标授予加盟者,而加盟者投入资金、人力与地缘关系,认真经营其加盟店,以获取经济利益。因此,特许经营可以说是强强结合、共创双赢的商业模式。

(三) 水平式渠道系统的发展

传统的分销渠道向纵向联合渠道转化,渠道成员之间组成一个联合体,以增强竞争力。这种联合可以是暂时的,也可以是永久的。联合之后,各方在资金、技术、设备和营销方面能够形成优势互补,以达到最佳协同效果。水平式渠道系统产生的理由很多,常常是由于任何一个公司都无力单独积聚巨大的生产资金、技术、生产及其营销设施,以从事经营;或由于风险太大不愿单独冒险;或由于市场的变动、竞争的激烈、工艺技术迅速改变的威胁;或由于需要他人所拥有的技术或营销资源等。这种联营企业可以是短期性的,可以是永久性的结合,也可以是由两个母公司共同创立第三个公司。

(四) 多渠道营销系统的发展

多渠道营销系统是指企业通过两条或两条以上的渠道,将同一产品销售给不同的目标市场。多渠道营销系统与单一渠道相比,能够增加产品的市场覆盖率,降低渠道成本,更好地满足顾客需求,大大提高产品的销售量。但多渠道营销系统有可能会造成渠道冲突,因此,企业在运用多渠道营销时,要做好渠道之间的控制与协调工作。

课 后 训 练

【关键词】

分销渠道　直接渠道　间接渠道　中间商　批发商　代理商　分销渠道策略

【思考题】

1. 分销渠道的概念、特征、作用分别是什么?
2. 分销渠道的基本模式是什么?
3. 分销渠道的类型有哪些?功能是什么?
4. 中间商的构成及特点是什么?
5. 影响分销渠道的因素有哪些?如何进行分销渠道的管理?

【案例分析】

咖啡屋卖艺术品

有位年轻的画家,很想把自己的作品推销出去。于是,他倾尽家产,又向朋友借钱,在巴黎著名的艺术街里开办了一间画廊，专门展示自己的作品。他以为这样做很快就能提高知名度，得到大家的认可，赢得显赫的名声和大量的财富。这条艺术街在全世界都是有名的，许多大腕级的画家都来此光顾，不少价值不菲的艺术品都是在这儿成交和推广的。

然而，他在艺术街上一个不显眼的角落开办了画廊以后，才发现一个残酷的事实。原来，在艺术街上已经有了太多的画廊，除了几十家装饰特别华丽的知名画廊外，像他这种小画廊根本没有什么人进门，他无法与那些已成规模、实力雄厚的画廊共同分享艺术带来的可观利润。就这样，在苦苦守望了几个月后，他决定关闭这间被寄予无限希望，又耗费大量资金而现在仍然门庭冷落的画廊。

临关门前的这天下午，心情烦闷的他来到街头一家小咖啡馆。望着来来往往、川流不息的客人，自己一声不吭地喝着咖啡。一杯咖啡喝了近半个小时，但这半小时却成就了他后来的壮丽事业。他发现，这虽然是个小小的咖啡馆，但客流量却相当大。他大致统计了一下，近半个小时在咖啡屋里来往的客人超过了那些在画廊里来往的客人总和。既然如此，为何不在艺术街上开一家咖啡屋呢？

一个星期后，在这条长长的艺术街上并没有大事发生，但人们行走的方式却发生了变化。因为在街道的一个角落出现了一个小小的咖啡屋，虽然位置不显眼，但咖啡的香气足以吸引过往的客人。当大家坐下喝着咖啡的时候，又惊奇地发现，这里四周墙壁上挂满了一幅幅很有创意且精美的画作。人们一边品尝着可口的咖啡，一边欣赏着这些动人的绘画，客人们都陶醉了。

就这样，他的咖啡屋门庭若市，其中有不少投资者。一天下午，有人问起这些作品的来历，当知道了这些作品均出自咖啡屋老板之手时，敬意油然而生。不久，一个惊人的消息在艺术街上传开了：那个开咖啡屋的老板竟是画家！这下，他的咖啡屋名扬巴黎，他的作品也被抢购一空。画家以独特的方式在高手如林的竞争中胜出了。

事实上，企业在经营时和别人挤在一堆看似热闹，但资源往往支撑不了多久；相反，小处着眼、避开锋芒，却往往能够捞到大鱼。对于许多中小企业来说，是跟风还是形成差异化的经营特色，需要尽早明确，这个问题常常决定着企业的命运。

案例思考题：
1. 请分析该画家的渠道创新对企业有什么样的启示。
2. 渠道创新风险与收益是并存的，企业在渠道创新时应注意哪些问题？

【实训项目】

实训目的：
增加学生对渠道策略的认识和理解，锻炼渠道策略具体的分析运用能力。

实训素材：
（1）选择学校所在城市，对该城市的不同行业的企业进行分类。小组根据所选行业、调查的目的、内容，统一制作调查问卷。

（2）进行实地调查，对所选择的行业内企业进行走访，了解其渠道选择、渠道运行、渠道管理的状况。

(3) 总结走访企业的渠道状况及渠道选择的一般模式。
(4) 指出调查企业渠道设计、运行、管理中的问题。
(5) 针对渠道运行中存在的问题,提出具体的解决措施。

实训要求:

实训前要求学生回答以下问题:
(1) 渠道的类型与作用有哪些?
(2) 企业渠道设计、运行、管理中的常见问题有哪些?

第十章　促销策略

【本章学习目标】

1. 了解促销组合的构成。
2. 理解人员推销的任务及工作过程。
3. 掌握广告的含义、类型及设计原则。
4. 熟悉营业推广的特点及实施过程。
5. 理解公共关系决策的主要程序。

【能力目标】

能够根据企业自身特点和具体的市场环境，为企业制定合理有效的促销方案，具备促销活动的实施能力和管理能力。

【导入案例】

康师傅茶开盖有奖促销活动的得与失

2008年，著名的茶饮料公司康师傅做了一个促销活动，叫"开盖有奖再来一瓶"。3月份的中奖率为5%，4月份为10%，5月份为20%，6月份为40%。从饮料的消费旺季来看，正常的销售曲线应该是在3~6月往上走。但康师傅茶饮料已经进入了成熟期，在成熟期应尽量少用渠道的促销政策或者消费者的促销政策，康师傅开展"开盖有奖"的促销活动有欠考虑。作为成熟期的第一品牌的茶饮料，曲线应在淡季往上拉。2008年六七月份，全国进入高温状态，由于茶饮料开盖有奖，其他饮料的消费者被吸引到茶饮料上来，消费者都选择了茶饮料。结果在高温季节，康师傅的产能跟不上，导致在7月份断货一个月，市场上所有的茶饮料都卖空，甚至包括刚铺市的今麦郎茶饮料也全部销空。可见，如果促销政策设计不当，就会造成可怕的资源浪费，而做销售最不应该断货，一断货，市场就全部成为别人的，这是2008年康师傅吸取的教训。2009年，康师傅将机器开到最足，让产品供应充足。为了让曲线走得更平稳，康师傅规定所有给经销商的盖子都放到淡季兑换，以拉动产能。由于销量极大，而兑换需等到淡季，很多经销商堆积了价值几十万元的盖子。由于压力太大，很多经销商不给零售点兑换，结果很多零售点也不给消费者兑换。然而，这一情况没有引起康师傅很大的注意。2010年，康师傅重复了这一套路。2011年，康师傅又用同样的方法做了一次促销，这次结果很惨。经销商不给零售兑换，零售抗议不愿再卖，导致到2012年3月份渠道还在卖2011年6月份的茶。康师傅为了恢复市场，不得不在3月份以后回收很多过期的茶或临期的茶。

这是一个促销不成功的案例。从案例里我们可以总结出一些经验教训：第一，企业在经营中需要促销，而且促销若运用适当是有一定效果的；第二，要慎用促销，尤其当产品推广进入成熟期后；第三，促销需要不断创新。没有百试不爽的促销，再好的促销方法也不能反复用，若重复使用且频率过高的话，就不是促销而是变相降价了。

（资料来源：王槐林. 市场营销原理. 武汉：湖北科学技术出版社，2008）

成功的市场营销活动，不仅需要制定适当的价格、选择适当的分销渠道、向市场提供令消费者满意的产品，还需要采取适当的方式进行促销。正确制定并合理运用促销策略是企业在市场竞争中取得有利的产销条件和取得较大经济效益的必要保证。促销活动作为有效的沟通方式，在现代市场营销活动中起着重要作用，促销策略更是企业在市场竞争中取胜的必要保证。

第一节　促销与促销组合

促销是现代企业竞争的重要手段，企业需要对各种可控因素进行合理的组合和配置，以便更好地促进销售。

一、促销的概念、方式和作用

（一）促销的概念

促销（Promotion）是促进产品销售的简称。从市场营销的角度看，促销是企业通过人员和非人员的方式，沟通企业与消费者之间的信息，引发、刺激消费者的消费欲望和兴趣，使其产生购买行为的活动。促销是企业市场营销组合中的基本策略之一，一般包括人员推销、广告、营业推广和公共关系等具体活动。促销的实质是企业同目标市场之间的信息沟通。为了有效地与购买者沟通信息，企业可以通过广告来传递有关企业及产品的信息；可通过各种营业推广方式来增加顾客对产品的兴趣，进而促使其购买；可通过公共关系的方式来改善企业在公众心目中的形象；可通过各种人员推销，面对面地说服顾客购买产品。另一方面，在促销的过程中，顾客又可以通过多种途径将有关企业和产品以及竞争对手的信息反馈给企业，使企业能够及时准确地掌握市场信息，为下一步经营提供有益的参考。从以上可以看出，促销是信息的双向沟通，而且是不断循环的双向沟通，如图10-1所示。

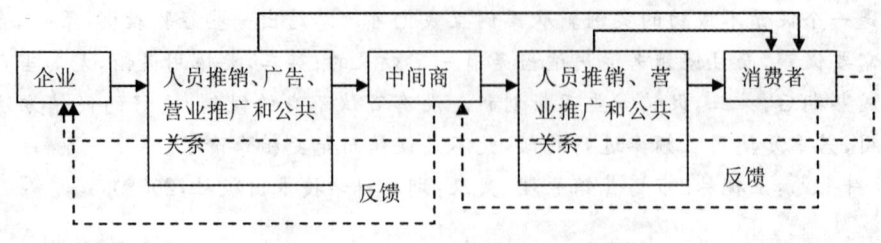

图 10-1 促销沟通信息流

(二) 各促销方式的特点

1. 人员推销 (Personal Selling)

人员推销是指企业运用推销人员或委派专门推销机构，直接与消费者就商品和劳务进行宣传和介绍，以实现销售目的的一种促销活动。

2. 广告 (Advertising)

广告是广告主以促进销售为目的，支付一定的费用，通过特定的媒体传播商品或劳务等有关经济信息到可能的用户中去的大众传播活动。长期以来，大众媒体广告占据了促销组合中的主导地位。

3. 营业推广 (Sales Promotion)

营业推广也叫销售促进，是指企业运用各种短期诱因，刺激、鼓励消费者和中间商购买，经销企业产品或服务的短期促销活动。

4. 公共关系 (Public Relations)

公共关系是一种独特的社会关系，是通过一种有利的信息沟通，宣传树立良好的公司形象，为企业广结良缘，并应付不利的谣言、新闻或事件的长期活动。

各种促销方式都有其优点和缺点，每种方式又都有独特的性质和不同成本，因此，企业常常将多种促销方式组合运用，形成各种促销方式之间的互补和联动，如表 10-1 所示。

表 10-1 四种促销方式的优缺点比较

类型	促销方式	优点	缺点
非人员促销	广告	传播面广，传播速度快，形象生动，表现手法丰富，容易引起注意	停留时间短，费用高，针对性不强，不易促成即时购买
	公共关系	影响面广，可信度高，效果持久，可提高企业的美誉度	程序复杂，投入大，效果难以控制
	营业推广	强烈刺激性，可以促使顾客即时购买	接触面窄，影响小，容易影响品牌
人员促销	人员推销	直接快速，反映及时，有利于建立与顾客的长期关系	人才难得，费用高，面窄，管理难度大

(三) 促销的作用

促销在企业经营中的重要性日益显现,具体来讲有以下几个方面的作用。

1. 发布信息,疏通渠道

产品在进入市场前后,促销作为信息沟通的重要方式,一方面企业要通过有效的方式向消费者和经营者及时提供有关企业现状、产品特点、价格、服务方式、信誉、交易方式和交易条件等的信息,以引起他们的注意,激发他们的购买欲望,促成其购买;另一方面,通过促销活动企业要及时了解经营者和消费者对产品的意见,迅速解决经营中的问题,从而密切生产者、经营者和消费者之间的关系,打通销售渠道,加强商品流通,改进产品和服务,更好地适应市场需求,达到促进销售的目的。

2. 诱导消费,扩大销售

消费需求具有可诱导性,在促销活动中,营销者通过循循善诱的产品介绍,在一定程度上对消费者起到了教育指导作用,从而有利于激发消费者的需求欲望,进而使企业实现扩大销售的目的。

企业针对消费者和经营者的购买心理从事促销活动,不但可以诱导需求,使无需求变成有需求,而且可以创造新的需求。当某种产品的销售量下降时,还可以通过适当的促销活动促使需求得到某种程度的恢复,延长产品的市场生命周期。

3. 突出特点,强化优势

随着商品经济的迅速发展,市场上同类产品之间的竞争日益激烈。消费者对于不同的企业所提供的许多同类产品,在产品的实质和形式上难以察觉和区分。在这种情况下,要使消费者在众多的同类产品中把本企业的产品挑选出来,就要通过促销活动宣传和介绍本企业产品的特点,以及能给消费者带来的特殊利益,增强消费者对本企业产品的印象和好感,从而促进购买,进而也使企业在市场上建立起良好形象。

4. 提高声誉,稳定市场

在激烈的市场竞争中,一方面企业产品的市场地位因竞争常常显得很不稳定,致使销售此起彼伏,波动很大,适当地开展促销活动可使消费者对本企业的产品产生偏爱,进而稳定市场,稳定销售。另一方面,企业的形象和声誉是影响其产品销售稳定性的重要因素,通过促销活动,企业足以塑造自身的市场形象,提高在消费者中的声誉,使消费者对本企业产生好感,形成偏好,达到稳定销售的目的。

二、促销组合及策略

(一) 促销组合的含义

促销组合也称营销沟通组合,就是企业根据产品的特点和营销目标,把人员促销和非人员促销两大类中的人员推销、广告、营业推广和公共关系等具体形式有机结合起来,综合运用,形成一个整体的促销策略。促销组合遵循这样一个基本原则,即促销效率最高而促销费用最低。

(二) 促销组合应考虑的因素

在实际工作中,企业应根据以下几个因素来决定促销组合。

1. 促销目标

促销的总目标是通过向消费者的宣传、诱导和提示,促进消费者产生购买动机,影响消费者的购买行为,实现产品由生产领域向消费领域的转移。不同企业在同一市场、同一企业在不同时期及不同市场环境下所进行的特定促销活动,都有其具体的促销目标。促销目标是制约各种具体的促销形式组合的重要因素,促销目标不同,促销组合必然有差异。例如,迅速增加销售量与树立或强化企业形象是两种不同的促销目标。前者强调近期效益,属于短期目标,促销组合时往往更多地选择使用广告和营业推广;而后者注重长期效益,需要制定一个较长远的促销方案,建立广泛的公共关系和强有力的广告宣传就显得特别重要,但后者的广告宣传从手段到内容与前者都有很大差别。

2. 产品的性质

对于不同性质的产品,消费者的购买动机和购买行为是不同的,因而所采用的促销组合必须有所差异。一般来说,从事消费品经营的企业较多地使用广告,因为消费品的购买频率高,分布面广,顾客众多,而每一次的购买量又比较少,使用人员推销工作量大、费用高,所以广告的效率更为显著。而从事生产资料营销活动的企业在其促销活动中更多采用的是人员推销,因为工业品注重的是产品的技术性能,购买程序复杂,并且订货量大。至于营业推广和公共关系,无论是针对消费品还是生产资料的促销,一般都属于次要的形式,起辅助作用,如图10-2所示。

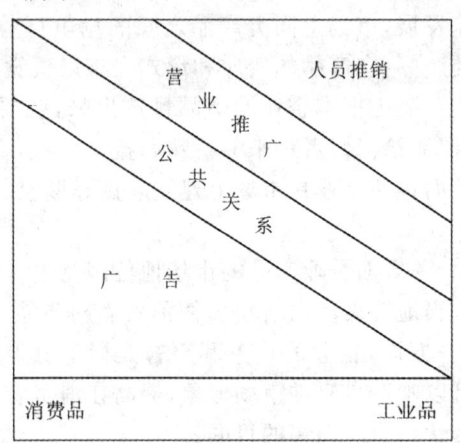

图10-2 促销组合的应用比例

3. 产品的市场生命周期

在产品的市场生命周期的不同阶段,所选择的促销手段也应有所不同。比如在产品的导入期,扩大产品的知名度是企业的主要任务,在各种促销手段中,应以广告宣传为主,因为广告以其广泛的覆盖面有可能在短时间形成较好的品牌效应;而一旦产品进入了成长期,单有广告就不够了,营业员和推销人员的积极推销往往能够深入宣传产品的特点,并能争取那些犹豫不决的购买者,迅速扩大产品的销量;在产品成熟期,为巩固产品的市场地位,积极的公共关系宣传并辅以一定的营业推广手段,往往能够有效地巩固和扩大企业的市场份额,增强企业的竞争优势;而产品到了衰退期,企业的营销战略重点发生转移,对于剩余的产品,一般则采取以营业推广为主的促销手段,以求迅速销售产品,回收资金,从而能够投入新产品的生产,如表 10-2 所示。

表 10-2　产品市场生命周期不同阶段的促销组合与目标重点

产品生命周期	促销组合	促销目标重点
导入期	介绍型广告、人员推销	建立产品知晓度
成长期	形象建立型广告等	提高市场知名度和占有率
成熟期	形象建立和强调型广告、公共关系,辅以营业推广	提高产品的美誉度,维持和扩大市场占有率
衰退期	营业推广、提示型广告	维持信任和偏好,大量销售

4. 市场状况

市场条件不同,促销组合和促销策略也有所不同。从市场地理范围大小看,若促销对象是小规模的本地市场,应以人员推销为主;而针对全国甚至世界市场进行促销,则多采用广告形式。从市场类型看,消费者市场因消费者多而分散,则主要采用人员推销形式。此外,在有竞争者的市场条件下,制定促销组合和促销策略还应考虑竞争者的促销形式和策略,要有针对性地不断变换自己的促销组合和促销策略。

5. 促销预算

企业开展促销活动,必然要支付一定的费用。费用是企业十分关心的问题,企业能够用于促销活动的费用总是有限的。因此,在满足促销目标的前提下,要做到效果好而费用低。企业确定的促销预算额应该是企业有能力负担的,并且是能够适应竞争需要的。为了避免盲目性,在确定促销预算额时,除了考虑营业额的多少外,还应考虑促销目标的要求、产品市场寿命等其他影响促销的因素。

(三)促销的基本策略

从运作的方向来区分,所有的促销策略都可以归结为两种基本类型:"推式"策略和"拉引"策略。

1. "推式"策略

"推式"策略(Push Strategy)是企业运用人员推销的方式,把产品推向市场,即从生产企业推向中间商,再由中间商推给消费者,一般适合于单位价值较高的产品,性能复杂、需要做示范的产品,流通渠道较短、市场比较集中的产品,如图 10-3 所示。

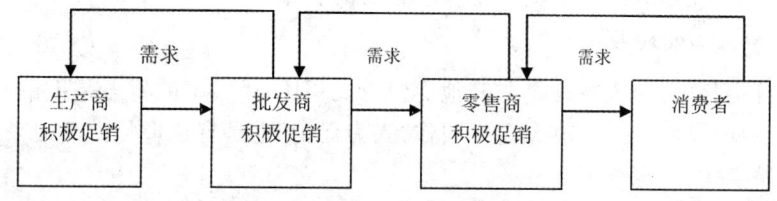

图 10-3　"推式"策略

2. "拉引"策略

"拉引"策略(Pull Strategy)是企业运用非人员推销方式把顾客拉过来,使其对本企业的产品产生需求,以扩大销售,适合于单位价值较低的日常用品,流通环节较多、流通渠道较长的产品,市场范围较广、市场需求较大的产品,如图 10-4 所示。

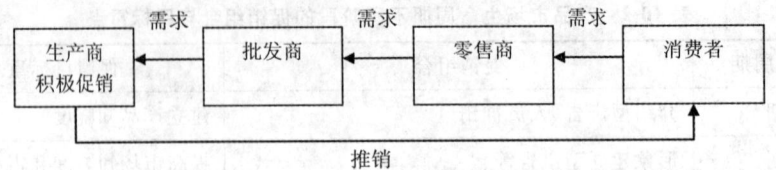

图 10-4 "拉式"策略

从上面两种促销策略可以看出,"推式"策略中企业主要的对象是批发商或零售商,而"拉式"策略中企业的主要对象是消费者。由于消费者和中间商存在较大差异,因此在促销组合上也就有所不同。在"拉式"策略中,企业主要使用大量的广告方式,而在"推式"策略中,企业主要使用人员推销方式和利益诱导的营业推广方式。

第二节 人员推销策略

人员推销是一种具有很强人性因素的、独特的促销手段。它具备许多区别于其他促销手段的特点,可完成许多其他促销手段无法实现的目标,其效果是极其显著的。相对而言,人员推销较适于推销性能复杂的产品。当销售活动需要更多地解决问题和说服顾客时,人员推销是最佳选择。说服和解释能力在人员推销活动中尤为重要,它会直接影响推销效果。

一、人员推销的概念与特点

(一)人员推销的概念

人员推销是指企业通过派出销售人员与一个或一个以上可能成为购买者的人进行交谈、劝说,以推销产品,扩大产品销售。人员推销是销售人员帮助和说服顾客购买某种产品或劳务的过程。在这一过程中,销售人员要确认购买者是否有需求、有哪些类别的需求、购买周期如何等,并通过自己的努力去吸引他的需求,适时地提供购买机会而满足购买者的各种需要,使双方从公平交易中获取各自的利益。

(二)人员推销的特点

作为一种促销方式,人员推销与其他促销方式相比,最根本的特点是推销员的工作是促进销售的主要原因。因此,有人把它叫作"人力促销"也是有道理的。具体来说,它主要有以下几个特点。

1. 推销的针对性强

人员推销是推销人员直接面对消费者推销商品,推销人员是消费者和商品生产者之间最直接的桥梁。由于人员推销的针对性强,能够充分利用推销人员对商品的熟悉程度,并根据消费者对商品的不同欲望、要求、动机和行为,采取不同的解说和介绍方法,促进消费者购买。

2. 有利于加强服务

现代科学技术的发展使商品结构、性能、使用和保养日益复杂化。采用人员推销可以让推销人员在推销商品的同时做好一系列服务工作,既方便了消费者,又加强了销售服务,从而创造出更多的销售机会。

3. 推销的成功率高

由于人员推销事先拟定了推销方案,研究了商品的市场动态,确定了推销对象,因而可以把精力有选择地集中在那些真正可能成为购买者的用户身上,使失败的可能性降到最低,从而提高推销的成功率。

4. 有利于信息反馈

人员推销的双向沟通方式使得企业在向顾客介绍商品、提供信息的同时及时得到消费者的信息反馈,使企业及时掌握市场动态,从而修正营销计划,并促使商品的更新换代。

当然,人员推销也有一定的不足:第一,人员推销的费用开支较大,这样会使商品成本增加,定价相应提高,对消费者不利,在一定程度上,会影响企业扩大市场占有率和市场竞争力;第二,由于现代科学技术的发展,商品性能和种类日趋复杂,客观上对推销人员内在素质的要求更高,因此要找一个理想的推销员并不是十分容易的事情;第三,人员推销面向个别用户,推销面窄,推销对象多限于工业品。

尽管如此,企业培养和建立一支有效的人员推销团队仍然是开展市场营销的重要工作,必须予以高度重视。

二、人员推销的任务与形式

(一)人员推销的任务

人员推销是由推销人员进行的,作为企业与消费者之间相互联系的纽带,推销人员的任务主要包括以下内容。

(1)传递信息。推销人员与现实的和潜在的消费者保持联系,及时把企业有关产品及其他相关信息传递给消费者,以促进产品的销售,并了解他们的需求,沟通产销信息,成为企业与消费者联系的桥梁,同时,收集和反馈有关竞争产品的信息。

(2)开拓市场。推销人员不仅要了解和熟悉现有消费者的需求动向,而且要尽力寻找新的目标市场,发现潜在消费者,从事市场开拓工作。

(3)销售产品。推销人员通过与消费者的直接接触,运用推销艺术,分析解答消费者的疑虑,说服消费者购买,从而达成交易。

(4)提供服务。推销人员不仅要把产品销售给消费者,还需要代表公司提供其他服务,如业务咨询、技术维修和融资安排等,帮助消费者解决实际问题,满足消费者的实际需求。

(5)搜集信息。推销人员可利用直接接触市场和消费者的便利进行市场调查和情报搜集工作,并且形成调查报告,为企业开拓市场和制定营销决策提供依据。

阅读材料

玛丽·凯的生日礼物

玛丽·凯是美国一位大器晚成的女企业家,她干了25年的直销工作,退休后才办了自己的玛丽·凯化妆品公司。有一次,玛丽·凯想买一辆新车送给自己作生日礼物。当时福特汽车有两种颜色的新车刚刚投入市场,她想要一辆黑白色的。玛丽·凯来到一家福特汽车销售代表处的展销厅,但售货员一点也不把她放在眼里,因为他看见玛丽·凯开着一辆旧车来的,更何况那时候女性不容易得到购货信贷,所以他就轻易判断玛丽·凯买不起车。

由于觉得玛丽·凯不是"潜在的买主",这个代表处的售货员连理都不理她。当时正是中午,售货员干脆为自己找了个借口,说自己有约会,已经迟到了,对不起。玛丽·凯也见不着经理,因为经理出门去了。为消磨时间,她走进了另一家出售默库里牌汽车的商行。她只是随便看看,因为她仍然想买那种黑白色福特车。这边的展示厅中摆放着一种米黄色汽车,玛丽·凯觉得也还可以,但车上标出的售价比原来准备花的钱要多一些。可是这里的售货员对她十分礼貌,当他听说那天是玛丽·凯的生日后,跟她说了声"请原谅"就走开了。几分钟后,他又回来同玛丽·凯接着聊。15分钟后,一位秘书给他送来了12枝玫瑰,这是给玛丽·凯的生日礼物。

"我顿时感到他送给我的好像是几百万美元!"玛丽·凯回忆起来时不禁感慨万分。当然,玛丽·凯开走了那辆米黄色默库里牌汽车,而没有买那种福特车。

(二)人员推销的基本形式

随着商品经济的发展、市场营销活动的广泛进行,人员推销的形势日益丰富,大多数企业经常采用的形式主要有以下几种。

1. 上门推销

上门推销是由推销员携带样品、说明书和订货单等上门走访消费者,推销商品,这是最古老的推销方式,被大多数企业和公众广泛认可和接受。

2. 柜台推销

柜台推销是指企业在一定地点开设固定营业场所,由营业人员接待进入商店的消费者,销售商品。如批发商和零售商的营业员以及服务型企业的服务员,他们在和消费者当面接触和交谈中介绍商品,回答问题,洽谈成交,这种形式非常普遍。

3. 会议推销

会议推销是企业利用各种形式的会议介绍和宣传商品、开展推销活动的一种形式,如洽谈会、订货会、展销会、供货会等都属于会议推销形式。这种推销形式具有群体性、接触面广、推销集中且成交额大的特点。在推销会上,往往许多企业同时参加推销活动,同行之间接触广泛,影响面大,各自都有明确的目标,只要商品对路、价格合理,就容易达成大批量的交易。

三、人员推销的工作程序

不同的推销方式可能会有不同的推销工作程序,通常情况下,人员推销包括以下七个相互关联又具有一定独立性的工作程序,如图10-5所示。

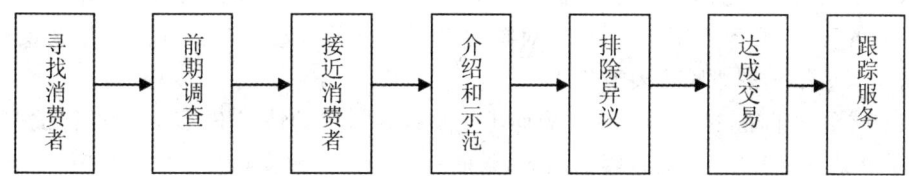

图 10-5 人员推销的步骤

(1) 寻找消费者。它是推销工作的第一步,也是最具基础性和关键性的一步,就是找出产品的潜在消费者。哪些消费者能够成为自己的目标消费者?这取决于推销人员的识别能力。识别有误,会使销售的成功率下降。推销人员要善于挖掘与识别不同的潜在消费者,并采取相应的应对措施,提高人员推销的成功率,所以寻找并识别目标消费者应当是推销人员的基本功。

(2) 前期调查。推销人员在找到潜在消费者后,要进一步针对对方的具体情况搜集有关资料,如目标消费者的需求类型、经济实力、谈判方式和购买方式等,这有助于推销人员制订面谈计划并开展积极主动的推销活动。

(3) 接近消费者。接近消费者是指推销人员直接与目标消费者发生接触,以便成功地转入推销面谈。推销人员在接近消费者的过程中应注重礼仪,稳重自信,把握消费心理,引导、启发和刺激消费者的注意和兴趣。

(4) 介绍和示范。在对目标消费者已有充分了解的基础上,推销人员应当根据所掌握的情况,有针对性地介绍目标消费者可能感兴趣的方面。这个阶段是整个推销活动的关键环节,必要时,应主动地进行一些产品的使用示范,以增加目标消费者对产品的信心,提高销售的成功概率。

(5) 排除异议。推销不可能是一帆风顺的,在大多数情况下,消费者对推销人员的销售都会提出一些质疑,甚至给予拒绝。推销人员只有善于排除这样的障碍,才能顺利完成销售任务。排除障碍的有效办法是把握产生异议的原因,对症下药。

(6) 达成交易。达成交易是消费者接受推销人员的建议,做出购买决定和行动的过程。此时,推销人员应当注意不要疏忽各种交易所必需的程序,应当使交易双方的利益得到保护。

(7) 跟踪服务。达成交易并不意味着整个推销活动的结束,推销人员还必须为消费者提供各种售后服务,如安装、维修、退换货和定期访问等,从而消除消费者的后顾之忧,树立信誉,以促使消费者产生对企业有利的后续购买行为和吸引新的消费者。因此,跟踪服务既是人员推销的最后一个环节,也是新一轮工作的起点。

四、人员推销的策略与技巧

(一) 人员推销的策略

人员推销有很强的灵活性。在面对面的交谈中,有经验的推销人员善于审时度势,即根据当时的环境、交谈气氛,针对推销对象的特点和产品的形式巧妙地运用推销策略,促成交易。人员推销的策略主要有以下几种。

(1) 试探性策略,指推销员在事先尚不了解顾客需求的情况下,同顾客进行试探性的接触,了解其具体要求,根据顾客的反应,采取一定的方法激发其产生购买欲望,引导其产生购买行为的商品促销策略。

(2) 针对性策略,指推销员在基本掌握和了解顾客的情况下,有针对性地根据顾客的需求进行宣传介绍和劝购,从而促成交易的商品促销策略。

(3) 诱导性策略,指推销人员通过与顾客交谈,从顾客的角度分析产品能给顾客带来的效用,诱导顾客对产品产生兴趣并进行购买的商品促销策略。

(4) 公示性策略,指在推销前,根据顾客的共性制定固定的推销模式,推销员用公式化的语言指导和吸引顾客进行购买的商品促销策略。

(二) 人员推销的技巧

人员推销的技巧是指推销人员在实施推销的过程中,针对不同的推销对象或顾客目标所运用的方式、方法、技能和谋略等综合举措。

1. 寻找顾客的技巧

(1) 地毯式访问推销法,指推销人员在不熟悉顾客的情况下,直接访问某一特定地区或某一特定行业的所有使用单位和经营单位,从中寻找目标购买者的商品推销方法。

(2) 连锁介绍推销法,指通过请求现有目标购买者介绍未来可能的准目标购买者的商品推销方法。

(3) 中心开花推销法,指在某一特定推销范围内发展一些有影响力的重点人物,并在这些人物的协助下把该范围的同类商品使用经营单位或个人变成准目标购买者的商品推销方法。

2. 接近顾客的技巧

(1) 介绍接近推销法,指通过自我介绍或第三者的介绍而接近顾客以推销商品的商品推销方法。

(2) 商品接近推销法,指直接利用所推销的商品引起目标购买者的注意和兴趣,进而转入洽谈的商品推销方法。此法一般用于名优特商品的推销。

(3) 利益接近推销法,指利用所推销的商品本身能够给目标购买者带来的实惠而引起对方的注意和兴趣,进而转入交易洽谈的推销方法。

(4) 提问接近推销法,指利用直接提问来引起目标购买者的注意和兴趣而进入洽谈的商品推销方法。

(5) 调查接近推销法,指利用调查机会接近目标购买者以推销商品的推销方法。

3. 推销洽谈的技巧

(1) 建议提示洽谈推销法，指通过建议目标顾客立即购买的洽谈推销商品的推销方法。例如，"如果没有什么意见，请李经理现在就拍板订购吧"！

(2) 直接提示洽谈推销法，指通过劝说目标顾客购买所推销商品的推销方法。例如，"李经理，请放心购买吧，如果您发现有问题，我们双倍偿还货款"。

(3) 相反提示洽谈推销法，指通过利用相反提示原理来说服目标购买者购买所推销商品的洽谈方法。例如，"这批货数量这么大，您能做主吗"？但在应用过程中，一定要讲究语言艺术，进行善意的刺激。

4. 推销成交的技巧

(1) 请求成交推销法，指通过直接请求目标顾客成交以推销商品的推销方法。例如，"李经理，既然我们双方都无别的意见，我们就签字吧"？但在此法的应用中，主动请求成交一定要看准时机，避免给对方过多的压力，从而引起对方的反感，最终导致不利的结果。

(2) 假定成交推销法，指通过假定目标顾客已经接受推销建议而直接要求目标顾客成交以推销商品的推销方法。例如，"李经理，这次您要多少货"？这种方法要求推销者有充分的自信心，掌握各种成交信号，创造有利于成交的氛围，切不可急于求成。

阅读材料

原一平的推销术

已经过世的保险大王——日本的原一平，在他35年的推销生涯中，有几次相当引以为豪的创意推销，其锲而不舍的精神颇值得从事人员推销工作的营销者参考。

有一次，原一平开车遇红灯停在十字路口，突然间有部相当豪华的轿车在他车旁并排停下来。在车后座，坐着一位年事已高的高雅绅士，看来是一位成功而稳健的企业家。灯转绿，那部漆黑的轿车起步较快，跑在他的前面，原一平立即默默记下车号。那一天他立即展开活动。第一件事就是到监理所打听那部车子的主人与公司，并探听公司规模、经营状况、业务内容与今后的经营方向，甚至还打听到那位企业家的上班作息时间、个人嗜好、住宅附近的地形等情况。根据这些详细的资料，原一平逐渐与这位客户建立了密切的关系，从而达到了推销目的。

原一平最有名的推销故事，就是到坟场去找准保户。有一次经过坟场，看到一位身穿丧服的人正步出墓地，他突然心血来潮，找到那座崭新的墓碑，透过墓碑上的碑文找到这一户人家的资料，最后达到了推销保险的目的。

这位推销员，反应奇佳，点子特多。每当车祸发生时，他总是立即赶赴现场记下车号，并探知伤者疗伤的医院，找到合适机会前往探视，并向其灌输保险观念而促成契约。如此专业的精神值得学习。处在竞争激烈的推销行业中，推销员对于准客户的发掘，务必要像装了天线的接收器，随时随地都在寻找潜在客户，并效仿锥子的精神，勇往直前，不获成功决不罢休。

五、人员推销的管理

企业要制定有效的措施和程序,加强对销售人员的挑选、招聘、培训、激励和评价等管理工作,这样才能把销售人员融入整个经营管理过程,使之为实现企业的目标而努力。

(一)推销人员的素质及其业务要求

推销人员的素质高低,对实现推销目标、扩大销售、开拓市场具有举足轻重的作用。西方营销学家认为,优秀的推销人员应具备两方面的基本素质:一是善于从顾客角度考虑问题,能设身处地为顾客着想;二是具有强烈的推销愿望,有勇于进取的精神。总之,要求推销人员具有较高的业务水平,具体如下。

(1)熟悉业务,掌握企业、商品、顾客和市场方面的情况,其中企业情况包括企业的历史、现状、竞争地位及经营战略,商品情况包括产品的性能、质量、用途、用法、式样、规格、包装和维修等,顾客情况包括消费者的购买心理、购买行为、购买习惯、购买条件、购买方式和购买时间等,市场情况包括市场竞争及潜在的销售量等。

(2)熟悉行情,精通调研,善于捕捉各种有价值的市场信息,然后有效地利用。

(3)善于观察顾客,具有较强的应变能力,给顾客留下良好的印象,具备较高的推销艺术。

(4)善于言辞,具有较好的表达力。

(二)推销人员的挑选

推销人员的选拔标准与方法,是关系到企业能否得到合适的推销人员的关键。选拔推销人员来源主要包括两方面:一是从企业内部选拔,二是从企业外部招聘。推销人员的选拔方法很多,可根据推销人员的素质要求,采用填写申请书、面试、笔试等综合的方法,了解其工作的态度、语言能力、仪表风度、理解和分析能力、应变能力,以及知识的深度和广度等。

(三)推销人员的培训

当推销人员被选拔出来以后,就应对其进行培训,让他们学习和掌握有关业务知识和推销技能,从而尽快成为一名合格的推销人员。许多企业在招聘到销售人员之后,往往不经过培训就委派他们去做实际工作,企业仅向他们提供样品、区域简介等。之所以如此,是因为企业担心训练要支付大量费用、薪金,并会失去一些销售机会。然而,事实却表明,训练有素的销售人员所增加的销售收益要比培训成本更高,未经训练的销售人员很难与顾客沟通。所以,企业必须对销售人员进行培训。培训方法主要有课堂培训、模拟培训和现场培训等。

(四)推销人员的激励

激励在管理学中被解释为一种精神力量或状态,主要起加强、激发和推动的作用,并指导和引导行为。组织中的任何成员都需要激励,企业中的销售人员也不例外。激励方法主要有销售定额和佣金制度。

(1)销售定额。制定销售定额是企业的常用激励方法。企业规定销售人员在一年中应销售多少数额并按产品加以确定,然后把报酬与定额完成情况挂钩来激励销售人员。

每个地区的销售经理将地区的年度定额在各销售人员之间进行分配。

(2) 佣金制度。企业为了使预期的销售额得以实现，还要采取相应的鼓励措施，如送礼、奖金、销售竞赛、旅游等。其中最为常见的是佣金。佣金制度是指企业按销售额或利润额的大小给予销售人员固定的或根据情况可调整比例的报酬。佣金制度能够鼓励销售人员尽最大努力工作，并使销售费用与现期收益紧密相连，同时，企业还可以根据不同产品、工作性质给予销售人员不同的佣金。但是佣金制度也有不少缺点，如管理费用过高、导致销售人员短期行为等。所以，它常常与薪金制度结合起来运用。

(五) 销售人员的评价

销售人员的评价是企业对销售人员工作业绩考核与评估的反馈过程。它不仅是分配报酬的依据，而且是企业调整营销战略，促使销售人员更好地为企业服务的基础。因此，加强对销售人员的评价在企业人员推销管理中具有重要意义。

(1) 掌握与分析有关的情报资料。情报资料的最重要来源是销售报告。销售报告分为两类：一是销售人员的工作计划，二是访问报告记录。

(2) 建立评估的指标体系。评估指标要能够反映销售人员的销售绩效。常见的评估指标主要有销售量增长情况、毛利、每天平均访问次数及每次访问的平均时间、每次访问的平均费用、每百次访问收到订单的百分比、一定时期内新顾客的增加数及失去老顾客的数目、销售费用占总成本的百分比等。

(3) 评估。企业在收集了足够的资料、确立了科学的标准之后，就可以正式评估。一般地，评估有两种方式。一是横向比较，即将每个销售人员的绩效进行比较和排队。这种比较应当建立在各区域市场的销售潜力、工作量、竞争环境、企业促销组合等大致相同的基础上。同时，比较的内容也应该是多方面的，销售额并非是唯一的，销售人员的销售组合、销售费用以及对净利润所做的贡献也要纳入比较的范围。二是纵向比较，即把销售人员目前的绩效同过去的绩效相比较。企业可以从产品净销售额、毛利、销售费用及其占总销售额的百分比、访问次数、每次平均访问成本、平均客户数、新客户数、失去老客户数等方面进行比较。这种比较方式有利于销售人员对其长期以来的销售业绩有个完整的了解，督促和鼓励他努力改进下一步的工作。

第三节 广告策略

每个强势品牌的背后都离不开广告的支撑。虽然迄今为止人们尚不能对广告的功能和机理做出完美的解释，尖锐对立的广告支持者和反对者却都不否认广告对消费者行为的巨大影响。在消费者市场，广告毫无疑问是应用最为广泛的沟通工具。

一、广告的含义及类型

广告是由一个特定的主办人（广告主），以付费方式进行的对构思、产品和服务的非人员展示和沟通活动。该定义包含以下几个要点。

（1）非人员。广告不是人与人之间面对面的交流。

（2）对构思、产品和服务进行介绍。

（3）有明确的广告主，必须由特定的组织或个人进行。

（4）必须支付一定的费用。

关于广告，有多种不同的表达，归纳起来，可分为广义和狭义两类。广义广告的定义范围很大，凡是能唤起人们注意、告知某项事物、传播某种信息、宣传某种观点或见解的，如政府公告、宗教布告、公共利益宣传、教育通告、各种启事、标语、口号、声明等，都称为广告。它既包括经济广告（商业广告），又包括非经济广告，因此，可概括为"有目的地唤起人们注意或影响观念的特殊信息传播方式"。狭义的广告指经济广告，是广告主体有目的地通过各种可控制的有效大众传播媒体付费宣传商品和劳务，旨在促进商品销售的一种方式。市场营销中研究的广告是狭义的广告。广告的类型如图10-6所示。

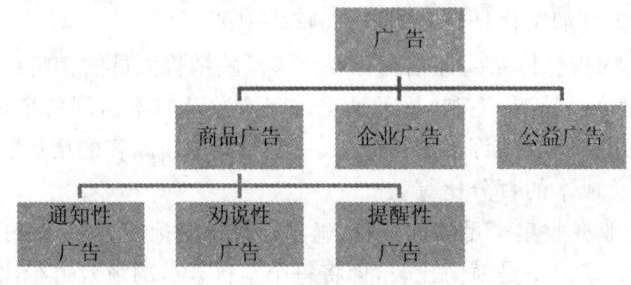

图 10-6　广告的类型

二、广告媒体

（一）广告媒体的种类

广告媒体，也称广告媒介，是介于广告主与目标受众间的物质载体和传播渠道。早期的媒体有叫卖声、鼓声、酒幌子和招牌。现代广告媒体举不胜举，一般可以分为以下几类。

（1）印刷媒体。印刷媒体是指在广告的制作、宣传中利用印刷技术的媒体，如报纸、杂志、信函、传单、说明书及其他各种印刷品。

（2）电子媒体。电子媒体是利用电子技术进行广告宣传的媒体，如广播、电视、电影、幻灯和网络等，这一类媒体在近年来的发展变化尤其突出。

（3）户外媒体。户外媒体是指在户外公共场所，使用广告牌、霓虹灯、气球、灯箱及邮筒、电话亭等公共设施进行广告宣传的媒体，如招贴、路牌广告和灯箱广告等。

（4）交通媒体。交通媒体是指利用汽车、火车、轮船等交通设施进行广告宣传，因其目标较大，容易引起受众的注意，被誉为城市中"流动的艺术"。

（5）实物媒体。实物媒体包括产品样品、模型、包装装潢、礼品和标识徽章等。

（6）其他媒体。其他媒体包括烟雾广告、空中飞机广告、服装媒体广告，岩石、海滩、海底等也都曾被用作广告媒体。

每种媒体都有其特定的受众对象,不同媒体表现和传播信息的手段、能力也不相同,如表 10-3 所示。

表 10-3 主要广告媒体概貌

媒介	优点	缺点	应用范围
报纸	灵活、及时、弹性大,本地市场覆盖率大,易被接受和被信任	保存性差,复制质量低,传阅者少	当地市场产品
电视	综合视觉、听觉和动作,富有感染力,能引起高度注意;触及面广,送达率高	成本高,干扰多,瞬间即逝,对象选择性少	大多数产品
广播	大众化宣传,地理和人口选择性较强,成本低	不如电视引人注意,展露瞬间即逝	低档市场的产品或专题广告
杂志	可信并有一定的权威性,复制率高,保存期长,传阅者多	前置时间长,时效性差	专业产品
传单	对象有选择性,灵活性强,无同一媒介的广告竞争,人情味较重	相对来说成本较高,易造成低档产品的印象	健康补品或服务产品
户外媒体	比较灵活;展露时间长,重复性高,费用低;竞争少	对象没有选择,缺乏创意	工业产品、耐用消费品
互联网	多媒体;互动;虚拟界面模拟现实感觉;灵活,可逐层展开	范围比较狭窄,价格并不便宜	大多数产品

阅读材料

松下传真机的电视广告

松下传真机的一则广告曾被评选为年度电视广告"电通奖"。也许一般人认为传真机广告的场景应选择在摩天大楼里的一间装潢考究的办公室中,但该广告却以 90 秒的长篇幅表现"松下传真机"在一对相亲相爱的夫妻之间扮演了一个重要角色的过程。

在日本一个普普通通的家庭里,男主人上班了,女主人和无数个日本妇女一样,在家操持着家务。

这天,这位梳着齐耳短发、脸上还带着学生气的妻子不小心将一只茶杯碰到了地上,杯子碎了,她着急了,希望丈夫在回家的路上能够顺便再买一只回来。

于是,她决定与正在上班的丈夫联系,不过她联系的方式不是电话,而是"松下传真机"。

下班的时间快到了,窗外下起了瓢泼大雨。

丈夫想到从走出地铁到家还有一段不短的距离,又用"松下传真机"告诉家中的妻子,请她带上伞去车站接他。

看到这儿,可能人们会大感不解:干吗不用电话,用电话多直接,何必用传真机传来传去?未免有些小题大做了吧?

别急,请您接着往下看:

大雨中的车站,夫妻俩碰面了。他们亲切地用手势比画着,交谈着。

原来这位妻子是哑巴!

无法用电话与丈夫联系的妻子,是传真机帮了她的忙,使他们迅速快捷地沟通了信息:丈夫带回了妻子需要的茶杯,妻子带着雨伞从车站接回了下班的丈夫。

伞下一对相依相偎的背影,渐渐消失在滂沱的雨幕中……

整条广告从头到尾配有一首深情温婉的歌曲,结尾处有一句广告词:"温暖了人间的信息交流工具。"

(二) 广告媒体的选择

随着现代社会科技的高速发展,广告媒体在不断变化,可供企业选择的广告媒体也越来越多。一般来说,在选择广告媒体时应考虑以下几个方面的因素。

1. 目标受众的媒体习惯

不同的消费者对广告媒体的接触习惯与偏好各不相同,企业应选择能够最有效地把广告信息传递给目标受众的媒体。例如,对老年人产品做广告宣传,最不宜选择互联网作媒体。

(1) 媒体特征。不同媒体有其独有的特征,如传播范围及影响力等。属于全国性的产品和属于地方性的产品要分别选择适当的广告媒体,以防效果不佳或过度浪费。

(2) 媒体的费用。不同广告媒体所需费用差别较大,在选择媒体时,费用是必须考虑的主要因素,既要根据预算选择合适的广告媒体,也要考虑广告的相对费用,即考虑广告的促销效果,做到使有限的广告费用达到最理想的效果。

2. 产品的特征

因为各种媒体在展示、解释、可信度、注意力和吸引力等方面具有不同特征,不同性质的产品又有不同的使用价值、使用范围和宣传要求,所以,只有广告媒体展示出产品性质,才能取得最佳效果。例如,产品立体性强、动感性强,就应该选用视觉效果好的立体广告媒体,而不应选择平面广告;技术含量高且构造或使用复杂的产品则需要选择能承载充足信息量的广告媒体;而对于一般生活用品,则适合选择受众广的大众媒体等。

3. 竞争对手的广告策略

竞争对手的广告策略往往具备一定的针对性和对抗性,只有充分了解对手的广告策略才能有针对性地开展自身广告策略,发挥自身优势,争取最佳广告效果。

4. 媒体的性质

不同的媒体有不同的受众和传播区域,其对消费者的影响力也存在区别。企业可以根据不同产品的性质和企业营销的具体目标决定选择大范围的媒体还是区域性的媒体,以及受众差异大的媒体还是差异小的媒体。

5. 广告媒体的成本

不同媒体的使用成本存在着很大的区别,即使同一媒体在不同时段或版面也有不同的费用标准,企业要根据自己的经济承受能力,以及企业的经营目标来确定广告媒体的使用。

6. 市场环境

影响媒体选择的市场环境很多,如社会文化的差异、经济发展水平的差异等。比如企业在经济欠发达地区进行广告宣传，选择报纸的效果相对于电视和互联网的效果要好。

除此之外，影响媒体选择还包括其他因素，如企业的经营目标，各种媒体的送达率、频率和影响等。企业在确定其广告媒体的时候需综合考虑各种因素，倾向于同时采用几种媒体，使其相互配合，以达到更好的效果。

三、广告预算

百货业巨子约翰·沃勒梅克曾经说过："我知道我的广告费有一半是浪费掉的，但我不知道是哪一半。我花了 200 万美元做广告，但我不知道是广告只做了一半还是多花了一倍钱。"可见，广告作为企业的一种经济活动，是以一定资金投入来换取一定效益的产出的。因此，企业必须对广告费用及其产出的效益进行认真核算。常见的制定广告费用预算的方法有以下几种。

（一）量力而为法

这种方法将促销预算定在企业有能力负担的水平上。企业的总收入减去业务和资本费用，将剩余资金的一部分投入广告。但是，这种方法完全忽视了促销活动对销售量的影响，即使在广告对企业成功很关键的时候也是如此，每年促销预算的不确定性必然使得长期的市场规划难以进行。

（二）销售百分比法

销售百分比法以目前销售额或预测销售额的一定百分比来制定促销预算，或者以单位售价的百分比来做预算。这一方法有一定好处，它使用简单，能促使管理者考虑促销费用、售价和单位利润之间的关系，但同时它错误地将销售额看作是促销的原因，而非结果，同样也忽视了广告对销售的促进作用，且难以确定合理的销售额比例。

（三）竞争平衡法

竞争平衡法是指促销预算与竞争者的支出或行业平均水平匹配，虽然向竞争者看齐可能避免发生促销大战，但毕竟各企业之间存在很大差异，且都有自己特定的促销需求，盲目跟从有碍于自身更好地发展。

（四）目标任务法

目标任务法是最合乎逻辑的一种方法，企业根据促销所要完成的任务来制定促销预算。要采用这种方法必须做到：(1) 明确特定的促销目标；(2) 明确达到这些目标所要执行的任务；(3) 预计完成这些任务的成本，这些成本的总和就是建议的促销预算。

四、广告设计

（一）广告设计原则

广告效果不仅取决于广告媒体的选择，还取决于广告设计。广告设计需要作者把广告主的意图，用艺术的、直观的、形象的方式表现出来，要有鲜明的主题、独特的构思、简洁的语言、生动的形象。广告设计是一项在广告策划中具体实施的系统工程。优秀的广告设计要遵循以下设计原则。

1. 真实性

广告的生命在于真实,只有真实才能有助于建立企业及其商品的信誉,维护企业形象及消费者利益。虚伪、欺诈性的广告必然会丧失企业的信誉。

2. 针对性

因为各个消费群体都有自己的不同特点和要求,为刺激需求,广告无论从内容上还是形式上都需要具备一定的针对性,去满足不同市场的不同需求。贯彻了针对性的原则才会使广告有的放矢,使广告不论是在设计制作上还是投放上都起到良好的效果。

3. 创造性

创造性是提高广告竞争能力的重要因素。广告最基本的一个任务是要吸引消费者的注意,给消费者留下深刻印象,这就需要广告从内容到形式,从语言到图像、色彩等做到生动活泼,富于鼓动性,具有新颖和独特的性质。

4. 效益性

广告是一种经济活动,必须讲求经济效益。广告计划的制订、广告媒体的选择、广告形式的设计等都要从节约的观点出发,以尽可能少的投入获得尽可能大的广告效果。

5. 艺术性

可以说广告既是一门学科,更是一门艺术。它运用科学技术,集文学、戏剧、音乐、美术等于一体,通过特定形式表现出来。优秀的广告就像优美的诗歌、美丽的图画,会给消费者以美的享受。一个好的广告作品应该将真实性、思维性和艺术性有机结合起来,让人从中得到美的享受。

(二) 广告设计要求

广告设计必须要以人的心理活动特征为依据,将激发人的潜在意识作为重要目标。因此,在广告的设计中要对人的心理活动进行研究,把握人购买决策的过程,有针对性地采取措施。总体来讲,广告设计应符合以下几个要求。

1. 唤起消费者的注意

商品广告引起消费者的注意是广告成功的前提。一个不能吸引消费者的注意的广告是毫无意义的。为了增加广告的受关注程度,在广告设计中可以从以下几个方面努力:(1) 利用色彩和广告规格,加大视觉冲击力;(2) 挑选有利的广告位置吸引消费者的注意力;(3) 突出广告的标志性语言;(4) 充分利用动态展示与静态展示,改善广告的表现手法;(5) 制造悬念,激起消费者的购买欲望。

2. 启发消费者的记忆和联想

人对所接触的任何事物都不会停留在直观表象上,而会在表象的基础上进行加工,改造成新的形象,进而就会产生联想。在广告信息的传播过程中,消费者在接受了有关广告的信息后并不立即产生购买行动,而需要经过一定的信息加工后才会有购买行动的产生。如果广告信息在到达消费者后很快就被消费者忘记,那么广告的效果就很差,因此要提高广告的效果,需要广告能够长久保存在消费者头脑中并使其产生联想。

3. 激发消费者的情感

消费者对所接触的商品会有不同的认识,从而表现出不同的态度。这些态度包括喜欢、厌恶、欣喜、愤慨、失望等。广告要激发消费者积极的感情,就要在语言、图像、色彩、声音等方面下功夫。一个广告如果能打动消费者,产品的销售就不是难题了。

4. 说服消费者进行购买

通过某种方式改变消费者的态度,刺激其产生购买动机,并最终实现购买,这就是说服。广告的最终目的就是要说服消费者,使之采取购买某种构思或产品的行动。为此,企业在进行广告设计时,要充分研究顾客的购买障碍在哪里,以便借助巧妙的方式进行说服。

阅读材料

麦当劳炸薯条少男少女篇

一个十几岁的男孩站在路边吃麦当劳法式薯条,看见他的三个朋友向他走来。他并不想把薯条分给他们,于是迅速把薯条藏到夹克衫的口袋。他冷淡僵硬地和他们打了个招呼。忽然,他发现了一个漂亮的女孩向他走过来。她对他微笑,他也回以微笑,并和她并肩离去。他注意到她有些冷,于是就将他的夹克衫披在她的肩上。他的脸上满是骄傲。但很快,他想起了他的薯条,于是他小心地伸出手想把薯条从他的夹克衫里取出来。女孩并没有发现口袋里的薯条,以为他想握住她的手,于是她伸出手拉住了男孩的手。最后,是一对年轻的情侣手挽手散步的背影……他把他那只闲着的手放在身后,用力地拽着那袋薯条,明显的是薯条和美人两者都不想放过。

麦当劳少男少女篇采用的是幽默情景剧的形式,广告创意完全是来自对生活原汁原味的加工,一点也不虚饰。对于麦当劳的目标消费群,也就是年轻人群而言,这样的广告表现语言他们更容易接受,与他们的实际生活贴得更近,又很轻松,他们可以在快乐诙谐中自然完成广告的整个信息的传播,不会有任何排斥。

(三) 广告设计策略

1. 独特说辞策略

独特说辞策略是指广告设计以一个独特的、富有竞争力的销售主题为主的策略。该策略在创意产品处于生命周期前期时尤其重要。1954年,美国M&M糖果公司为其生产的糖果进行广告设计。在市场调查中,策划者了解到M&M糖果是当时美国唯一用糖衣包着的糖果,他的构思很快形成:在电视广告片中看到两只手,旁白道"M&M巧克力,只溶在口,不溶在手"。该广告创意体现了该产品独特的优点,而且简单清晰,广告词朗朗上口,很快就家喻户晓,至今该公司还在沿用此广告词。

2. 品牌形象策略

广告设计中的品牌形象策略,是指通过塑造独特的品牌形象,建立起商品与媒体受众之间的感情需求关系,使媒体受众联想起产品的独特之处,并由此产生愉快感。经过多次的品牌联想、品牌识别,独具的欢愉形象会使媒体受众产生对品牌的忠诚感,从而激发他们对广告品牌的兴趣、偏好和欲望,最终使他们产生购买行为。品牌形象策略的方式有以下四种。

(1) 广告主形象策略。这种策略是指在广告创意中,以直接塑造广告主的美好独特形象为创意主题,即广告品牌被赋予生产经营者自己的形象。

(2) 专业模特形象策略。这种策略是借助合适的专业模特来间接地塑造产品的品牌形象,最具代表性的是李奥·贝纳创造的"万宝路"牛仔形象。广告画面中,那深具美国英雄主义价值精髓的牛仔形象被许多男同胞竞相效仿,也使不少女烟民为之魂牵梦绕。表现这一粗犷豪放、成熟刚强的牛仔形象的模特,显然是经过精心挑选的。

(3) 名人形象策略。这是一种根据企业的市场定位、产品的公众定位、公众的明星崇拜程度等情况,邀请合适的体育明星、文艺明星、政府要人、社会功臣、公众领袖人物等知名人士来宣传企业产品的策略。

(4) 标识物形象策略。这一策略是指通过宣传广告主的标识物来塑造广告产品的形象。常见的标识物主要是一些动画人物、动物或植物,如我国海尔集团的大眼睛"海尔"、国外的"忍者神龟""唐老鸭"等。

3. 对比策略

对比策略是现代广告设计中最常用的主要策略之一。对比策略主要有以下两种。

(1) 广告产品使用前后的比较。产品使用前后情况的比较是广告创意中常用的一种对比策略,通过运用广告画面鲜明的视觉艺术效果突出广告产品的性能,以增强媒体受众对产品的信心。例如,洗衣粉使用前后比较衣服的干净程度等。

(2) 与竞争品牌的比较。这是指在广告设计中,将本企业的广告产品与竞争品牌相比较,以突出本产品的特征。这种创意策略在美国最为流行,而在日本则很少运用。这种创意策略很多国家都禁止采用。

4. 幽默化策略

幽默化策略又称为情趣化策略,是指通过运用富有情趣的幽默语言、图像来感染媒体受众,使他们产生一种对该产品销售有利的情绪。

5. 戏剧化策略

戏剧化策略就是将广告编成故事或连续剧,通过戏剧的形式向媒体受众传输产品信息。这种创意策略不仅要符合时尚,而且要有一定的戏剧趣味,使人容易展开联想。

6. 共鸣策略

共鸣策略是指针对媒体受众日常记忆中的生活体验,在其所记忆的场面重现时提起产品,促使其记忆该产品的一种广告创意策略。

五、广告效果评估

广告效果,通常是指广告信息通过广告媒体传播后所产生的社会影响和效应,或者说媒体受众对广告宣传的结果性反应。这种影响和效应主要包括两个方面:一是对企业产品促销的效应,称为销售效果;二是企业与社会公众的有效沟通效应,称为传播效果。测定这两种广告效果有助于企业更有效地制定广告策略,降低广告费用,提高广告效益。

（一）广告销售效果评估

广告销售效果的大小，以广告活动实施前后商品销售量的增减为衡量标准，监测广告对产品销售量的影响。常用的指标有以下几种。

（1）销售增长率。销售增长率是指广告实施后的销售额相对广告实施前所增长的比例，它在一定程度上反映了广告对促进产品销售所发挥的作用。但是由于影响销售增长的因素比较复杂，单以销售增长率来评价广告促销效果不一定准确，因此通常是将销售额的增长情况同广告费的投入情况相比较，以求更确切地反应广告的促销效果。

（2）广告增销率。广告增销率是指一定时期销售额的增长幅度与同期广告费投入的增长幅度的比率，以反映广告费增长对销售额增长带来的直接影响。

（3）广告占销率。广告占销率是指一定时期内企业广告费用的支出占该企业同期销售额的比例。这也是一种通过广告费和销售额的比较来反映广告效果的方法。广告占销率越小，表明广告的促销效果越好。

（4）单位广告费收益。单位广告费收益是以平均每单位广告费支出所带来的促销收益评价广告的一种方法。这个指标不仅可用于考察这个时期的广告费的效益，也可用于对不同媒体或不同地区的广告效果的分析，有利于企业做进一步的广告决策。

（二）广告传播效果的测定

广告传播效果的测定主要是测定消费者对广告信息的接受、注意、兴趣和记忆等心理反应的程度，一般可以通过以下几个指标来分析。

（1）接收率。接收率一般是指接收该媒体广告信息的人数占目标市场总人数的比率。接收率是对广告受众接收广告的情况进行的定量测量，以此来评价广告传播的广度和深度。

（2）注意率。注意率说明了广告被接收的最大范围、试听者的认知程度，反映了广告的接收广度。

（3）阅读率。阅读率是指通过报纸、杂志阅读广告的人数和报刊发行量的比率。阅读率越高，对广告的认知率就越高，广告的效果就可能越好，在一定程度上说明了广告被接收的深度。但由于大多数人可能只是粗略地阅读广告，因此阅读率基本上只能算是一个接收广度的指标。

（4）知名率。这是指在被调查的对象中，有多少百分比的人了解企业及其产品。知名率的考察往往是通过广告前后的对比进行的。若广告后企业的知名度大为提高，则说明企业的广告效果十分理想。

（5）好感率。这是指在看过广告的人当中，有多少百分比的人对企业及其商品产生好感。广告活动是一种经济活动，它是以大量的广告费用为代价的，因此任何一位企业主都不可能漠视其广告效果。虽然广告效果的评价属于事后评价，但它却可以在总结前期活动的基础上，有效地指导下一步的广告计划和广告策略。

第四节 营业推广策略

营业推广又称为销售促进（Sales Promotion）。在营销实践中，营业推广能在短期内收到明显成效，且费用较低，它往往与广告和人员推销配合使用，是企业可以灵活掌握的一个促销工具。

一、营业推广概述

（一）营业推广的含义

营业推广是指企业在特定的目标市场中，为刺激消费者的需求，吸引消费者购买而采取的促销手段。简言之，这是一种直接刺激以求短期内达到效果的促销方法，其着眼点在于解决较为具体的促销问题。它与广告、公共关系、人员推销不同，后三者一般是常规的、持续的，而营业推广则是非常规性的，是一种辅助促销手段，一般用于暂时的和额外的促销工作，其短期效益比较明显。营业推广手法多样，根据不同对象、不同产品可相应采取赠送样品、陈列、演出、展示和有奖销售等不同措施。

（二）营业推广的特点

营业推广的形式多种多样，一般都具有以下几个特点。

（1）见效迅速。营业推广的许多形式对消费者或用户具有相当的吸引力，特别是对那些想买便宜商品的消费者。它似乎告诉消费者这是不会再有的机会，使消费者有一种机不可失的紧迫感，因此营业推广能够很快见到成效。

（2）非正规性和非经常性。营业推广是促销组合中其他促销方式的补充措施，任何企业都不能仅靠营业推广生产，它只具有暂时而特殊的促销作用，因此是非正规性和非经常性的促销活动。

（3）灵活性。营业推广的形式非常繁多，这些形式各有各的长处和特点，企业可以根据经营产品的不同和市场营销环境的变化加以灵活选择和运用。

（三）营业推广的作用

1. 加速新产品进入市场的进程

新产品由于不被广大消费者所熟悉、了解，加之已经有足够多的、可以满足同样需求的商品存在，大多数消费者不愿意冒险购买新产品。在这种情况下，为了降低消费者的购买风险，为新产品进入市场扫清障碍，企业可以采取一些必要的营业推广措施，以吸引消费者的兴趣，加深对商品的了解。这对新产品快速进入市场提供了有利条件。

2. 培养忠诚顾客，稳定市场地位

当消费者对商品有一定的认识和好感之后，有必要给消费者一定的利益和诱惑，如一个长期的赠品活动，以吸引消费者反复、多次购买该特定商品，从而建立起购买习惯，培养出忠诚的消费者。营业推广的很多手段，如销售奖励、赠券等体现的利益让渡，受惠者大多是经常使用本企业产品的老顾客，这可使他们继续购买和使用此品牌，有助于稳定企业的市场份额。

3. 增加产品的需求，提高销售额

营业推广活动不仅可以诱导顾客对商品的需求，而且可以创造需求。当某种商品的销售量下降时，营业推广活动，如折价优惠等，可以促使其销售得到某种程度的恢复甚至提高；也可以通过营业推广活动指出某种商品的新用途，创造出新的市场需求，从而提高销售量。

二、营业推广的方式

营业推广是刺激和鼓励成交的手段，包括对消费者的营业推广、对中间商的营业推广和对推销人员的营业推广。对消费者的营业推广是针对最终用户，这种形式通常为生产厂家或中间商所采用，主要是刺激消费者购买。对中间商的营业推广是生产厂家针对中间商所采用的促销手段，目的在于取得中间商合作与支持购买、销售企业产品，增强中间商的品牌忠诚度。对推销人员的营业推广是鼓励推销人员推销企业产品，刺激他们去寻找更多的潜在消费者，努力提高推销业绩。

（一）对消费者的营业推广

营业推广的手段是多种多样的，企业在某些时期为了一定的需要对消费者或用户开展一些营业推广活动，特别是厂商和零售商以及某些服务商更热衷于直接针对消费者开展推广活动。其推广的方式主要有以下几种。

1. 赠送样品

企业将一部分产品免费赠予目标市场的消费者，使其试尝、试用及试穿，样品可直接赠送，也可随销售其他商品时附送或凭企业广告上的附条领取。这种方式对新产品的介绍和推广最为有效。通过向消费者免费赠送样品来获取信息，了解使用效果，也是扩大销售量的做法，能让消费者真实感觉到新产品的特性所在。赠送的时机也要合适，应当与广告宣传同步，但这种促销方式所花的代价很大，一些使用周期长、易碎、体积庞大、笨重的商品和已经建立品牌地位的商品以及与竞争产品相比无明显优越性的商品不适宜采用。

2. 发放优惠券

企业向目标市场的部分消费者发放一种优惠券，消费者持优惠券到指定商店购买商品可享受折价优惠，这种方式通常用在市场上已有一定影响的，而且是一次性使用的，周期较短、需要经常购买的商品。优惠券可分别采取直接赠送或广告附赠的方法发放，是最能引起消费者兴趣的营业推广手段。但厂商需要取得零售商的配合，零售商因减价而造成的损失需给予必要的补偿。

3. 有奖销售

有奖销售是指企业对购买某些商品的消费者设立特殊的奖励。如凭该商品中的某种标志（如瓶盖）可免费或以很低价格获取此类商品或得到其他好处，也可按购买商品的一定数量（如 10 个以上）赠送一件消费者所需要的礼品。奖励的对象可以是全部购买者，也可用抽签或摇奖的方式奖励一部分购买者。这种方式的刺激性很强,常用来推销一些品牌成熟的日用消费品。

4. 产品陈列和现场示范

这一方法是指在零售现场占据某一醒目地位进行橱窗陈列、货架陈列与流动陈列,同时在销售现场用示范表演的方法,把产品的性能、用途和优越性逐一介绍给消费者,增加消费者对产品的了解,从而有效地打消消费者的某些疑虑,使他们接受企业的产品,以刺激其购买。这种方法大多被应用于食品、化妆品和家用电器等产品的销售,特别适宜推广一些新产品。

5. 产品展销

产品展销是指通过参与和举办各种形式的商品展销,将一些显示企业优势和特征的产品集中陈列,边展边销,因为展销可使消费者在同时同地看到大量的优质商品,有充分挑选的余地,所以对消费者吸引力很强。展销可以以一个企业为单位举行,也可由众多生产同类产品的企业联合举行。若能对某些展销活动赋予一定的主题,并同广告宣传活动配合起来,则促销效果会更佳。常见的展销形式有为适应消费者季节购买特点而举办的季节性商品展销、以名优产品为龙头的名优产品展销、为新产品打开销路的新产品展销等。

6. 附赠赠品

消费者在购买某一指定商品后,可以免费或以低价购得小赠品,附赠赠品既可以从竞争者那里吸引更多的消费者使用本企业产品,也可以防止竞争者涉足本企业产品的市场。对一些儿童、妇女用品,特别是零食,赠送小礼品是一种常见的营业推广措施,它能有效地刺激销售,给消费者留下深刻的印象。

7. 赠品印花

当消费者购买某一产品时,企业给予一定数量的交易印花,购买者将印花积到一定数额时,可到指定地点换取赠品。企业通过这种赠品印花的方式来招徕生意,扩大销售。赠品印花的实施可刺激消费者大量购买本企业的产品,扩大企业的市场占有率。

阅读材料

里力的口香糖

口香糖是美国人里力的杰作,它刚出现时运气并不佳,买的人寥寥无几。里力为了推销口香糖,利用了各种宣传手段,可是收效不大。后来,他在试销中发现,为数不多的消费者中,大都是儿童。里力从儿童身上看到了"希望",他决定以儿童作为推销口香糖的"突破口"。里力按电话簿上刊登的地址,给每个家庭都免费送上4块口香糖。他一口气送了150万户,共600万块口香糖。这一举动让同行们大感不解:为什么做这样的赔本生意!谁知几天以后,这一招就奏效了。孩子们吃完了里力赠送的口香糖,都吵着还要吃,家长们当然只有再买。从此,口香糖的销路就打开了。聪明的里力后来又想出了一个新招:回收口香糖纸。消费者送回一定数量的糖纸,就能得到一份口香糖。孩子们为了多得糖纸,就吵着要大人也嚼口香糖。就这样大人、小孩一起嚼,没多久就把口香糖嚼成了畅销世界的热门货。

8. 折价券和消费卡

折价券(或优惠券)就是给持有人的一个保证,即持有人在购买某种商品时可凭此券免付一定金额的钱。折价券可以邮寄,附加在其他商品中,或在广告中附送,多被厂商采用。消费卡多被零售业、服务业采用,持卡人凭卡消费可以享受一定的折扣。消费卡既可以免费有目的地发放,也可以收取一定的费用售出。这种形式可以培养固定的消费者。

9. 特价包装

特价包装就是低于正常价格向消费者出售商品的一种方法,其做法是生产厂家把原来的正常价格和现订的优惠价格同时标明在商品的包装或商品的标签上,消费者购买商品时,可以按优惠价格付款。特价包装这种促销手段对刺激短期销售十分有效,已被许多厂商利用,如5包洗衣粉包装在一起,标价只相当于原来4包的价格。

10. 消费信贷

这是通过赊销、分期付款等方式向消费者推销产品,消费者不用支付现金或只支付部分现金即可先期取得商品使用权。对商品房、汽车等大件特殊商品,消费者信贷有明显的促销作用。消费信贷的形式有分期付款、信用卡等。

11. 竞赛、游戏

这是生产厂家或零售商组织消费者参与有关活动,让消费者有某种机会去赢得一些奖品,作为他们参与活动的回报。赢得的奖励有现金、实物和免费旅游等。这种方法可以扩大企业和产品的知名度,引起消费者的兴趣。

12. 特价销售

为度过某些销售淡季或迎接某些特定节日,厂商或零售商往往会采取一些优惠酬宾、折扣让利等形式,这是一种向消费者提供低于常规价格的商品的销售方法,用于刺激消费者购买,是企业较常用的方法之一。企业应根据实际需要灵活设定商品的销售价格、销售时间和品种数量等。这种方式不能经常使用,否则会给消费者带来清仓处埋的感觉,不利于企业的长远发展。

13. 产品保证

产品保证是一种重要的促销工具,特别是消费者对产品质量非常敏感时,生产厂家向消费者做出产品质量保证,如发放信誉卡、保证质量若干年、购买一段时间后退换货等,可以增加消费者消费此项产品的信心。但企业需要仔细估计可能产生的销售价值及潜在成本。

(二) 对中间商的营业推广

对于中间商企业,通常可采用以下一些营业推广手段。

1. 展览会和交易会

同对消费者的营业推广一样,制造商也可以通过举办或参加各种商品交易会或展览会的方式来向中间商展示其产品,并进行操作示范表演。这种推广手段可以使展览会举办单位和展出产品的厂家更好地联系老消费者,发展新消费者。由于这类交易会或博览会能集中大量优质新产品,并能形成对促销有利的现场环境效应,对中间商有很大的吸引力,因此也是一种中间商进行营业推广的好形式。展览会的营业推广如果配以广告和公关措施,也会取得更好的促销效果。

2. 批发折扣

企业为争取批发商或零售商更多购进自己的产品,在某一时期内可按批发商购买企业产品的数量给予一定的折扣,以鼓励购买者大量购买商品。批发折扣可吸引中间商增加对本企业产品的进货量,尤其是促使他们购进原来不愿经营的新产品。中间商可以利用这种购买折扣得到立即实现的利润,以及广告或价格上的补偿,因此会提高销售产品的积极性。

3. 经销津贴

企业为促进中间商增购本企业的产品,鼓励其对购进产品开展促销活动,并帮助企业推销产品,可支付给中间商一定的推广津贴,以鼓励和酬谢中间商在推销本企业产品方面所做的努力。推广津贴对于激励中间商的热情是很有效的。经销津贴主要包括新产品津贴、清货津贴、广告津贴和降价津贴等。

4. 销售竞赛

企业如果在同一个市场上通过多家中间商来销售本企业的产品,就可以发起由这些中间商参加的销售竞赛活动。根据各个中间商销售本企业产品的实际业绩,分别给优胜者以不同的奖励,如现金奖励、实物奖励,或是给予较大的批发回扣。这种竞赛活动可鼓励中间商超额完成其推销任务,从而使企业产品的销售量大增。

5. 代销

大部分企业生产的产品均可采用代销的方式,其中对新产品、进行市场渗透的产品和企业滞销的产品开展代销业务对企业利益最大。代销基本形式有两种:一是企业寻找合适的代理商,达成交易后,企业付给代理商一定的手续费或租金;二是企业委托经销商开展本企业产品销售的代理业务,商品销售之后,企业按商定比例留给经销商一定的手续费。

(三) 对推销人员的营业推广

针对本企业推销人员展开营业推广,目的是鼓励推销人员积极开展推销活动。

1. 红利提成

红利提成的做法主要有两种:一是推销人员的固定工资不变,在固定薪资之外,从企业的销售利润中提取一定比例的金额,对推销人员的努力工作给予一定的现金奖励;二是推销人员没有固定工资,每达成一笔交易,推销人员按销售利润的多少提取一定比例的金额,其提成比例按递增关系,即销售利润越大,提取的百分比率越大。

2. 销售竞赛

销售竞赛的目的在于刺激推销人员在一定时期内增加销售量,销售竞赛的内容主要包括推销数额、推销费用、市场渗透和推销服务等。企业明确规定奖励的级别、比例与奖金的数额,成绩优异的获胜者可以获得一定的现金、实物、称号、度假、进修深造、晋升和精神奖励等,以此激发推销人员的工作热情。

3. 教育与培训

教育与培训是指为指导推销员有效地进行推销,向推销人员提供免费的业务培训和技术指导。企业可以请有关专家精心编写推销手册,其中的内容包括销售激励项目、企业资料、产品资料、价目表、订单等,既丰富又实用,为销售员提供了有力的促销工具。

三、营业推广方案的制定

企业市场营销人员不仅要选择适当的营业推广方式,还要制定具体的推广方案,其内容主要包括以下几个方面。

(一) 推广规模

企业在制定营业推广方案时,首先要决定营业推广的规模。营业推广活动要获得成功,一定规模的奖励是必要的,但如果超过一定限度,营业推广规模的扩大不一定会带来效益的增加,这要考虑成本与效益的关系。所以,企业确定营业推广的规模必须结合目标市场的实际情况来确定。

(二) 推广对象

营业推广的对象既可以是目标市场中的全部,也可以是其中的一部分,一般来说,企业应选择现实的或可能的长期用户作为推广对象。

(三) 推广途径

不同分发方法的到达率、成本和影响水平不同,营业推广的费用也不同。因此,企业必须选择既能节约推广费用,又能收到预期效果的营业推广方式来实现其推广目标。

(四) 推广期限

营业推广活动持续时间的长短要适当,不应过短或过长。过短会造成许多消费者未能及时接受营业推广的好处,过长将会使消费者产生对某种产品的不良印象,认为是变相降价或对产品质量产生怀疑,从而不能激发消费者购买的积极性,导致推广费用大而效益小的不良结果。

(五) 推广时机

企业应制订年度促销计划,规划全年应该在什么时候举行营业推广活动,通常要考虑产品的生命周期、消费者的收入状况、竞争状况、促销方式、各部门之间的协调配合等情况。

(六) 推广预算

这是制定推广方案应考虑的重要因素,预算是为了比较推广的成本和效益。促销成本是由管理成本(印刷费、邮寄费和活动经费)加上激励成本(优惠或减价成本,包括回收成本)乘以交易中售出的预期数量所得之和。企业应根据财力、物力与人力条件,产品销售特点和市场动态特点来编制营业推广预算。预计营业推广的费用支出可以有以下几种方法:一种是先确定营业推广的方式,然后再预算其总费用;一种是在一定时期的促销总预算中拨出一定比例用于营业推广。后一种方法较为常用。

阅读材料

宝洁促销新招

1999年11月,宝洁公司推出了新产品——飘柔定性洗发露,它集洗发、护法和定型于一身,打破了传统意义上洗发露的概念。宝洁公司总部决定在中国大连市进行前期的促销活动,然后再推向中国其他地区、东南亚乃至全球。

11月中旬,宝洁公司在大连开展规模广大的派发活动。本次派发的范围以市内四区为主,派发人员是从大连高校聘来的女大学生,派发品的规格为10毫升/袋。宝洁公司并没有完全遵循传统意义上的派发方式,如街头派发、邮寄派发、入户派发等,而是推广出一种新的方式:车派。实践证明这种方式取得了相当好的效果。

首先,在达到目的的基础上节约了大量人力。与传统意义上的派发相比(以户派为例),若想完成大连市区近70万户家庭的派发,难度之大不难想象。而此次车派则不同,它把全市的公交车划分为6个组,每组设主管一名,监理员一名,理货员2名,在每组下面分设3个小队,每个小队5~6名派发员,总计参与人数近130人,大大节约了人力成本。

其次,有效避免了派发的重复性。如果采用街头派发或商店派发,只能造成派发地点周围的局部影响,而且不可避免地会出现有人得到若干袋的现象,这无疑增加了派发成本。而车派则恰恰弥补了这方面的不足。6个小组中,每个小组都工作5天(周一到周五),每小组的每个小队每天派发的车次不同,18个小队不出现重复车次派发现象,这样5天便可把全市大大小小的公交车派发一遍。而且在派发时间的选择上,利用上下班人流高峰期,提高了派发的效率。

再次,车派活动符合大连市特点。大连地势起伏较大,上下坡较多,所以在大连的街头,极少看到骑单车的人,人们上下班的主要交通工具是公交车(估计大连公交车的密度和拥挤度也是全国最高的)。

四、营业推广的实施与评价

(一) 方案的预先测试

虽然营业推广方案是在经验较为丰富的基础上制定的,但在实施前还应该进行测试,明确所选定方案是否恰当,确认所选用的方式是否适当,推广规模是否最佳,实施途径效率如何等。

(二) 方案的正式实施和控制

每项营业推广活动在时间上可分为两个阶段。一是实施方案前所需要的准备时间,包括以下各项工作所需时间、各种推广工作的策划时间,如广告的创意、设计、制作等所需要的时间;营业推广信息的传播时间,如材料邮寄或分送到户、广告播放或刊登等时间;促销人员的招募和培训等时间;产品包装的修改时间;赠品的选择与采购时间;零售点合理库存的分配时间等。二是从正式推广开始到结束为止的时间。在这期间消费者由于受到吸引,从而纷纷加入购买者的行列中来,掀起一个销售高潮。这段时间可长可短,视营业推广方法和目标等而定。国内外营业推广经验表明,方案的实施从正式推广开始到大约95%的产品经推广完成销售的时间为最佳期限。营业推广的控制是保证营业推广活动实现其方案构想的重要手段。

(三) 方案结果的评价

评价推广效果是营业推广管理的重要内容。准确的评价有利于企业总结经验教训,为以后的营业推广决策提供依据。企业可用多种方法对营业推广结果进行评价,常用的营业推广评价方法有两种:一种是阶段比较法,即把推广前、中、后各阶段的销售额和市场占有率进行比较,从中分析出营业推广产生的效果,在其他条件不变的情况下,增加的销售应归功于推广方案的影响,这是最普遍采用的方法;另一种是跟踪调查法,即在推广结束后,跟踪调查,了解多少参与者能知道此次营业推广,其看法如何,参与者受益情况,以及此次推广对参与者今后购买的影响程度等。

营业推广在整个促销活动中占有重要地位,它不仅给消费者带来某些实惠,而且在产品生命周期的不同阶段,运用不同的营业推广手段,并恰当地配以其他促销手段,就可能使企业实现其预期的目标,如引导新产品迅速进入市场、巩固与提高市场占有率、暂时削减产品库存、有效地进行撤退决策等。因此,企业要实现营业推广目标,必须制定周密、完善的推广方案以及在方案实施过程中进行有效的控制。

第五节 公共关系策略

企业的营销活动不仅与消费者、供应商、中间商相关,还会受到公众的影响。随着市场营销的发展,企业的促销活动已不局限于直接向顾客提供产品和服务信息进行宣传劝购活动,还力求加强企业与社会公众的联系,树立企业形象,从而间接影响企业市场营销目标的实现。

一、公共关系概述

(一) 公共关系的概念

公共关系是指企业为取得公众的理解、信赖与支持,为自身发展创造最佳的社会关系环境所采取的一系列决策和行为。公共关系包含的内容很多。例如,为达到预期目的,企业的公关部门可利用与新闻界的关系将有新闻价值的信息通过新闻媒介的传播来传递给消费者,以此吸引人们对本企业或产品的注意,增进公众对企业的了解。同时,积极参与公共事务,履行社会职责,进行赞助活动,促进社会文化、教育、体育、卫生等事业的发展,也是企业公共关系活动的重要内容之一。此外,在与公众发生误解和纠纷时,公共关系活动的任务是查清事实,妥善解决,争取公众谅解。

与其他促销方式相比,公共关系具有许多优势。例如,与广告相比,公共关系宣传更具可信度,更容易为公众所接受,而且企业不需要花钱购买媒体的版面和时间。与此同时,随着媒体费用的提高、信息干扰的增多,广告的效果大幅削弱,从这个意义上说,公共关系比广告更有成本效益。

(二)公共关系的特点

公共关系作为促销的一个重要组成部分,具有自己的特点。

1. 注重长期关系

公共关系要达到的目标是树立企业良好的社会形象,创造良好的社会关系环境。实现这一目标是一个长期的过程。企业通过各种公共关系活动,能够树立良好的产品形象和企业形象,从而长时间地促进销售和占领市场。

2. 注重双向沟通

公共关系的工作对象是各种公众,这一特点决定了它是全方位的关系网络。它强调企业与公众之间的真情传播和沟通。在同内部和外部的各种关系中,企业要左右逢源,获得良好的发展环境。企业通过公共关系听取公众意见,接受监督,有利于企业全面考虑问题,追求更高的社会形象目标。

3. 注重间接促销

公共关系传播信息并不是直接介绍和推销产品,而是通过积极参与各种社会活动、宣传企业宗旨、联络感情和扩大知名度来加深社会各界对企业的了解和信任,达到间接促进销售的目的。

(三)公共关系的对象

公共关系的对象就是营销公众,他们的任何一组群体对企业达到其目标的能力都具有实际的或潜在的影响力。企业公共关系的对象主要分为外部公众和内部公众,外部公众是指企业外部的消费者、中间商、政府、社团等公众,内部公众则主要指股东、员工及其家属等。

(四)公共关系工作的内容

企业的公共关系部门一般设在总部,主要开展以下工作。

(1)媒体关系。媒体创造企业新闻并把有新闻价值的企业有关信息发布给公众,以影响公众对其产品或服务的注意。

(2)产品宣传。此项是指宣传某些特定产品或服务。

(3)公共事件。此项是指建立并维持与全国和当地社区的关系。

(4)游说。此项是指建立并维持与立法者和政府官员的良好关系,以影响有利于企业的立法和规章。

(5)投资关系。此项是指维持与股东及其他金融人士的关系。

(6)危机管理。此项是指对不利的宣传报道或事件做出反应和处理。

(五)公共关系的作用

公共关系的内容包括了公众宣传,即在各种印刷品和广播媒体上获得不付费的报道版面,以促销或赞美某个商品、某项服务或某个企业;公共关系又超越了单纯的公众宣传,这在公共关系的任务中已充分反映出来。对于一个企业而言,公共关系还有助于起到以下几个作用。

（1）协助开发新产品。企业通过赠送、慈善义捐、赞助公益活动等形式推出新产品,有时其效果往往大于直接的广告宣传。

（2）协助商品的再定位。某项商品销售一段时间后往往需要重新进行定位,这时公共关系的作用就变得至关重要。比如,动物园以"人与动物共生存"为主题的活动提出后,除了观光客,还会吸引有环境保护意识的人群前往。

（3）建立消费者对某一商品种类的兴趣。比如,通过各种宣传活动,建立人们对绿色产品的兴趣,使人们觉得即使要多支付钱或要改变已经习惯了的消费方式,能够进行绿色消费也是值得的。

（4）影响特定的目标群体。某一特定的人群的舆论对企业可能是至关重要的,公共关系的结果很可能转变他们原先的态度。

（5）保护已经出现公众问题的产品。有时企业的产品可能出现消费者的信任危机,如某批号产品的质量不合格。这时公共关系的作用往往大于广告宣传,它可以通过良好的沟通消除公众的不信任感。

（6）建立有利于表现商品特点的企业形象。公共关系可以通过演说、公益活动、公众宣传等手段树立良好的形象,赢得公众的好感。

二、公共关系的主要方式

归纳起来,企业可以利用以下几种方式来建立并维护自己的公共关系。

（一）公开出版物

利用公开出版物是指企业大量依靠各种沟通材料去接近和影响其目标市场。这些沟通材料包括年度报告、小册子、文章、视听材料以及公司的商业信件和杂志。小册子的重要作用在于向目标市场介绍商品的性能和功效;企业在公共传媒发表的文章可以引起公众对企业及其产品的注意;企业的商业信件和杂志可以树立自己的形象,并向目标市场传递重要的信息;视听材料则可以更加生动地介绍商品和企业,其效果比一般的广告好得多。

（二）事件

企业的公共关系人员可以安排一些特殊的事件来吸引公众对其新产品或企业的关注。这些事件包括记者招待会、讨论会、郊游、展览会、竞赛和周年庆祝活动等。事件一方面吸引了社会注意力,另一方面还可联络包括供货商、经销商、政府部门等在内的更加广泛的社会关系。

（三）新闻

企业公共关系人员还应该发展或创造对企业,或其产品,或企业人员有利的新闻。新闻的编写人员要善于构想出故事梗概,广泛开展调研活动,并撰写新闻稿。新闻界需要的是及时而且有趣的漂亮文字。公关人员还应该增加与新闻界的交往,增加新闻报道的可能性。

(四) 演讲

演讲是指企业的各级领导人或新闻发言人在企业外部或内部的会议中作富有魅力的谈话、演说,通过这种演说圆满地解决公众存在的各种问题。

(五) 公益服务活动

公益服务活动就是企业通过某些公益事业向社会组织或个人捐赠一定的金钱和时间,提供一定的服务,以提高企业的公众信誉,树立良好的企业形象。消费者对于企业除了在经济方面的评价外,还往往进行社会和道德评价,参与公益事业往往能提高公众对企业的道德评价。

(六) 形象识别

公共关系人员通常要努力创造一个公众能迅速辨认的视觉形象,并通过企业持久性的媒体传播出去。一般情况下,公众通过企业的资料获得的印象是散乱的,这对创造和强化企业形象识别不利,并可能导致企业错失良机。在一个高度交往的社会中,只有创造一种统一的视觉形象,才能迅速有效地赢得社会的注意。

阅读材料

曾宪梓赞助公益事业

享誉世界的"金利来"领带老总曾宪梓为教育事业做出了许多贡献。他在 1977 年捐赠了 5 万元人民币,作为梅县足球队经费,资助梅县地区举办了高水平的"宪梓杯"足球赛,独资赞助了"金利来"全国优秀足球队邀请赛、"金利来"杯全国足球联赛、"银利来"中国足球杯赛等。20 世纪 80 年代初,他联合部分华裔共捐款 430 万港币,兴建了梅县、兴宁县及五华县体育场的足球看台。根据他的提议,梅县的足球国脚们的姓名赫然镌刻在看台醒目之处,以激励青少年为中国足球冲出亚洲、走向世界而刻苦训练,勇敢拼搏。第 11 届亚运会在北京举行,曾宪梓又慷慨解囊 100 万港币,支持祖国的体育事业。

此外,他每年还以捐赠方式,用 50 万以上的港币资助家乡梅县的经济建设。由他独资兴建的"宪梓教学楼"无偿地赠予家乡的政府,梅县的人民医院大楼也是他捐建的,中山大学、嘉应大学、东育中学、梅州中学等都有他的捐款。

享誉国内的"银利来"领带是曾宪梓馈赠给家乡人民的贵重"礼物"。

本来,曾宪梓已准备在大洋彼岸的美国建立一个有相当规模的领带厂,但为了支援家乡的经济建设,他毅然将工厂建在梅县。1982 年 2 月,他投入 100 万美元巨资成立了"中国银利来有限公司",引进了 4 条在国际上领先的领带生产流水线,从瑞士、法国、意大利及奥地利进口布料。曾宪梓的计划是"银利来"领带首先成为中国的名牌领带,进一步成为国际名牌领带,同"金利来"领带并驾齐驱、相映生辉。如今,"银利来有限公司"已成为中国最大的领带生产基地之一。

然而,对于丰厚的利润,曾宪梓却分文不取。

他明确宣布,"银利来"所获利润中,应当分配给他的那部分全部捐给梅县。其中,

20%用于嘉应大学的经费,80%用于发展梅县的工业、文化及体育事业。

"取之于民,用之于民"已成为曾宪梓处理财富的原则。

1989年以来,曾宪梓又捐款300万人民币兴建广州中山大学的生物大楼,捐款50万港币给香港中山大学高等学术研究中心基金会。基金会主席、著名的物理学家杨振宁博士对此给予极高的评价。

1992年12月21日,亿万观众又从中央电视台的新闻联播节目中看到了满面红光、神采奕奕的曾宪梓及他的夫人和两个儿子。这次他又将1亿港币的巨资捐赠给中国内地的教育事业。

三、公共关系的决策程序

公共关系的决策一般经过如下四个过程,如图10-7所示。

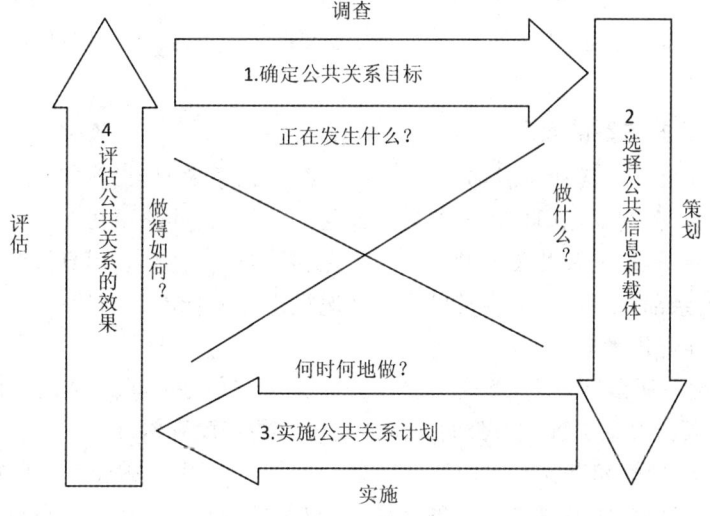

图10-7 公共关系的决策程序

(一) 确定公共关系目标

公共关系活动应该是有针对性的,所以在开展一项公共关系活动时,首先应该确定它的目标,也就是说,应确定此项活动的开展最后要取得什么效果。比如法国葡萄酒商通过在美国著名杂志《时代周刊》和《好家庭》以及其他报刊刊登有关葡萄酒的故事,撰写有关文章,给人们留下了一种喝葡萄酒就是快快乐乐过日子的印象,使美国公众广泛地接受了法国葡萄酒,最终使其大量销售。如果没有具体目标,公共关系就会变得盲目,常常花费了时间、金钱和人力,最后达不到任何效果。公共关系常常可以在下述目标上发挥重要的作用:

(1) 建立新产品的知晓度。

(2) 建立某商品或某项保证的可信度。

(3) 刺激销售队伍和经销商的销售热情。

(4) 降低企业的促销成本。

(二)选择公共信息和载体

公共关系活动要获得广泛的社会关注,还必须有公众感兴趣的信息,并通过他们熟悉的载体把这些信息传递给他们。公共关系人员必须寻找和发掘某个企业、某项产品是否具有有趣的经历可作报道,通过寻找往往会发现许多可以提供给新闻传媒发表的故事。公共关系人员有时与其说是寻找新闻,不如说是创造新闻。

(三)实施公共关系计划

公共关系计划一旦付诸实施,就可能会遇到许多有待进一步解决的问题,比如怎样能把事先准备的新闻稿或公关信息顺利地通过传媒及时地传播出去,这就需要公共关系人员协调好同传媒编播人员的关系,这对保证上述活动的顺利进行十分有利。在公共关系计划实施过程中,社会公众必然会产生不同的反响,有些是公关人员预期的,有些则是意料之外的。当出现意外的反响,甚至是完全相反的结果时,公共关系人员就应该及时做出反应,以掌握局势,保证公共关系目标的最终完成。为了避免不知所措的情况发生,一套营销计划中应常常备有应付意外的预案,这比仅靠公关人员个人的随机应变能力更加重要。

(四)评估公共关系的效果

企业开展的每一项活动事后都应该有一个评价,以了解此项活动的效果,从而为以后的活动总结经验,营销活动同样需要事后的评估。但是,公共关系活动由于常常与其他营销活动同时开展,再加上公共关系的间接性特点,其结果往往难以用具体的数量指标来衡量,所以公共关系部门可以根据活动的实际情况设定评价标准。当然,通常也有一些评价方法和评价标准可供参考。

(1)展露度。所谓展露度,就是指企业公共关系宣传在各种媒体上的展露次数。它可以帮助营销人员大致了解一项公共关系活动影响的广度和深度。

(2)知名度、理解和态度方面的变化。这是指了解公共关系宣传前后社会公众对某一商品或企业在知晓、理解和看法上的差异,这种差异通常可以用问卷调查的方法获得。

(3)销售额和利润贡献。公共关系前后企业的销售额和利润的变化量是最能说明公关效果的指标,当然,这种指标不太容易获得,它们的变化也往往是综合因素作用的结果,但只要其他因素没有大的变动,这些指标就比较实用。

课后训练

【关键词】

促销 促销组合 人员推销 广告 营业推广 公共关系

【思考题】

1. 促销组合的基本策略包括哪些？
2. 人员推销的基本策略包括哪些？
3. 营业推广有哪些特点？
4. 选择广告媒体时应考虑哪些因素？
5. 公共关系主要活动方式有哪些？

【案例分析】

野马车的促销策略

福特汽车公司（以下简称福特公司）是世界上最大的汽车企业之一，由亨利·福特创立于1903年。福特公司致力于成为全球领先的汽车公司。2000年，福特汽车在世界各地的35万名员工，在30多个国家的福特汽车制造装配企业中共同创造了1700亿美元的营业收入。福特公司旗下拥有的汽车品牌有福特、林肯、阿斯顿·马丁、美洲豹、马自达、沃尔沃等。在众多骄人的业绩中，1964年福特野马的问世可称得上是福特的里程碑事件之一。1964年野马车问世，1966年，即投产后不到两年，福特便生产出第一百万辆野马汽车。野马车辉煌的销售业绩是与其独特周密的促销策略密不可分的。野马车的促销把公共关系、广告宣传、人员推销、营业推广等促销策略集于一身，在整合营销传播中，各种宣传媒介和信息载体相辅相成，相互配合，相得益彰。

野马车正式投放市场前4天，福特公司邀请了报界100多名新闻记者参加从纽约到迪尔本的70辆野马汽车大赛，这些车飞驰700英里无一发生故障，证实了野马车的可靠性。赛后，几百家报纸都在显著的位置刊登了关于野马汽车大赛的大量文章和照片。通过组织一次赛车活动，福特公司实际上是为野马的上市做了一次大范围的预宣传，使"野马"成为新闻界的热门话题。

在野马车投放市场的当天，福特公司不惜投入重金，在全美2600种报刊上刊登了全页广告，并在数家电视台播出广告短片。广告画面是一副朴素的白色"野马"在奔驰的画面，注上一行简单的字："真想不到"，副题是：售价2368美元。由于公关经理的努力，新车照片同时出现在《时代》和《新闻周刊》封面上。由于这两本杂志的销售量和影响面巨大，仅这两大杂志就收到了惊人的宣传效果。据福特公司时任总经理艾克卡后来回忆说："《时代》和《新闻周刊》本身就使我们多卖出10万辆！"在接下来的两个月时间内，福特公司继续在500家媒体上刊登广告，并保持高频率的电视宣传。

福特公司在全国15大机场、从东海岸到西海岸的200家假日酒店、众多的度假村和展销会上陈列了野马车。福特公司还选择了最显眼的停车场，竖立起巨型的广告牌，上书"野马栏"，以强烈视觉冲击的方法进行展示宣传和贴近宣传，激发消费者的购买欲望。

福特公司向全国各地的经销商散发目录，迅速建立起了广泛的销售渠道。同时，福特公司还向全国的小汽车用户直接寄发几百万封推销信，既达到了促销的目的，也表达了公司忠诚为消费者服务的态度和决心。

此外,公司大量上市"野马"墨镜、钥匙链、帽子和野马玩具车,甚至在面包铺的橱窗里贴上广告:"我们的烤饼卖得像'野马'一样快。"福特公司利用各种配套产品、各种渠道对野马车进行充分宣传。

从产品设计、名称选择、价格制定到具体的促销活动,福特公司的精心策划获得了巨大的市场回报。到1965年4月16日,即"野马"诞生一周年之际,野马车已售出418 812辆,创下了福特公司的最高销售纪录。野马车两年内即为福特公司创造了11亿美元的纯利润。

案例思考题:

1. 福特公司为"野马"车的促销计划设计了哪几个阶段的促销活动?分别取得了什么效果?
2. 福特公司是从哪几方面来策划野马车的促销策略的?

【实训项目】

实训目的:

训练和培养学生结合市场实际为企业制定促销方案的能力。

实训素材:

选择一家本地企业,对企业产品促销的基本情况进行调研,结合企业实际需要为其设计科学合理的促销活动方案。

实训要求:

(1)促销方案应结合实际,具备较强的可操作性。
(2)方案应尽量体现对四种促销手段的综合运用。

第十一章　国际市场营销

【本章学习目标】

1. 了解国际市场营销涉及的核心概念。
2. 熟悉国际市场的选择和进入模式。
3. 掌握国际营销组合策略。
4. 了解国际市场营销战略。

【能力目标】

能够根据企业自身情况正确选择进入国际市场的方式,并制定出相应的国际市场营销组合策略。

【导入案例】

日本电视进军中国

1979年,我国放宽对家用电器的进口。当时日本电视机厂商首先分析了中国市场的需求情况:中国当时有10亿人口,人均收入较低,但中国人有储蓄的习惯,已经形成了一定的购买力,中国消费者有对电视机的需求。由此他们得出结论:中国存在一个很有潜力的黑白电视机市场。日本电视机厂商在分析中国电视机市场需求特点的基础上,制定了相应的市场营销策略以满足中国消费者的需求。

一是产品策略。中国电压系统与日本不同,必须将110伏改为220伏;中国电力不足,电压不稳定,需配置稳压器;中国住房面积小,应以12~14英寸电视机型为主;中国人喜欢多人围在一起看电视机,扬声器功率要加大;要提供质量保证和维修服务。

二是分销策略。当时中国国内还未设立国营商店分销进口电视的渠道,所以他们决定由港澳代理商、经销商推销。

三是促销策略。他们主要采用广告形式,在香港电视台发动宣传攻势;在香港《大公报》《文汇报》等报刊大量刊登广告;在香港电视台介绍有关日本电视机的知识。

四是定价策略。他们考虑到当时中国尚无国外电视机的竞争,因此,价格比中国同类电视机价格要高。

(资料来源:屈冠银.市场营销理论与实训教程.北京:机械工业出版社,2006)

第一节　国际市场营销概述

一、国际市场营销

(一) 国际市场营销的内涵

国际市场营销是国内市场营销的一种扩展和延伸。随着世界经济一体化的加快,企业经营国际化也进一步深入发展。很多企业,尤其是跨国企业,都致力于国际市场的研究,国际市场营销学也随之产生。国际市场营销与市场营销一样是一门应用性很强的学科,已成为工商企业进行经营管理的重要理论和方法。随着科学技术和社会经济的发展,它已同经济学、社会学、心理学、行为学等多种学科密切结合,成为一门综合性的经营管理学科。

美国著名营销学家飞利浦·科特勒认为:"国际市场营销(international marketing)是指企业跨越国界的营销活动,具体来说,就是提供企业的商品和劳务给一个以上国家的消费者和用户,以满足其需求、实现企业盈利目标的整体营销活动行为。"

(二) 国际市场营销和国内市场营销的区别

无论是国内市场营销还是国际市场营销,都是以研究顾客需求为中心的,只不过国际市场营销是国内市场营销的一种拓展,所以国际市场营销和国内市场营销在研究任务、手段、原理、方法上有很多相似之处。但是,因为国际市场营销是跨越国界的营销活动,而国际环境又是很复杂多变的,所以二者又有很大的不同。

1. 营销环境不同

众所周知,每个国家都有自己的国情,世界各国无论是在政治、经济、文化、法律、科技还是在自然环境上都存在着很大的差别,国际市场营销环境要比国内市场营销环境复杂得多,所以国内成功的市场营销策略不能完全照搬到国外市场,而是要具体问题具体分析,因地制宜、因时制宜地解决国际市场营销问题。

2. 市场营销组合策略不同

在产品策略方面,国际市场营销面临产品标准化与差异化策略的选择;在定价策略方面,国际市场定价不仅要考虑成本,还要考虑不同国家市场需求及竞争状况,而且成本还包含运输费、关税、外汇汇率、保险费等;此外,还要考虑各国政府对价格调控的法规。在分销渠道方面,由于各国营销环境的差异造成了不同的分销系统与分销渠道,因而各国的分销机构的形式、规模不同,这就增加了管理的难度;在促销策略方面,由于各国文化、政治、法律、语言、媒体、生产成本等不同,企业在选择促销策略的时候也就更复杂。

3. 国际营销战略及营销管理过程更为复杂

由于各国营销环境不同,各国消费者需求也千差万别,因此企业既要协调与控制好在国际市场的整个营销活动,取得整体的营销优势,又要实现企业整体利益的最大化,这就加大了企业制定国际营销战略的难度,同时也使营销管理活动更为复杂。

二、国际市场营销的意义

虽然国际市场营销要比国内市场营销复杂得多,但企业要获得长足的发展,实现利润最大化的目标,就迫切需要融入世界经济一体化的熔炉中,参与竞争,把握市场机会。

(一) 优化资源配置,参与国际分工与竞争

世界各国经济、技术发展不平衡,特别是科学技术高度发展的今天,任何一个国家都不可能拥有本国经济所需要的一切资源,更不可能拥有发展所需的所有先进技术。要加速发展本国经济,就需要积极开展国际市场营销,将国内产品打入国际市场,顺利实现产品的价值并获得更多赢利,通过出口创汇引进先进、科学的技术和设备,加速本国的经济发展。如波音公司的 737 飞机有 450 多万个零部件,其中占飞机总重量 70%、总造价 50% 的零部件是在 7 个国家 16 000 个公司中生产和制造的。

(二) 扩展市场容量,延长产品生命周期

对企业而言,国内的市场容量与潜力毕竟有限,要获得更大的生存和发展空间,企业必须开拓更为广阔的海外市场。企业往往是通过技术转让、对外直接投资或合资的形式使自己的产品顺利进入国外市场,这种分散在世界各国子公司之间的国际营销活动可以将原来外部化的市场交易尽可能地内部化,纳入企业的管理体系中,实现对市场的支配与控制,从而达到全球利益最大化的目的。

同时,开展国际市场营销还可以延长产品的生命周期。世界经济发展是不平衡的,企业有些产品在国内市场处于成熟期甚至是衰退期,但在其他国家的市场上可能处于引入期或成长期。例如,20 世纪 80 年代,德国大众汽车在本国已经进入了成熟期,而在中国则处于引入期。这时,德国大众公司将其淘汰的汽车机型大举出口到中国市场,这就延长了本企业汽车的生命周期,获得了高额的利润回报。

(三) 可以给企业带来更高的声誉,增强企业竞争力

一个企业如果能在国际市场上站稳脚跟并享有良好的信誉,对于该企业而言无疑是一笔巨大的无形资产,其影响力和号召力也是显而易见的,有助于增强其在国际上的竞争地位。

(四) 使企业利润最大化

企业开展国际市场营销的根本目的就是实现全球利润的最大化。企业通过海外投资等方式,利用国外丰富的自然资源和廉价的劳动力资源生产出比本国成本低的产品,从而达到节约成本、获得高额利润的目的。同时,企业通过开展国际市场营销活动来带动产品销售,实现规模经济效益;通过享受本国及东道国政府的优惠政策获得更大的收益,从而达到企业利润的最大化。

当前世界经济不断交融,企业面临着前所未有的机遇和挑战,开展国际营销对企业意义重大。企业应及时把握国际市场上存在的良好机会,结合自身的资源条件,尽快地进入国际市场,而不能持观望态度,坐失良机,使企业处于被动地位,影响企业的长远发展,危及企业的根本利益。

第二节 国际市场营销战略

一、国际市场营销战略的内涵

国际市场营销战略是企业为了其生存和长远发展的需要,实现企业国际营销目标,根据环境变化和自身能力对资源运用所做的全局性、综合性的规划与部署。国际市场营销战略是企业经营战略中的重要组成部分,为企业总体战略的实现发挥着重要作用。

二、国际市场营销战略管理

国际市场营销战略管理是企业在处理自身与所处环境关系的过程中,对战略进行制定、实施、控制与调整的过程。国际市场营销战略管理一般分为战略分析、战略形成、战略实施和战略控制四个阶段。

(一)战略分析

营销战略分析是国际市场营销顺利开展的前提条件,也就是通过国际市场营销调研树立正确的国际市场营销的经营理念和指导方针,对企业所处的外部环境和内部条件进行客观综合性的分析,从而确定战略目标。

(二)战略形成

战略形成即战略选择与制定,是整个战略管理的中心内容。它是企业在战略分析的基础上,发现并把握市场经营机会,对设计的备选战略方案进行评价、比较、选择和确定战略方案的过程。

评价战略方案应兼顾市场、竞争和社会的要求,注意收益、代价和风险度的综合平衡。优化战略方案的标准有:与环境的适应性、与资源的匹配性、与目标的一致性、内部统一性、利益相关者的可接受性、实现的可能性、机会优势性、风险安全性。当然,十全十美的战略方案是没有的,只有全面权衡利弊得失,才能得到令人满意的切实可行的方案。

(三)战略实施

战略实施是整个战略管理能否成功的关键。战略实施主要是建立战略支持系统,加强战略领导,营造和维护营销战略的良好环境和企业文化氛围,给予资源支持,处理战略实施中的矛盾冲突,保持战略实施的一致性与连续性。

战略实施一般有几种方式:循序渐进式(按各阶段顺序进行)、跳跃式(跳过某些阶段进行)、波浪式(时快时慢)和迂回式(先易后难)。

(四)战略控制

战略控制是国际营销战略管理过程的重要步骤,包括目标控制、进度控制和重大问题控制。企业应时刻密切关注营销战略的实施过程,如果环境、条件发生了在制定战略时未曾预料的巨大变化,或事实证明原定的战略方案有诸多不完善之处,就有必要对原有方案进行及时的调整、改进、变革和纠正,以保持战略实施与战略要求的一致性和连贯性。

阅读材料

营销战略管理者一般包括企业董事会成员、总经理、首席执行官(CEO)、营销副总裁、首席运营官(COO)、首席战略主管(CSO)、营销总监、各事业部经理、各营销区域负责人、战略管理部门成员等,以及企业之外的"智囊团"("顾问委员会""咨询公司")。

三、国际目标市场进入战略模式

国际目标市场进入战略模式是指企业为使其价值最大化而将其业务拓展至海外的一种最佳形态或制度安排,也就是企业将产品、技术、人力、管理经验和其他资源转移到外国的方式。

(一)出口进入模式

1. 间接出口

间接出口是指企业将其产品卖给国内的中间商,由其负责把产品出口到国外市场的一种战略模式。间接出口的渠道主要有出口行、制造商的出口代理商、出口管理公司、国际贸易公司、合作出口以及利用国外驻国内销售机构等。

企业以间接出口方式进入国际市场,主要有以下几种优势:首先是进入国际市场快;其次是费用节省,既无须承担出口贸易资金上的负担,又不需要亲自去海外做市场调研、建立专门的销售网点及配备专门的人员;第三是风险小,不必承担外汇风险以及各种信贷风险;第四是灵活性大,长短期业务均可管理。

然而,间接出口使企业未能直接接触国外客户,不能及时了解国际市场动态、把握市场机遇,所以对海外市场缺乏控制,所获市场信息反馈有限,利润亦有限,不利于企业国际经营的发展。因此,这一方式是进入国际市场最容易,也是最脆弱的方式,因为企业并非直接参与国际营销。它比较适用于小企业,大企业运用此方式往往是作为诸多方式之一,主要是针对潜力不大而风险很大的市场。

2. 直接出口

直接出口是指企业把产品直接销售给国外的中间商或最终用户,实现产品出口。其主要形式有:

(1)利用国外中间商出口产品;

(2)设立国外办事处,尤其负责收集国际市场信息,并提高分销、维修服务;

(3)设立国外销售分支机构,如设立销售子公司,直接进入国际市场,从事国际市场营销。

选择直接出口方式进入国际市场可以使企业摆脱中间商渠道与业务范围的限制,以对拟进入的海外市场进行选择;企业可以获得较快的市场信息反馈,据以制定更加切实可行的营销策略;企业拥有较大的海外营销控制权,可以建立自己的渠道网络,也有助于提高企业的国际营销业务水平。

当然这种方式也有其局限性,如成本比间接出口要高、需要大量的投资费用、需要增加专门人才、在海外建立自己的销售网络需要付出艰苦的努力等,所以风险也较间接出口大得多。

(二) 投资进入模式

1. 独资经营

它是指国际企业在目标市场国投资建厂,独立投资、独立经营、自负盈亏。这种方法国际企业既可收购当地现存企业,也可投资开设一个新企业。

独资经营可以使国际企业独享利润,避免与当地合作伙伴冲突,将自己的经营目标与管理思想一以贯之,同时能更直接、更全面地积累国际营销经验,并将独资企业更有效地纳入其全球营销体系之中。但是由于这种方式投入的资本远较其他方式多,风险亦大,相对合资经营企业较难取得当地资源支持与政府部门和社会公众的认同,管理难度比较大。

2. 合资经营

合资经营是指国际经营企业在目标市场国选择一个或若干个企业共同投资、共同经营、共负盈亏,双方都拥有企业的所有权和经营权,以实现资源与能力互补、达到共赢的目的。合资经营方式可以是国际经营企业购买当地企业的部分股权,或当地企业购买国际经营企业在当地所设立企业的股权,也可以是双方合资创办新的企业。

与独资经营相比,合资经营可以减少资金和人力的投入,节约资本;由于有资本与技术投入,其政治风险相对较小,易获得当地政府与社会的支持,特别是能更多、更快地获得当地市场信息,对生产和营销的控制程度较高。

合资企业毕竟要与目标市场国企业相联合,所以容易造成股权和管理权的分散,同时合营各方面在经营目标、利益分配、目标市场以及管理思想与文化背景上都有很大差异,容易产生矛盾冲突,需要花费大量精力予以协调;也可能导致商业秘密泄露,一旦合作结束,双方也可能发展成为强有力的竞争对手。

(三) 合同进入模式

1. 许可证贸易

它是指国际企业与东道国企业签订许可协议,授权东道国企业使用国际企业的专利、商标、服务标记、商品名称、原产地名、专有技术等在一定条件下生产和销售某种产品,并向东道国企业收取许可费用。运用这一方式无须大量海外投资即可快速进入海外目标市场,而且可以避开关税、配额、交通运输费等不利因素,又易受当地政府欢迎,风险较小,不存在被没收、征用、国有化等风险。同时,产品在当地销售后,若需修改,无须支付修改费用。然而国际企业向被授权企业收取许可费时对被授权企业有一定的依赖性,对被授权企业控制力有限,特别是在产品质量、管理水准、营销努力等方面。当许可协议终止后,被许可方可能会成为国际企业潜在的竞争对手。

（1）独占许可：技术许可方给予被许可方在规定地区、规定期限内的许可协议下的技术独占使用权，技术许可方不得在这个规定的地区、规定的期限内使用此技术，也不得向任何第三方转让。

（2）排他许可：技术许可方与被许可方在规定地区、规定期限内都享有许可协议下的技术使用权，但许可方不得将该项技术转让给第三方使用。

（3）普通许可：技术许可方与被许可方在规定地区、规定期限内都享有许可协议下的技术使用权，但许可方仍然保留转让给第三方在该地区、该期限内使用该技术的权利。

（4）可转让许可：是技术贸易中的一种特殊类型，技术被许可方可以有权将其所得的技术使用权以自己的名义再转让给第三方使用。

（5）交换许可：技术交易双方通过许可证协议相互交换各自的技术使用权，一般不收取费用。

2. 特许经营

这种模式是指许可方将商业制度及其他产权，诸如专利、商标、包装、产品配方、公司名称和管理服务等无形资产许可给独立的企业和个人的一种方式。被许可方用许可方的无形资产投入经营，必须遵循特许方制定的制度和程序。作为回报，被特许方除了向特许方支付初始费用外，还定期按销售额的一定比例支付报酬。

（1）特许经营是特许人和受许人之间的契约关系。

（2）特许人将允许受许人使用自己的商号、商标、服务标记、经营诀窍、技术及其他工业产权与知识产权。

（3）受许人自己对其业务进行投资，并拥有其业务。

（4）受许人需向特许人支付费用。

（5）特许经营是一种持续性关系。

3. 合同制造

它是指国际企业与东道国企业签订某种产品的制造合同后，向东道国企业提供原材料进行加工生产，提供零部件及其组装，或者向其提供详细的规格标准由其仿制，然后由本企业负责产品销售的一种形式。这种方式的优点在于本国企业的资源优势可能在于技术、工艺和营销，而不在于制造；国外投资少，风险小；产品仍由本国企业负责营销，对市场的控制权仍掌握在本国企业手中；产品在当地制造，有利于搞好与东道国的公共关系。但它也有局限，主要是难以找到有资格的制造商，质量难以控制，利润需与制造商分享；一旦制造合同终止，东道国制造商可能成为国际企业在当地的竞争者。

阅读材料

我国加工贸易的具体形式

定牌生产，又称贴牌，是指卖方按买方的要求在其出售的商品或包装上标明买方指定的商标和牌号，主要用于国外长期的、大量的、稳定的订单。

无牌生产，是指出口产品不使用任何商标和牌号，主要是用于需进一步加工的半成品，目的在于节省费用，降低成本。

进料加工,是加工贸易最主要的一种形式,是指企业用外汇购买进口的原材料、辅料、零部件、元器件、配套件、包装物等,经加工成成品或半成品后再外销出口的交易形式。企业对从原辅料进口直至成品销售的全过程独立承担商业风险。

来料加工装配,是指通常所说的"三来"(来料加工、来图来样制作、来件装配),以国外厂商为委托方,本国的厂商为加工方,由委托方提供原材料、半成品,必要时提供设备,加工方按委托方的要求承担加工任务,产品由委托方负责销售,加工方收取相应的加工费。双方的关系非商业买卖关系,而是委托加工关系。

第三节 国际市场营销组合策略

一、国际市场营销产品策略

(一) 国际市场营销产品策略概念

国际市场营销产品是指能够通过交换满足消费者和用户特定需求和欲望的一切有形物品和无形服务。其中,有形物品包括产品实体及其品质、款式、特色、品牌和包装等,无形服务包括可以使顾客的心理产生满足感、信任感的各种售后支持和服务保证等。

(二) 国际市场营销产品观念

在国际营销中一般包括四种产品观念:整体产品的观念、产品的组合观念、产品的周期观念、创新开拓的观念。

1. 整体产品的观念

市场营销学所研究的产品就是整体产品。整体产品的概念包括三个方面的内容,即实质产品(又称核心产品)、形式产品和延伸产品。实质产品就是产品的基本需求效用;形式产品是指产品的实体外在形态,包括品质、特征、式样、包装、商标和厂牌等;延伸产品则是针对产品本身的商品特性而产生的各种服务保证。市场营销学的产品价值观就是消费者的需要,产品的整体概念就体现着以用户为中心的思想,正因为这样,国际营销学者在营销过程中就应不折不扣地考虑产品的各个方面要适应消费国的顾客需要,否则在策略的运用上便有失策的可能。

2. 产品的组合观念

所谓产品组合,是指企业所经营的全部产品的有机构成,或者是各种类产品的数量比例。国际市场营销要求每一个国家或企业一定要根据国际市场的需求和自己的资源、技术条件来确定产品的经营范围及产品的结构,这是任何国家面对国际市场必须要解决的问题。如果一个国家不能根据国际市场情况充分发挥本国优势(避开劣势)确定产品的出口结构,它就不能将国际经济为本国的建设发展所用。所以,出口什么产品是自家长处、缩短和发展什么产品对己有利,营销者必须心中有数。

3. 产品的周期观念

产品从在市场上出现到消失的过程就是产品的市场生命周期。就同类性质的产品而言,大类的产品与大类的某种产品以及某个牌号的产品的生命周期是不同的。从一个国家或一个企业来说,向国际市场提供的产品一般都是某种产品或某种牌号的产品,这就要求产品的经营者不仅要考虑到各自产品的经营周期,还要考虑到该种产品及该类产品的周期。企业的市场营销战略必须适应产品的这种周期变化,并符合各种类型产品周期间的内在关系,这是企业在动态的市场上求得生存和持续发展的关键。

4. 创新开拓的观念

国际市场不仅是市场营销的新领域,而且是竞争创新最广阔的场所,不创新就没有前途。就企业的自身条件来看,开拓精神是企业最大的潜在精神力量。国际市场经营者必须多动脑筋,经常保持头脑清醒,多创新意,不断采用新的科研成果和技术,不断开辟新的生产领域和服务领域,不断生产独特新颖的产品,去争取顾客、影响市场、开拓市场、创造市场,使自己在国际竞争中立于不败之地。

(三) 进入国际市场的产品策略

1. 固有产品策略

以本国或本企业原有的产品直接打入国际市场,即为固有产品策略。运用此策略的产品范围是有限的,并不是任何固有产品都可畅销国外,凡可直接销往国外的产品一般都具有某种需求共性。下述三类产品可用此策略:一是传统产品,如景德镇瓷器、法国葡萄酒、美国的可口可乐;二是矿产品及某些原材料产品,如石油、煤炭等;三是某些已畅销国内市场的产品。由于此策略大大方便了营销者,诸如无须另行研究开发和可以降低成本等,所以很具有吸引力。

2. 产品更改策略

这是基于改变整体产品要素的思想而产生的产品策略。国际市场的需求与国内市场的需求是有很大不同的,很多产品在某些方面必须做出相应的改变,才能适应国际市场的需要。当然,更改整体产品的哪个部分和如何更改需要根据国际市场情况而定,也正因如此,在变化无常的国际市场上,在产品的"个性化"方面,该策略显示了很高的灵活性。一般产品的更改着眼于下述五个方面。

(1) 功能的更改。这是一项能给消费者提供更多利益的产品更改内容,如空调车等。

(2) 外观的更改。这主要是对式样和颜色进行更改,更改的原因是产品使用国的条件特殊和文化环境不同,如厨具的大小和衣着的色彩、款式等。

(3) 包装的更改。包装的更改与销售地的自然状况和产销两地的运输距离有直接关系,但国际市场营销特别强调包装,因为消费国的风俗习惯和消费水平更为重要。

(4) 商标、厂牌和标签的更改。在这方面的更改,除有不同的文化要求外,消费国的法律也有这方面的规定,如加拿大要求商标必须用英、法两国文字书写其内容等。从营销学的角度来说,商标画面的设计必须要有艺术性和吸引力,要与个性化的包装及产品相呼应。

(5) 服务的更改。做好产品的服务工作(如保修、供应零配件等)对保证产品的销售十分重要。作为整体产品的一部分,良好的服务可以增强用户的购买信心,提高产品的声誉,打开市场,扩大销路。

3. 机会牵引策略

这是一种以市场机会为导向的产品开发策略。该策略要求国际营销者树起"全方位天线",正如雷达的天线对准天空360°旋转一样,在任何方位遇有反射波就可以确定周围环境中存在某种产品的潜在市场,之后便据此提供产品。这种策略主要有以下五种形式。

(1) 创造新产品,开创新潮流。
(2) 依据或创造新的消费形式,提供产品。
(3) 找出外国公司忽略或服务不周的产品和市场,提供产品。
(4) 把握消费特点转变的机会,提供产品。
(5) 研究竞争者的产品,再提供自己的产品。

4. 聚力开发策略

新产品在按照严格的管理程序生产并打入市场以后,企业不再对这一产品项目进行改动,而是把改进的思想方法积累起来,运用到下一代新产品的设计中去。

目前,产品的生命周期大大地缩短了。美国新开发的产品,经过2~3年就要退出市场,在我国有些产品经过3~5年的时间也会失去原有的市场地位。因此,在已经缩短的产品生命周期内,企业保持产品的相对稳定性是极为重要的。从消费者方面来看,一件新上市的产品,企业如果宣布产品有所改进,会在顾客心目当中留下一个设计不成熟、质量不可靠的印象,人们会等待着产品的全面改进。就企业方面来说,频繁地对产品的某些部分进行变动会增加企业的生产费用和管理费用,给生产部门带来麻烦,甚至在企业还没有收回成本与合理的利润之前不得不退出市场。不仅如此,企业还会因为平时过于分散精力而延误了下一代新产品的开发。很显然,在新的形势下,企业放弃那些无关紧要或华而不实的零星小改,而集中力量大改,是非常明智的,运用这种策略不仅有利于企业,而且有利于消费者。

5. 专门产品策略

这种新产品策略不主张开发普通的大众化产品。这种策略不仅可以及时设计与投产新产品适应新兴的市场需要,还充分反映了市场的细分化观点。一般性产品生产批量大、品种少、市场面广,方便企业的生产,但应变性差,一旦在竞争中被淘汰,就会招致重大损失。因此,在新技术革命条件下,国际上从经营一般产品转向经营专门化产品已成潮流。

目前,我国的一般化产品还有很多,这是符合我国现实经济水平与消费水平的现象,但是有些大众化产品已开始失去它的市场。很简单,这种产品适应需求的硬度太大,时间一长,消费水平有所提高的顾客以及需求偏好有差异的顾客就会对一些专门化的产品产生需求。所以,有的企业生产了一般化的产品,就要想着开发专门化的产品。有的新兴企业从一开始就着眼于生产专门产品。

6. 尾随跟进策略

这是一种企业着眼于发展刚刚被某家企业开发出来的新产品的策略。在现代社会,由于市场信息系统和各类情报网的建立,先进厂家花大力气首创的新产品不难被很快学到手。所以,先进者不一定很成功,而紧跟者却受益不少,紧跟者可以节省大量研究费用,缩短发展时间,及时跟上先进水平,甚至会超过首创者。

阅读材料

2006年11月24日，美的集团董事局主席何亨健宣布美的品牌洗衣机新品正式上市。而在2004年之前，美的没有洗衣机生产线，市场上自然就没有美的牌洗衣机。2004年美的收购了荣事达洗衣机生产线，依托荣事达的合肥生产基地全面进军洗衣机这块自己未曾涉足的白色家电市场，美的集团也进而由空调巨头转变为包括空调、冰箱、洗衣机、厨房电器在内的白色家电巨头。2006年年初，美的集团总投资10亿元的洗衣机生产基地在合肥动工。

（资料来源：段志敏.美的完成白色家电布局.京华时报，2006—11—25）

二、国际市场营销价格策略

（一）国际市场营销价格策略概念

价格是市场营销组合中唯一能够产生收益的要素，其他都是成本。产品价格的高低直接决定着企业的收益水平，也影响到产品在国际市场上的竞争力。国内定价原本就很复杂，当产品销往国际市场时，运费、关税、汇率波动、政治形势等因素更增加了国际定价的难度。所以，企业必须花大力气研究确定国际营销中的定价策略。

（二）影响国际市场定价的因素

1. 企业定价目标

定价目标是影响企业国际营销产品定价的重要因素，也是企业国际经营目标的具体体现。面对不同的国外市场，企业的定价目标自然也不一样。一般情况下，企业的定价目标主要有以下几个方面。

（1）提高市场占有率。市场占有率是企业经营状况和产品竞争力的重要体现，国际市场占有率是指企业某种产品国际市场销售量占国际同类产品销售量的比重。从长远来看，较高的市场占有率必然带来较高的企业利润，高市场占有率伴随的大量销售会导致生产经营成本的持续下降，从而使企业获得更大的竞争优势。因此，追求高市场占有率，企业往往会制定尽可能低的价格。

用低价来提高市场占有率通常需具备一定的条件：首先，目标市场的需求弹性较大，偏低定价能刺激市场需求；其次，随着生产、销售规模的扩大，产品成本有明显的下降；最后，低价能吓退现有的和潜在的竞争者。

（2）利润最大化。企业是一个营利性组织，追求利润是其最大的终极目标。企业所面临的国际市场营销环境是极其复杂和多变的，所以为了避免目标市场国的风险，企业希望以最快的速度收回初期开拓市场的投入并获取最大的利润，往往会在已知产品成本的基础上，为产品确定一个最高价格，以确保在最短时间内获取最大利润。用这种定价策略会使企业面临两种风险：第一，当前利润最大化，有可能会损害企业的长远利益；第二，对产品的需求弹性的测定和对产品生产、销售总成本的预计往往会有偏差，由此定出的价格可能不太准确，企业可能会因定价过高而达不到预期销售量，或者定价低于可达到的最高售价而蒙受损失。

(3) 避免市场竞争，维持企业生存。当企业在进军国际市场的过程中遭遇激烈竞争导致出口受阻，出现销路不畅、产品积压、资金周转困难时，企业为了生存，必须制定较低的价格以刺激需求和打击竞争对手，以求扩大销量。此时，企业需要把维护生存作为主要目标。

采用这一目标一般存在以下几种状况：一是企业处于竞争弱势地位，制定较低价格以接近竞争者价格，避免竞争；二是企业在竞争中处于强势地位，但为避免与同类强势企业竞争造成损失而采取暂时退避的价格策略。

2. 成本因素

成本核算在定价中十分重要。产品销往的地域不同，其成本组成也就不同。出口产品与内销产品即使都在国内生产，其成本也不会完全一样。如果出口产品为了适应国外的度量衡制度、电力系统等而做出了改动，产品成本就可能增加。反之，如果出口产品被简化或者去掉了某些功能，生产成本就可能会降低。

国际营销与国内营销某些相同的成本项目对于两者的重要性可能差异很大。例如，运费、保险费、包装费等在国际营销成本中占有较大比重，而另外一些成本项目则是国际营销所特有的，如关税、报关、文件处理等。现在我们将对国际营销具有特殊意义的成本项目分别进行说明。

(1) 关税。关税是当货物从一国进入另一国时所缴纳的费用，是一种特殊形式的税收。关税是国际贸易最普遍的特点之一，对进出口货物的价格有直接影响。征收关税可以增加政府的财政收入，而且可以保护本国市场。关税额一般是用关税率来表示，可以按从量、从价或混合方式征收。事实上，产品缴纳的进口签证费、配额管理费等其他管理费用也是一个很大的数额，成为实际上的另一种关税。此外，各国还可能征收交易税、增值税和零售税等，这些税收也会影响产品的最终售价。不过，这些税收一般并不仅仅是针对进口产品。

(2) 中间商与运输成本。各个国家的市场分销体系与结构存在着很大的差别。在有些国家，企业可以利用比较直接的渠道把产品供应给目标市场，中间商负担的储运、促销等营销职能的成本也比较低。而在另外一些国家，由于缺乏有效的分销系统，中间商进行货物分销必须负担较高的成本。

出口产品价格还包括运输费用。据了解，全部运输成本约占出口产品价格的15%左右。可见，运输费用是构成出口价格的重要因素。

(3) 风险成本。在国际营销实践中，风险成本主要包括融资、通货膨胀及汇率风险。由于货款收付等手续需要比较长的时间，因而增加了融资、通货膨胀以及汇率波动等方面的风险。此外，为了减少买卖双方的风险及交易障碍，经常需要有银行信用的介入，这也会增加费用负担。这些因素在国际营销定价中均应予以考虑。

3. 市场需求

产品的最低价格取决于该产品的成本费用，而最高价格则取决于产品的市场需求状况。各国的文化背景、自然环境、经济条件等因素存在着差异性，这决定了各国消费者的消费偏好不尽相同。对某一产品感兴趣的消费者的数量和他们的收入水平对确定产品的最终价格有重要意义。即使是低收入消费群体,对某产品的迫切需要也会使这种产品能够卖出高价,但仅有需求是不够的,还需要有支付能力作后盾。所以,外国消费者的支付能力对企业出口产品定价有很大影响。要详细了解需求与支付能力,还需要深入研究该国国民的习俗及收入分布情况。

4. 市场竞争结构

产品的最低价格取决于该产品的成本费用,最高价格取决于产品的市场需求状况。在上限和下限之间,企业能把这种产品价格定多高,则取决于竞争者提供的同种产品的价格水平。与国内市场不同,企业在不同的国外市场面对着不同的竞争形势和竞争对手,竞争者的定价策略也千差万别。因此,企业就不得不针对不同的竞争状况制定相应的价格策略。竞争对企业定价自由造成了限制,企业不得不适应市场的价格。除非企业的产品独一无二并且受专利保护,否则没有可能实行高价策略。

根据行业内企业数目、企业规模以及产品是否同质这三个条件,国际市场竞争结构可以划分为下列三种情况。

(1) 完全竞争,价格主要取决于市场供求状况。

(2) 不完全竞争,企业可以根据不同产品的成本、质量、促销力量等因素来规定价格,同时,应特别注意替代品的价格竞争。

(3) 寡头竞争,因为竞争者少,价格受主要竞争者行为的影响。如果存在价格协议、默契,就会出现垄断价格,致使企业只能采用跟随价格。

5. 政府的价格调控政策

东道国政府可以从很多方面影响企业的定价政策,比如关税、税收、汇率、利息、竞争政策以及行业发展规划等。一些国家为保护民族工业而订立的关税和其他限制政策使得进口商品成本增加很多。作为出口企业,不可避免地要遇到各国政府的有关价格规定的限制,比如政府对进口商品实行的最低限价和最高限价,都约束了企业的定价自由。

即使东道国政府的干预很小,企业仍面临着如何对付国际价格协定的问题。国际价格协定是同行业各企业之间为了避免恶性竞争,尤其是竞相削价而达成的价格协议。这种协议有时是在政府支持下,由同一行业中的企业共同达成的;有时则是由政府直接出面,通过国际会议达成的多国协议。企业必须注意目标市场的价格协议,同时关注各国的公平交易法(或反不正当竞争法)对价格协定的影响。

本国政府对出口产品实行价格补贴,可以降低出口产品价格,增强产品的国际竞争力。如美国政府对农产品实行价格补贴,可以提高其农产品的国际市场竞争力;我国出口产品退税制也是为增强出口产品的竞争力。

(三)国际市场营销定价策略

1. 新产品定价

(1) 撇脂定价策略。撇脂定价策略是指企业在新产品上市之初制定的价格远远高于产品成本,以期望短期内攫取高额回报,尽快收回新产品开发的投资,如同从鲜奶中撇去奶油一样。实行这一策略必须具备一定的市场环境,如市场上存在购买力强并愿意出高价购买该企业产品的消费者群体;竞争对手还未推出类似产品,企业产品在市场上具有一定的竞争优势;企业在该市场上有相当的影响力,使得其在国际市场上的产品能够得到很多消费者的认可。

（2）渗透定价策略。渗透定价策略是指企业为投入目标市场的产品制定较低的价格以吸引那些对价格比较敏感的顾客，在短期内将产品迅速推入市场，以取得尽可能高的市场占有率。这一策略往往是在产品的市场容量大，与其他品牌相比消费者更关注于价格的高低，同时市场的潜在竞争比较激烈，企业可以随着生产规模的扩大降低单位生产成本的情况下采用。

2. 心理定价

（1）尾数定价策略。尾数定价又称零头定价，是根据消费者求实、求廉的心理，从而给产品定一个以零数结尾的价格。许多商品的价格宁可定为0.98元或0.99元，而不定为1元，就是适应消费者购买心理的一种取舍，因为尾数定价可以使消费者产生一种"价廉"的错觉，比定为1元更能引起消费者的积极反应，促进销售。

（2）声望定价策略。声望定价策略是利用消费者求名的心理，给企业的产品定一个高于其他同类产品的价格，以塑造企业高品质名牌产品的形象。此种定价法有两个目的：一是提高产品的形象，以价格说明其名贵名优；二是满足购买者的地位欲望，适应购买者的消费心理。

（3）招徕定价策略。招徕定价策略是利用"特价品"吸引求廉心理的顾客，以达到推销正常商品的目的。企业一般是在其经营品种繁多，特价品为顾客所熟悉且经常使用，特价品品种、数量适中的情况下使用该策略。

3. 差别定价策略

差别定价策略，也叫价格歧视，是指企业根据顾客、地域、产品等因素的不同而产生的市场需求差异，为同一产品制定不同价格的策略。企业在国际市场上实行差别定价策略必须具备几个条件：一是差别定价必须符合目标市场国的相关法律法规及政策，符合人们的习惯；二是各个细分市场上顾客对产品的需求存在明显的差异；三是企业各个市场之间相互独立，彼此不能交易，否则差别定价策略就不能实现；四是顾客在心理上确认同产品存在差异。

（1）时间差别定价。时间差别定价是指企业对同一种产品在不同的时间内制定出不同的价格。比如电视广告在黄金时间播出收费要高于其他时间的收费；航空公司或旅游公司淡季价格便宜，旺季价格上涨幅度较大等。

（2）顾客差别定价。顾客差别定价是指企业将同一产品以不同的价格销售给不同的顾客。这种策略与消费者的不同需求弹性紧密相连，如电力公司按用途将电分为生活用电、生产用电，并收取不同的电费。

（3）产品差别定价。产品差别定价是指企业根据产品的不同型号、规格、功能而制定不同的价格，如自行车有不同的款式、规格，其标价也就不一样。

（4）地域差别定价。地域差别定价指企业根据顾客所处的地理位置不同而制定不同的价格。如我国的传统产品茶叶、生丝在国际市场上需求强烈，我们的定价就比国内高得多，当然地域差别定价还涉及因空间距离远近而引起的运输费用不同的问题。

4. 产品组合定价策略

一个企业往往不只生产单种产品，往往是多个产品线与产品项目的组合。企业需要为这些产品制定在整个产品组合方面能获得最大利润的共同价格。

（1）系列产品定价。产品定价是企业对不同规格、不同款式、不同颜色、不同档次的同类或类似产品按其价格弹性的大小分别定价的一种定价策略。如一些酒店既为顾客提供住宿、餐饮服务，又提供娱乐、健身服务，那么，可考虑将住宿、餐饮的价格定低些，以吸引顾客，而将娱乐、健身的价格定高些，以获取利润。

（2）互补产品定价。互补产品是指两种或两种以上功能相互依赖、需要配合使用的商品。企业在制定互补产品定价时，一般对主体产品制定较低的价格，而为辅助产品制定较高的价格。企业也可为主体产品制定较高的价格，为辅助产品制定较低的价格。无论是哪种定价方法，最终目的都是吸引顾客购买，获取利润。

5. 折扣定价策略

折扣定价策略是指企业为了鼓励消费者及早付清货款、大量购买、淡季购买，酌情降低其基本价格的一种策略。

（1）现金折扣。现金折扣指企业根据顾客不同的付款方式和付款时间按原产品价格给予一定的价格折扣，以鼓励购买者尽早付清货款，加速企业资金周转。如交易条款注明"2/20,Net30"，表示付款期限是30天，如果客户在20天内付清全款，可享受2%的折扣。

（2）数量折扣。数量折扣也称批量折扣，是根据购买者购买数量的不同给予不同的折扣。数量折扣有两种形式：一种是累计折扣，即顾客在一定的时期内购买的产品总量达到一定数额时，给予一定的折扣；另一种是非累计折扣，即只按一次购买的产品数量的多少给予折扣。

（3）季节折扣。季节折扣是企业给那些购买过季产品或服务的消费者的一种减价方式，目的是使企业在一年四季的生产和销售都保持相对稳定。此折扣一般在明显的淡季、旺季产品或服务行业中实行。

（4）业务折扣。业务折扣也称功能折扣或同行折扣，是生产厂家给予批发和零售企业的折扣。折扣的力度因代理商在商品流通中的作用大小而不同。如批发商从厂方进货的折扣要比零售商大些。

三、国际市场营销渠道策略

（一）国际市场营销渠道策略概念

国际市场营销渠道策略是指国际市场营销中商品的流通渠道，是由生产商向国外消费者或用户转移产品或劳务所经过的通道。分销渠道是由一系列中间商组成的，一般包括三个环节：第一，商品在出口国国内所经过的流程，由出口国国内各种中间商组成；第二，商品在进出口国之间的流程，由介于贸易双方的进出口中间商完成；第三，商品在进口国的国内所经过的流程，由进口国国内各种中间商组成。

(二) 国际分销渠道的选择

1. 国际分销渠道的长度

从国际分销渠道长度来看,企业选择的渠道结构有直接分销渠道与间接分销渠道或长渠道与短渠道之分。国际分销渠道的长度就是指产品或服务从生产者到最终用户或消费者所经过的渠道层次数。

(1) 国际市场直接分销渠道与国际市场间接分销渠道。

国际市场直接分销渠道,是指产品在从生产者流向国外最终消费者或用户的过程中,不经过任何中间商,而由生产者将其产品直接销售给国内出口商、国外消费者或用户。直接分销渠道是两个层次的分销渠道,也是最短的分销渠道。

直接分销是工业品分销的主要方式,因为工业品技术性较强,有的是按用户的指定要求生产的,售后服务非常重要。另外,这类产品的用户较少,购买批量较大,购买频率低,直接分销方便,有利于节省费用,保证企业信誉,更可以获得较高的利润。但消费品则不同,消费品的技术性不强,在国际市场使用面广,每次购买量少,消费者也比较分散,许多生产企业不能或很难将产品直接销售给广大的国际市场消费者。所以,消费品分销渠道一般较宜通过国外进口商采取间接分销,而不是直接分销(当然也有其他情况,如随着现代网络技术的发展,许多消费品生产企业也可以通过网络直销自己的产品)。

国际市场间接分销渠道是指产品经由国外中间商销售给国际市场最终用户或消费者的一种分销形式,如以出口方式进入国际市场时,较典型的间接分销渠道是制造商→出口中间商→进口中间商→经销商→最终消费者。间接分销渠道有三个或三个以上的商品流转层次。

(2) 国际市场长分销渠道与短分销渠道。

产品从生产企业流向国际市场消费者或用户的过程中,所经过的渠道层次越多,分销渠道越长;层次越少,分销渠道越短。在国际市场上,产品分销的层次可能长达十几个,也可能短到只有两个,即直接销售。对分销层次的确定,生产企业应综合考虑进出口条件、国际市场容量、中间商销售能力、产品特点、生产企业本身的状况和要求、消费者购买要求以及其他的国际市场环境。例如,生产企业有较强的国际市场销售能力(组织机构、营销经验、推销员等),运输、仓储条件好,财力能够承担,而经济效益又合理时,可减少中间层次;在出口商或进口商能力强、信誉高的条件下,生产企业也可以使用较少的中间层次,甚至在国外某一区域内只设一个特约经销商或独家代理商。但有时根据国家法律、政策和国际惯例,生产企业又必须采取某一特定的分销渠道。

2. 国际分销渠道的宽度

分销渠道的宽度是指渠道的各个层次中所使用的中间商数目。依据渠道的宽度,国际分销策略可以被区分为宽渠道策略与窄渠道策略。制造商在同一层次选择较多的同类型中间商(如批发商或零售商)分销其产品的策略,称为宽渠道策略;反之,则称为窄渠道策略。

国际营销企业在渠道宽度上可以有三种选择:第一,广泛分销策略,在国际市场上,价格低廉、购买频率高、一次性购买数量较少的产品,如日用品、食品等,以及高度标准化的产品,如小五金、润滑油等,多采用这种策略;第二,选择分销策略,消费品中的选购品及工业品中专业性较强、用户较固定的设备和零配件等,较适合采用这种分销策略;第三,独家分销策略,消费品中的非凡品,尤其是名牌产品,多采用这种分销策略,需要现场操作表演、介绍使用方法或加强售后服务的工业品和耐用消费品也较适合采用这种策略。

(三)影响企业选择国际分销渠道的因素

营销者在选择国际分销渠道时一般要考虑六个因素:成本(Cost)、资金(Capital)、控制(Control)、覆盖(Coverage)、特征(Character)和连续性(Continuity)。这六个因素被称为渠道决策的六个"C"。

1. 成本

这里是指分销渠道的成本,即开发渠道的投资成本和维持渠道的维持成本。在这两种成本中,维持成本是主要的、经常的。它包括维持企业自身销售队伍的直接开支,支付给中间商的佣金,物流中发生的运输、仓储、装卸费用,各种单据和文书工作的费用,提供给中间商的信用、广告、促销等方面的支持费用,以及业务洽谈、通信等费用。

支付渠道成本是任何企业都不可避免的,营销决策者必须在成本与效益间做出权衡和选择。一般来说,假如增加的效益能够补偿增加的成本,渠道策略的选择在经济上就是合理的。较高的渠道成本经常是企业开拓国际市场的重要障碍。评价渠道成本的基本原则是能否用最少的成本达到预期的销售目标,或能否用一定的费用最大限度地扩展其他五个"C"的利益。

2. 资金

这是指建立分销渠道的资本要求。假如制造商要建立自己的国际市场分销渠道,使用自己的销售队伍,通常需要大量的投资。如果使用独家中间商,虽可减少现金投资,但有时却需要向中间商提供财务上的支持。通常情况下,资本不是渠道设计中的要害因素,除非企业的业务正处在不断扩展阶段或者正在建立自己投资的国际分销渠道,其他几个因素才是左右渠道设计的要害。

3. 控制

渠道设计会直接影响企业对国际市场营销的控制程度。企业自己投资建立国际分销渠道时,将最有利于渠道的控制,但会增加分销渠道成本。假如使用中间商,企业对渠道的控制将会相对减弱,而且会受各中间商愿意接受控制的程度的影响。一般来说,渠道长度越长,渠道宽度越宽,企业对价格、促销、顾客服务等的控制就越弱。渠道控制与产品性质有一定的关系。对于工业品来说,因为使用它的客户相对比较少,分销渠道较短,中间商较依靠制造商对产品的服务,所以制造商对分销渠道进行控制的能力较强;而就消费品来说,由于消费者人数多,市场分散,分销渠道也较长、较宽,制造商对分销渠道的控制能力较弱。

4. 覆盖

这是指渠道的市场覆盖面,即企业通过一定的分销渠道所能达到或影响的市场。营销者在考虑市场覆盖时应注重三点:一是渠道所覆盖的每一个市场能否获取最大可能的销售额,二是这一市场覆盖能否确保合理的市场占有率,三是这一市场覆盖能否取得令人满意的市场渗透率。对于企业来说,市场覆盖面并非越广越好,主要看是否合理、有效,最终能否给企业带来较好的经济效益。国外不少企业在选择分销渠道时,并不是以尽可能地拓展市场的地理区域为目标,而是集中力量在核心市场中进行尽可能的渗透。从事国际市场营销的企业在考虑市场覆盖时还必须考虑各类、各个中间商的市场覆盖能力。对于大中间商来说,尽管数量不多,但一个中间商的市场覆盖面却非常大;而小中间商虽然为数众多,但单个中间商的市场覆盖面却非常有限。

5. 特征

营销者在进行国际市场分销渠道设计时,必须考虑自身的企业特征、产品特征以及进口国的市场特征、环境特征等因素。

6. 连续性

一个企业国际市场分销渠道的建立往往需要付出巨大的成本和营销努力,而且一个良好的分销渠道系统不仅是企业重要的外部资源,也是企业在国际市场中建立差异优势的一个基础。因此,维持渠道的连续性对于企业营销者来说是一项重要的任务和挑战。

分销渠道的连续性会受到三个方面力量的冲击:一是中间商的终止;二是激烈的市场竞争;三是随着现代技术尤其是信息技术的不断变革,以及营销上的不断创新,一些新的分销渠道模式可能会出现,而传统的模式可能会因此而失去其竞争力。因此,企业要维持分销渠道的连续性,首先要慎重地选择中间商,并采取有效的措施提供支持和服务,同时在用户或消费者中树立品牌信誉,培养中间商的忠诚。其次,对已加入本企业分销系统的中间商,只要他们愿意继续经营本企业的产品,而且也符合本企业的条件和要求,则不宜轻易更换,应努力与之建立良好的长期关系。第三,对那些可能不再经营本企业产品的中间商,企业应预先做出估计,预先安排好潜在的接替者,以保持分销渠道的连续性。第四,应时刻关注竞争者渠道策略、现代技术以及消费者购买习惯和模式的变化,以保证渠道的不断优化。

四、国际市场营销促销策略

(一) 国际市场营销促销策略概念

促销,即促进销售的简称。它来自拉丁语(Promotion),原意指"前进",用在商品销售上,指企业通过各种形式向消费者宣传报道本企业及其商品或劳务的信息,来引起消费者的注意,激发消费者的购买欲望,促进和影响消费者采取购买行为,从而达到扩大产品销售目的的活动。

(二) 国际市场营销促销组合策略

国际市场营销促销组合策略就是企业为实现促销目标,将不同的促销方式和手段结合起来,在不同的时间、场合,针对不同的目标市场有计划、有目的地综合运用,形成一套完整的、动态的最佳促销策略。

1. 人员推销

人员推销是一种最古老的销售方法,是指企业派出或委托推销人员直接向国际目标市场进行介绍、说服以及解答工作,促使顾客了解、偏爱本企业的产品,进而采取购买行动的一种促销方式。国际市场推销人员由以下几种构成。

(1) 企业专职外销人员：这些人员既在国内接待国外客户，又要到国外专门从事推销和贸易谈判业务，这是国际市场人员推销的常见形式。

(2) 企业临时派出的有特殊任务的推销人员：主要是到国外解决一些临时性问题。

(3) 企业在国外分支机构的推销人员：这些推销人员不仅有本国人，往往还大量雇佣当地人员或熟悉当地市场的第三国人员。

2. 国际广告

国际广告是为了国际市场营销活动的顺利开展，企业在目标市场国对其产品进行的宣传活动，从而使企业及其产品能够迅速地被消费者认知，打开该国市场，实现企业的国际营销目标。

(1) 国际广告的标准化与差异化。跨国企业在进行国际广告宣传时，往往会面临着国际广告标准化或差异化的选择。国际广告标准化是指企业在不同的国际目标市场上，向广大的受众群体传递相同的广告信息。这种广告方式有利于树立企业统一的整体形象，同时也有利于节省促销成本，但它忽略了目标市场国之间的文化和地区特殊性，在瞬息万变的国际市场上缺乏灵活性和适应性。

国际广告差异化使企业充分肯定各目标市场国之间存在的各方面的差异，向其受众群体传递不同的广告诉求，传播不同的广告信息。这种方式能够更好地适应不同社会文化背景下消费者的需求差异，针对性强，易于打开目标市场国的准入壁垒，入乡随俗，获得当地消费者的认可，但这种方式也无疑加大了企业的广告促销成本，国际广告管理难度较大。

(2) 广告目标。广告目标是指在一定期限内，针对既定的目标受众群体要实现的特定沟通任务。

① 介绍性目标，主要是完成新产品介绍的任务，介绍新产品的功能、用途、特点、使用方法及能够给消费者带来的利益等，以促进消费者对企业产品形成初步印象，也就是让消费者了解和认识企业上市的新产品。此目标一般适合在产品上市初期使用。

② 说服性目标，又称竞争性目标，是企业将自己产品的优势与竞争对手产品相比较，以确保顾客对本企业的产品有足够的关注度和认可度，激发其购买欲望，说服其购买本企业的产品。该目标一般在产品的成长期和成熟期使用。

③ 提示性目标。提示性目标的目的不是介绍新产品，也不是劝说顾客购买自己的产品，而是让顾客保持对本企业产品的记忆，提醒老顾客继续购买本企业的产品或使之确信自己的选择是十分明智和正确的。

(3) 广告媒体。广告媒体是广告信息传播的中介，主要包括报纸广告、杂志广告、广播广告、电视广告、网络广告。广告媒体是最经常、影响最广泛的一种媒介，对企业的产品宣传和形象的树立起着不可估量的作用。

(4) 广告信息。广告信息是根据广告目标设计，把企业的广告用鲜明的主题、独特的构思、简洁的语言、生动的形象，通过艺术的、直观的、形象的方式表达出来。

3. 国际营销推广

国际营销推广是指在国际目标市场上，企业为了有效刺激顾客的购买欲望而采取的能够迅速产生诱导购买的促销方式。按推广对象不同，可将国际营销推广划分为以下几种。

(1) 针对消费者的推广。

① 产品展示,适用于功能复杂、不易使用或价格相对昂贵的产品。产品展示可以打消消费者的疑虑。

② 派发样品。这是引导消费者进行初次尝试的有效方法之一。样品的价值不需要太高,主要目的是吸引消费者。样品赠送的地点应选择人流量大、顾客方便购买的地点。

③ 附送赠品,是指对购买总价值较高的顾客赠送相关产品。

④ 以旧换新,是指消费者凭借使用过的商品,或使用过的某特定商品的证明,在购买特定商品时,可以享受一定的优惠活动。

⑤ 趣味促销,是指利用消费者好奇、追求刺激的心理,不定期或定期举办竞赛、抽奖、游戏等富有趣味性和挑战性的促销活动,吸引消费者的注意力,促进销售。

(2) 针对中间商的推广。

① 展销会。企业利用有关机构组织的会展活动,对其产品或企业进行展示,让经销商获知本行业的市场发展和行业发展,有利于增加其业务能力和市场信息。

② 价格折扣。它包括现金折扣和数量折扣。

③ 推广补助。企业需要借助中间商进行促销宣传,为了调动中间商的积极性,企业给予中间商一定数额的补贴。

(3) 针对推销人员的推广。

① 奖金,是指为了激发销售人员的工作积极性,对于完成任务或超额完成任务的销售人员给予一定的物质奖励。

② 培训进修,是指为了提高销售人员的业绩,对其进行业务技能和技巧方面的培训。

③ 旅游度假,是指企业为了增强企业内部的凝聚力,表彰先进,对销售业绩突出和素质良好的销售人员给予国内外旅游度假的奖励。

4. 国际公共关系

国际公共关系是指跨国企业为了增进目标市场国公众与顾客对企业的了解与信任,建立企业与社会公众之间的良好关系,塑造或改善企业的良好社会形象,营造企业良好的国际市场营销环境,运用现代传播手段所进行的各种活动的总称。企业开展国际公共关系活动,常见的内容和形式有以下几种。

(1) 加强与传播媒介的关系。报纸、杂志、广播、电视等大众传媒承担着传播信息、引导舆论和提供娱乐的社会职能,因此企业必须充分利用宣传媒介来为其服务。要与这些传媒的编辑、记者保持经常的接触,主动提供信息,尽量做到有求必应,建立可靠信誉,为他们服务和建立相互合作关系。

同时企业的公共关系部门要创造具有新闻性的事件,让媒体主动来报道。而为了使媒体感兴趣,就要让事件具有新闻价值,具有可信性,同时符合媒体性质的要求。如在美国,最有名的例子是"九命猫"星闪猫食公司创造的"Morris"猫公关活动。

(2) 改善与消费者的关系。企业运用公共关系同社会沟通思想,增进了解,使消费者对企业形象和它的产品产生良好的感情。企业应积极收集和听取目标市场国的公众对本公司政策、产品等方面的意见和态度,及时做出处理意见,消除公众的抱怨情绪,同时,提出改进本公司政策和产品的方案,以消除抱怨情绪产生的根源;开展市场教育,以各种方式向顾客介绍产品的用途和性能,并帮助顾客迅速掌握产品的使用办法;对来访、来电、来函热情接待和对待,及时答复。

(3)与政府的关系。与在国内经营企业不同,国际经营企业(特别是跨国公司)面临着来自各个国家和政府的截然不同的要求或压力。所以,一方面,国际经营企业必须随时调整自己的行为以适应外国政府政策的变化;另一方面,企业又要左右逢源,以协调可能发生的目标冲突和利益矛盾。企业要通过公共关系加强与东道国政府官员的联系,了解他们的意图,懂得他们的法律,以求得企业经营活动的长期发展。国际企业处于不同的成长阶段,其公关任务不一。初始进入东道国阶段,问题多,公关任务繁重。尔后,进入营运阶段,就要关注东道国政局与政策动向,以及公司利润汇回母国的风险问题。最后,在撤出阶段,也要注意与东道国保持良好关系,以维护其他方面的利益。企业可以建立固定的公开往来制度,经常向目标市场的政府和社会组织说明本企业对公众和社会可能做出和已经做出的贡献。为了达到这一目的,企业可以搞些公益活动,如为公用事业捐款,扶持残疾人事业、赞助文化、教育、卫生、环保事业等,树立为目标市场社会与经济发展积极做贡献的形象。

课 后 训 练

【关键词】

国际市场营销　国际目标市场进入模式　国际市场营销组合

【思考题】

1. 什么是国际市场营销?国际市场营销与国内市场营销有什么区别?
2. 企业进入国际市场的方式有哪些?
3. 简述国际市场营销产品策略的内容。
4. 试述国际市场营销促销策略的内容。

【案例分析】

星巴克成功的秘密

20世纪70年代初,咖啡消费人群不断地减少,但三个大学伙伴还是建立了星巴克公司,开发咖啡消费领域,并在今后的几十年得以飞速发展。自从星巴克以"磅"为单位销售咖啡以后,市场上对这种特制咖啡——口感丰富、味道浓郁、粉末细致的咖啡的兴趣与日俱增。北美每年都有更多的人执迷于咖啡,像星巴克公司这样的咖啡店对人们的影响是巨大的。它增强了客户对高品质咖啡的意识与需求。星巴克的最初发展得益于舒尔茨早期的战略和理念,公司始终追求"市场第一"的战略,从太平洋西岸到芝加哥,再到加利福尼亚广建分店。

星巴克依靠最初的战略扩张到美国各地,先在主要的城区开店,再围绕该店在附近郊区开店。城区店成为郊区店和小城镇店分店的起点。由于有些分店相邻太近,竞争无法避免。但是公司认为同一地区的多家分店可以树立品牌形象和增加客户的便利度。星巴克很少使用传统的广告手段进行宣传。众多相临分店增强了品牌的认知度,极大方便了老客户。如果以特许经营方式开分店,这种矛盾就很难解决。1996年,星巴克已经在美国开设1000多家分店。同年,它在日本东京开设第一家海外分店,全球扩张战略开演了。

星巴克在以绿茶为主要饮料的国家的成功,说明它的理念能被不同文化背景所接受。到2002年,星巴克已经在四大洲拥有分店。2000年营业额为22亿美元,利润9460万美元。2001年营业额为26亿美元,利润大涨32%,达到1.81亿美元。星巴克的成功主要得益于对"关系理论"的重视,特别是同员工的关系。后来,舒尔茨写道:知名的品牌和尊重员工使我们挣了很多钱和很具竞争力,两者缺一不可。

舒尔茨意识到员工在品牌传播中的重要性,他另辟蹊径开创了自己的品牌管理方法。本来用于广告的支出被用于员工的福利和培训。1988年,星巴克成为第一家为临时工提供完善的医疗保健政策的公司。1991年,星巴克成为第一家为员工(包括临时工)提供股东期权的上市公司。通过一系列"员工关系"计划,公司确实收获不浅。在改革福利政策之后,员工的流动率大幅下降。

星巴克认为他们的产品不单是咖啡,更是咖啡店的体验。研究表明,2/3的成功企业的首要目标就是满足客户的需求和保持长久的客户关系。相比之下,那些业绩较差的公司,这方面做得就很不够,他们更多的精力是放在降低成本和剥离不良资产上。

星巴克一个主要的竞争战略就是在咖啡店中同客户进行交流,特别重要的是咖啡生同客户之间的沟通。每一个咖啡生都要接受24小时培训——客户服务、基本销售技巧、咖啡基本知识、咖啡的制作技巧。咖啡生要能够预感客户的需求,在耐心解释咖啡的不同口感、香味的时候,大胆地进行眼神接触。

星巴克也通过征求客户的意见加强与客户的关系。每个星期总部的项目领导人都当众宣读客户意见反馈卡。

当星巴克准备把新品发展成为一种品牌的时候,客户关系是星巴克考虑的因素。他们发现:客户们会建议将新品改良成为另一品种,客户们能够看到一种新产品或服务与星巴克品牌的核心实质的关系。例如,客户不认可咖啡与冰激凌口味的不一致性。

星巴克将与客户的关系模式延伸到供货商们,包括咖啡种植园的农场、面包厂、纸杯的加工厂等。

通过我们对"关系"资本的研究表明,星巴克遵从着成功企业的模式。当企业把工作的重心放在主业的时候,同供应商的关系至关重要,特别是关键商品和附加服务的供应商。成功企业知道商业交易和相互信任之间的根本区别,他们使相互信任在采购过程中"制度化",因此在进行正常业务的时候,成功企业进一步紧密供应商的关系,最后捆绑和整合成战略伙伴。供应商将承担更多的责任和义务。

星巴克花费大量人力、物力、财力来开发供应商,所以希望长期稳定的关系,积极配合控制价格，而不只是简单地监管价格。星巴克副总裁 John Yamin 说：失去一个供应商就像失去我们的员工——我们花了许多时间和资金培训他们。

双方合作的合约一旦签订，星巴克公司希望得到特惠待遇——价格、折扣、资源等。作为回报，供应商的营业额将会随着星巴克的壮大而上升。由于星巴克极其严格的质量标准，供应商们也会得益于星巴克良好的品牌。长期的合作提升了供应商的声誉，也会使他们收到更多的订单。

为使客户在更多的地点感受星巴克的服务，除星巴克分店之外，星巴克通过机场、书店、酒店、百货店来销售产品。"在星巴克严格的质量管理和特许销售行为之间，产品品质的控制是有风险的"舒尔茨说，"这是一种内在矛盾"。因此，星巴克制定了严格的选择合作者的标准：合作者的声誉、对质量的承诺和是否以星巴克的标准来培训员工。

星巴克的特许业务包括业务联盟、国际零售店许可、商品零售渠道许可、仓储娱乐部项目、直销合资厂等。星巴克的第一张许可证是给 HMS（美国最大的机场特许经营服务商）。如今，星巴克的特许经营店已经发展到 900 多家，包括：Barnes & Noble 书店，零售连锁店 Target Albertson 等。另外，美联航与 Marriott 等公司也已经和星巴克签订协议，只提供星巴克的咖啡。

星巴克在许可经营和特许加盟连锁店之间，更倾向于前者，因为前者更容易控制。两者在销售品牌上是最近似的，但因为许可经营者不像后者拥有加盟店的产权，只是付费经营，因此更容易控制管理。星巴克希望合作者们赢利，对于合作者提供的相关产品（比如运输和仓储等）都不赚取利润，只向合作者收取一定的管理费用。

Barnes & Noble 公司是同星巴克合作最成功的公司之一。他们认为书籍和咖啡是天生的一对。Barnes & Noble 书店早已经发起一项活动——把书店发展成人们社会生活的中心。为吸引更多的顾客，这里需要一个休闲咖啡店。1993 年 Barnes & Noble 开始与星巴克合作，星巴克在书店里开设自己的零售业务，双方都从中受益。早晨星巴克已把人流吸引进来小憩而不是急于购书，而书店的人流则增加了咖啡店的销售额。

不过，在迅猛的扩张过程中，星巴克在关系资本的管理方面也面临一系列挑战，比如如何使用先进技术工具，提高服务质量，又不会破坏咖啡调制生和顾客的亲密关系？如何使新的合作者接受企业文化，理解其在组织机构的重要地位？如何使更多的供货商保持卓越的质量、合理的价格？

对这些问题，舒尔茨的看法是："更多的分店使人们感到星巴克正变得无处不在，如果我们始终保持同合作者们相互信任这个优势，能否会使一个 25 000 人的企业发展到 50 000 人的企业？对实现这个目标，我坚信不疑。而关键问题在于我们如何在高速发展中保持企业价值观和指导原则的一致性。"

案例思考题：

运用本章所学知识，分析星巴克是如何在国际竞争当中生存并发展壮大的？

【实训目的】

实训目标：

培养学生具有国际市场营销实践所需的专业能力与职业核心能力。

实训内容：

站在某一熟悉的企业的角度，运用国际市场营销的相关知识为其开拓某一国际市场设计进入方式，及其应该选择的国际营销组合策略。

操作步骤：

（1）将班级每10位同学分成一组，每组确定1至2人负责。

（2）小组通过网络、刊物等途径收集某一企业的生产经营状况，以及不同国家的国际市场营销环境。

（3）小组根据所收集的资料进行分析、归纳、总结，为该企业初步选择欲进入的国际市场。

（4）各组在班级进行交流、讨论拟订的方案。

成果形式：

撰写《某企业进入某一国际市场的计划方案》。

参 考 文 献

[1] 菲利普·科特勒,加里·阿姆斯特朗.市场营销原理[M].北京:清华大学出版社,2007.
[2] 菲利普·科特勒.营销管理[M].北京:中国人民大学出版社,2012.
[3] C.伯恩斯,F.布什.营销调研[M].北京:机械工业出版社,2007.
[4] 伯恩主编.卢嫄,孟朝晖译.市场调研技术手册[M].北京:人民邮电出版社,2005.
[5] 菲利普·科特勒,加里·阿姆斯特朗.俞利军译.市场营销[M].北京:华夏出版社,2003.
[6] 吴建安.市场营销学[M].北京:高等教育出版社,2007.
[7] 吕一林,岳俊芳.市场曾销学[M].北京:科学出版社,2006.
[8] 叶国灿.市场营销学[M].杭州:浙江大学出版社,2007.
[9] 崔珣.市场营销学教程[M].北京:经济管理出版社,2002.
[10] 甘碧群.市场营销学[M].武汉:武汉大学出版社,2002.
[11] 刘文彬.市场营销[M].北京:经济科学出版社,2007.
[12] 兰苓.市场营销学[M].北京:中央广播电视大学出版社,2000.
[13] 黄金火,邱华,吴怀涛.市场营销学[M].武汉:华中科技大学出版社,2005.
[14] 苑玉凤.市场营销学原理与实例分析[M].北京:机械工业出版社,2006.
[15] 李红伟,陈林.市场营销.[M].北京:北京大学出版社,2006.
[16] 苏惠艳.知识经济时代下的企业市场营销策略[J].现代商业,2009(11).
[17] 袁波,王琨.市场营销环境之浅谈[J].船舶经济贸易,2006(6).
[18] 罗来军,昌晓英.论企业应对市场营销环境变化的策略[J].特区经济,2007(3).
[19] 方光罗.市场营销学[M].大连:东北财经大学出版社,2008.
[20] 李萍,戴凤林.市场营销[M].北京:冶金工业出版社,2008.
[21] 郭国庆.市场营销学通论.[M].北京:人民大学出版社,2009.
[22] 杨勇.市场营销:理论、案例与实训.[M].北京:中国人民大学出版社,2006.
[23] 吴泗宗.市场营销学.[M].北京:清华大学出版社,2008.
[24] 孟韬.市场营销策划.[M].大连:东北财经大学出版社,2009.
[25] 屈冠银.市场营销理论与实训教程.[M].北京:机械工业出版社,2006.
[26] 李海琼.国际市场营销实务[M].北京:高等教育出版社,2010.